图说冀版连环画

上册

主编
田忠
赵世明

1950—2000

ILLUSTRATION OF HEBEI VERSION COMIC BOOK

河北出版传媒集团
河北美术出版社
·石家庄·

图书在版编目（CIP）数据

图说冀版连环画 : 1950—2000. 上册 / 田忠, 赵世明主编. -- 石家庄 : 河北美术出版社, 2025. 2.
ISBN 978-7-5718-3101-1

Ⅰ. G239.272.2

中国国家版本馆 CIP 数据核字第 2024G0Q391 号

编写说明

一、本书收录的连环画涵盖1950年1月至2000年12月河北省内所有出版社所出版的正规出版物（个别早期出版物除外），包括大众美术社、察哈尔人民出版社、保定地区人民出版社、河北省人民出版社、河北人民出版社、河北人民美术出版社、河北美术出版社、花山文艺出版社、河北教育出版社、河北少年儿童出版社、河北科学技术出版社等出版的连环画。

二、本书所收录的出版物均是以连环画形式独立出版的图书，期刊形式出版的连环画、年画以及其他题材的图书不在统计范围内。

三、各地市及单位内部印刷的连环画不在此次收录范围之内，也包括特殊时期各地所印刷的一些连环画。

四、本书以连环画出版的年代顺序排列，按连环画名称列出条目，以年作为间隔期。原则上只统计1版1次印刷的出版物。再版时封面、内页、脚本以及出版信息有重大变化的也做了统计收录，除此之外的再版连环画不再重复统计。

河北省先后经历了与察哈尔省、热河省的合并，与天津市的合分，出现过众多出版社。1952年察哈尔人民出版社撤销，其出版业务并入河北人民出版社。1954年大众美术社改为河北人民美术出版社。1958年前后创办的唐山人民出版社、保定地区人民出版社和张家口人民出版社均历时不足10个月停办。有些出版社存在的时间较短，故本书不以出版社分类编排，将所有连环画按出版时间统计，力求展现冀版连环画的出版全貌。

五、本书收录的连环画信息主要是书名、作者、出版时间、定价、页数、书号和套书、丛书等基本情况，所有信息以封面及出版物版权页信息为准，因此有些信息在格式上无法进行统一，例如著作方式等。有些连环画署名集体创作，截至出版前未经核实的，按照版权页信息收录。还有些连环画署名有全称，有简称，有别称，有当时因为各种原因写错名字的现象，为尊重原版，这部分署名不进行统一，一律按照版权页信息收录。一些连环画出版物有多个故事、作者时，作者为两人以上者，未经核实的，本书大多以第一作者后加“等”来替代。此外，一些连环画分为精装本和简装本，鉴于资料有限，本书一般不做明确标注。需要说明的是，新中国成立初期出版的各类出版物按照旧币制定价，1955 年 3 月国家币制改革后，出版物价格才按新币制定价。本书收录的连环画出版信息中，价格会以 1955 年 3 月为界发生变化。

六、关于书中出现的大众美术社与（石家庄）大众美术社的出版者名称不统一的问题，经笔者推测，官方的出版者名称一直为大众美术社，加上所属地是为了便于和当时的上海大众美术出版社进行区分，属于历史遗留问题，本书为尊重原版，不再进行统一修改。

七、关于出版社变更时期出版物的特别说明。1954 年 7 月，大众美术社改称河北人民美术出版社。通过查询公开出版物发现，直到 1954 年底所出版的连环画依然在使用大众美术社这一出版者名称，并没有使用河北人民美术出版社的名称。众所周知，出版物从立项、创作、编辑、校对、印刷、发行这一系列工作都有很强的超前性，连环画因为创作周期较长更是如此。由此分析在出版社的名称变更之前，大众美术社已经制订了 1954 年下半年连环画的出版计划并付诸实施，有的已经约稿签约，有的已经完成脚本、内页创作，有的已经完成书号申领，有的已经完成编辑加工并付印。合约主体虽然发生了变化，但这些业务不能中断或改变，所以仍以大众美术社的名义继续完成。出版社的变更必然会有内设机构、人事的变动以及相关出版业务的划转，1954年下半年正好作为调整期，以便完成上半年遗留问题以及变更后内部工作的调整。1955年初，大众美术社完成使命，正式成为历史，河北人民美术出版社开始出版连环画。

同样的情况发生在1982年1月，河北美术出版社恢复为独立的出版机构，相关业务划转后，原河北人民出版社美术编辑室（河北美术出版社前身）所立项的出版物仍以河北人民出版社的名义出版，直到1982年3月为止。这一变更造成了冀版“棕皮”《西游记》出现了一个特殊的现象，即一套书同时有两个出版社、两个书号。

八、本书的各类出版信息主要依据《全国总书目》《全国新书目》《河北古今书目》《河北出版年鉴》等出版记录以及公共渠道的部分信息和连环画收藏爱好者们提供的信息、图片。

九、本书内容尚有不足之处，一些已出版但尚未记录在案的以及2000年12月以后出版的连环画信息待日后修订补充。

十、据粗略统计，河北省内的出版社在新中国成立后的50年间，出版了近3000种连环画。由于时间、资料等原因限制，全部统计有极大难度，有些出版物作者信息缺失，极少数的出版物因为出版时间较早、出版数量较少等原因，并未找到成品，故本书中有图片缺失的现象，欢迎广大读者为我们查漏补缺。本书内容难免有所错漏，特别是对一些重要信息，如对作者、编绘者有疑义、有争论的，也可以随时联系我们，在此诚恳地请读者们见谅并提出补充建议，以便修订完善。

1950-2000

序　一

连环画是中国特色的艺术品类之一，20世纪曾经风靡一时，成为几代人的记忆，起到了宣传党和国家方针政策、思想引导、教育启蒙等重要作用。

本书旨在系统地梳理河北省在1950年至2000年这半个世纪的连环画出版成果，通过大量珍贵的图片资料和翔实的文字说明，向读者展示冀版连环画的发展脉络、艺术特色和文化价值。

从1950年至2000年，河北省总计出版各类连环画近3000种，河北美术出版社是冀版连环画出版的主力军。

河北美术出版社成立于1948年秋，由冀中新华书店年画科、华北联大美术工厂、辛集新华书店印刷厂组建而成，其间经历了大众美术社、河北人民美术出版社、河北人民出版社美术编辑室、河北美术出版社四个时期。1950年，大众美术社出版了《婚姻法图解》，书号0001，拉开了冀版连环画出版的序幕。

自成立以来，河北美术出版社始终积极响应国家文化建设的号召，与时代同频共振，推出了众多高质量的作品，涵盖了年画、连环画、宣传画、绘画理论、美术史、画家传记等多个美术出版领域，取得了一系列令人瞩目的出版成就。

连环画作为一种独特的艺术形式，始终是河北美术出版社重要的出版板块，经过长期的沉淀，逐渐形成了古典题材、红色题材两大特色体系，并且有诸多作品在全国性的评奖中获得殊荣，涵盖了经典名著、历史故事、民间故事、戏曲故事、军事故事、科幻故事、儿童故事等多个领域。在艺术风格上，除了传统的线描、工笔重彩外，20 世纪 90 年代呈现出多元化的趋势，出现了水墨、卡通、装饰画等新的表现形式，满足了不同读者的审美需求。

值得一提的是，20 世纪 50 年代初，在文化部的统一部署下，河北人民美术出版社汇聚张树德、徐燕荪、刘汉宗、胡若佛、钱笑呆、池振亚等南北名家，精心打造经典之作《西游记》连环画，从 1956 年至 1962 年陆续推出了 26 册。该系列连环画不仅代表了河北连环画出版的最高水平，也奠定了河北人民美术出版社在连环画出版界的领军地位，而且为后来《西游记》各种版本、各种艺术形式的角色形象创作、设计提供了重要参考。时至今日，这套《西游记》连环画仍然被公认为“现存最全、质量最高的《西游记》连环画”，在中国现代美术史上留下了浓墨重彩的一笔。

从古典题材的深入挖掘到红色经典故事的传承，从儿童益智故事的创作与引进到艺术风格的多元化探索，再到众多作品在各类评选中获奖，都展现了河北美术出版社的实力和影响力。这些连环画作品不仅丰富了读者的阅读体验，传承了文化，同时也为进入 21 世纪后的文化创作和出版事业提供了宝贵的经验和借鉴。

进入新世纪以来，河北美术出版社开始梳理并再版各个时期的经典连环画故事，持续推出了“古典题材”和“红色经典连环画库”两个系列的连环画图书。2001 年至 2018 年陆续出版了蓝函版、宣纸版等 9 个《西游记》版本。此外，还梳理并再版推出了《杨家将》《哪吒》《戏曲故事》等成套系古典连环画及《红旗颂》（60 册）、《军旗飘飘》（60 册）等 25 种红色连环画套系。这些作品极大地丰富了河北美术出版社的连环画种类，有力地强化了河北美术出版社的市场品牌。

2014 年，冀美版《西游记》连环画在海外焕发耀眼光芒，由 20 世纪五六十年代初版的 26 册经典故事及 80 年代补充的 10 册故事构成的36册法文版《西游记》连环画在法国隆重上市。该书出版后备受读者青睐，入选法国著名日报《费加罗报》推荐的年度经典好书、年度最佳圣诞礼品，入选法国《观点报》年度十大最佳漫画，入选法国著名文化杂志《银屏全景》年度推荐好书，被法国媒体称赞为“最美的书”，推动了西游故事在海外的传播。

从20世纪50年代至80年代，由于种种历史原因，原著《西游记》的故事始终没有完整展现，尤其是“大闹天宫”“梦斩泾河龙”等精彩故事情节的缺失始终是个遗憾。2017年，河北美术出版社启动了《西游记》连环画补绘工程，并陆续出版了《唐僧出世》《梦斩泾河龙》《寻访取经人》等作品，使整套故事的内容更加紧凑和完整。

2023年起，河北美术出版社启动了《西游记》彩绘工程，将传统审美规范与现代艺术合而为一，陆续出版了《猴王出世》《龙宫借宝》《黄风岭》《盘丝洞》《火云洞》《平顶山》等连环画的彩绘版本，呈现的故事场景更加精彩生动，人物形象更加栩栩如生。其设色古雅，虚实之间错落有致，既有中华传统文化内涵和民族气质，又有笔墨当随时代的创新，使得这一传统艺术形式在新时代焕发了新的光彩。

让我们翻开《图说冀版连环画1950—2000》，重温时代记忆，领略冀版连环画的独特魅力！

田　忠

2024年12月

1950–2000

序 二

2023年6月1日，习近平总书记考察中国国家版本馆中央总馆，当看到连环画、年画和宣传画这些特色馆藏后，他认为小儿书很有教育意义，画小儿书的有很多大家。让习总书记念念不忘的连环画小人书，是几代国人共同的时代忆记。

连环画，又叫小人书，那一张张微微泛黄的书页，一幅幅精美传神的图画，一个个引人入胜的故事，构筑起几代人的文化记忆。身为一个“80后”，我对连环画同样有着深刻而亲切的记忆。与连环画结缘，既是爱好所致，更是时代使然。

1980年，我出生在河北北部的一个小县城，父母都是普通的工薪阶层，家境不算富裕。那是个电视还没有普及的年代，课外书更是寥寥无几，唯一的精神食粮，就是一本本精美的小人书了，简洁的文字、生动的图画、连贯的情节让人欲罢不能……《西游记》《杨家将》《满江红》《红旗谱》《敌后武工队》《大刀记》等一个个耳熟能详的故事，在图文并茂间跃然纸上，直观生动又引人入胜。连环画陪伴并滋养了我的童年时光和成长岁月，成为我无法忘却的生命记忆。至今都能准确地记得，我能复述内容的第一本连环画就是冀版《杨家将》的《幽州解围》。特别是冀版的《西游记》，好多本书都翻烂了，依然爱不释手，每每读来都是津津有味。我入学时比别的同学多识得几个字，多知道几个文学典故和英雄故事，都得益于连环画的阅读。可以说，连环画是陪伴了几代人童年和成长的启蒙读物。

那时候每逢放学或周末假日，县城里唯一售卖连环画的新华书店便成了我们一众同学的最好去处，更多的时候是隔着锃光瓦亮的玻璃展柜望眼欲穿；手里要是有几个钢镚儿的话，可以去专门的小人书摊，花一二分钱租书看，过过眼瘾。我的终极理想是饱读小人书，自然书店里的新书才是真正的目标，但几毛钱一本的连环画对于我们来说绝对是天价，要积攒很久的零花钱，甚至把早点钱省下来才能买到一本心仪的连环画，然后大方地在同学们手中传阅，可以享受众星捧月般的待遇，我曾经无数次回想起这些美好的记忆。

因为对连环画的喜爱，所有看过的连环画，我都敝帚自珍地收集起来，那些在传阅中破损的，也被我小心地裱糊好。日子久了，竟也有了几百本，成为我人生中的第一批藏书。得闲拿出来翻看，倒也乐在其中。大学时代，偶然的机会下我接触到了连环画收藏，前辈说到几个曲艺版《兴唐传》缺本，回家翻找竟然都有。想想应该是小学五年级过年时，县城的书店处理连环画，那时打折买的，虽一直不时翻看，品相还蛮好，心中一阵窃喜！奈何年轻时对足球和电脑爱得更深，导致连环画也时不时被打入冷宫。兜兜转转十多年，再加上也没有搞经济的头脑，并没有系统地去收藏，但还好，这项爱好坚持了下来，直至今日也乐此不疲。

进入 20 世纪 90 年代后，国家的经济开始高速发展，文化也日趋繁荣与多元，各类传播媒介的快速发展和影响力扩大，为全社会提供了更加丰富和多样的选择。这一时期的连环画未能及时跟上时代的需求，创作和发行的数量大幅下降，渐渐地淡出了大众的视野，更多的是在一众连友当中流传。在此期间，因为少年时对连环画的特殊情感，我也成了一个“连迷”，每到一地，都要到当地的旧书摊“淘宝”，断断续续收集到了更多的连环画。

虽然连环画在一段时期内经历了边缘化的境遇，但这个集艺术性、知识性、娱乐性于一身的独特的文化艺术形式，勾勒出了时代的变迁和社会文化生活的缩影。在连环画艺术的鼎盛时期，仅 1982

年全国就出版了8.6亿册，连环画在大众心中的影响力和魅力是难以磨灭和不可替代的。一本连环画，就是一段文化史。基于这样的认识，我在收藏连环画的过程中，也逐渐尝试去探究它的发展脉络，发掘它所蕴藏的精神内涵，这也成为我编写《图说冀版连环画1950—2000》的缘起。

我出生、成长于燕赵大地，对生于斯长于斯的这片土地充满热爱。燕赵大地自古多慷慨悲歌之士，从涿鹿之战的上古传说，到易水送别的燕赵风骨，从赵武灵王胡服骑射到土木堡之变，特别是近代以来，革命先驱李大钊、战斗英雄董存瑞、狼牙山五壮士、抗日英雄马本斋等英雄们的革命事迹，都发生在这片热土上。无独有偶，我们冀版的连环画，很多也都是取材于这些历史典故与英雄事迹，也都是根植于燕赵大地，也都是生发于河北人民火热的生活之中。《董存瑞》《雁翎队》《野火春风斗古城》等优秀的连环画，正是燕赵儿女进行艰苦卓绝革命斗争的真实写照，也正是这些作品，给孩童时期的我们播下革命英雄主义、民族大义的种子。于是我就想，作为河北人，我何不把我们河北的连环画先做一些归纳梳理呢？因为也曾满怀壮志，要把冀版连环画收集齐全。但在收藏过程中，我时常感到力不从心。论藏品，随着近年连环画收藏市场渐热，所谓“缺本全品”连环画的价格令人咋舌，对于一个普通工薪阶层、业余藏家来说几乎是天价；论数量，尤其是河北美术出版社作为连环画出版的四大社之一，建社至今出版的连环画浩如烟海。收集齐全看来是不可能了，那么就换一种方式拥有它！这便成为编写这本书的又一缘由。

《图说冀版连环画1950—2000》的编著工作，从一头雾水到小有所成，历经了一个艰苦而漫长的过程，其间受到了河北美术出版社各位领导的大力支持，在此表示衷心的感谢！在本书编写过程中，各地的连环画收藏爱好者为我提供了无私的帮助，在此一并表示感谢！

囿于个人学识和能力的有限，在编写本书的过程中，定然会有不少谬误之处，也恳请大家多多批评指正。

连环画这一艺术形式，虽然在一段时期内遭遇了边缘化的境遇，但我坚信这种寓教于乐的大众艺术载体，一定还会重新走进大众生活，和时代紧密相连，继续担负起“讲好中国故事，传播好中国声音”的重要使命。也期待河北各出版机构特别是河北美术出版社在连环画领域继续精耕细作，保留自身传统优势，深挖经典资源，打造品牌效应，持续开拓创新，多出新品精品，让连环画焕发出新时代的活力！

赵世明

2024 年 8 月

目录

图说冀版连环画

1950–2000

引　言

连环画，也叫“连环图画”，俗称“小人书”，是图文结合、以多幅连续的画面来展现故事的艺术形式。1925年至1929年，上海世界书局先后出版了《西游记》《水浒》《三国演义》的连环画，书名上有“连环图画”字样，这是第一次用“连环图画”作为正式名称，该名称一直使用到20世纪50年代，后改为“连环画”。连环画题材广泛，表现形式多样，是老少咸宜的一种通俗读物。

河北省连环画的创作及出版工作肇始于20世纪三四十年代。当时受解放区军事行动频繁、物质条件困难的影响，这一时期的连环画多是以木刻方式创作的，在解放区各类画报、期刊等读物上发表了篇幅较短的连环画，但鲜有连环画单行本出版物。1947年11月，华北重镇石家庄解放。随着解放区不断扩大，晋察冀与晋冀鲁豫两个解放区完全连成一片。1948年5月，根据中央决定，原晋察冀中央局与晋冀鲁豫中央局合并，成立中共中央华北局。华北局宣传部十分重视美术出版事业，也迫切需要成立专业的出版机构宣传党的各项政策，于是决定将冀中新华书店年画科、华北联大美术工厂、辛集新华书店印刷厂三家的人员和设备集中合并。1948年秋，三方人马先后在石家庄汇聚，经上级批准，大众美术社正式成立。社址在石家庄市同庆街10号，首任经理邹雅，副经理侯恺、郭建章、丁达光等。大众美术社创立初期是以出版木刻水印年画为主，同时出版画册和其他美术读物，是一个集编、印、发三位于一体的出版机构，是河北省成立最早的出版机构之一，也是全国成立最早的美术出版社之一，为新中国的美术出版事业作出了卓越的贡献，说“新中国的美术出版从这里走来”毫不为过。

大众美术社成立以来，以美术出版的形式积极参与新中国的文化建设，激发了新中国美术事业的勃勃生机。1950年，河北省的连环画出版开启了新的篇章。

20世纪50年代

图说冀版连环画1950—2000

TUSHUO JIBAN LIANHUANHUA 1950—2000

1950 年

时任文化部艺术局美术处处长的蔡若虹同志在 1950 年 2 月的《人民美术》创刊号上发表题目为《关于连环图画的改造问题》的文章。

5 月 28 日，《人民日报》发表文章《关于五十种小人书》指出，把广大儿童和劳动人民所喜爱的连环画这个群众文艺形式，掌握到进步文艺工作者手里，作为提高群众文化生活的有力武器，是当前文艺活动中的一个迫切的工作。

9 月，中央人民政府出版总署召开的“第一届全国出版会议”开幕，通过了《关于发展人民出版事业的基本方针的决议》等五项决议。

11 月 23 日，河北省人民出版社成立，社址在保定市南关史庄街河北印刷厂院内，第一任社长吕冰。

同年，察哈尔人民出版社建立，属察哈尔省。

同年年底，由大众美术社张树德、尚羡智、张庚等人共同创作并署名的宣传新颁布的婚姻法的连环画《婚姻法图解》出版，这是河北出版史严格意义上的第一本连环画，书号为 0001。

新儿童看图识字 1
田野编文　重行绘画
（石家庄）大众美术社

新儿童看图识字 2
田野编文　重行绘画
（石家庄）大众美术社

新儿童看图识字 3
田野编文　重行绘画
（石家庄）大众美术社

新儿童看图识字 4
田野编文　重行绘画
（石家庄）大众美术社

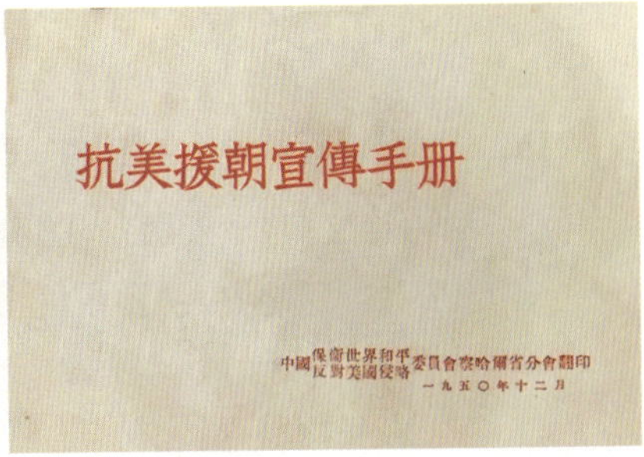

抗美援朝宣传手册
顾炳鑫、赵宏本等绘画
中国保卫世界和平反对美国侵略委员会察哈尔省分会翻印

胡大娘的故事（卫生宣教资料第二种预防麻疹破除迷信小故事）
河北省人民政府卫生厅编印

不是蝉
小初绘画
（石家庄）大众美术社

婚姻法图解（通俗美术小丛书之一）
石家庄文联美协集体（陈因、郭钧、张树德、刘毅心、黄润华、刘炎、尚羡智、张庚）编绘
（石家庄）大众美术社

本年共出版连环画8种，其中大众美术社6种，河北省人民政府卫生厅1种，中国保卫世界和平反对美国侵略委员会察哈尔省分会1种。

1951 年

5 月 6 日，《人民日报》发表了《严正处理旧连环图画问题》的文章。

6 月 22 日，河北省人民出版社社址由保定市河北印刷厂迁至保定市西大街 116 号。

7 月，河北省人民出版社更名为河北人民出版社。

中华人民共和国惩治反革命条例
河北省人民出版社

支援人民志愿军
张愈新作　岬风绘画
察哈尔省文教厅张家口科学仪器厂

新庄稼杂字
周敬侪编文
河北（省）人民出版社

绘图庄稼杂字
董纯才原编
河北省人民出版社

张大嫂的转变（卫生宣教资料第三种）
河北省人民政府卫生厅编
河北省人民出版社

庆祝党成立三十周年（宣传员手册 增刊之一）
辛拓编文　王影绘画
新华书店河北省分店

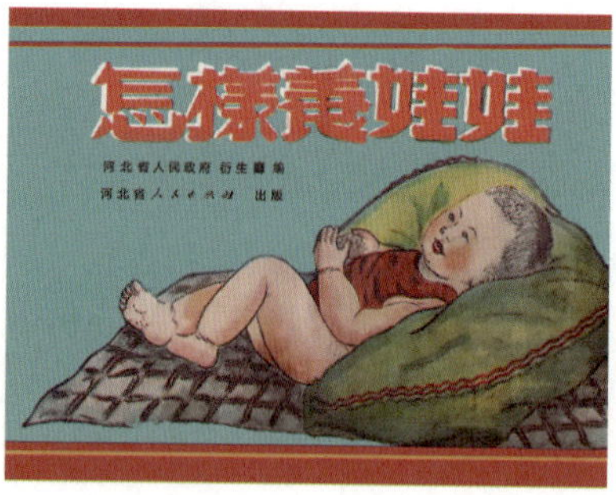

怎样养娃娃
河北省人民政府卫生厅编
河北省人民出版社

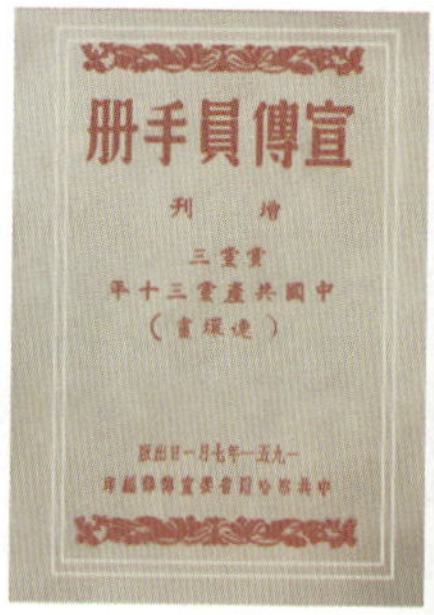

宣传员手册 增刊（中国共产党三十年）
赵枫川、古一舟、吴静波绘画
中共察哈尔省委宣传部

中国共产党三十年画册
中共热河省委宣传部

于俊生检举反革命
大可作
河北省人民出版社

两位反坦克射击手——
中国人民志愿军战斗故事
钟志宏作
河北省人民出版社

本书暂未找到封面图片

强大的人民解放军
中国人民解放军河北省军区
政治部编绘
河北人民出版社

植棉模范曲耀离（农业生产丛书之二十五）
王大中编文
河北人民出版社

结婚
刘流编文　林涛绘画
河北人民出版社

本年共出版连环画14种，其中河北省人民出版社7种，河北人民出版社3种，察哈尔省文教厅张家口科学仪器厂1种，中共察哈尔省委宣传部1种，中共热河省委宣传部1种，新华书店河北省分店1种。

1952 年

11 月 15 日，撤销察哈尔省建制，察哈尔人民出版社的出版业务和部分工作人员及部分图书版权并入河北人民出版社。

本书暂未找到封面图片

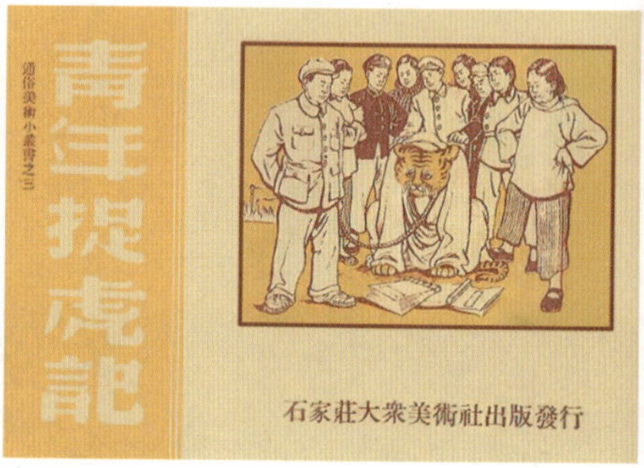

杨家寨模范供销社
徐亚黎编文　刘振业、赵信芳绘画
河北人民出版社

从烟火里抢出炮弹
刘端、羡智绘画
（石家庄）大众美术社

青年捉虎记（通俗美术小丛书之三）
石家庄美术工作者协会编文
郭钧、王小初、张树德绘画
（石家庄）大众美术社

粉碎美帝细菌战
大众美术社编文
大众美术社

红五月（通俗美术小丛书之六）
羡智作
（石家庄）大众美术社

棉蚜与红蜘蛛
羡智、刘端、张庚、淑薰、士俊编绘
（石家庄）大众美术社

妇幼卫生常识
张家口市妇女联合会绘编
冯敏箴、王培基绘画
察哈尔人民出版社

植棉模范梁家瑞
石家庄文联美协创作组词
石家庄美协、石家庄大众美术室集体合作绘画
大众美术社

保卫板门店的英雄们
刘端、张庚绘画
大众美术社

光荣枪
大众美术社美术室编绘
大众美术社

怎样预防传染病
书田编文
明义、大可、笑愚、剑秋绘画
河北人民出版社

爱情
方菁原著　鲁高改编　张树德、尚羡智、张文瑞、刘端、周淑薰、张庚绘画
（石家庄）大众美术社

文化大进军
王勉原著　张树德、尚羡智、张文瑞、刘端、周淑薰、张庚绘画
大众美术社

桃花扇
鲁高编文
周淑薰、任率英绘画
大众美术社

人民功臣解秀梅
刘可编绘
大众美术社

空军英雄张积慧
张树德、刘端编绘
（石家庄）大众美术社

曾端仪和速成写字法
羡智改编
张树德、尚羡智、张文瑞、刘端、周淑薰、张庚绘画
（石家庄）大众美术社

一个农家的悲喜剧
林钢原著　王惠吉改编
刘明义、孙世涛、尚羡智绘画
大众美术社

伟大的贡献——
刘喜振创造漏模翻砂造型法的故事
刘明义绘画
（石家庄）大众美术社

耿长锁农业生产合作社（速成识字用书）
刘振业、夏一平、田辛甫作
河北人民出版社

半夜鸡叫
高玉宝原著
尚羡智、刘端编绘
（石家庄）大众美术社

红旗飘在刘村池
林涛编绘
（石家庄）大众美术社

谷老大娘学文化
刘毅心、张树德编绘
（石家庄）大众美术社

狙击线上的英雄
张树德等编绘
（石家庄）大众美术社

一个农业生产合作社社员的故事
刘明义绘画
（石家庄）大众美术社

都是一家人
张树德、尚羡智编绘
（石家庄）大众美术社

本年共出版连环画 26 种，其中大众美术社 22 种，河北人民出版社 3 种，察哈尔人民出版社 1 种。

1953 年

特等功臣郭金升
刘端编绘
大众美术社

自由结婚
刘毅心编绘
（石家庄）大众美术社

田启明的汽车驾驶法与保养法
河北人民出版社编文
河北人民出版社

一封喜信
林涛、王润达、刘佩武绘画
河北人民出版社

本书暂未找到封面图片

郭金升事件
林涛绘画
河北人民出版社

荣军旗帜张树义
羡智编文
张树德、尚羡智、刘端、张庚、张文瑞、周淑薰绘画
（石家庄）大众美术社

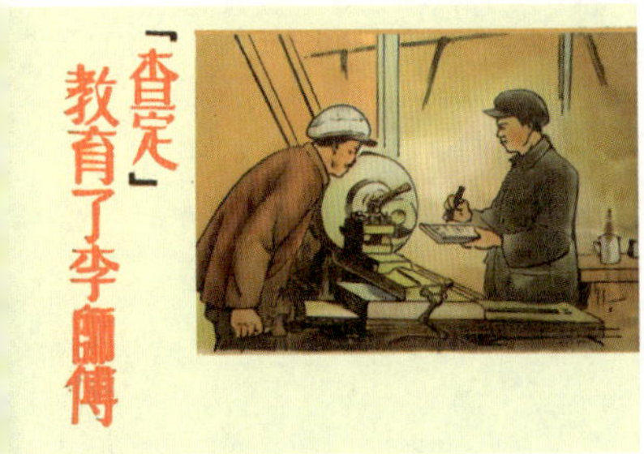

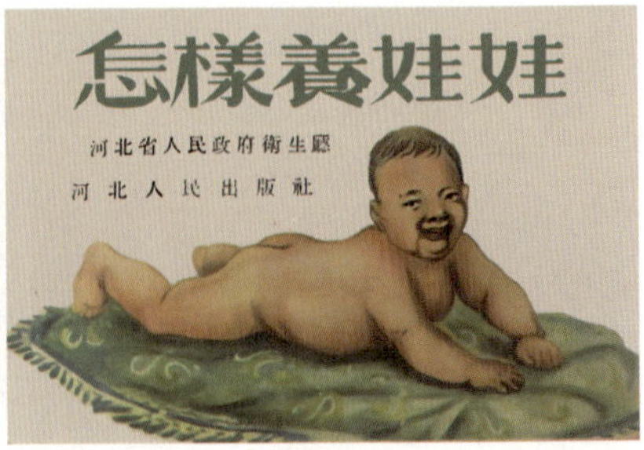

“查定”教育了李师傅
戈夫、高洪文编文
李惜庵等绘画
河北人民出版社

志愿军空军英雄赵宝桐
夏一平、赵信芳绘画
河北人民出版社

怎样养娃娃
河北省人民政府卫生厅编
王运达、刘佩武绘画
河北人民出版社

水车
阎肃原著　鲁高改编
李惜庵绘画
（石家庄）大众美术社

马特洛索夫式的英雄黄继光
张树德、尚美智、刘端、张庚合作绘画　陈兴华封面
（石家庄）大众美术社

一段光荣的路程
刘振业、田辛甫绘画
河北人民出版社

本书暂未找到封面图片

贾文田和他的枪
岚屏编文　王影、孟寅、林涛、春峰绘画
河北人民出版社

朴金素
张树德绘画
河北人民出版社

赵小兰
金剑原著　一平、信芳、景鲁编绘
（石家庄）大众美术社

爆破手和绣花荷包
吴群原著　刘禾改编
刘明义绘画
（石家庄）大众美术社

红花处处开
林予编文
王小初、刘明义绘画
（石家庄）大众美术社

幸福的家庭
张鲁编绘
（石家庄）大众美术社

本书暂未找到封面图片

不朽的朝鲜母亲
刘明义等编绘
（石家庄）大众美术社

丁宝兰——
一个志愿军战士的未婚妻
赵栋、刘汉宗绘画
河北人民出版社

桃花扇
周淑薰、任率英绘画
（石家庄）大众美术社

四十亩谷子
张庆田编文　羡智、张庚绘画
（石家庄）大众美术社

打不烂的宝贝枪
羡智编文
刘明义、刘开基绘画
（石家庄）大众美术社

除三害
余金改编
徐燕荪、任率英绘画
（石家庄）大众美术社

侦察员
羡智编文　念鸿绘画
（石家庄）大众美术社

崔玉珍
吴振轩编绘
（石家庄）大众美术社

路庄地道战
岚屏编文　俞沙丁绘画
河北人民出版社

本年共出版连环画 27 种，其中大众美术社 16 种，河北人民出版社 11 种。按照《桃花扇》(1954 年 5 月新 1 版 1 印）版权信息应有《桃花扇》(1953 年 9 月初版，印量：30,000）出版物，但《全国总书目》《全国新书目》《河北古今书目》均未收录此书，截至本书出版前未见出版物实物。

1954 年

7 月，大众美术社改称河北人民美术出版社，社址在石家庄市中山路。同时，河北人民出版社的美术出版业务划归河北人民美术出版社。

大众美术社时期出版的连环画多为 50 开，右翻本。

李迎新改嫁
王影、孟寅编绘
河北人民出版社

漳河水
阮章竞原著　沁泉编绘
大众美术社

小水桶
徐光玉编文
周淑薰绘画
大众美术社

人民的好女儿高桂珍
刘雨葵编文
孟寅、林涛、春峰绘画
河北人民出版社

黑磁村
宋孟寅、任诚编文
田辛甫、程贵平绘画
河北人民出版社

人民功臣解秀梅
刘可编绘
大众美术社

金色葫芦
羡智改编　曹世伟绘画
大众美术社

银棉姑娘
于平编文　邵国寰绘画
大众美术社

老水怪
柳浪编绘
大众美术社

桃花扇
鲁高改编　周淑薰、任率英绘画
大众美术社

志愿军的铁匠炉
阎凤震编绘
大众美术社

珍珠粮
于平编文　曹世琦绘画
大众美术社

王大妈办满月
羡智改编　长里绘画
大众美术社

黄继光
念鸿、刘端、刘禾、阿庚编绘
大众美术社

除三害
余金改编
徐燕荪、任率英绘画
大众美术社

夜走五云山
刘端编绘
大众美术社

不能走那条路
卢光照改编　柳浪绘画
大众美术社

武松打虎
冯妇改编　刘继卣绘画
大众美术社

一根绳子
刘谷编文
孙世涛、刘明义绘画
大众美术社

红领巾
张世简编绘
大众美术社

好女婿
樊成、刘芹编文
林一鹤、袁飞、金克浚绘画
大众美术社

人民英雄董存瑞
李平凡改编　娄世棠绘画
大众美术社

相思树
羡智改编　路人绘画
大众美术社

福松老汉
羡智改编　王叔晖绘画
大众美术社

无畏的勇士
陈兴华编绘
大众美术社

小胖小松
王绥中改编　淑薰、振轩绘画
大众美术社

双喜临门
羡智改编　郭重光绘画
大众美术社

小八路张金来
刘雨葵编文　念鸿绘画
河北人民出版社

打不烂的宝贝枪
羡智编文
刘明义、刘开基绘画
（石家庄）大众美术社

小金子
黄琛、段林编绘
大众美术社

松树下的见证人
徐光玉改编　刘端绘画
大众美术社

北戴河的故事
田心改编　钟志宏绘画
大众美术社

一渠春水两地流
于智编文　肖林绘画
大众美术社

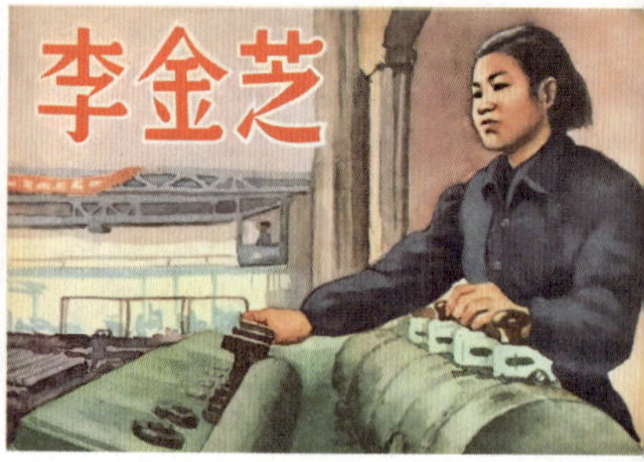

赵武灵王
徐光玉编文　刘凌沧绘画
大众美术社

验收员
章耕改编
钟志宏、李惜庵绘画
大众美术社

李金芝
卢光照改编　苏体仁、包恩梨、茅织云、陆洪绘画
大众美术社

钢铁儿女
王宇文编绘
大众美术社

社里的鸡鸭
王宇文改编　毓继明绘画
大众美术社

拖拉机做媒
王绥中改编　斯人绘画
大众美术社

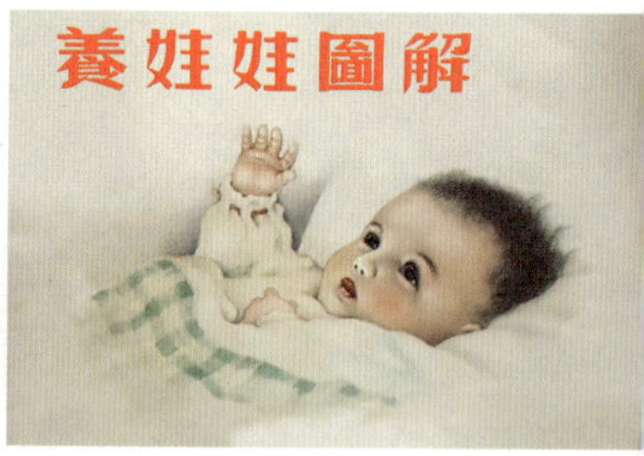

光荣春
鱼潜编文　曹世琦绘画
大众美术社

地下的宝贝
敦谦编文　念鸿绘画
大众美术社

养娃娃图解
王运达编文　刘佩武绘画
河北人民出版社

杨春山入社
惠元编文　刘明义绘画
河北人民出版社

拿炮楼
林涛作
河北人民出版社

十一郎
孟寅、李佩之编文
刘汉宗绘画
河北人民出版社

人往高处走
夏一平改编
河北人民出版社

本年共出版连环画 46 种，其中大众美术社 37 种，河北人民出版社 9 种。

1955 年

2 月，国家进行了币制改革，3 月后包括图书在内的商品定价都开始使用新币制。

7 月 30 日撤销热河省建制。原热河省 9 个市县支店及 1 个门市部划归新华书店河北省分店管理。

孙老大单干
朱先立改编
赵文发、翟润书绘画
河北人民美术出版社

妇女代表张桂蓉
朱先立改编
刘振业、赵信芳绘画
河北人民美术出版社

韩梅梅
卢光照改编
阎素、程贵平、韩羽绘画
河北人民美术出版社

孟广泰老头
章耕改编　周迁绘画
河北人民美术出版社

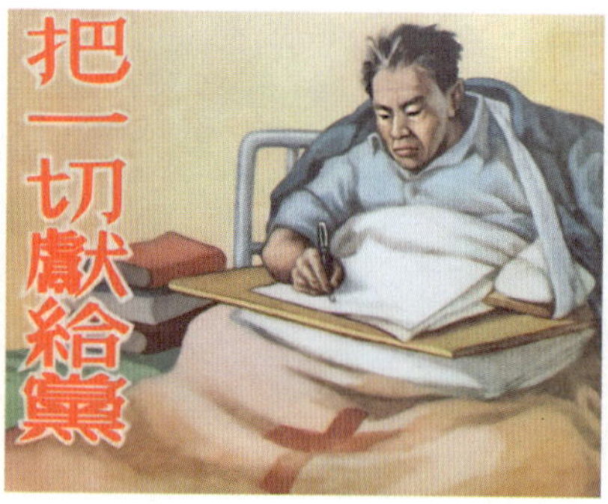

把一切献给党
罗祥音改编　黄景、齐人绘画
河北人民美术出版社

山上有个卫生员
章耕改编　望京、钟鸾绘画
河北人民美术出版社

借犁铧
周琤杰编文　浦增锽绘画
河北人民美术出版社

双英探匪山
敦谦、羡智改编　柳浪绘画
河北人民美术出版社

水的问题
徐光玉改编　刘端绘画
河北人民美术出版社

小旗炸桥
羡智改编　陈中绘画
河北人民美术出版社

夜走五云山
刘端编绘
河北人民美术出版社

红领巾
张世简、华三川、王群生等改编
张世简、华三川、王群生等绘画
河北人民美术出版社

小胖小松
王绥中、黄明、萧舟改编
淑薰、振轩、洪荒、张慈中绘画
河北人民美术出版社

百宝图
张西洛改编　俞沙丁绘画
河北人民美术出版社

一场风波
章耕、王影改编
刘明义、王绥中绘画
河北人民美术出版社

三调芭蕉扇
刘雨葵改编　吴光宇绘画
河北人民出版社

回娘家
卢光照改编　邰蘧绘画
河北人民美术出版社

开山英雄
敦谦改编　捷夫绘画
河北人民美术出版社

桃花扇
鲁高编文　树薰绘画
河北人民美术出版社

钟
朱先立编文
王永扬绘画
河北人民美术出版社

青螺女
段伟君编绘
河北人民美术出版社

张强寻妻
黄洵瑞改编
钟一鸾绘画
河北人民美术出版社

一枝（支）红蓝铅笔
徐守华改编　娄世棠绘画
河北人民美术出版社

路庄地道战
岚屏编文　俞沙丁绘画
河北人民美术出版社

小八路
刘雨葵编文　念鸿绘画
河北人民美术出版社

黄继光
念鸿、刘端、刘禾、阿庚编绘
河北人民美术出版社

不朽的朝鲜母亲
刘明义、大可、刘禾、张树德、张庚编绘
河北人民美术出版社

打不烂的宝贝枪
羡智编文
刘明义、刘开基绘画
河北人民美术出版社

英雄的成长
张学廉改编　程修、程中岳绘画
河北人民美术出版社

快刀刘
吴明生编文　林涛绘画
河北人民美术出版社

第一次侦察
刘端编绘
河北人民美术出版社

小鹰
王绥中改编　肖林绘画
河北人民美术出版社

李逵大闹忠义堂
新平改编　汪玉山、冯墨浓绘画
河北人民美术出版社

海滨的孩子
王绥中改编　浦增锽绘画
河北人民美术出版社

于红英
吴奇编文　柳毅绘画
河北人民美术出版社

春大姐
新平改编　江宜之绘画
河北人民美术出版社

摩雅傣
田心编文　刘王斌绘画
河北人民美术出版社

三件宝贝
崔玉山等编文
周迁、石磊绘画
河北人民美术出版社

小白旗
章耕、羡智改编
林锴绘画
河北人民美术出版社

俩同学
刘见等改编
张鸾等绘画
河北人民美术出版社

红袜子
周淑薰编绘
河北人民美术出版社

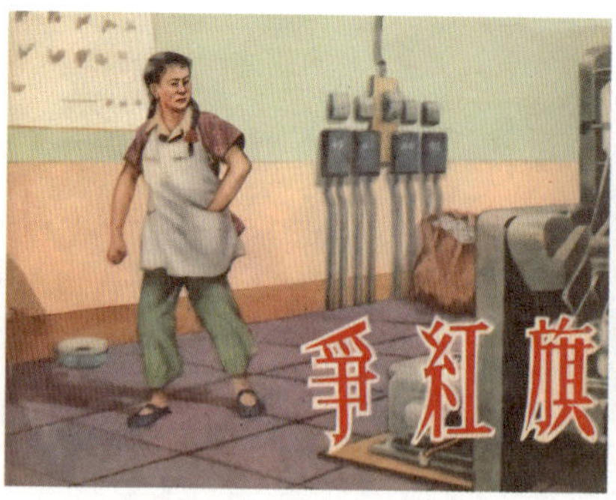

飞行队员
常庚西编文　郭燕绘画
河北人民美术出版社

争红旗
新英编文　庚子绘画
河北人民美术出版社

何老二要账
周琤杰编文　林涛绘画
河北人民美术出版社

可疑的人
鱼潜改编　陈中绘画
河北人民美术出版社

刘玉翠挑对象
忆容编文
王克明绘画
河北人民美术出版社

凤凰
时间编文
刘薇、江爱群绘画
河北人民美术出版社

美丽的尾巴
时间、刘薇编绘
河北人民美术出版社

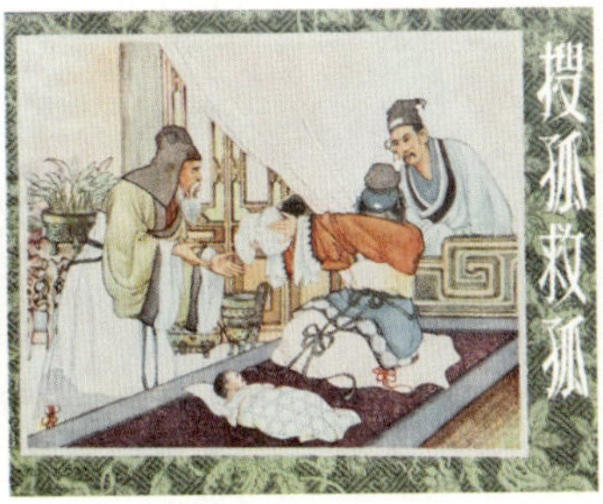

闹家务
果丰编文
华三川绘画
河北人民美术出版社

乌鸦和孔雀毛
江爱群编绘
河北人民美术出版社

搜孤救孤
徐光玉改编
刘汉宗绘画
河北人民美术出版社

为了孩子
黄洵瑞改编
周迁、阿浦绘画
河北人民美术出版社

宇宙锋
于平配词　梅兰芳、姜妙香、
刘连荣、张蝶芬演剧
河北人民美术出版社

铜墙铁壁
王宇文改编　杨锦文绘画
河北人民美术出版社

对空监视员
吴明生、林浦改编
程修、程中岳、赵兵凯绘画
河北人民美术出版社

葡萄仙
张西洛改编
陈中、王宇文、周淑薰绘画
河北人民美术出版社

边疆巡逻兵
常惠改编　刘端绘画
河北人民美术出版社

白藤姑娘
念鸿改编
周淑薰、刘佩武绘画
河北人民美术出版社

本年河北人民美术出版社开始再版大众美术社、河北人民出版社的连环画，对出版形式进行了统一调整：右翻变左翻，开本调整为 60 开。因此本书只统计了部分出版信息有变化的连环画。本年共出版连环画 58 种，其中河北人民美术出版社 57 种，河北人民出版社 1 种。

1956 年

新中国成立初期的出版物没有统一书号，只是在版权页上印有河北省书刊出版营业许可证号码。

2 月，文化部颁布并实施《全国图书统一编号方案》，开始使用“全国统一书号”作为图书出版物的标志，这个方案实施了 30 多年，在图书出版发行管理中发挥了极其重要的作用。

4 月 1 日，出版事业管理局给河北人民出版社颁发了出版社代号 086，给河北人民美术出版社颁发了出版社代号 087，要求下半年各出版社出版的图书一律加印统一编号。本年河北人民出版社迁至保定市裕华东路 18 号。

4 月 28 日，毛泽东同志在中共中央政治局扩大会议上提出，艺术问题上的“百花齐放”，学术问题上的“百家争鸣”，应该成为我党繁荣文学艺术、发展科学文化的方针。

20 世纪 50 年代，为了丰富群众文化生活，文化部开始组织将古典“四大名著”以连环画的形式进行出版。其中上海人民美术出版社负责《红楼梦》《三国演义》的编绘、出版工作，人民美术出版社负责《水浒传》的编绘、出版工作，河北人民美术出版社则负责《西游记》的集中编绘与出版工作。河北人民美术出版社成立了以画家张树德为骨干的连环画创作组，在全国范围内组织了最具代表性的一批优秀人物画家参与了这项工作。《西游记》连环画龙头《蟠桃宴》于 1956 年 2 月出版，本年度又先后出版了《小雷音寺》《三盗芭蕉扇》《波月洞》《猴王出世》《大闹通天河》5 种《西游记》连环画。实际上河北省的《西游记》连环画创作组织工作于 1954 年就开始了，1955 年 4 月河北人民出版社出版了吴光宇绘制的《三调芭蕉扇》。

捉狼计
常庚西、张汉卿编文
刘文西、潘锡柔绘画
河北人民美术出版社

心亮了
郭烽明编文　王永恒绘画
河北人民美术出版社

桑园会
徐光玉改编　王叔晖绘画
河北人民美术出版社

伟大的起点
刘明义、刘开基绘画
河北人民美术出版社

带警犬的帕把
白宇改编　郑家声绘画
河北人民美术出版社

团圆
万家春、苏敏改编
赵越、陈剑英绘画
河北人民美术出版社

小花蹄
吴振轩改编　刘一心绘画
河北人民美术出版社

秘密信号
敦谦改编　黄景绘画
河北人民美术出版社

警惕
章耕改编
周公和、蔡人燕、费龙翔绘画
河北人民美术出版社

杨春山入社
惠元改编
刘明义绘画
河北人民美术出版社

蟠桃宴
尚美智改编
徐燕荪、金协中绘画
河北人民美术出版社

勇敢的姑娘
王宇文改编
江荧绘画
河北人民美术出版社

在金色的麦田里
郭烽明改编
钟一鸾、林一鹤绘画
河北人民美术出版社

杀人不见血的凶手
刘可、聂欣编绘
河北人民美术出版社

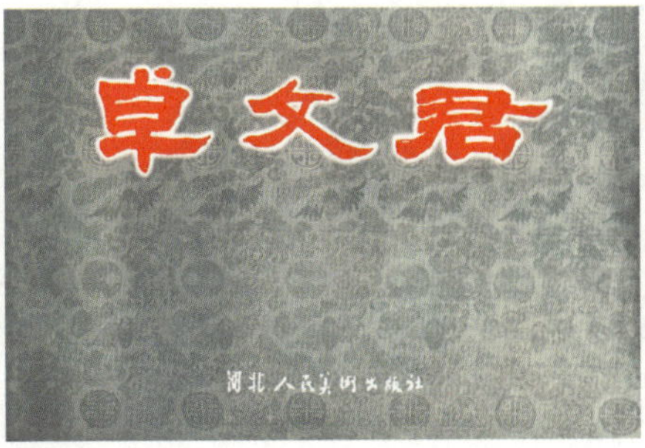

卓文君
于平编词　吴光宇绘画
河北人民美术出版社

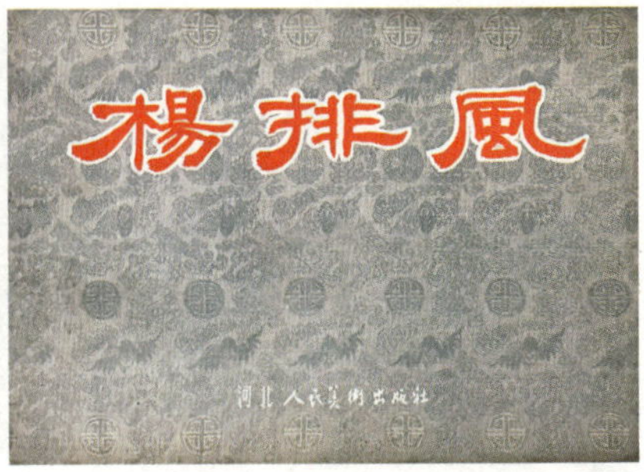

杨排风
齐修林编词　羡智、雪生绘画
河北人民美术出版社

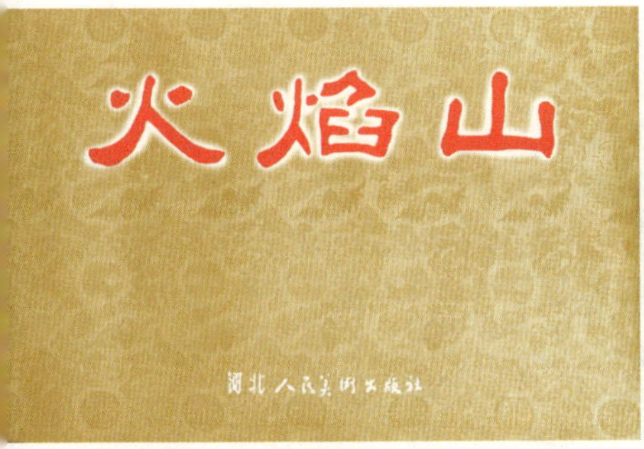

火焰山
羡智编词　任率英绘画
河北人民美术出版社

中秋节
孟春、振轩改编　赵栋、郭燕绘画
河北人民美术出版社

新姑嫂
吴明生、王绥中改编　浦增锃绘画
河北人民美术出版社

小雷音寺
路哥改编
陈云波绘画
河北人民美术出版社

家事
郭烽明编文
陈沙兵绘画
河北人民美术出版社

五万万农民的奋斗目标——
1956年到1967年全国农业发展纲要（草案）图解
中国青年报美术部、北京青年报美术组编绘
张庚封面
河北人民美术出版社

浊水溪
沙蕾改编
水天宏绘画
河北人民美术出版社

水上老英雄
白宇改编　毓继明绘画
河北人民美术出版社

我们的田庄
忆容改编　邵国寰绘画
河北人民美术出版社

打城隍
林彭、吴明生改编
白芜、邱小玉、林禽、黄畦绘画
河北人民美术出版社

到山那边去
羡智改编　于方绘画
冯一鸣封面
河北人民美术出版社

无头鸟
常惠、吴明生改编
刘仲文、浦增锽绘画
河北人民美术出版社

新衣裳
王捷改编
沙更世绘画
河北人民美术出版社

锄八遍
张侯光编剪
河北人民美术出版社

小鹿与柴郎
张侯光编剪
河北人民美术出版社

蟋蟀
徐光玉改编
刘旦宅绘画
河北人民美术出版社

三盗芭蕉扇
卢光照改编
任率英绘画
河北人民美术出版社

农民看图识字
河北人民美术出版社编绘
河北人民美术出版社

鱼儿的风波
梁玉莹改编
刘端、郭燕绘画
河北人民美术出版社

南卡江上
胥山改编　蔡千音、苏起峰绘画
河北人民美术出版社

光明大道
新平改编　张世简绘画
河北人民美术出版社

山丹丹花
万家春改编
汪玉山绘画
河北人民美术出版社

火
吴廷琯改编
肖林绘画
河北人民美术出版社

突破
田心改编
钟志宏绘画
河北人民美术出版社

雨后初晴
陆君平改编
李惜庵绘画
河北人民美术出版社

波西与巴彦
谢平实改编　阿岑绘画
河北人民美术出版社

一棵石榴树的国王
梁玉莹、林彭改编
潘晋华、凌虚绘画
河北人民美术出版社

百骑劫魏营
朱蕾改编
严绍唐、赵三岛、朱元红绘画
河北人民美术出版社

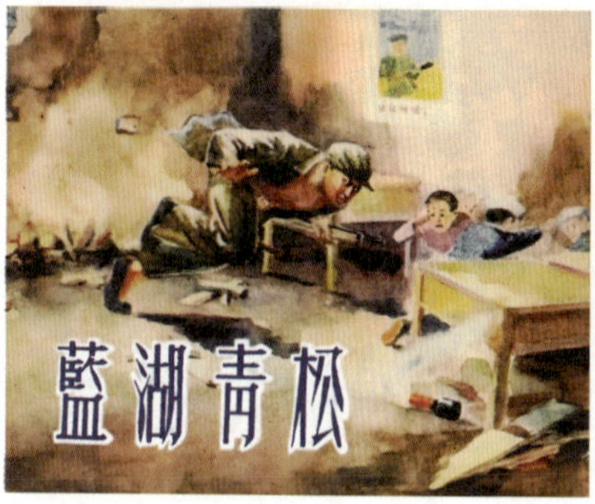

蓝湖青松
庚子编绘
河北人民美术出版社

朱痕记
宇宙改编
张令涛、胡若佛绘画
河北人民美术出版社

牛角号
吴明生、王绥中改编
杨培钊、诸如樵绘画
河北人民美术出版社

邻居
卢光照改编　孙信绘画
河北人民美术出版社

幸福的路
黄一德改编　钟庸绘画
河北人民美术出版社

波月洞
郭烽明改编　刘汉宗绘画
河北人民美术出版社

纠纷
王静凡改编
潘锡柔绘画
河北人民美术出版社

郭三元和康米贵
姜震瀛改编
宋秉恒绘画
河北人民美术出版社

长鼻子财主
王捷改编
羡智、刘佩武绘画
河北人民美术出版社

水落石出
章耕改编　江荧绘画
河北人民美术出版社

从苹果红到稻穗黄
白宇改编　刘锡永、夏书玉绘画
河北人民美术出版社

猴王出世
卢光照改编　张树德绘画
河北人民美术出版社

大闹通天河
郭烽明改编　刘凌沧绘画
河北人民美术出版社

奇异的红星
王捷改编　阿浦绘画
河北人民美术出版社

小玲玲
苏敏、吴明生改编
张辛国、程修、程中岳绘画
河北人民美术出版社

消灭农作物的几大病虫害　上册
河北省农业厅植物保护处编
河北人民出版社

消灭农作物的几大病虫害　下册
河北省农业厅植物保护处编
河北人民出版社

三只小猫
冬日改编　刘微绘画
河北人民美术出版社

老狗熊安家记
谢平实改编
江爱群绘画
河北人民美术出版社

青铜峡的风雪夜
董新民改编
张篯翊绘画
河北人民美术出版社

渡江
邵甄改编　陈为明绘画
河北人民美术出版社

一匹战马
王宇文改编　黄子希、赵漫波绘画
河北人民美术出版社

拖拉机来了
吴振轩改编　章国林、汪子豆绘画
河北人民美术出版社

金色鲤鱼
郭烽明改编　凌健、朱然绘画
河北人民美术出版社

一件棉袄
陈平夫改编　杨锦文绘画
河北人民美术出版社

在隐蔽的战线上
万家春改编　赵越绘画　周迁封面
河北人民美术出版社

海上捉匪记
田心改编　张明曹绘画
河北人民美术出版社

于改秀
白宇改编　刘永凯绘画
河北人民美术出版社

龙牙颗颗钉满天
张葆印改编　陈光镒绘画
河北人民美术出版社

小珍珠
叶惠元、张鸾改编
张庚、张鸾绘画
河北人民美术出版社

“113”号烟头
姜震瀛改编　华三川绘画
河北人民美术出版社

莫荣启入社
罗祥音、罗元培改编　张世简、
刘永凯、林一鹤、钟一鸾绘画
河北人民美术出版社

我和小荣
白宇改编　王影绘画
河北人民美术出版社

宋老大进城
郑明辉改编　刘端绘画
河北人民美术出版社

本年共出版连环画 78 种，其中河北人民美术出版社 76 种，河北人民出版社 2 种。

1957 年

本年，河北人民出版社和河北人民美术出版社的连环画创作及出版工作受到一定影响。

小雁归队
王捷改编
王志英、张松林绘画
河北人民美术出版社

金色的盾牌
千禾改编　刘开基绘画
河北人民美术出版社

柳毅传书
杨衣柳改编
凌涛、赵三岛、朱元红绘画
河北人民美术出版社

小大力士
王绥中改编　阿浦绘画
河北人民美术出版社

小兰花
勇智、振基改编　段伟君绘画
河北人民美术出版社

金鱼
黄洵瑞改编　刘仲文绘画
河北人民美术出版社

第三个女婿
黄一德改编　水天宏绘画
河北人民美术出版社

锁不住的人
陈大远改编　林涛绘画
河北人民美术出版社

雷雨夜
鱼潜改编　张举义、白鸟绘画
河北人民美术出版社

三只兔子
朱蕾改编　刘微绘画
河北人民美术出版社

白衣渡江
双成改编　赵三岛、朱元红绘画
河北人民美术出版社

黄巢起义
忆容改编　王亦秋绘画
河北人民美术出版社

一篮鸡蛋
冬日、唐光雄改编
曹世琦、郭德训绘画
阮恩泽封面
河北人民美术出版社

社会主义之花
河北省农业厅供稿
张树德封面
河北人民美术出版社

一双鞋
张静改编
张辛国绘画
河北人民美术出版社

长坂坡
朱蕾改编
董天野绘画
河北人民美术出版社

绿判官
杨犀改编　蒋萍绘画
河北人民美术出版社

王园爱追虎救孩
雨苹改编　参仁同绘画
周迁封面
河北人民美术出版社

骑自行车
张光炎改编　阿浦绘画
河北人民美术出版社

三个好朋友
张尚智编文
杨逸麟绘画
河北人民美术出版社

天仙配
时荣瑞改编
钱笑呆绘画
河北人民美术出版社

活捉虎大王
时间编文　刘微绘画
河北人民美术出版社

一把小刀
李寿川编文
刘玉环绘画
河北人民美术出版社

第一个任务
叶影原著　李步哲改编
韩伍、冯吉令绘画
河北人民美术出版社

断线结网
林林改编
奇捷、刘明义绘画
河北人民美术出版社

大破连环马
吴廷瑄改编
叶之浩绘画
河北人民美术出版社

和好
章耕改编　周迁绘画
河北人民美术出版社

小燕儿
宋汎原著　阿浦、吴振轩编绘
河北人民美术出版社

凶手的秘密
王宇文编绘
河北人民美术出版社

青弋江上
朱梦琴改编　刘端绘画
河北人民美术出版社

老虎布袋
常庚西改编
刘振业、郭燕绘画
河北人民美术出版社

狐狸和灰狼
任明耀原著　郭俊峰改编
王志英绘画
河北人民美术出版社

去找月亮佛
齐修林改编
邱小玉绘画
河北人民美术出版社

金鸭儿
王祖威改编
孟英声绘画
河北人民美术出版社

激流
周中改编
刘明义绘画
河北人民美术出版社

混水泥鳅
王保春原著　于秀荣改编
郭燕、阿浦绘画
河北人民美术出版社

互助花开
徐守华改编
段伟君绘画
河北人民美术出版社

斗蟋蟀
宋莲塘改编
张世简绘画
河北人民美术出版社

李纲抗金
蒋萍编绘
河北人民美术出版社

投笔从戎
朱蕾改编　冯墨农、汪玉山绘画
河北人民美术出版社

3 号在哪里
夏耘改编　刘端绘画
河北人民美术出版社

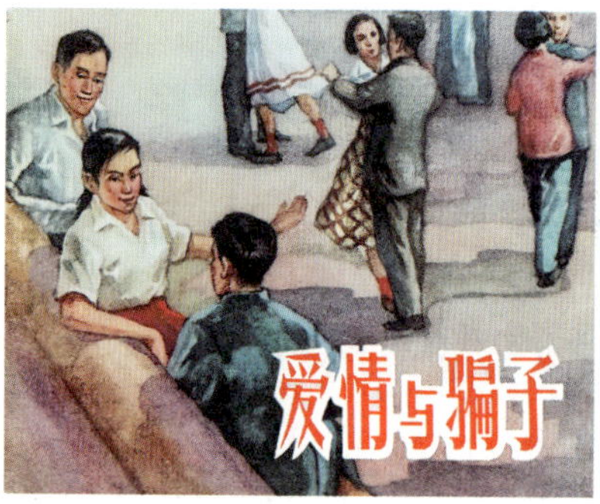

爱情与骗子
张西洛改编　周迁绘画
河北人民美术出版社

断臂说书
周琤杰改编　陶干臣绘画
河北人民美术出版社

一张奇怪的照片
雨萍改编　刘典绘画
河北人民美术出版社

刘排长和小金枝
辰耳改编　张辛国绘画
河北人民美术出版社

摆渡老刘
王烈改编　赵文发绘画
河北人民美术出版社

龙潭得宝
永春改编　刘玉环绘画
河北人民美术出版社

老水鸟徒登
于文青改编
王志英、张松林绘画
河北人民美术出版社

不动脑筋的故事
张天翼原著　赵玉贞改编
窦宗淦绘画
河北人民美术出版社

团结沟
韦涵原著　明生、绥中改编
岑默绘画
河北人民美术出版社

小林与秀春
华君改编
王永扬绘画
河北人民美术出版社

蜜蜂与地球
梁洪铎改编
田乐天绘画
河北人民美术出版社

猫狗结仇
吴明生改编
胡进庆、严定宪、
方澎年、刘微绘画
河北人民美术出版社

党费
王愿坚原著
千禾改编
张怀江绘画
河北人民美术出版社

水鬼
张春峰改编
宋秉恒绘画
河北人民美术出版社

赠绨袍
中国京剧院文学组改编
刘汉宗绘画
河北人民美术出版社

包公庆寿
丁善葆改编
曹同煜绘画
河北人民美术出版社

奇冤记
谢家璐改编
陈丹旭绘画
河北人民美术出版社

小发明家
沈育禹、簿浪改编
蔡仪鸿、雪生、淑薰绘画
河北人民美术出版社

雪后的故事
周中改编
孙世涛绘画
河北人民美术出版社

两个年轻人
张西洛改编
南舟绘画
河北人民美术出版社

野葡萄
葛翠琳原著
朱定诚改编
蔡鹤汀、蔡鹤洲绘画
河北人民美术出版社

胆小的驴
时间编文
刘微绘画
河北人民美术出版社

砍魔树
谢平实改编
蒋萍绘画
河北人民美术出版社

双筒枪
任大星原著
羡智改编
林一鹤绘画
河北人民美术出版社

鲁班的故事
尚青改编
凌涛、严绍唐、朱元红绘画
河北人民美术出版社

马的故事
周季水改编
毓继明、杨东藩绘画
河北人民美术出版社

金钥匙
吴振轩编绘
河北人民美术出版社

包公断子
吴庭瑄改编
刘仲文绘画
河北人民美术出版社

龙宫借宝
羡智改编　张树德绘画　刘继卣封面
河北人民美术出版社

绿火
黄冠岳改编　周淑蕙绘画
河北人民美术出版社

奇异的离婚故事
章耕改编　钟一鸾绘画
河北人民美术出版社

大风暴
曼秋改编
吴懋祥绘画
河北人民美术出版社

金银锁
章耕、钱申余改编
张泽苾、沈凤绘画
河北人民美术出版社

借罗衣
郭烽明改编
梅生绘画
河北人民美术出版社

她走向生活
蒋钺东改编
钟志宏、全祝明绘画
河北人民美术出版社

副连长的伤疤
国哨原著　苏敦勇改编
陈烟帆绘画
河北人民美术出版社

队员的道路
丁蕙改编　戴敦邦绘画
河北人民美术出版社

找宝贝
翟敏智改编　张树德绘画
河北人民美术出版社

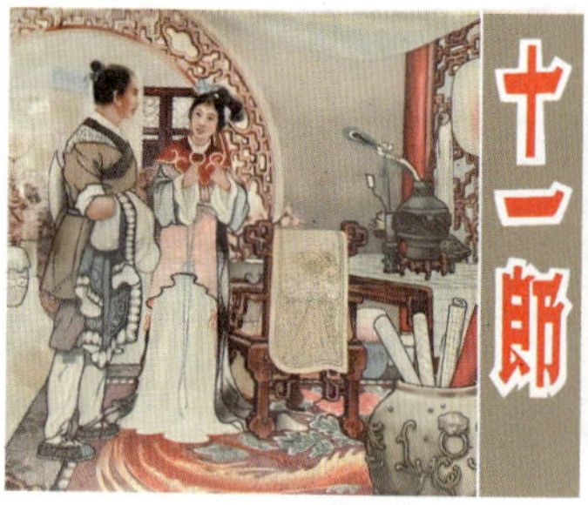

十一郎
宋孟寅、李佩之搜集整理
刘汉宗绘画
河北人民美术出版社

春花
辛国改编
王萤、姚天沐绘画
河北人民美术出版社

女车间主任
徐俊杰原著　张光炎改编
何进绘画　阿浦封面
河北人民美术出版社

猴子充霸王
肖甘牛原著　夏耘改编
施有成、胡进庆绘画
河北人民美术出版社

牛永刚
曲日莲编文
赵栋绘画
河北人民美术出版社

凤姑与仙桃
丁善葆改编
田惜阴绘画
河北人民美术出版社

不平坦的道路
姜震瀛改编
施琦平绘画
河北人民美术出版社

谢神
王捷改编
程修、程中岳绘画
河北人民美术出版社

贩香记
胡毓麟改编　肖芳敏绘画
河北人民美术出版社

茅姑娘
丁一改编　丹枫绘画
河北人民美术出版社

小灰驴
千禾改编　张伟绘画
河北人民美术出版社

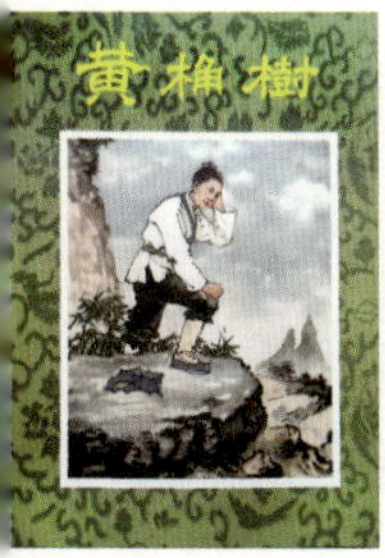

黄桷树
于文力、吴菊芬改编
张世简、吴菊芬绘画
河北人民美术出版社

霍小玉
胡毓麟改编
范灵绘画
河北人民美术出版社

牲猪仓库主任
刘一心编绘
河北人民美术出版社

马小虎
张静改编
张辛国绘画
河北人民美术出版社

高老庄
卢光照改编
陈缘督、朱丹枫绘画
河北人民美术出版社

森林的儿子
戴铁英改编
邵国环绘画
河北人民美术出版社

赵五娘
余文祥改编
冯墨农、汪玉山绘画
河北人民美术出版社

工会主席哪里去了
吴振轩改编　柳石绘画
河北人民美术出版社

谁偷了鸡蛋
赵玉波改编　翟润书绘画
河北人民美术出版社

比丘国
陈平夫改编　叶之浩、徐进绘画
河北人民美术出版社

三月雪
田云溪改编　刘端、王宇文绘画
河北人民美术出版社

本年河北人民美术出版社出版连环画 101 种。其中《西游记》出版了《龙宫借宝》《高老庄》《比丘国》3 种。

1958 年

1958 年秋，河北省省会迁至天津，河北人民出版社文学艺术编辑室撤销，其业务交给百花文艺出版社。本年前后创办的唐山人民出版社、保定地区人民出版社和张家口人民出版社均历时不足 10 个月停办。

幸福的钥匙
李季诗　林禽绘画
河北人民美术出版社

远方未婚妻
洪钊改编　路黄绘画
河北人民美术出版社

露营的一夜
丁黄改编　毛用坤绘画
河北人民美术出版社

冒失鬼和同学们
谢平实改编　阿浦绘画
河北人民美术出版社

山大王
时间编文　田乐天绘画
河北人民美术出版社

鲍鱼
杨国英改编　刘仲文绘画
河北人民美术出版社

初到边防的战士
王景樾改编　金奎绘画
河北人民美术出版社

两个小游击队员
庄稼汉改编　韩伍绘画
河北人民美术出版社

马前泼水
焦玉峰改编　赵梅生绘画
河北人民美术出版社

送地
姜震瀛改编
段伟君绘画
河北人民美术出版社

爱情吹了
周中改编
王永扬绘画
河北人民美术出版社

栗子的记号
关枫、阿白编文
阿白绘画
河北人民美术出版社

童年
韩伟编剪
河北人民美术出版社

夜行记
语评改编　张庚绘画
河北人民美术出版社

两狼山
石山改编　陈光镒绘画
河北人民美术出版社

婉香与紫燕
敦谦、羡智改编　林雪岩绘画
河北人民美术出版社

一九五六年到一九六七年
全国农业发展纲要画册（修正草案）
宇宙改编　权悌绘画
河北人民美术出版社

神奇的翡翠瓶
张光炎改编　杨英镖绘画
河北人民美术出版社

抢水
张葆印改编　蹄铃绘画
河北人民美术出版社

不屈的潘香凤
张帆改编　吴懋祥绘画
河北人民美术出版社

机灵鬼与傻大姐
宋书安改编　钟庸绘画
河北人民美术出版社

后方的战线
新平改编　施琦平绘画
河北人民美术出版社

大菊和二菊
焦玉峰改编　孙世涛绘画
河北人民美术出版社

赶车人
黄冠岳、郑沁园改编　张琼芝绘画
河北人民美术出版社

小金大夫
张西洛改编　张庚绘画
河北人民美术出版社

千里寻父
王捷改编　周迁绘画
河北人民美术出版社

盗马
夏耘改编　林涛绘画
河北人民美术出版社

绿叶红花
向虹原著　杨淼改编
宋杰绘画　阮恩泽封面
河北人民美术出版社

铁铲子司机
朱梦琴改编
孙光基绘画
河北人民美术出版社

杀虎妖
于文清改编
王仲清绘画
河北人民美术出版社

离奇的案件
陆自强原著
苏敦勇改编
赵信芳、陈圣筏绘画
河北人民美术出版社

血痕笑影
雨萍编文　松龄绘画
河北人民美术出版社

战友的爱
万家春改编　李骞、刘汉绘画
河北人民美术出版社

山的儿子
张帆改编　金若水绘画
河北人民美术出版社

化学作业本的秘密
王烈改编　金立德绘画
河北人民美术出版社

妯娌俩
常庚西改编　梁越绘画
河北人民美术出版社

熊掌印
唐棣改编　卢炳炎绘画
河北人民美术出版社

仇恨
云英编绘
河北人民美术出版社

青年监督岗
万家春改编　何泽华绘画
河北人民美术出版社

小发的故事
田志仁改编　韩书彧绘画
河北人民美术出版社

婆婆和儿媳妇
夏丁改编　纪宇绘画
河北人民美术出版社

秃尾巴老李
沙蕾、洪钊改编
周淑薰、娄炳麟等绘画
河北人民美术出版社

水向东流
忆容改编　刘端绘画
河北人民美术出版社

新房子的故事
曼秋改编　二水绘画
河北人民美术出版社

林中月夜
于文青改编　集华绘画
河北人民美术出版社

农民看图识字
集华编绘
河北人民美术出版社

谁是老大哥
王捷改编　王志英绘画
河北人民美术出版社

竞赛在继续着
吴振轩改编　王角绘画
河北人民美术出版社

小豆儿
泮润璋改编　娄世棠绘画
河北人民美术出版社

青眉
子如改编　陆俨少绘画
河北人民美术出版社

一个小红军的故事
孔雨平原著　子平改编
徐琛绘画　贺宝昱封面
河北人民美术出版社

森林中的雷管
雁翼原著　王烈改编
捷夫绘画　何志强封面
河北人民美术出版社

高山流水
朱先立改编　张辛国绘画
河北人民美术出版社

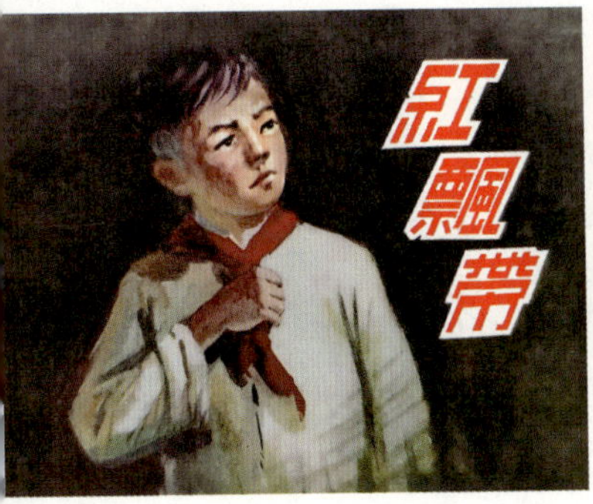

红飘带
谢平实改编　梁越绘画
河北人民美术出版社

社会主义建设总路线图解
河北人民美术出版社编绘
河北人民美术出版社

抗清英雄江天一
汪琬原著　刘英杰改编
陶干臣绘画　黄子希封面
河北人民美术出版社

香姐儿
骆宾基原著　郑明辉改编
蒋格非绘画
河北人民美术出版社

一个旅行队
夏秉钧编文
田乐天绘画
河北人民美术出版社

替哥哥当矿工
何国智改编
赵栋绘画
河北人民美术出版社

昭君出塞
陈平夫改编
黄子晞绘画
河北人民美术出版社

第一次战斗
刘砖绘画
河北人民美术出版社

小英雄金佣英
小流改编　霖辛绘画
河北人民美术出版社

矿工的儿女
方菁绘画
河北人民美术出版社

小工长
赤林、张帆改编
钟庸、钟志宏绘画
河北人民美术出版社

石臼菩萨
郑沁园改编
周卓人、陶士范绘画
河北人民美术出版社

到新厂之前
郑沁园改编　肖林绘画
河北人民美术出版社

地下堡垒
郭少军原著　林羊改编　吴懋祥绘画
河北人民美术出版社

叶限姑娘
周丁改编　康殷绘画
河北人民美术出版社

在大海边上
戴铁英改编　戴敦邦绘画
河北人民美术出版社

林则徐
润之改编　刘汉宗绘画
河北人民美术出版社

风雪夺昆仑
王汶改编　汪玉山绘画
河北人民美术出版社

十八金钢姑娘
集华编绘
河北人民美术出版社

治水英雄韩凤鸣
张士英、洪钊改编　弓长天绘画
河北人民美术出版社

穆桂英女将队
刘振业编文　集华绘画
河北人民美术出版社

穷山花开第一枝
文龙、晋言著文
绍庭、兰亭、田平摄影
河北人民美术出版社

三八妇女翻砂厂
吴振轩编文　司合图绘画
河北人民美术出版社

怎样办好人民公社
集华编绘
河北人民美术出版社

徐水人民公社颂
洪钊、张帆编文
路明绘画
河北人民美术出版社

送情报
苏敏改编
赵静东、高燕绘画
河北人民美术出版社

捉“舌头”
常惠改编　韩伍绘画
河北人民美术出版社

枪
王捷改编　高燕绘画
河北人民美术出版社

独胆英雄
李牧歌原著　陈龙华改编
刘贝绘画
河北人民美术出版社

雕龙记
韩洪涛改编　陆俨少绘画
河北人民美术出版社

入队
穆幸邻编文　曹世琦绘画
河北人民美术出版社

脏姑娘
谢平实改编　李天心绘画
河北人民美术出版社

牡丹亭
汤显祖原著　卢光照改编
范灵绘画
河北人民美术出版社

铡徐猛
张帆改编　刘仲文绘画
河北人民美术出版社

亲女薄情
胡毓麟改编
赵梅生绘画
河北人民美术出版社

任良泉
何士敏原著　洪钊整理
朱丹枫绘画
河北人民美术出版社

毛主席在鼓舞着我们
侯波摄影
河北人民美术出版社

实行全民军事化
本社编绘
河北人民美术出版社

打狼英雄俞昌
甫康改编　秦岭绘画
河北人民美术出版社

我们的付连长
常惠改编　吴志明绘画
河北人民美术出版社

开拖拉机的姑娘
宋莲塘改编　杨梦义绘画
河北人民美术出版社

紧急任务
赤林改编
河北人民美术出版社

会飞的木马
洪钊改编　蔡人燕绘画
河北人民美术出版社

家里带来的钉子
高鸾改编　孙信绘画
河北人民美术出版社

红霞女
董均伦、江源原著
徐植改编　王乃侯绘画
河北人民美术出版社

百鸟衣
牛星恒改编　杨永青绘画
河北人民美术出版社

春秋笔
杨犀改编
凌涛、严绍唐、朱元红绘画
河北人民美术出版社

伏龙寺
陈平夫改编　张鹿山绘画
河北人民美术出版社

空印盒
南泥改编　陈光镒绘画
河北人民美术出版社

尉迟敬德
吉志西改编　陈光宗绘画
河北人民美术出版社

白玉杯
刘禾改编　韦正绘画
河北人民美术出版社

妯娌
孟敏改编　华盖绘画
河北人民美术出版社

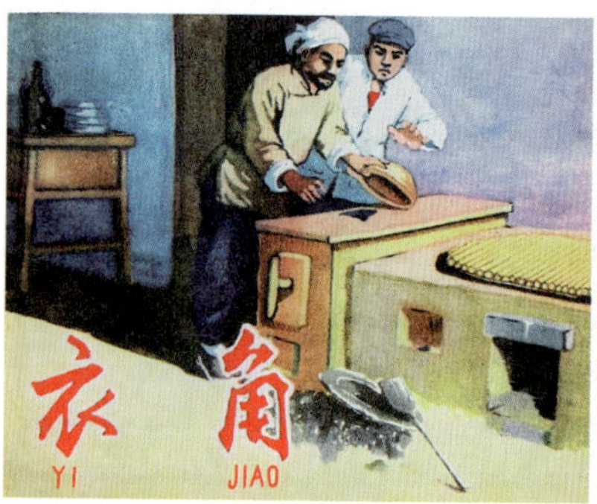

衣角
张建辉改编　元景洪绘画
河北人民美术出版社

重逢
彭年原著　石磊、张西洛改编
骏奋、姚重琪、张宗戴绘画
河北人民美术出版社

灰棋山下
井文改编　刘端绘画
河北人民美术出版社

三颗宝果
黄洵瑞改编　秋枫绘画
河北人民美术出版社

双峰庙（水浒后传之六）
张辙改编　刘汉宗绘画
河北人民美术出版社

云罗山
翁偶虹原著　张静改编
康殷、叔平绘画
河北人民美术出版社

本年共出版连环画 111 种，其中河北人民美术出版社 111 种。《西游记》出版《伏龙寺》1 种。

1959 年

劝爱宝
郑沁园改编　陆俨少绘画
河北人民美术出版社

宫娥恩仇记
郑沁园改编　李成勋绘画
河北人民美术出版社

美姑子
岚屏改编　杜键、高亚光绘画
河北人民美术出版社

九勇士
阮恩泽改编　金奎绘画
河北人民美术出版社

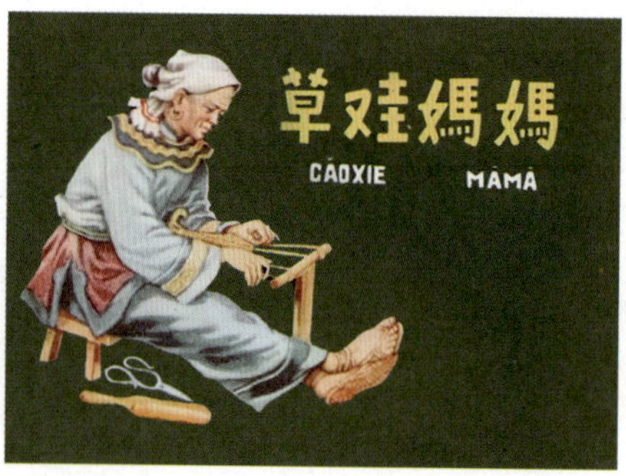

草鞋妈妈
萧甘牛原著　萧甘牛、肖玉狄改编
龙廷坝绘画
河北人民美术出版社

御河桥
盛锡珊绘画
河北人民美术出版社

济公大闹丞相府
张帆改编　芷杞绘画　刘汉宗封面
河北人民美术出版社

夺枪记
雨苹改编　张春峰绘画
河北人民美术出版社

两个队长
惠元改编　陈为明绘画
河北人民美术出版社

抹灰大王认师记
左军改编　沈毅、傅乃琳、
郑缘高、陈俭贞、沈培炎绘画
河北人民美术出版社

前进
白宇改编　魏振祥、王光宇、
李新民绘画　解义勇封面
河北人民美术出版社

夫妇闹新车
洪钊改编　程修绘画
河北人民美术出版社

昆仑奴
艺夫改编　张令涛、胡若佛绘画
河北人民美术出版社

带路老人
万家春改编　程曼、李亨绘画
河北人民美术出版社

新坟的秘密
庄言绘画
河北人民美术出版社

不仅是为了爱情
孟繁卿原著　黄洵瑞改编
杨鹏绘画
河北人民美术出版社

难忘的人
郭建欧原著　田云溪改编
傅凌云绘画
河北人民美术出版社

高举红旗三十年
刘大为原著　张建辉改编
吕连生绘画
河北人民美术出版社

紫玉
张帆改编　范灵绘画
河北人民美术出版社

梁洛文的转变
中共保定地委宣传部编文
集华绘画
河北人民美术出版社

监察主任
浩然原著
刘一心编绘
河北人民美术出版社

打麻雀
杨平原著　瑾瑛改编
郭重光、李恩云绘画
河北人民美术出版社

红旗谱之一　大闹柳树林
梁斌原著　赵敦改编
刘端绘画
河北人民美术出版社

鞭打楚平王
冯梦龙等原著　鲁高改编
凌涛、严绍唐、朱元红绘画
河北人民美术出版社

文天祥
林林改编　陶干臣绘画
张鹿山封面
河北人民美术出版社

干女儿
田云溪改编　钟志宏绘画
河北人民美术出版社

牡丹亭
卢光照改编　范灵绘画
河北人民美术出版社

同舟共济
冷冶改编　吴懋祥绘画
河北人民美术出版社

燕青李逵双赶会
吴剑改编　池振亚绘画
河北人民美术出版社

照阳江上的朝阳
樊丕德改编　魏连福绘画
河北人民美术出版社

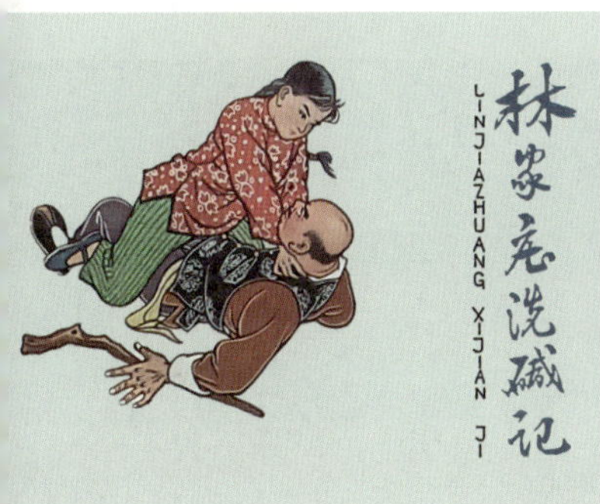

林家庄洗碱记
焦玉峰改编　肖林绘画
河北人民美术出版社

奇袭白虎团
王程远原著　王权改编
作良绘画
河北人民美术出版社

五天五夜
吴锐原著　郭森改编
何国华绘画
河北人民美术出版社

鬼林
万寒原著　白忠懋改编
杨兆新绘画
河北人民美术出版社

奇怪的音符
王为明原著　万家春改编
林涛绘画
河北人民美术出版社

照片引起的回忆
赵自原著　洪钊改编
金立德绘画
河北人民美术出版社

岳父
吴振轩改编　姚天沐绘画
河北人民美术出版社

收白龙马
张帆改编　张鹿山绘画
河北人民美术出版社

弟弟
赤林改编　孟英声绘画
河北人民美术出版社

凤凰山上
苏敦勇改编　张世简、张琼芝绘画
河北人民美术出版社

为了铧犁
郑沁园改编　吕连生绘画
河北人民美术出版社

中国古代发明家
张帆改编　程十发等绘画
河北人民美术出版社

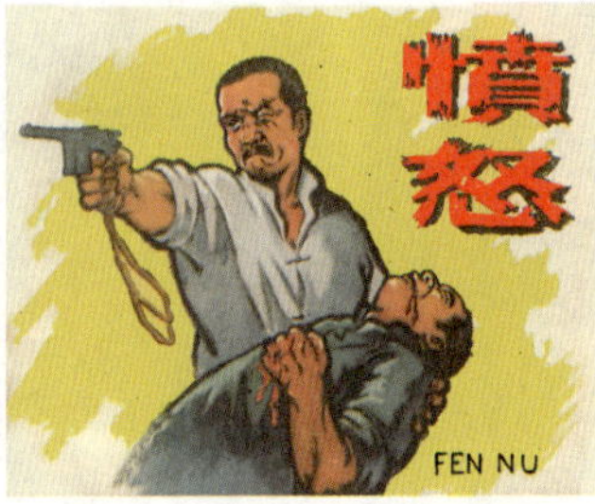

前途
焦可群、张希岭绘画
河北人民美术出版社

愤怒
王烈改编
陈云华、赵隆文绘画
河北人民美术出版社

杀虎妖
于文青改编
王仲清绘画
河北人民美术出版社

谁偷了声音
白宇改编
华三川绘画
河北人民美术出版社

鲤鱼姑娘
风波改编　张锡武绘画
河北人民美术出版社

布谷声声
张春峰改编
周卓人、陶士范绘画
河北人民美术出版社

铁弓缘
杨犀改编　王乃候绘画
河北人民美术出版社

小猛子的秘密
丁夷改编　潘锡柔绘画
河北人民美术出版社

来历不明的社务委员
敦谦改编　少梅绘画
河北人民美术出版社

战斗在福建前线
张帆改编　陈云华、赵隆义绘画
河北人民美术出版社

诗山画海花果乡
田间、张国祥等改编
刘锡九、杨万富等绘画
董希文封面
河北人民美术出版社

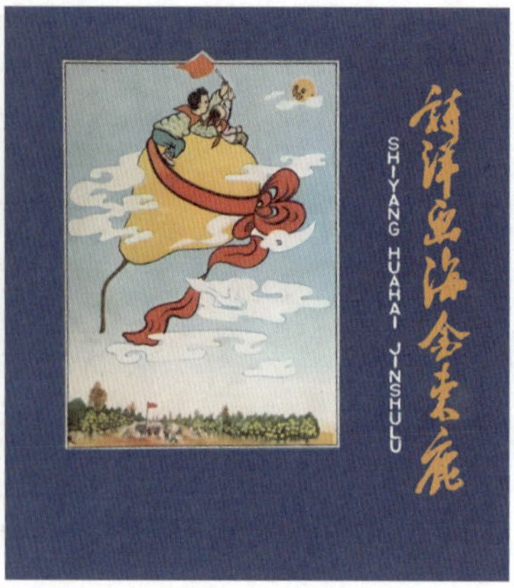

诗洋画海金束鹿
张俊乔、赵魁林等改编
丁绍敏、张志儒等绘画
河北人民美术出版社

月娘娘
宇宙改编
黄子晞、苏云绘画
河北人民美术出版社

小矿工（上集）
姜震瀛改编　韩乐业绘画
河北人民美术出版社

红旗谱之三　身陷虎穴
敦谦、赵成章改编　刘端绘画
河北人民美术出版社

红旗谱之二　远走高飞
敦谦、赵成章改编　张辛国绘画
河北人民美术出版社

中国寓言故事选集
韩非子等原著　王弋改编
刘佩武等绘画　韩伍封面
河北人民美术出版社

澶渊之盟
祁野耘改编　康股、叔平绘画
河北人民美术出版社

嘉丽亚的新生
杨淼改编　孙信绘画
河北人民美术出版社

悔恨
黄继馨改编　程修绘画
河北人民美术出版社

一毛钱
陶萍原著　康迈千改编
高燕绘画
河北人民美术出版社

鲍不平
南洁池改编
刘仲文绘画　张鹿山封面
河北人民美术出版社

在工地上
艾莲改编　何志强绘画
河北人民美术出版社

上甘岭的英雄
艾绵、舒风改编　罗盘绘画
河北人民美术出版社

马小翠
王捷、孟养玉改编　孟养玉绘画
河北人民美术出版社

红旗谱之四　反割头税
赵敦改编　刘端绘画
河北人民美术出版社

金凤树开花
于文青改编　朱子蓉绘画
河北人民美术出版社

农业气象哨
保定专署气象局编绘
保定地区人民出版社

御河桥
盛锡珊绘画　刘旦宅封面
河北人民美术出版社

徐秋影案件
小流改编　施奇平绘画
河北人民美术出版社

女英雄苏美凤
阮恩泽改编　高鸿绘画
河北人民美术出版社

侦察兵
焦玉峰改编　陈云华绘画
河北人民美术出版社

海滨一少年
姜震瀛改编　韩伍绘画
河北人民美术出版社

夏青苗求师
姜震瀛改编　邓柯绘画
河北人民美术出版社

渔哥礁
王大鹏改编　陈林祥绘画
河北人民美术出版社

三个和一个
钱瑞康原著　张晓改编
曹世琦绘画
河北人民美术出版社

黑风山
来诵芬改编　张鹿山绘画
胡若佛封面
河北人民美术出版社

真正的爱情
姜韬改编　叶坚铭绘画
河北人民美术出版社

翘尾巴的火鸡
章程改编　冯吉令绘画
河北人民美术出版社

骄傲的公鸡
王宇文改编　田乐天绘画
河北人民美术出版社

诗光画彩照黎河——
遵化农民诗画选
孙百发、张从安等绘画
河北人民美术出版社

红军坟的故事
陈龙华改编　荣金珠绘画
河北人民美术出版社

庙子湖上的神火
高峦改编　张锡武绘画
河北人民美术出版社

光荣榜上的新人物
簿子炎原著　郑沁园改编
蔡人燕绘画
河北人民美术出版社

老英雄杨仲海
小戈改编　王克文绘画
河北人民美术出版社

黄风岭
潘勤孟改编　池振亚绘画
河北人民美术出版社

赌国王后牌软糖
王士之改编　吕连升绘画
河北人民美术出版社

三个朋友
王祖威改编
沈原野绘画
河北人民美术出版社

上北京
本社选编　孙信绘画
河北人民美术出版社

红军团长当农民
张建辉改编
吴懋祥绘画
河北人民美术出版社

笛子
王捷改编
孟英声绘画
河北人民美术出版社

战地夜校
万家春改编
陈云华、陈守迎绘画
河北人民美术出版社

水漫炉火台
羡智、冷冶改编
章国霖、汪子豆绘画
河北人民美术出版社

虎穴劫狱
王烈改编　金奎绘画
河北人民美术出版社

湖边星火
翟学忠原著　王士之改编
赵隆义绘画
河北人民美术出版社

一切为了伤员
常惠改编　古华绘画
河北人民美术出版社

小春和大水
周季水改编　韩伍绘画
河北人民美术出版社

翠英
李恩云编绘
何国华封面
河北人民美术出版社

技术革命的一面红旗
王富敏编绘
河北人民美术出版社

张良
郑沁园改编　严绍唐、朱元红绘画
程十发封面
河北人民美术出版社

破沧州（水浒后传之九）
张辙改编
刘汉宗绘画　刘旦宅封面
河北人民美术出版社

劫狱
朱文扬改编　刘开基绘画
河北人民美术出版社

水火疑案
墨考原著　焦玉峰改编
杨锦文绘画
河北人民美术出版社

李小霞
卞祖芳原著
池子改编
河北人民美术出版社

山神的故事
张玮绘画
河北人民美术出版社

洒在元旦的鲜血
万家春改编
刘熊绘画
河北人民美术出版社

大字报
杨啸原著
敦千、胡老寿改编
张春峰、丁少敏绘画
河北人民美术出版社

给爷爷请假
张存杰原著　敦千、刘禾改编
元景洪、孙玉平绘画
河北人民美术出版社

老红军
小流改编　李亨、白崇易绘画
河北人民美术出版社

岛上红旗
何泽沛原著　肖芳敏改编
张友涛、周诗成绘画
河北人民美术出版社

流沙河
卢振祥改编
叶之浩绘画　胡若佛封面
河北人民美术出版社

三蜕和长命
阮芳泽改编　李武英绘画
河北人民美术出版社

新安江春讯
叶惠元改编　朱子蓉绘画
河北人民美术出版社

平顶山
潘勤孟改编
池振亚绘画　胡若佛封面
河北人民美术出版社

游击英雄刘秋菊
张葆印改编　童继武绘画
河北人民美术出版社

双珠凤
钱笑呆改编
钱笑呆、曹增潮、池振亚绘画
河北人民美术出版社

枫林曲
大鲁改编　黄景绘画
河北人民美术出版社

海岛上的火光
丁萸改编　范生福绘画
河北人民美术出版社

第九十六个女人
蔡华申改编　金立德封面
河北人民美术出版社

拜师记
张光炎改编　吕连生绘画
河北人民美术出版社

双鞭将呼延灼（水浒后传之八）
张辙改编
张鹿山绘画　刘旦宅封面
河北人民美术出版社

清风店歼灭战
祝九多改编　周恒山绘画
河北人民美术出版社

师长的儿子
戴铁英改编　郁芷芳绘画
河北人民美术出版社

红色保育员
印兵原著　张建辉改编
孟养玉绘画
河北人民美术出版社

小康保的成长
石磊改编　陈圣镜绘画
河北人民美术出版社

新女婿
赵玉波改编　刘一心绘画
河北人民美术出版社

古树的花朵
赤林改编　蔡人燕、戴瑞华绘画
河北人民美术出版社

一畦菜花
姜培光改编　张琼芝绘画
河北人民美术出版社

土地神显灵
倪捷原著　杨万富改编
李芸生、杨万富绘画
河北人民美术出版社

无手姑娘
刘含贞改编　钟志宏绘画
河北人民美术出版社

母女俩
吴振轩改编　张淑俊绘画
河北人民美术出版社

人民公社红旗手——
王国藩办社的基本经验
本社编绘
河北人民美术出版社

红旗谱之五　七月风暴
赵敦改编　阮恩泽绘画
河北人民美术出版社

一笔安家费
鸿雁等原著　马永堃、溥义编绘
河北人民美术出版社

杨大猛怒杀镇关西
王季温改编　端木勇绘画
河北人民美术出版社

火车头上捉鬼子
刘存厚改编　吴懋祥绘画
河北人民美术出版社

二七惨案
肖宏改编　金立德绘画
河北人民美术出版社

真正的爱
宋文原著　洪钊、韩彦山改编
冒怀苏、韩彦山绘画
河北人民美术出版社

立夏节暴动
王烈改编　王重义、孙愚绘画
河北人民美术出版社

农民的科学家
吴振轩改编　朱帆绘画
河北人民美术出版社

我的伤疤
张静改编　刘开基绘画
河北人民美术出版社

野火春风斗古城 ①插入敌腹
李英儒原著　洪钊改编
陈云华、赵隆义绘画
河北人民美术出版社

小梅
小鸿改编　杨梦义、曾亮绘画
河北人民美术出版社

本年共出版连环画 145 种，其中河北人民美术出版社 144 种，保定地区人民出版社 1 种。《西游记》出版《收白龙马》《黑风山》《黄风岭》《流沙河》《平顶山》5 种。

20 世纪 50 年代，大众美术社、沈阳东北画报社、天津人民美术出版社、上海人民美术出版社、人民美术出版社这五大社都以连环画出版为重点，形成了全国连环画出版的基本力量。1956 年毛泽东同志提出“双百”方针，全国在这一年出版的连环画达到 2000 多种，总印数达 1 亿多册，在人民群众中发挥了巨大的宣传教育作用。50 年代中期到 60 年代初期，新中国的连环画创作、出版事业迎来了第一次高峰，这一时期的连环画以反映新中国新气象的作品为主，作品内容百花齐放，涵盖了政治思想教育、抗美援朝、战斗故事、婚姻自由、工人生活、农民生活、部队生活、破除迷信、科学知识、医药卫生、儿童故事等领域；绘画形式多种多样，白描、版画、油画、水粉、水彩、水墨、钢笔、电影剪辑、剪纸、卡通等表现手法都曾出现。在这一历史时期，河北省连环画的出版紧跟时代步伐，围绕社会主义革命和建设而不断发展，创作出《把一切献给党》《马特洛索夫式的英雄黄继光》《人民英雄董存瑞》《李迎新改嫁》《王大妈办满月》《幸福的家庭》《文化大进军》《三八妇女翻砂厂》《党费》《养娃娃图解》《农民看图识字》《俩同学》等具有鲜明的时代特征的现代题材连环画，开启了河北美术出版工作的新局面。河北人民美术出版社还从一些富有教育意义的古代传统故事出发，出版了如《除三害》《桃花扇》《武松打虎》《文天祥》等寓教于乐的连环画，在当时颇受大众青睐。1950 年至 1959 年，河北省共出版连环画 614 种。

20 世纪 50 年代后期至 60 年代初期，以河北人民美术出版社的《西游记》为主要代表的古典题材连环画，通过国际书店远销东南亚和其他地区，在传播中华优秀传统文化的同时给国家赚取了一定的外汇，为新中国和社会主义建设作出了积极的贡献。（外销书每种 2000 册至 4000 册，含在总印数内，出版机构改称“冀美社”）

1950 年—1959 年冀版连环画汇总

1950 年冀版连环画汇总

序号	书名	原著	文	图	封面	开本	版次印次	印数	定价（元）	书号	页数	出版社
1	新儿童看图识字 1		田野	重行		50	1950年5月初版	1—40,000	800	无	32	（石家庄）大众美术社
2	新儿童看图识字 2		田野	重行		50	1950年5月初版	1—40,000	800	无	32	（石家庄）大众美术社
3	新儿童看图识字 3		田野	重行		50	1950年5月初版	1—40,000	800	无	32	（石家庄）大众美术社
4	新儿童看图识字 4		田野	重行		50	1950年5月初版	1—40,000	800	无	32	（石家庄）大众美术社
5	抗美援朝宣传手册			顾炳鑫 赵宏本等		32	1950年12月初版	不详	无	无	42	中国保卫世界和平反对美国侵略委员会察哈尔省分会
	备注：本书为华东人民出版社《美帝侵华血史》的翻印版。											
6	胡大娘的故事（卫生宣教资料第二种预防麻疹破除迷信小故事）		河北省人民政府卫生厅			50	1950年12月初版	不详	无	无	40	河北省人民政府卫生厅
7	不是蝉			小初		50	1950年12月初版	1—10,000	2.50	无	52	（石家庄）大众美术社
8	婚姻法图解（通俗美术小丛书之一）		石家庄文联美协集体（陈因 郭钧 张树德 刘毅心 黄润华 刘炎 尚羡智 张庚）	石家庄文联美协集体（陈因 郭钧 张树德 刘毅心 黄润华 刘炎 尚羡智 张庚）		50	1950年12月初版	1—10,000	1800	0001	40	（石家庄）大众美术社
	备注：本书为冀版第一本连环画。											

1951年冀版连环画汇总

序号	书名	原著	文	图	封面	开本	版次印次	印数	定价（元）	书号	页数	出版社
1	中华人民共和国惩治反革命条例					128	1951年初版	不详	无	无	不详	河北省人民出版社
	备注：本书为华东人民出版社《中华人民共和国惩治反革命条例通俗图解本》的翻印版。											
2	支援人民志愿军		张愈新	岬风		60	1951年初版	1—30,000	1800	无	33	察哈尔省文教厅 张家口科学仪器厂
	备注：本书少见，非出版社出版但标有售价，对研究连环画出版史有一定的史料价值。											
3	新庄稼杂字		周敬侪			32	1951年2月初版	1—10,000	1100	无	24	河北（省）人民出版社
4	绘图庄稼杂字		董纯才			32	1951年2月初版	1—10,000	无	无	27	河北省人民出版社
	备注：本书初版封面未找到，使用的是第2次印刷的封面。第2次印刷时出版社进行了更名。											
5	张大嫂的转变		河北省人民政府卫生厅			32	1951年2月初版	1—10,000	无	无	16	河北省人民出版社
6	庆祝党成立三十周年（宣传员手册增刊之一）		辛拓	王影		32	1951年6月初版	1—87,000	500	无	50	新华书店 河北省分店
	备注：本书为河北省《宣传员手册》增刊，内有《伟大的三十年》连环画。											
7	怎样养娃娃		河北省人民政府卫生厅			36	1951年6月初版	1—25,000	5500	无	40	河北省人民出版社
8	宣传员手册增刊（中国共产党三十年）			赵枫川 古一舟 吴静波		32	1951年7月初版	不详	600	无	37	中共察哈尔省委宣传部
	备注：本书为察哈尔省《宣传员手册》增刊，是华北人民出版社《中国共产党三十年》的翻印版。											
9	中国共产党三十年画册					32	1951年8月初版	不详	无	无	54	中共热河省委宣传部
	备注：本书为华北人民出版社《中国共产党三十年》的翻印版，附录含另一版本的《中国共产党三十年》16页。											
10	于俊生检举反革命			大可		50	1951年8月初版	1—20,000	1000	无	28	河北省人民出版社

（续表）

<table>
<tr><th>序号</th><th>书名</th><th>原著</th><th>文</th><th>图</th><th>封面</th><th>开本</th><th>版次印次</th><th>印数</th><th>定价（元）</th><th>书号</th><th>页数</th><th>出版社</th></tr>
<tr><td rowspan="2">11</td><td>两位反坦克射击手——中国人民志愿军战斗故事</td><td></td><td></td><td>钟志宏</td><td></td><td>50</td><td>1951年9月初版</td><td>1—12,050</td><td>900</td><td>无</td><td>23</td><td>河北省人民出版社</td></tr>
<tr><td colspan="12">备注：本书包含《三兄弟》13页，李惜庵绘画。</td></tr>
<tr><td rowspan="2">12</td><td>强大的人民解放军</td><td></td><td>中国人民解放军河北省军区政治部</td><td>中国人民解放军河北省军区政治部</td><td></td><td>42</td><td>1951年10月初版</td><td>1—7,000</td><td>800</td><td>无</td><td>20</td><td>河北人民出版社</td></tr>
<tr><td colspan="12">备注：本书初版封面未找到，使用的是第2次印刷的封面。第2次印刷时出版社进行了更名。</td></tr>
<tr><td rowspan="2">13</td><td>植棉模范曲耀离（农业生产丛书之二十五）</td><td></td><td>王大中</td><td></td><td></td><td>50</td><td>1951年11月初版</td><td>1—7,000</td><td>1200</td><td>[G,132]</td><td>35</td><td>河北人民出版社</td></tr>
<tr><td colspan="12">备注：本书为纪录电影连环画。</td></tr>
<tr><td>14</td><td>结婚</td><td></td><td>刘流</td><td>林涛</td><td></td><td>50</td><td>1951年12月初版</td><td>不详</td><td>1500</td><td>不详</td><td>46</td><td>河北人民出版社</td></tr>
</table>

1952年冀版连环画汇总

序号	书名	原著	文	图	封面	开本	版次印次	印数	定价（元）	书号	页数	出版社
1	杨家寨模范供销社		徐亚黎	刘振业 赵信芳		50	1952年1月初版	1—25,000	1800	不详	64	河北人民出版社
2	从烟火里抢出炮弹			刘端 羡智		56	1952年3月初版	1—10,000	2000	不详	64	（石家庄）大众美术社
3	青年捉虎记（通俗美术小丛书之三）		石家庄美术工作者协会	郭钧 王小初 张树德		50	1952年4月初版	1—10,000	2000	不详	37	（石家庄）大众美术社
	备注：本书包含《青年捉虎记》《姚大钧检举了贪污的爸爸》《蒋宗秀大胆检举贪污犯》3个故事。											
4	粉碎美帝细菌战		大众美术社美术室			50	1952年5月初版	1—10,000	1500	0005	40	大众美术社
5	红五月（通俗美术小丛书之六）			羡智		50	1952年5月初版	1—10,000	1000	0006	11	（石家庄）大众美术社
6	棉蚜与红蜘蛛		羡智 刘端 张庚 淑薰 士俊	羡智 刘端 张庚 淑薰 士俊		50	1952年6月初版	1—15,000	1300	0007	33	（石家庄）大众美术社
7	妇幼卫生常识		张家口市妇女联合会	冯敏箴 王培基		50	1952年6月初版	1—90,500	2500	0019	92	察哈尔人民出版社
8	植棉模范梁家瑞		石家庄文联美协创作组	石家庄美协、石家庄大众美术室集体合作			1952年7月初版	1—15,000	1800	0009	40	大众美术社
9	保卫板门店的英雄们			刘端 张庚		50	1952年7月初版	1—5,000	1500	0010	26	大众美术社
	备注：本书包含《忠于祖国的人们》12页。											
10	光荣枪		大众美术社美术室	大众美术社美术室		50	1952年7月初版	1—5,000	1500	0011	32	大众美术社
11	怎样预防传染病		书田	明义 大可 笑愚 剑秋			1952年7月初版	1—35,000	1500	[F. 107]	55	河北人民出版社
	备注：本书包含《夏季卫生常识》28页，《怎样预防传染病》14页，《怎样预防大脑炎》13页，共计3个故事。											

（续表）

序号	书名	原著	文	图	封面	开本	版次印次	印数	定价（元）	书号	页数	出版社
12	爱情	方菁	鲁高	张树德 尚羡智 张文瑞 刘端 周淑薰 张庚		50	1952年8月初版	1—15,000	1800	0013	46	（石家庄）大众美术社
13	文化大进军	王勉		张树德 尚羡智 张文瑞 刘端 周淑薰 张庚		50	1952年8月初版	1—15,000	2400	0014	56	大众美术社
14	桃花扇		鲁高	周淑薰 任率英		50	1952年8月初版	1—12,000	2000	0016	41	大众美术社
	备注：本书包含《桃花扇》25页，《葛嫩娘》16页。											
15	人民功臣解秀梅		刘可	刘可		50	1952年8月初版	1—15,000	2000	0017	39	大众美术社
16	空军英雄张积慧		张树德 刘端	张树德 刘端		50	1952年10月初版	1—20,000	1400	0018	42	（石家庄）大众美术社
17	曾端仪和速成写字法		羡智	张树德 尚羡智 张文瑞 刘端 周淑薰 张庚		50	1952年10月初版	1—40,000	1700	0019	48	（石家庄）大众美术社
18	一个农家的悲喜剧	林钢	王惠吉	刘明义 孙世涛 尚羡智		50	1952年10月初版	1—20,000	1700	0021	46	大众美术社
19	伟大的贡献——刘喜振创造漏模翻砂造型法的故事			刘明义		50	1952年10月初版	1—10,000	1300	不详	34	（石家庄）大众美术社
20	耿长锁农业生产合作社（速成识字用书）			刘振业 夏一平 田辛甫		50	1952年11月初版	1—50,000	1100	[C. 139]	46	河北人民出版社
21	半夜鸡叫	高玉宝	尚羡智 刘端	尚羡智 刘端		50	1952年12月初版	1—20,000	1500	0023	38	（石家庄）大众美术社
22	红旗飘在刘村池		林涛	林涛		50	1952年12月初版	1—20,000	1500	0024	40	（石家庄）大众美术社
	备注：本书包含《红旗飘在刘村池》《刘守常参加互助组》《中共西渝河村支部怎样发动农民组织起来》3个故事。											
23	谷老大娘学文化		刘毅心 张树德	刘毅心 张树德		50	1952年12月初版	1—10,000	1400	0025	31	（石家庄）大众美术社

（续表）

序号	书名	原著	文	图	封面	开本	版次印次	印数	定价（元）	书号	页数	出版社
24	狙击线上的英雄		张树德等	张树德等		50	1952年12月初版	1—20,000	1300	0026	32	（石家庄）大众美术社
	备注：本书包含《火人》15页，林涛编绘。											
25	一个农业生产合作社社员的故事			刘明义		50	1952年12月初版	1—20,000	1300	0028	30	（石家庄）大众美术社
26	都是一家人		张树德 尚羡智	张树德 尚羡智		50	1952年12月初版	1—10,000	1500	0029	36	（石家庄）大众美术社
	备注：本书包含《张林抢救军属》8页，张树德、尚羡智编绘；《熬粥》12页，尚羡智、张文瑞编绘。											

1953 年冀版连环画汇总

序号	书名	原著	文	图	封面	开本	版次印次	印数	定价（元）	书号	页数	出版社
1	特等功臣郭金升		刘端	刘端		50	1953年2月初版	1—20,000	1300	0030	33	大众美术社
2	自由结婚		刘毅心	刘毅心		50	1953年2月初版	1—20,000	1400	0031	39	（石家庄）大众美术社
3	田启明的汽车驾驶法与保养法		河北人民出版社			50	1953年3月初版	1—1,600	2000	950	42	河北人民出版社
	备注：本书为摄影连环画。											
4	一封喜信			林涛 王润达 刘佩武		50	1953年3月初版	1—9,500	700	951	34	河北人民出版社
5	郭金升事件			林涛		50	1953年3月初版	1—4,600	1400	不详	75	河北人民出版社
6	荣军旗帜张树义		羡智	张树德 尚羡智 刘端 张庚 张文瑞 周淑薰		32	1953年3月初版	1—15,000	3900	0027	105	（石家庄）大众美术社
7	“查定”教育了李师傅		戈夫 高洪文	李惜庵等		50	1953年4月初版	1—5,200	1600	957	71	河北人民出版社
8	志愿军空军英雄赵宝桐			夏一平 赵信芳		50	1953年4月初版	1—3,200	1000	960	31	河北人民出版社
9	怎样养娃娃		河北省人民政府卫生厅	王运达 刘佩武		46	1953年4月初版	1—16,000	2000	964	82	河北人民出版社
10	水车	阎肃	鲁高	李惜庵		50	1953年4月初版	1—20,000	1700	0032	54	（石家庄）大众美术社
11	马特洛索夫式的英雄黄继光			张树德 尚羡智 刘端 张庚	陈兴华	50	1953年4月初版，1953年11月第2次印刷	1—20,000	1500	0033	46	（石家庄）大众美术社
	备注：本书包含《伟大的战士邱少云》16页，《黄继光》30页。第2次印刷印数为20,001—29,000，页数调整为48页，封面微调，其他不变。											
12	一段光荣的路程			刘振业 田辛甫		50	1953年6月初版	1—4,000	1200	974	38	河北人民出版社
13	贾文田和他的枪		岚屏	王影 孟寅 林涛 春峰		50	1953年6月初版	1—8,200	1500	977	47	河北人民出版社

（续表）

序号	书名	原著	文	图	封面	开本	版次印次	印数	定价（元）	书号	页数	出版社
14	朴金素			张树德		50	1953年6月初版	1—5,500	2500	不详	100	河北人民出版社
15	赵小兰	金剑	一平 信芳 景鲁	一平 信芳 景鲁		50	1953年7月初版	1—15,000	1500	0035	50	（石家庄）大众美术社
16	爆破手和绣花荷包	吴群	刘禾	刘明义		50	1953年7月初版	1—15,000	2300	0036	39	（石家庄）大众美术社
17	红花处处开		林予	王小初 刘明义		50	1953年7月初版	1—15,000	1900	0037	30	（石家庄）大众美术社
18	幸福的家庭		张鲁	张鲁		50	1953年7月初版	1—15,000	2600	0038	不详	（石家庄）大众美术社
19	不朽的朝鲜母亲		刘明义等	刘明义等		50	1953年7月初版	1—20,000	2800	0039	42	（石家庄）大众美术社
	备注：本书包含《石吉荣》22页。											
20	丁宝兰——一个志愿军战士的未婚妻			赵栋 刘汉宗		50	1953年7月初版	1—10,050	1500	981	42	河北人民出版社
21	桃花扇			周淑薰 任率英		50	1953年9月初版	1—30,000	不详	0016	不详	（石家庄）大众美术社
22	四十亩谷子		张庆田	羡智 张庚		50	1953年9月初版	1—4,650	2000	0041	不详	（石家庄）大众美术社
23	打不烂的宝贝枪		羡智	刘明义 刘开基		50	1953年10月初版	1—12,875	1900	0042	66	（石家庄）大众美术社
24	除三害		余金	徐燕荪 任率英		50	1953年10月初版	1—10,070	1600	0043	58	（石家庄）大众美术社
	备注：本书包含《狄青》34页，徐淦改编，徐燕荪、任率英绘画。											
25	侦察员		羡智	念鸿		50	1953年11月初版	1—10,000	1400	0044	46	（石家庄）大众美术社
26	崔玉珍		吴振轩	吴振轩		50	1953年12月初版	1—7,800	1400	0045	41	（石家庄）大众美术社

（续表）

序号	书名	原著	文	图	封面	开本	版次印次	印数	定价（元）	书号	页数	出版社
27	路庄地道战		岚屏	俞沙丁		50	1953年12月初版	1—16，500	3000	1000	115	河北人民出版社

1954年冀版连环画汇总

序号	书名	原著	文	图	封面	开本	版次印次	印数	定价（元）	书号	页数	出版社
1	李迎新改嫁		王影 孟寅	王影 孟寅		50	1954年2月 初版	1—6, 600	2000	306	39	河北人民出版社
2	漳河水	阮章竞	沁泉	沁泉		50	1954年3月 初版	1—11, 000	1600	0046	58	大众美术社
3	小水桶		徐光玉	周淑薰		48	1954年3月 初版	1—14, 000	2700	0047	37	大众美术社
4	人民的好女儿 高桂珍		刘雨葵	孟寅 林涛 春峰		50	1954年4月 初版	1—17, 000	1600	319	42	河北人民出版社
5	黑磁村		宋孟寅 任诚	田辛甫 程贵平		50	1954年4月 初版	1—8, 700	2200	320	52	河北人民出版社
6	人民功臣 解秀梅		刘可	刘可		50	1954年4月 新1版	1—3, 170	1700	0017	39	大众美术社
	备注：本书的封面进行了重绘。											
7	金色葫芦		羡智	曹世伟		40	1954年4月 初版	1—13, 670	2500	0049	30	大众美术社
8	银棉姑娘		于平	邵国寰		50	1954年4月 初版	1—10, 570	1800	0050	62	大众美术社
9	老水怪		柳浪	柳浪		50	1954年4月 初版	1—8, 470	1500	0051	47	大众美术社
10	桃花扇		鲁高	周淑薰 任率英		50	1954年5月 新1版	30, 001— 45, 090	1700	0016	41	大众美术社
	备注：本书的封面进行了重绘。											
11	志愿军的 铁匠炉		阎凤震	阎凤震		50	1954年5月 初版	1—10, 070	2500	0053	39	大众美术社
	备注：本书包含《杨培华独胆杀敌》12页。											
12	珍珠粮		于平	曹世琦		50	1954年6月 初版	1—8, 070	1800	0055	47	大众美术社
13	王大妈办满月		羡智	长里		50	1954年6月 初版	1—6, 070	1700	0057	37	大众美术社
14	黄继光		念鸿 刘端 刘禾 阿庚	念鸿 刘端 刘禾 阿庚		50	1954年7月 再版	29, 001— 43, 070	1500	0033	47	大众美术社
	备注：本书的书名封面有变化，内页顺序有调整，故事顺序变为《黄继光》在前，《伟大的战士邱少云》在后。											

（续表）

序号	书名	原著	文	图	封面	开本	版次印次	印数	定价（元）	书号	页数	出版社
15	除三害		余金	徐燕荪 任率英		40	1954年7月 新1版	10，071— 22，140	2400	0043	24	大众美术社
	备注：本书的封面进行了重绘，内页为彩色，开页由50开改为40开。											
16	夜走五云山		刘端	刘端		50	1954年7月 初版	1—20, 070	1600	0056	36	大众美术社
17	不能走那条路		卢光照	柳浪		50	1954年7月 初版	1—7, 070	2400	不详	66	大众美术社
18	武松打虎		冯妇	刘继卣		36	1954年8月 初版	1—16, 100	2800	0054	28	大众美术社
19	一根绳子		刘谷	孙世涛 刘明义		50	1954年8月 初版	1—6, 070	1500	0059	32	大众美术社
20	红领巾		张世简	张世简		50	1954年8月 初版	1—20, 070	1700	0061	26	大众美术社
	备注：本书包含《五个杏子》，辛显林改编，林一鹤、袁飞绘画。											
21	好女婿		樊成 刘芹	林一鹤 袁飞 金克浚		50	1954年8月 初版	1—10, 070	2100	0062	63	大众美术社
22	人民英雄 董存瑞		李平凡	娄世棠		40	1954年9月 初版	1—15, 100	1800	0060	27	大众美术社
23	相思树		羡智	路人		50	1954年9月 初版	1—9, 100	2600	0064	87	大众美术社
24	福松老汉		羡智	王叔晖		50	1954年9月 初版	1—5, 100	2000	不详	53	大众美术社
	备注：本书包含《向老福学习》25页。											
25	无畏的勇士		陈兴华	陈兴华		50	1954年9月 初版	1—12, 100	1800	0068	38	大众美术社
	备注：本书包含《前进》22页。											
26	小胖小松		王绥中	淑薰 振轩		50	1954年9月 初版	1—16, 100	1800	0069	45	大众美术社
27	双喜临门		羡智	郭重光		50	1954年9月 初版	1—12, 100	1800	0070	47	大众美术社
28	小八路 张金来		刘雨葵	念鸿		50	1954年10月 初版	1—14, 000	2300	347	83	河北人民出版社
29	打不烂的 宝贝枪		羡智	刘明义 刘开基		50	1953年10月 初版 1954年8月 第2次印刷	12, 876— 20, 946	1900	0042	66	（石家庄）大众 美术社
	备注：本书的封面进行了重绘。											

（续表）

序号	书名	原著	文	图	封面	开本	版次印次	印数	定价（元）	书号	页数	出版社
30	小金子		黄琛 段林	黄琛 段林		50	1954年10月初版	1—17, 100	1500	0066	46	大众美术社
31	松树下的见证人		徐光玉	刘端		50	1954年10月初版	1—16, 100	1400	0073	45	大众美术社
32	北戴河的故事		田心	钟志宏		50	1954年10月初版	1—12, 100	1600	0074	46	大众美术社
33	一渠春水两地流		于智	肖林		50	1954年11月初版	1—13, 100	1600	0072	41	大众美术社
34	赵武灵王		徐光玉	刘凌沧		50	1954年11月初版	1—29, 100	1400	0075	34	大众美术社
35	验收员		章耕	钟志宏 李惜庵		50	1954年11月初版	1—11, 100	2100	0076	58	大众美术社
36	李金芝		卢光照	苏体仁 包恩梨 茅织云 陆洪		50	1954年11月初版	1—14, 100	1800	0077	48	大众美术社
37	钢铁儿女		王宇文	王宇文		50	1954年12月初版	1—14, 100	2500	0071	80	大众美术社
38	社里的鸡鸭		王宇文	毓继明		50	1954年12月初版	1—15, 600	1800	0078	58	大众美术社
39	拖拉机做媒		王绥中	斯人		50	1954年12月初版	1—15, 600	1500	0079	44	大众美术社
40	光荣春		鱼潜	曹世琦		50	1954年12月初版	1—13, 100	1500	0081	45	大众美术社
41	地下的宝贝		敦谦	念鸿		50	1954年12月初版	1—18, 600	1400	0082	38	大众美术社
42	养娃娃图解		王运达	刘佩武		50	1954年12月初版	1—9, 000	2400	381	89	河北人民出版社
43	杨春山入社		惠元	刘明义		50	1954年12月初版	1—9, 000	2100	382	73	河北人民出版社
44	拿炮楼			林涛		50	1954年12月初版	1—12, 000	1600	383	56	河北人民出版社
45	十一郎		孟寅 李佩之	刘汉宗		50	1954年12月初版	1—26, 500	2000	384	69	河北人民出版社
46	人往高处走		夏一平			50	1954年12月初版	1—5, 000	1500	385	48	河北人民出版社
	备注：本书为电影连环画。											

1955 年冀版连环画汇总

<table>
<tr><th>序号</th><th>书名</th><th>原著</th><th>文</th><th>图</th><th>封面</th><th>开本</th><th>版次印次</th><th>印数</th><th>定价（元）</th><th>书号</th><th>页数</th><th>出版社</th></tr>
<tr><td>1</td><td>孙老大单干</td><td></td><td>朱先立</td><td>赵文发
翟润书</td><td></td><td>60</td><td>1955年1月初版</td><td>1—15, 100</td><td>1500</td><td>0083</td><td>53</td><td>河北人民美术出版社</td></tr>
<tr><td>2</td><td>妇女代表张桂蓉</td><td></td><td>朱先立</td><td>刘振业
赵信芳</td><td></td><td>60</td><td>1955年1月初版</td><td>1—10, 600</td><td>1800</td><td>不详</td><td>74</td><td>河北人民美术出版社</td></tr>
<tr><td>3</td><td>韩梅梅</td><td></td><td>卢光照</td><td>阎素
程贵平
韩羽</td><td></td><td>60</td><td>1955年1月初版</td><td>1—16, 100</td><td>1500</td><td>0085</td><td>51</td><td>河北人民美术出版社</td></tr>
<tr><td>4</td><td>孟广泰老头</td><td></td><td>章耕</td><td>周迁</td><td></td><td>60</td><td>1955年1月初版</td><td>1—14, 100</td><td>1400</td><td>0086</td><td>45</td><td>河北人民美术出版社</td></tr>
<tr><td>5</td><td>把一切献给党</td><td></td><td>罗祥音</td><td>黄景
齐人</td><td></td><td>60</td><td>1955年2月初版</td><td>1—50, 100</td><td>2500</td><td>0087</td><td>125</td><td>河北人民美术出版社</td></tr>
<tr><td>6</td><td>山上有个卫生员</td><td></td><td>章耕</td><td>望京
钟鸾</td><td></td><td>60</td><td>1955年2月初版</td><td>1—10, 100</td><td>1300</td><td>0088</td><td>40</td><td>河北人民美术出版社</td></tr>
<tr><td>7</td><td>借犁铧</td><td></td><td>周琤杰</td><td>浦增锽</td><td></td><td>60</td><td>1955年2月初版</td><td>1—8, 100</td><td>1400</td><td>0089</td><td>49</td><td>河北人民美术出版社</td></tr>
<tr><td>8</td><td>双英探匪山</td><td></td><td>敦谦
羡智</td><td>柳浪</td><td></td><td>60</td><td>1955年2月初版</td><td>1—20, 100</td><td>1700</td><td>0090</td><td>66</td><td>河北人民美术出版社</td></tr>
<tr><td>9</td><td>水的问题</td><td></td><td>徐光玉</td><td>刘端</td><td></td><td>60</td><td>1955年2月初版</td><td>1—12, 100</td><td>1700</td><td>0091</td><td>61</td><td>河北人民美术出版社</td></tr>
<tr><td>10</td><td>小旗炸桥</td><td></td><td>羡智</td><td>陈中</td><td></td><td>60</td><td>1955年2月初版</td><td>1—18, 600</td><td>1300</td><td>0092</td><td>41</td><td>河北人民美术出版社</td></tr>
<tr><td rowspan="2">11</td><td>夜走五云山</td><td></td><td>刘端</td><td>刘端</td><td></td><td>60</td><td>1955年3月再版</td><td>20, 101—24, 200</td><td>0. 13</td><td>0056</td><td>39</td><td>河北人民美术出版社</td></tr>
<tr><td colspan="12">备注：本书的封面进行了重绘，开本由50开改为60开，右翻变左翻。</td></tr>
<tr><td rowspan="2">12</td><td>红领巾</td><td></td><td>张世简
华三川
王群生
等</td><td>张世简
华三川
王群生
等</td><td></td><td>60</td><td>1954年8月初版，1955年3月第2次印刷</td><td>20, 101—24, 200</td><td>0. 15</td><td>0061</td><td>50</td><td>河北人民美术出版社</td></tr>
<tr><td colspan="12">备注：本书更换出版社出版，封面进行了微调，开本改变，右翻变左翻。含《五个杏子》18页，辛显林改编，林一鹤、袁飞绘画；《叔叔我入队了》12页，王群生改编，华三川绘画。</td></tr>
<tr><td rowspan="2">13</td><td>小胖小松</td><td></td><td>王绥中
黄明
萧舟</td><td>淑薰
振轩
洪荒
张慈中</td><td></td><td>60</td><td>1955年3月再版</td><td>16, 101—20, 000</td><td>0. 18</td><td>0069</td><td>不详</td><td>河北人民美术出版社</td></tr>
<tr><td colspan="12">备注：本书更换出版社出版，开本改变，封面进行了微调，印数接大众美术社老版，实际是新版1印，含《小胖小松》《七瓣的小花朵》《蜡笔》3个故事。</td></tr>
<tr><td>14</td><td>百宝图</td><td></td><td>张西洛</td><td>俞沙丁</td><td></td><td>60</td><td>1955年3月初版</td><td>1—16, 100</td><td>0. 13</td><td>0093</td><td>40</td><td>河北人民美术出版社</td></tr>
</table>

（续表）

序号	书名	原著	文	图	封面	开本	版次印次	印数	定价（元）	书号	页数	出版社
15	一场风波		章耕 王影	刘明义 王绥中		60	1955年3月初版	1—9，100	0.17	0094	61	河北人民美术出版社
	备注：本书包含《原来如此》23页。初版书中有部分书只有《一场风波》一个故事，为38页。											
16	三调芭蕉扇		刘雨葵	吴光宇		50	1955年4月初版	1—35，000	0.15	422	46	河北人民出版社
17	回娘家		卢光照	刧蕤		60	1955年4月初版	1—3，100	0.14	0095	46	河北人民美术出版社
18	开山英雄		敦谦	捷夫		60	1955年4月初版	1—5，400	0.15	0096	52	河北人民美术出版社
19	桃花扇		鲁高	树薰		48	1954年5月新1版，1955年6月第2次印刷	45，091—75，190	0.14	0016	25	河北人民美术出版社
	备注：本书的封面开本有变化，右翻变左翻，不含《葛嫩娘》。											
20	钟		朱先立	王永扬		60	1955年5月初版	1—8，100	0.17	0105	56	河北人民美术出版社
21	青螺女		段伟君	段伟君		48	1955年6月初版	1—30，100	0.22	0097	31	河北人民美术出版社
22	张强寻妻		黄洵瑞	钟一鸾		48	1955年6月初版	1—32，100	0.25	0098	39	河北人民美术出版社
23	一枝（支）红蓝铅笔		徐守华	娄世棠		48	1955年6月初版	1—11，300	0.17	0099	40	河北人民美术出版社
24	路庄地道战		岚屏	俞沙丁		60	1954年6月初版，1955年6月第3次印刷	26，501—42，600	0.27	0103	115	河北人民美术出版社
	备注：本书更换出版社及书号，开本改变，右翻变左翻。本次印刷实际为新1版1印。											
25	小八路		刘雨葵	念鸿		60	1954年10月初版，1955年6月第2次印刷	14，001—29，300	0.22	0104	83	河北人民美术出版社
	备注：本书更换出版社及书号，封面进行了重绘，书名开本改变，右翻变左翻。											
26	黄继光		念鸿 刘端 刘禾 阿庚	念鸿 刘端 刘禾 阿庚		60	1954年7月再版，1955年7月第2次印刷	43，071—64，670	0.16	0033	47	河北人民美术出版社
	备注：本书的封面开本有变化。											

（续表）

序号	书名	原著	文	图	封面	开本	版次印次	印数	定价（元）	书号	页数	出版社
27	不朽的朝鲜母亲		刘明义 大可 刘禾 张树德 张庚	刘明义 大可 刘禾 张树德 张庚		60	1953年7月初版，1955年7月第3次印刷	30, 071—33, 170	0. 20	0039	64	河北人民美术出版社
	备注：本书更换出版社，封面开本改变，右翻变左翻。											
28	打不烂的宝贝枪		羡智	刘明义 刘开基		60	1955年7月新1版	35, 946——45, 046	0. 32	0042	不详	河北人民美术出版社
	备注：本书更换出版社，封面开本有变化，右翻变左翻。											
29	英雄的成长		张学廉	程修 程中岳		60	1955年7月初版	1—21, 600	0. 24	0102	99	河北人民美术出版社
30	快刀刘		吴明生	林涛		60	1955年7月初版	1—9, 200	0. 18	0106	62	河北人民美术出版社
31	第一次侦察		刘端	刘端		60	1955年7月初版	1—24, 600	0. 18	0109	64	河北人民美术出版社
32	小鹰		王绥中	肖林		60	1955年8月初版	1—16, 300	0. 17	0101	60	河北人民美术出版社
33	李逵大闹忠义堂		新平	汪玉山 冯墨浓		60	1955年8月初版	1—44, 100	0. 17	0107	55	河北人民美术出版社
34	海滨的孩子		王绥中	浦增锽		60	1955年8月初版	1—17, 400	0. 16	0108	44	河北人民美术出版社
35	于红英		吴奇	柳毅		60	1955年8月初版	1—12, 100	0. 17	0110	55	河北人民美术出版社
36	春大姐		新平	江宜之		60	1955年8月初版	1—13, 600	0. 26	0114	112	河北人民美术出版社
37	摩雅傣		田心	刘王斌		60	1955年8月初版	1—12, 100	0. 16	0115	50	河北人民美术出版社
38	三件宝贝		崔玉山等	周迁 石磊		60	1955年8月初版	1—24, 400	0. 20	0116	71	河北人民美术出版社
	备注：本书包含《美丽的姑娘》32页。											
39	小白旗		章耕 羡智	林锴		60	1955年9月初版	1—7, 600	0. 16	0111	50	河北人民美术出版社
40	俩同学		刘见等	张鸾等		48	1955年9月初版	1—14, 300	0. 16	0112	36	河北人民美术出版社
	备注：本书包含《俩同学》《孙小琴》《小媛的伞》3个故事。											

（续表）

序号	书名	原著	文	图	封面	开本	版次印次	印数	定价（元）	书号	页数	出版社
41	红袜子		周淑薰	周淑薰		60	1955年9月初版	1—15,200	0.16	0118	52	河北人民美术出版社
42	飞行队员		常庚西	郭燕		60	1955年9月初版	1—22,200	0.17	0122	57	河北人民美术出版社
43	争红旗		新英	庚子		60	1955年9月初版	1—7,100	0.16	0124	50	河北人民美术出版社
44	何老二要账		周琤杰	林涛		60	1955年9月初版	1—8,600	0.13	0125	34	河北人民美术出版社
45	可疑的人		鱼潜	陈中		60	1955年9月初版	1—11,300	0.16	0126	50	河北人民美术出版社
46	刘玉翠挑对象		忆容	王克明		60	1955年10月初版	1—15,300	0.20	0113	74	河北人民美术出版社
47	凤凰		时间	刘薇 江爱群		48	1955年10月初版	1—22,200	0.22	0117	不详	河北人民美术出版社
	备注：本书包含《种桃树》18页。											
48	美丽的尾巴		时间 刘薇	时间 刘薇		48	1955年10月初版	1—17,800	0.25	0119	37	河北人民美术出版社
	备注：本书包含《雄鸡》12页。											
49	闹家务		果丰	华三川		60	1955年10月初版	1—9,800	0.18	0121	60	河北人民美术出版社
50	乌鸦和孔雀毛		江爱群	江爱群		48	1955年11月初版	1—18,100	0.26	0123	36	河北人民美术出版社
	备注：本书包含《熊与虎的决斗》11页，《团结起来有力量》16页。											
51	搜孤救孤		徐光玉	刘汉宗		60	1955年11月初版	1—20,100	0.25	0127	101	河北人民美术出版社
52	为了孩子		黄洵瑞	周迁 阿浦		48	1955年11月初版	1—11,100	0.16	0133	39	河北人民美术出版社
53	宇宙锋		于平	梅兰芳 姜妙香 刘连荣 张蝶芬		18	1955年11月初版	1—4,300	0.60	0135	16	河北人民美术出版社
	备注：本书为剧照连环画。											
54	铜墙铁壁		王宇文	杨锦文		60	1955年12月初版	1—24,100	0.15	0129	44	河北人民美术出版社

（续表）

序号	书名	原著	文	图	封面	开本	版次印次	印数	定价（元）	书号	页数	出版社
55	对空监视员		吴明生 林浦	程修 程中岳 赵兵凯		48	1955年12月初版	1—18,100	0.20	0137	61	河北人民美术出版社
	备注：本书包含《无人区哨兵》23页。											
56	葡萄仙		张西洛	陈中 王宇文 周淑薰		60	1955年12月初版	1—20,100	0.15	0138	45	河北人民美术出版社
57	边疆巡逻兵		常惠	刘端		48	1955年12月初版	1—25,100	0.15	0139	33	河北人民美术出版社
58	白藤姑娘		念鸿	周淑薰 刘佩武		60	1955年12月初版	1—30,100	0.17	0140	56	河北人民美术出版社
	备注：本书包含《一把镐头》26页。											

1956年冀版连环画汇总

序号	书名	原著	文	图	封面	开本	版次印次	印数	定价（元）	书号	页数	出版社
1	捉狼计		常庚西 张汉卿	刘文西 潘锡柔		48	1956年1月初版	1—15, 100	0. 23	0128	31	河北人民美术出版社
2	心亮了		郭烽明	王永恒		60	1956年1月初版	1—15, 100	0. 18	0130	61	河北人民美术出版社
3	桑园会		徐光玉	王叔晖		60	1956年1月初版	1—35, 100	0. 20	0131	69	河北人民美术出版社
4	伟大的起点			刘明义 刘开基		60	1956年1月初版	1—4, 600	0. 30	0132	133	河北人民美术出版社
5	带警犬的帕把		白宇	郑家声		60	1956年1月初版	1—33, 100	0. 19	0134	69	河北人民美术出版社
6	团圆		万家春 苏敏	赵越 陈剑英		60	1956年1月初版	1—20, 100	0. 17	0136	56	河北人民美术出版社
7	小花蹄		吴振轩	刘一心		60	1956年1月初版	1—15, 100	0. 17	0141	57	河北人民美术出版社
8	秘密信号		敦谦	黄景		60	1956年1月初版	1—23, 100	0. 24	0142	99	河北人民美术出版社
9	警惕		章耕	周公和 蔡人燕 费龙翔		60	1956年1月初版	1—26, 100	0. 15	0144	44	河北人民美术出版社
10	杨春山入社		惠元	刘明义		60	1954年12月初版，1956年2月第2次印刷	9, 001—24, 100	0. 20	0120	73	河北人民美术出版社
	备注：本书更换出版社及书号，封面开本改变，印数接河北人民出版社老版，右翻变左翻。											
11	蟠桃宴		尚羡智	徐燕荪 金协中		60	1956年2月初版	1—85, 100	0. 17	0143	58	河北人民美术出版社
12	勇敢的姑娘		王宇文	江荧		60	1956年2月初版	1—26, 600	0. 24	0147	97	河北人民美术出版社
13	在金色的麦田里		郭烽明	钟一鸾 林一鹤		60	1956年2月初版	1—20, 100	0. 20	0149	71	河北人民美术出版社
14	杀人不见血的凶手		刘可 聂欣	刘可 聂欣		60	1956年2月初版	1—30, 100	0. 14	0153	不详	河北人民美术出版社
	备注：本书有两个故事。											
15	卓文君		于平	吴光宇		18	1956年2月初版	1—13, 800	0. 60	0154	16	河北人民美术出版社
	备注：本书为彩绘连环画。											

（续表）

序号	书名	原著	文	图	封面	开本	版次印次	印数	定价（元）	书号	页数	出版社
16	杨排风		齐修林	羡智 雪生		18	1956年2月初版	1—12, 300	0. 60	0155	16	河北人民美术出版社
	备注：本书为彩绘连环画。											
17	火焰山		羡智	任率英		18	1956年2月初版	1—9, 950	0. 60	0156	16	河北人民美术出版社
	备注：本书为彩绘连环画。											
18	中秋节		孟春 振轩	赵栋 郭燕		60	1956年2月初版	1—20, 100	0. 17	0157	不详	河北人民美术出版社
	备注：本书包含《垄道》28页。											
19	新姑嫂		吴明生 王绥中	浦增锽		60	1956年2月初版	1—21, 100	0. 17	0158	53	河北人民美术出版社
20	小雷音寺		路哥	陈云波		60	1956年2月初版	1—110, 100	0. 18	0159	63	河北人民美术出版社
21	家事		郭烽明	陈沙兵		60	1956年2月初版	1—18, 600	0. 18	0160	59	河北人民美术出版社
22	五万万农民的奋斗目标——1956年到1967年全国农业发展纲要（草案）图解		中国青年报美术部 北京青年报美术组	中国青年报美术部 北京青年报美术组	张庚	32	1956年2月初版	1—150, 100	0. 18	0175	42	河北人民美术出版社
23	浊水溪		沙蕾	水天宏		60	1956年3月初版	1—35, 100	0. 14	0151	40	河北人民美术出版社
24	水上老英雄		白宇	毓继明		48	1956年3月初版	1—18, 100	0. 22	0152	74	河北人民美术出版社
25	我们的田庄		忆容	邵国寰		60	1956年3月初版	1—25, 100	0. 18	0161	66	河北人民美术出版社
26	打城隍		林彭 吴明生	白芜 邱小玉 林禽 黄畦		60	1956年3月初版	1—40, 100	0. 18	0163	59	河北人民美术出版社
	备注：本书包含《挖元宝》22页，吴明生改编，邱小玉绘画。											
27	到山那边去		羡智	于方	冯一鸣	60	1956年3月初版	1—35, 100	0. 16	0164	50	河北人民美术出版社
28	无头鸟		常惠 吴明生	刘仲文 浦增锽		60	1956年3月初版	1—40, 100	0. 21	0165	81	河北人民美术出版社
	备注：本书包含《猎人树》50页。											

（续表）

序号	书名	原著	文	图	封面	开本	版次印次	印数	定价（元）	书号	页数	出版社
29	新衣裳		王捷	沙更世		48	1956年3月初版	1—20, 100	0. 26	0166	37	河北人民美术出版社
30	锄八遍		张侯光	张侯光		48	1956年4月初版	1—16, 100	0. 26	0145	70	河北人民美术出版社
	备注：本书为剪纸连环画，含《锄八遍》《一把米》《牡丹姑娘》《金斧头》《金牛》《瞎子吃鱼》6个小故事。											
31	小鹿与柴郎		张侯光	张侯光		48	1956年4月初版	1—15, 100	0. 28	0146	78	河北人民美术出版社
	备注：本书为剪纸连环画，含《小鹿与柴郎》《孔雀姑娘》《田螺姑娘》《斑鸠》《布谷鸟的来历》5个小故事。											
32	蟋蟀		徐光玉	刘旦宅		60	1956年4月初版	1—35, 100	0. 16	0148	49	河北人民美术出版社
33	三盗芭蕉扇		卢光照	任率英		60	1956年4月初版	1—70, 100	0. 23	0150	90	河北人民美术出版社
34	农民看图识字		河北人民美术出版社	河北人民美术出版社		32	1956年4月初版	1—500, 100	0. 12	T8087. 179	49	河北人民美术出版社
35	鱼儿的风波		梁玉莹	刘端 郭燕		60	1956年4月初版	1—35, 100	0. 18	T8087. 181	63	河北人民美术出版社
36	南卡江上		胥山	蔡千音 苏起峰		60	1956年5月初版	1—47, 100	0. 15	0167	41	河北人民美术出版社
	备注：本书包含《彝族小英雄》20页。											
37	光明大道		新平	张世简		60	1956年5月初版	1—52, 100	0. 16	0168	52	河北人民美术出版社
38	山丹丹花		万家春	汪玉山		48	1956年5月初版	1—42, 100	0. 26	0169	37	河北人民美术出版社
39	火		吴廷瑄	肖林		60	1956年5月初版	1—60, 100	0. 16	0170	49	河北人民美术出版社
40	突破		田心	钟志宏		60	1956年5月初版	1—31, 100	0. 18	T8087. 177	59	河北人民美术出版社
41	雨后初晴		陆君平	李惜庵		60	1956年5月初版	1—50, 100	0. 16	T8087. 180	47	河北人民美术出版社
42	波西与巴彦		谢平实	阿岑		60	1956年6月初版	1—73, 100	0. 14	T8087. 162	37	河北人民美术出版社
43	一棵石榴树的国王		梁玉莹 林彭	潘晋华 凌虚		60	1956年6月初版	1—75, 000	0. 20	T8087. 176	72	河北人民美术出版社
	备注：本书包含《三件宝》33页。											

（续表）

序号	书名	原著	文	图	封面	开本	版次印次	印数	定价（元）	书号	页数	出版社
44	百骑劫魏营		朱蕾	严绍唐 赵三岛 朱元红		60	1956年6月初版	1—114, 100	0. 15	T8087. 185	45	河北人民美术出版社
45	蓝湖青松		庚子	庚子		60	1956年6月初版	1—53, 600	0. 16	T8087. 189	50	河北人民美术出版社
46	朱痕记		宇宙	张令涛 胡若佛		60	1956年7月初版	1—120, 100	0. 18	T8087. 178	66	河北人民美术出版社
47	牛角号		吴明生 王绥中	杨培钊 诸如樵		60	1956年7月初版	1—57, 600	0. 13	T8087. 182	38	河北人民美术出版社
48	邻居		卢光照	孙信		60	1956年7月初版	1—40, 100	0. 15	T8087. 183	52	河北人民美术出版社
49	幸福的路		黄一德	钟庸		60	1956年7月初版	1—39, 100	0. 16	T8087. 184	54	河北人民美术出版社
50	波月洞		郭烽明	刘汉宗		60	1956年7月初版	1—185, 100	0. 22	T8087. 186	92	河北人民美术出版社
51	纠纷		王静凡	潘锡柔		60	1956年7月初版	1—53, 100	0. 14	T8087. 0187	45	河北人民美术出版社
52	郭三元和康米贵		姜震瀛	宋秉恒		60	1956年7月初版	1—61, 100	0. 23	T8087. 208	96	河北人民美术出版社
53	长鼻子财主		王捷	姜智 刘佩武		48	1956年7月初版	1—64, 600	0. 21	T8087. 216	34	河北人民美术出版社
54	水落石出		章耕	江荧		60	1956年7月初版	1—52, 600	0. 22	T8087. 217	90	河北人民美术出版社
55	从苹果红到稻穗黄		白宇	刘锡永 夏书玉		60	1956年8月初版	1—28, 130	0. 18	T8087. 188	73	河北人民美术出版社
56	猴王出世		卢光照	张树德		60	1956年8月初版	1—210, 100	0. 17	T8087. 207	68	河北人民美术出版社
57	大闹通天河		郭烽明	刘凌沧		60	1956年8月初版	1—163, 130	0. 18	T8087. 218	71	河北人民美术出版社
58	奇异的红星		王捷	阿浦		60	1956年8月初版	1—66, 100	0. 13	R8087. 221	45	河北人民美术出版社
59	小玲玲		苏敏 吴明生	张辛国 程修 程中岳		60	1956年8月初版	1—40, 100	0. 16	T8087. 222	61	河北人民美术出版社
	备注：本书包含《超龄队员》37页。											
60	消灭农作物的几大病虫害上册		河北省农业厅植物保护处			36	1956年8月初版	1—4, 600	0. 45	T16086. 1	209	河北人民出版社

（续表）

序号	书名	原著	文	图	封面	开本	版次印次	印数	定价（元）	书号	页数	出版社
61	消灭农作物的几大病虫害下册		河北省农业厅植物保护处			36	1956年8月初版	1—4, 600	0. 21	T16086. 2	93	河北人民出版社
62	三只小猫		冬日	刘微		48	1956年8月初版	1—34, 600	0. 21	R8087. 219	28	河北人民美术出版社
63	老狗熊安家记		谢平实	江爱群		48	1956年9月初版	1—24, 130	0. 24	R8087. 220	44	河北人民美术出版社
64	青铜峡的风雪夜		董新民	张籛翊		60	1956年9月初版	1—50, 100	0. 13	T8087. 225	48	河北人民美术出版社
65	渡江		邵甄	陈为明		60	1956年9月初版	1—45, 130	0. 13	T8087. 226	43	河北人民美术出版社
66	一匹战马		王宇文	黄子希 赵漫波		60	1956年9月初版	1—55, 130	0. 17	T8087. 227	67	河北人民美术出版社
67	拖拉机来了		吴振轩	章国林 汪子豆		60	1956年9月初版	1—22, 130	0. 15	T8087. 228	57	河北人民美术出版社
68	金色鲤鱼		郭烽明	凌健 朱然		60	1956年10月初版	1—32, 800	0. 13	R8087. 223	47	河北人民美术出版社
69	一件棉袄		陈平夫	杨锦文		60	1956年10月初版	1—34, 130	0. 15	T8087. 224	53	河北人民美术出版社
70	在隐蔽的战线上		万家春	赵越	周迁	60	1956年10月初版	1—44, 100	0. 14	T8087. 229	49	河北人民美术出版社
71	海上捉匪记		田心	张明曹		60	1956年10月初版	1—31, 100	0. 13	T8087. 231	45	河北人民美术出版社
72	于改秀		白宇	刘永凯		60	1956年10月初版	1—31, 600	0. 15	T8087. 233	56	河北人民美术出版社
73	龙牙颗颗钉满天		张葆印	陈光镒		60	1956年11月初版	1—74, 100	0. 13	T8087. 234	45	河北人民美术出版社
74	小珍珠		叶惠元 张鸾	张庚 张鸾		60	1956年11月初版	1—27, 630	0. 15	T8087. 237	53	河北人民美术出版社
	备注：本书包含《李月华和张美英》25页。											
75	“113”号烟头		姜震瀛	华三川		60	1956年11月初版	1—30, 100	0. 18	T8087. 238	72	河北人民美术出版社
76	莫荣启入社		罗祥音 罗元培	张世简 刘永凯 林一鹤 钟一鸾		48	1956年12月初版	1—10, 500	0. 12	T8087. 230	35	河北人民美术出版社

（续表）

序号	书名	原著	文	图	封面	开本	版次印次	印数	定价（元）	书号	页数	出版社
77	我和小荣		白宇	王影		60	1956年12月初版	1—32, 500	0. 15	R8087. 247	56	河北人民美术出版社
78	宋老大进城		郑明辉	刘端		60	1956年12月初版	1—17, 000	0. 16	T8087. 250	62	河北人民美术出版社

1957年冀版连环画汇总

序号	书名	原著	文	图	封面	开本	版次印次	印数	定价（元）	书号	页数	出版社
1	小雁归队		王捷	王志英 张松林		48	1957年1月初版	1—23, 000	0. 17	T8087. 235	39	河北人民美术出版社
2	金色的盾牌		千禾	刘开基		60	1957年1月初版	1—55, 000	0. 17	T8087. 236	67	河北人民美术出版社
3	柳毅传书		杨衣柳	凌涛 赵三岛 朱元红		60	1957年1月初版	1—75, 000	0. 12	T8087. 239	37	河北人民美术出版社
4	小大力士		王绥中	阿浦		60	1957年1月初版	1—31, 000	0. 12	T8087. 240	39	河北人民美术出版社
5	小兰花		勇智 振基	段伟君		48	1957年1月初版	1—25, 000	0. 17	R8087. 242	39	河北人民美术出版社
6	金鱼		黄洵瑞	刘仲文		60	1957年1月初版	1—55, 000	0. 14	T8087. 243	54	河北人民美术出版社
7	第三个女婿		黄一德	水天宏		60	1957年1月初版	1—62, 500	0. 14	T8087. 253	51	河北人民美术出版社
8	锁不住的人		陈大远	林涛		60	1957年1月初版	1—33, 500	0. 13	T8087. 254	48	河北人民美术出版社
9	雷雨夜		鱼潜	张举义 白鸟		60	1957年1月初版	1—46, 000	0. 12	T8087. 255	40	河北人民美术出版社
10	三只兔子		朱蕾	刘微		48	1957年2月初版	1—22, 000	0. 17	R8087. 241	39	河北人民美术出版社
11	白衣渡江		双成	赵三岛 朱元红		60	1957年2月初版	1—105, 000	0. 14	T8087. 244	49	河北人民美术出版社
12	黄巢起义		忆容	王亦秋		60	1957年2月初版	1—100, 000	0. 15	T8087. 245	55	河北人民美术出版社
13	一篮鸡蛋		冬日 唐光雄	曹世琦 郭德训	阮恩泽	60	1957年2月初版	1—23, 200	0. 13	R8087. 246	45	河北人民美术出版社
	备注：本书包含《一本连环画》22页。											
14	社会主义之花		河北省 农业厅	河北省 农业厅	张树德	32	1957年2月初版	1—4, 450	0. 61	T8087. 257	164	河北人民美术出版社
	备注：本书为摄影连环画。											
15	一双鞋		张静	张辛国		60	1957年2月初版	1—275, 000	0. 15	T8087. 262	55	河北人民美术出版社

（续表）

序号	书名	原著	文	图	封面	开本	版次印次	印数	定价（元）	书号	页数	出版社
16	长坂坡		朱蕾	董天野		60	1957年3月初版	1—114,600	0.15	T8087.248	60	河北人民美术出版社
17	绿判官		杨犀	蒋萍		60	1957年3月初版	1—78,100	0.13	T8087.249	48	河北人民美术出版社
18	王园爱追虎救孩		雨苹	参仁同	周迁	48	1957年3月初版	1—33,600	0.13	R8087.251	37	河北人民美术出版社
19	骑自行车		张光炎	阿浦		60	1957年3月初版	1—23,100	0.13	R8087.252	44	河北人民美术出版社
20	三个好朋友		张尚智	杨逸麟		60	1957年3月初版	1—22,600	0.11	R8087.256	34	河北人民美术出版社
21	天仙配		时荣瑞	钱笑呆		60	1957年4月初版	1—83,100	0.18	T8087.258	75	河北人民美术出版社
22	活捉虎大王		时间	刘微		48	1957年4月初版	1—28,500	0.18	R8087.259	41	河北人民美术出版社
23	一把小刀		李寿川	刘玉环		48	1957年4月初版	1—16,500	0.13	R8087.260	39	河北人民美术出版社
24	第一个任务	叶影	李步哲	韩伍 冯吉令		48	1957年4月初版	1—21,400	0.12	R8087.261	30	河北人民美术出版社
25	断线结网		林林	奇捷 刘明义		60	1957年4月初版	1—45,100	0.25	T8087.264	114	河北人民美术出版社
26	大破连环马		吴廷琯	叶之浩		60	1957年4月初版	1—71,600	0.21	T8087.270	92	河北人民美术出版社
27	和好		章耕	周迁		56	1957年4月初版	1—11,100	0.15	T8087.271	51	河北人民美术出版社
28	小燕儿	宋汎	阿浦 吴振轩	阿浦 吴振轩		60	1957年4月初版	1—19,300	0.14	R8087.272	48	河北人民美术出版社
	备注：本书包含《一个不知名的小姑娘》17页，吴振轩绘画。											
29	凶手的秘密		王宇文	王宇文		60	1957年4月初版	1—57,100	0.20	T8087.276	84	河北人民美术出版社
30	青弋江上		朱梦琴	刘端		60	1957年5月初版	1—25,600	0.13	T8087.232	46	河北人民美术出版社
31	老虎布袋		常庚西	刘振业 郭燕		60	1957年5月初版	1—16,300	0.13	T8087.263	46	河北人民美术出版社
32	狐狸和灰狼	任明耀	郭俊峰	王志英		48	1957年5月初版	1—16,600	0.20	R8087.267	41	河北人民美术出版社
33	去找月亮佛		齐修林	邱小玉		56	1957年5月初版	1—54,100	0.11	R8087.268	31	河北人民美术出版社

（续表）

序号	书名	原著	文	图	封面	开本	版次印次	印数	定价（元）	书号	页数	出版社
34	金鸭儿		王祖威	孟英声		60	1957年5月初版	1—23, 300	0. 11	R8087. 269	32	河北人民美术出版社
35	激流		周中	刘明义		60	1957年5月初版	1—13, 700	0. 15	T8087. 274	55	河北人民美术出版社
36	混水泥鳅	王保春	于秀荣	郭燕 阿浦		60	1957年5月初版	1—27, 100	0. 14	T8087. 286	不详	河北人民美术出版社
	备注：本书有两个故事。											
37	互助花开		徐守华	段伟君		42	1957年6月初版	1—5, 600	0. 13	T8087. 265	31	河北人民美术出版社
38	斗蟋蟀		宋莲塘	张世简		60	1957年6月初版	1—9, 700	0. 12	T8087. 266	40	河北人民美术出版社
39	李纲抗金		蒋萍	蒋萍		60	1957年6月初版	1—72, 600	0. 11	T8087. 277	36	河北人民美术出版社
40	投笔从戎		朱蕾	冯墨农 汪玉山		60	1957年6月初版	1—74, 100	0. 21	T8087. 278	89	河北人民美术出版社
41	3号在哪里		夏耘	刘端		60	1957年6月初版	1—40, 600	0. 13	T8087. 287	46	河北人民美术出版社
42	爱情与骗子		张西洛	周迁		60	1957年6月初版	1—43, 100	0. 16	T8087. 288	66	河北人民美术出版社
43	断臂说书		周琤杰	陶干臣		60	1957年6月初版	1—55, 100	0. 21	T8087. 289	90	河北人民美术出版社
44	一张奇怪的照片		雨萍	刘典		60	1957年7月初版	1—20, 100	0. 24	不详	112	河北人民美术出版社
45	刘排长和小金枝		辰耳	张辛国		60	1957年7月初版	1—23, 100	0. 15	R8087. 340	57	河北人民美术出版社
46	摆渡老刘		王烈	赵文发		60	1957年7月初版	1—6, 000	0. 13	T8087. 341	48	河北人民美术出版社
47	龙潭得宝		永春	刘玉环		60	1957年7月初版	1—28, 400	0. 14	R8087. 342	54	河北人民美术出版社
48	老水鸟徒登		于文青	王志英 张松林		56	1957年7月初版	1—14, 100	0. 16	R8087. 273	38	河北人民美术出版社
49	不动脑筋的故事	张天翼	赵玉贞	窦宗淦		48	1957年7月初版	1—18, 100	0. 12	R8087. 280	31	河北人民美术出版社
50	团结沟	韦涵	明生 绥中	岑默		60	1957年7月初版	1—6, 700	0. 16	T8087. 283	62	河北人民美术出版社
51	小林与秀春		华君	王永扬		60	1957年7月初版	1—8, 900	0. 17	T8087. 285	70	河北人民美术出版社

（续表）

序号	书名	原著	文	图	封面	开本	版次印次	印数	定价（元）	书号	页数	出版社
52	蜜蜂与地球		梁洪铎	田乐天		48	1957年8月初版	1—15,600	0.18	R8087.275	38	河北人民美术出版社
53	猫狗结仇		吴明生	胡进庆 严定宪 方澎年 刘微		48	1957年8月初版	1—14,100	0.20	R8087.279	42	河北人民美术出版社
	备注：本书包含《兔子的尾巴》10页，刘微绘画。											
54	党费	王愿坚	千禾	张怀江		60	1957年8月初版	1—20,100	0.14	T8087.281	54	河北人民美术出版社
55	水鬼		张春峰	宋秉恒		60	1957年8月初版	1—17,700	0.20	T8087.282	86	河北人民美术出版社
56	赠绨袍		中国京剧院文学组	刘汉宗		60	1957年8月初版	1—73,100	0.18	T8087.284	76	河北人民美术出版社
	备注：本书第2次印刷时改为祁野耘、吴少岳编文。											
57	包公庆寿		丁善葆	曹同煜		60	1957年8月初版	1—96,600	0.12	T8087.334	39	河北人民美术出版社
58	奇冤记		谢家璐	陈丹旭		60	1957年8月初版	1—80,100	0.12	T8087.335	39	河北人民美术出版社
59	小发明家		沈育禹 簿浪	蔡仪鸿 雪生 淑薰		60	1957年8月初版	1—15,400	0.13	R8087.347	48	河北人民美术出版社
60	雪后的故事		周中	孙世涛		60	1957年8月初版	1—11,200	0.14	T8087.348	52	河北人民美术出版社
61	两个年轻人		张西洛	南舟		60	1957年8月初版	1—12,550	0.13	T8087.349	48	河北人民美术出版社
62	野葡萄	葛翠琳	朱定诚	蔡鹤汀 蔡鹤洲		60	1957年9月初版	1—38,100	0.14	R8087.336	46	河北人民美术出版社
63	胆小的驴		时间	刘微		48	1957年9月初版	1—12,300	0.16	R8087.337	不详	河北人民美术出版社
64	砍魔树		谢平实	蒋萍		60	1957年9月初版	1—38,100	0.11	T8087.338	33	河北人民美术出版社
65	双筒枪	任大星	羡智	林一鹤		48	1957年9月初版	1—16,100	0.20	R8087.339	69	河北人民美术出版社
66	鲁班的故事		尚青	凌涛 严绍唐 朱元红		60	1957年9月初版	1—60,100	0.27	T8087.343	123	河北人民美术出版社
67	马的故事		周季水	毓继明 杨东藩		60	1957年9月初版	1—7,200	0.13	R8087.344	45	河北人民美术出版社

（续表）

序号	书名	原著	文	图	封面	开本	版次印次	印数	定价（元）	书号	页数	出版社
68	金钥匙		吴振轩	吴振轩		60	1957年9月初版	1—56,100	0.15	T8087.345	55	河北人民美术出版社
69	包公断子		吴庭琯	刘仲文		60	1957年9月初版	1—67,100	0.19	T8087.346	78	河北人民美术出版社
70	龙宫借宝		羡智	张树德	刘继卣	60	1957年9月初版	1—125,100	0.15	T8087.363	54	河北人民美术出版社
71	绿火		黄冠岳	周淑薰		60	1957年9月初版	1—14,100	0.14	R8087.365	54	河北人民美术出版社
72	奇异的离婚故事		章耕	钟一鸾		60	1957年10月初版	1—82,300	0.20	T8087.351	87	河北人民美术出版社
73	大风暴		曼秋	吴懋祥		60	1957年10月初版	1—8,900	0.15	T8087.352	60	河北人民美术出版社
74	金银锁		章耕 钱申余	张泽苾 沈凤		60	1957年10月初版	1—47,300	0.19	T8087.353	39	河北人民美术出版社
75	借罗衣		郭烽明	梅生		60	1957年10月初版	1—42,100	0.12	T8087.354	38	河北人民美术出版社
76	她走向生活		蒋铖东	钟志宏 全祝明		60	1957年10月初版	1—12,100	0.13	T8087.355	45	河北人民美术出版社
77	副连长的伤疤	国哨	苏敦勇	陈烟帆		60	1957年10月初版	1—24,600	0.15	T8087.356	55	河北人民美术出版社
78	队员的道路		丁荑	戴敦邦		60	1957年10月初版	1—15,100	0.16	T8087.357	63	河北人民美术出版社
79	找宝贝		翟敏智	张树德		48	1957年10月初版	1—16,300	0.13	R8087.358	80	河北人民美术出版社
80	十一郎		宋孟寅 李佩之	刘汉宗		60	1957年10月初版	1—64,100	0.19	T8087.360	80	河北人民美术出版社
	备注：本书与之前河北人民出版社出版的版本相比，封面、开本、书号均有改变，右翻变左翻，内页增加了11页。本书有保定飞燕出版社版本。											
81	春花		辛国	王萤 姚天沐		60	1957年10月初版	1—11,600	0.13	T8087.364	46	河北人民美术出版社
82	女车间主任	徐俊杰	张光炎	何进	阿浦	60	1957年11月初版	1—11,100	0.17	T8087.359	70	河北人民美术出版社
83	猴子充霸王	肖甘牛	夏耘	施有成 胡进庆		48	1957年11月初版	1—23,800	0.18	不详	40	河北人民美术出版社
84	牛永刚		曲日莲	赵栋		60	1957年11月初版	1—10,600	0.13	T8087.361	46	河北人民美术出版社

（续表）

序号	书名	原著	文	图	封面	开本	版次印次	印数	定价（元）	书号	页数	出版社
85	凤姑与仙桃		丁善葆	田惜阴		60	1957年11月初版	1—67,100	0.16	T8087.362	63	河北人民美术出版社
86	不平坦的道路		姜震瀛	施琦平		60	1957年11月初版	1—8,700	0.28	T8087.366	133	河北人民美术出版社
87	谢神		王捷	程修 程中岳		60	1957年11月初版	1—22,100	0.15	R8087.367	60	河北人民美术出版社
88	贩香记		胡毓麟	肖芳敏		60	1957年11月初版	1—67,100	0.14	T8087.368	50	河北人民美术出版社
89	茅姑娘		丁一	丹枫		60	1957年11月初版	1—58,100	0.13	T8087.369	48	河北人民美术出版社
90	小灰驴		千禾	张伟		60	1957年11月初版	1—6,600	0.13	T8087.370	48	河北人民美术出版社
91	黄桷树		于文力 吴菊芬	张世简 吴菊芬		60	1957年11月初版	1—39,600	0.17	T8087.371	66	河北人民美术出版社
	备注：本书包含《神鸟》37页，吴菊芬编绘。											
92	霍小玉		胡毓麟	范灵		60	1957年11月初版	1—70,600	0.15	T8087.372	59	河北人民美术出版社
93	牲猪仓库主任		刘一心	刘一心		60	1957年11月初版	1—5,900	0.16	T8087.373	65	河北人民美术出版社
94	马小虎		张静	张辛国		60	1957年11月初版	1—12,100	0.14	R8087.377	51	河北人民美术出版社
95	高老庄		卢光照	陈缘督 朱丹枫		60	1957年11月初版	1—137,100	0.15	T8087.378	54	河北人民美术出版社
96	森林的儿子		戴铁英	邵国环		60	1957年12月初版	1—21,700	0.13	T8087.374	43	河北人民美术出版社
97	赵五娘		余文祥	冯墨农 汪玉山		60	1957年12月初版	1—64,100	0.17	T8087.380	67	河北人民美术出版社
98	工会主席哪里去了		吴振轩	柳石		60	1957年12月初版	1—15,100	0.16	T8087.381	63	河北人民美术出版社
99	谁偷了鸡蛋		赵玉波	翟润书		60	1957年12月初版	1—12,250	0.15	T8087.389	56	河北人民美术出版社
100	比丘国		陈平夫	叶之浩 徐进		60	1957年12月初版	1—89,700	0.15	T8087.393	60	河北人民美术出版社
101	三月雪		田云溪	刘端 王宇文		60	1957年12月初版	1—23,900	0.19	T8087.394	77	河北人民美术出版社

1958年冀版连环画汇总

序号	书名	原著	文	图	封面	开本	版次印次	印数	定价（元）	书号	页数	出版社
1	幸福的钥匙		李季	林禽		60	1958年1月初版	1—42,600	0.19	T8087.375	40	河北人民美术出版社
2	远方未婚妻		洪钊	路黄		60	1958年1月初版	1—57,100	0.16	T8087.376	62	河北人民美术出版社
3	露营的一夜		丁黄	毛用坤		60	1958年1月初版	1—14,600	0.14	R8087.379	49	河北人民美术出版社
4	冒失鬼和同学们		谢平实	阿浦		60	1958年1月初版	1—16,800	0.16	T8087.386	60	河北人民美术出版社
5	山大王		时间	田乐天		48	1958年1月初版	1—14,900	0.18	T8087.387	39	河北人民美术出版社
6	鲍鱼		杨国英	刘仲文		60	1958年1月初版	1—56,100	0.12	T8087.390	42	河北人民美术出版社
7	初到边防的战士		王景樾	金奎		60	1958年1月初版	1—28,300	0.19	T8087.392	81	河北人民美术出版社
8	两个小游击队员		庄稼汉	韩伍		60	1958年1月初版	1—26,900	0.16	T8087.395	62	河北人民美术出版社
9	马前泼水		焦玉峰	赵梅生		60	1958年1月初版	1—88,100	0.14	T8087.397	52	河北人民美术出版社
10	送地		姜震瀛	段伟君		60	1958年2月初版	1—16,600	0.16	T8087.388	65	河北人民美术出版社
11	爱情吹了		周中	王永扬		60	1958年2月初版	1—31,800	0.16	T8087.391	64	河北人民美术出版社
12	栗子的记号		关枫 阿白	阿白		48	1958年2月初版	1—12,400	0.16	R8087.396	31	河北人民美术出版社
13	童年		韩伟	韩伟		48	1958年2月初版	1—5,400	0.12	R8087.398	30	河北人民美术出版社
14	夜行记		语评	张庚		60	1958年2月初版	1—30,100	0.12	T8087.399	40	河北人民美术出版社
15	两狼山		石山	陈光镒		60	1958年2月初版	1—91,100	0.23	T8087.404	106	河北人民美术出版社
16	婉香与紫燕		敦谦 羡智	林雪岩		60	1958年2月初版	1—85,100	0.23	T8087.405	101	河北人民美术出版社
17	一九五六年到一九六七年全国农业发展纲要画册（修正草案）		宇宙	权悌		60	1958年2月初版	1—16,100	0.16	T8087.413	不详	河北人民美术出版社

（续表）

序号	书名	原著	文	图	封面	开本	版次印次	印数	定价（元）	书号	页数	出版社
18	神奇的翡翠瓶		张光炎	杨英镖		60	1958年2月初版	1—64, 100	0. 13	T8087. 414	46	河北人民美术出版社
19	抢水		张葆印	蹄钤		60	1958年2月初版	1—32, 100	0. 16	T8087. 415	64	河北人民美术出版社
20	不屈的潘香凤		张帆	吴懋祥		60	1958年3月初版	1—35, 100	0. 15	T8087. 401	60	河北人民美术出版社
21	机灵鬼与傻大姐		宋书安	钟庸		60	1958年3月初版	1—11, 000	0. 21	T8087. 402	90	河北人民美术出版社
22	后方的战线		新平	施琦平		60	1958年3月初版	1—25, 100	0. 22	T8087. 406	99	河北人民美术出版社
23	大菊和二菊		焦玉峰	孙世涛		60	1958年3月初版	1—14, 200	0. 16	T8087. 407	64	河北人民美术出版社
24	赶车人		黄冠岳 郑沁园	张琼芝		60	1958年3月初版	1—11, 000	0. 13	T8087. 408	48	河北人民美术出版社
25	小金大夫		张西洛	张庚		60	1958年3月初版	1—15, 900	0. 15	T8087. 409	55	河北人民美术出版社
26	千里寻父		王捷	周迁		60	1958年3月初版	1—30, 600	0. 22	R8087. 410	99	河北人民美术出版社
	备注：周迁是周光中曾用笔名。											
27	盗马		夏耘	林涛		60	1958年3月初版	1—28, 700	0. 13	R8087. 416	46	河北人民美术出版社
28	绿叶红花	向虹	杨淼	宋杰	阮恩泽	60	1958年4月初版	1—13, 600	0. 18	T8087. 400	73	河北人民美术出版社
29	铁铲子司机		朱梦琴	孙光基		60	1958年4月初版	1—12, 600	0. 14	T8087. 403	49	河北人民美术出版社
30	杀虎妖		于文清	王仲清		56	1958年4月初版	1—35, 100	0. 18	T8087. 411	70	河北人民美术出版社
31	离奇的案件	陆自强	苏敦勇	赵信芳 陈圣镜		60	1958年4月初版	1—25, 900	0. 19	T8087. 421	77	河北人民美术出版社
32	血痕笑影		雨萍	松龄		60	1958年4月初版	1—31, 100	0. 26	T8087. 422	118	河北人民美术出版社
33	战友的爱		万家春	李骞 刘汉		60	1958年4月初版	1—35, 100	0. 13	T8087. 423	45	河北人民美术出版社
34	山的儿子		张帆	金若水		60	1958年4月初版	1—37, 800	0. 14	T8087. 425	53	河北人民美术出版社

（续表）

序号	书名	原著	文	图	封面	开本	版次印次	印数	定价（元）	书号	页数	出版社
35	化学作业本的秘密		王烈	金立德		60	1958年4月初版	1—28，100	0.22	T8087.433	96	河北人民美术出版社
36	妯娌俩		常庚西	梁越		60	1958年4月初版	1—12，800	0.15	T8087.435	57	河北人民美术出版社
37	熊掌印		唐棣	卢炳炎		60	1958年5月初版	1—27，600	0.13	T8087.412	46	河北人民美术出版社
38	仇恨		云英	云英		60	1958年5月初版	1—28，100	0.20	T8087.419	85	河北人民美术出版社
39	青年监督岗		万家春	何泽华		60	1958年5月初版	1—10，100	0.15	T8087.432	59	河北人民美术出版社
40	小发的故事		田志仁	韩书彧		60	1958年5月初版	1—8，600	0.16	R8087.434	63	河北人民美术出版社
41	婆婆和儿媳妇		夏丁	纪宇		60	1958年5月初版	1—10，400	0.14	T8087.447	52	河北人民美术出版社
42	秃尾巴老李		沙蕾 洪钊	周淑薰 娄炳麟 等		60	1958年5月初版	1—17，600	0.18	T8087.448	37	河北人民美术出版社
	备注：本书包含两个故事。											
43	水向东流		忆容	刘端		60	1958年5月初版	1—10，900	0.19	T8087.463	81	河北人民美术出版社
44	新房子的故事		曼秋	二水		60	1958年5月初版	1—12，900	0.15	T8087.464	55	河北人民美术出版社
45	林中月夜		于文青	集华		60	1958年5月初版	1—11，400	0.13	T8087.465	46	河北人民美术出版社
46	农民看图识字		集华	集华		36	1958年6月再版	1—25，100	0.15	T8087.179	46	河北人民美术出版社
	备注：本书的封面进行了重绘，排版由竖版改为横版。											
47	谁是老大哥		王捷	王志英		48	1958年6月初版	1—9，700	0.18	R8087.417	39	河北人民美术出版社
48	竞赛在继续着		吴振轩	王角		60	1958年6月初版	1—10，100	0.15	T8087.418	55	河北人民美术出版社
49	小豆儿		泮润璋	娄世棠		60	1958年6月初版	1—113，00	0.12	R8087.420	42	河北人民美术出版社
50	青眉		子如	陆俨少		60	1958年6月初版	1—45，550	0.16	T8087.424	62	河北人民美术出版社

（续表）

序号	书名	原著	文	图	封面	开本	版次印次	印数	定价（元）	书号	页数	出版社
51	一个小红军的故事	孔雨平	子平	徐琛	贺宝昱	60	1958年6月初版	1—20,100	0.13	T8087.438	46	河北人民美术出版社
52	森林中的雷管	雁翼	王烈	捷夫	何志强	60	1958年6月初版	1—27,100	0.23	T8087.462	105	河北人民美术出版社
53	高山流水		朱先立	张辛国		60	1958年6月初版	1—15,100	0.19	T8087.485	72	河北人民美术出版社
54	红飘带		谢平实	梁越		60	1958年6月初版	1—15,600	0.13	R8087.488	43	河北人民美术出版社
55	社会主义建设总路线图解		河北人民美术出版社	河北人民美术出版社		60	1958年6月初版	1—1,000,000	0.12	T8087.503	58	河北人民美术出版社
56	抗清英雄江天一	汪琬	刘英杰	陶干臣	黄子希	60	1958年7月初版	1—37,600	0.17	T8087.436	68	河北人民美术出版社
	备注：本书包含《王天冲》39页。											
57	香妞儿	骆宾基	郑明辉	蒋格非		60	1958年7月初版	1—14,600	0.15	T8087.437	59	河北人民美术出版社
58	一个旅行队		夏秉钧	田乐天		48	1958年7月初版	1—8,300	0.17	R8087.472	35	河北人民美术出版社
59	替哥哥当矿工		何国智	赵栋		60	1958年7月初版	1—9,100	0.20	T8087.486	84	河北人民美术出版社
60	昭君出塞		陈平夫	黄子晞		60	1958年7月初版	1—27,100	0.13	T8087.490	48	河北人民美术出版社
61	第一次战斗			刘砖		60	1958年7月初版	1—32,400	0.20	T8087.496	83	河北人民美术出版社
62	小英雄金佣英		小流	霖辛		60	1958年7月初版	1—28,600	0.14	T8087.498	51	河北人民美术出版社
63	矿工的儿女			方菁		60	1958年7月初版	1—7,900	0.15	R8087.499	57	河北人民美术出版社
64	小工长		赤林 张帆	钟庸 钟志宏		60	1958年7月初版	1—7,800	0.13	T8087.500	47	河北人民美术出版社
	备注：本书包含《光荣的职业》16页。											
65	石臼菩萨		郑沁园	周卓人 陶士范		60	1958年8月初版	1—34,100	0.13	T8087.492	45	河北人民美术出版社
66	到新厂之前		郑沁园	肖林		60	1958年8月初版	1—12,100	0.15	T8087.495	59	河北人民美术出版社

（续表）

序号	书名	原著	文	图	封面	开本	版次印次	印数	定价（元）	书号	页数	出版社
67	地下堡垒	郭少军	林羊	吴懋祥		60	1958年8月初版	1—35,600	0.19	T8087.497	78	河北人民美术出版社
68	叶限姑娘		周丁	康殷		60	1958年8月初版	1—40,100	0.17	T8087.502	67	河北人民美术出版社
69	在大海边上		戴铁英	戴敦邦		60	1958年8月初版	1—9,300	0.13	R8087.504	45	河北人民美术出版社
70	林则徐		润之	刘汉宗		60	1958年8月初版	1—24,100	0.22	T8087.505	98	河北人民美术出版社
71	风雪夺昆仑		王汶	汪玉山		60	1958年8月初版	1—65,100	0.19	T8087.507	80	河北人民美术出版社
72	十八金钢姑娘		集华	集华		60	1958年8月初版	1—50,100	0.13	T8087.518	58	河北人民美术出版社
73	治水英雄韩凤鸣		张士英 洪钊	弓长天		60	1958年8月初版	1—50,100	0.13	T8087.519	57	河北人民美术出版社
74	穆桂英女将队		刘振业	集华		60	1958年8月初版	1—50,100	0.13	T8087.522	58	河北人民美术出版社
	备注：本书包含《八姐妹》36页。											
75	穷山花开第一枝		文龙 晋言	绍庭 兰亭 田平		48	1958年9月初版	1—10,100	0.23	T8087.494	80	河北人民美术出版社
	备注：本书为摄影连环画。											
76	三八妇女翻砂厂		吴振轩	司合图		60	1958年9月初版	1—20,100	0.13	T8087.517	58	河北人民美术出版社
77	怎样办好人民公社		集华	集华		60	1958年9月初版	1—2,000,000	0.08	T8087.531	42	河北人民美术出版社
78	徐水人民公社颂		洪钊 张帆	路明		60	1958年9月初版	1—150,000	0.11	T8087.532	48	河北人民美术出版社
79	送情报		苏敏	赵静东 高燕		60	1958年10月初版	1—17,600	0.10	T8087.491	34	河北人民美术出版社
80	捉“舌头”		常惠	韩伍		60	1958年10月初版	1—45,100	0.16	T8087.501	67	河北人民美术出版社
81	枪		王捷	高燕		60	1958年10月初版	1—40,100	0.21	R8087.506	98	河北人民美术出版社
82	独胆英雄	李牧歌	陈龙华	刘贝		60	1958年10月初版	1—85,100	0.11	T8087.508	40	河北人民美术出版社
	备注：刘贝是刘端曾用笔名。											
83	雕龙记		韩洪涛	陆俨少		60	1958年10月初版	1—35,100	0.14	T8087.509	49	河北人民美术出版社

（续表）

序号	书名	原著	文	图	封面	开本	版次印次	印数	定价（元）	书号	页数	出版社
84	入队		穆幸邻	曹世琦		60	1958年10月初版	1—14, 100	0. 12	R8087. 510	47	河北人民美术出版社
85	脏姑娘		谢平实	李天心		60	1958年10月初版	1—31, 100	0. 19	T8087. 511	78	河北人民美术出版社
86	牡丹亭	汤显祖	卢光照	范灵		60	1958年10月初版	1—44, 100	0. 39	T8087. 520	194	河北人民美术出版社
87	铡徐猛		张帆	刘仲文		60	1958年10月初版	1—56, 100	0. 15	T8087. 521	56	河北人民美术出版社
88	亲女薄情		胡毓麟	赵梅生		60	1958年10月初版	1—46, 100	0. 14	T8087. 526	51	河北人民美术出版社
89	任良泉	何士敏	洪钊	朱丹枫		60	1958年10月初版	1—31, 100	0. 17	T8087. 529	70	河北人民美术出版社
90	毛主席在鼓舞着我们			侯波		25	1958年10月初版	1—50, 100	0. 25	T8087. 533	32	河北人民美术出版社
91	实行全民军事化		本社	本社		60	1958年10月初版	1—50, 000	0. 07	T8087. 534	20	河北人民美术出版社
92	打狼英雄俞昌		甫康	秦岭		60	1958年12月初版	1—20, 100	0. 15	T8087. 512	63	河北人民美术出版社
93	我们的付连长		常惠	吴志明		60	1958年12月初版	1—80, 100	0. 16	T8087. 514	71	河北人民美术出版社
94	开拖拉机的姑娘		宋莲塘	杨梦义		60	1958年12月初版	1—40, 100	0. 15	T8087. 515	56	河北人民美术出版社
95	紧急任务		赤林			60	1958年12月初版	1—40, 100	0. 16	T8087. 516	63	河北人民美术出版社
96	会飞的木马		洪钊	蔡人燕		60	1958年12月初版	1—32, 100	0. 14	T8087. 527	53	河北人民美术出版社
97	家里带来的钉子		高鸾	孙信		60	1958年12月初版	1—11, 100	0. 12	T8087. 528	39	河北人民美术出版社
98	红霞女	董均伦 江源	徐植	王乃候		60	1958年12月初版	1—42, 100	0. 12	T8087. 530	40	河北人民美术出版社
99	百鸟衣		牛星恒	杨永青		60	1958年12月初版	1—25, 100	0. 16	T8087. 557	63	河北人民美术出版社
100	春秋笔		杨犀	凌涛 严绍唐 朱元红		60	1958年12月初版	1—70, 100	0. 19	T8087. 558	82	河北人民美术出版社

（续表）

序号	书名	原著	文	图	封面	开本	版次印次	印数	定价（元）	书号	页数	出版社
101	伏龙寺		陈平夫	张鹿山		60	1958年12月初版	1—90,100	0.15	T8087.560	62	河北人民美术出版社
102	空印盒		南泥	陈光镒		60	1958年12月初版	1—50,100	0.20	T8087.561	88	河北人民美术出版社
103	尉迟敬德		吉志西	陈光宗		60	1958年12月初版	1—50,100	0.14	T8087.562	56	河北人民美术出版社
104	白玉杯		刘禾	韦正		60	1958年12月初版	1—50,100	0.16	T8087.563	65	河北人民美术出版社
105	妯娌		孟敏	华盖		60	1958年12月初版	1—15,100	0.14	T8087.567	57	河北人民美术出版社
106	衣角		张建辉	元景洪		60	1958年12月初版	1—40,100	0.16	T8087.570	71	河北人民美术出版社
107	重逢	彭年	石磊 张西洛	骏奋 姚重琪 张宗戴		60	1958年12月初版	1—16,100	0.15	R8087.573	66	河北人民美术出版社
	备注：本书包含《刘永正补课》37页，张西洛改编，姚重琪、张宗戴绘画。											
108	灰棋山下		井文	刘端		60	1958年12月初版	1—40,100	0.14	T8087.579	58	河北人民美术出版社
109	三颗宝果		黄洵瑞	秋枫		60	1958年12月初版	1—30,100	0.12	T8087.581	39	河北人民美术出版社
110	双峰庙（水浒后传之六）		张辙	刘汉宗		60	1958年12月初版	1—80,100	0.18	T8087.587	74	河北人民美术出版社
111	云罗山	翁偶虹	张静	康殷 叔平		60	1958年12月初版	1—34,100	0.17	T8087.588	72	河北人民美术出版社

1959年冀版连环画汇总

序号	书名	原著	文	图	封面	开本	版次印次	印数	定价（元）	书号	页数	出版社
1	劝爱宝		郑沁园	陆俨少		60	1959年1月初版	1—50,100	0.14	T8087.559	52	河北人民美术出版社
2	宫娥恩仇记		郑沁园	李成勋		60	1959年1月初版	1—80,100	0.18	T8087.571	78	河北人民美术出版社
3	美姑子		岚屏	杜键 高亚光		60	1959年1月初版	1—31,100	0.14	T8087.572	58	河北人民美术出版社
4	九勇士		阮恩泽	金奎		60	1959年1月初版	1—75,100	0.12	T8087.578	48	河北人民美术出版社
5	草鞋妈妈	萧甘牛	萧甘牛 肖玉狄	龙廷坝		60	1959年1月初版	1—40,100	0.19	T8087.583	89	河北人民美术出版社
6	御河桥			盛锡珊		60	1959年1月初版	1—57,100	0.21	T8087.586	93	河北人民美术出版社
7	济公大闹丞相府		张帆	芷杞	刘汉宗	60	1959年1月初版	1—80,100	0.14	T8087.589	56	河北人民美术出版社
8	夺枪记		雨苹	张春峰		60	1959年1月初版	1—40,100	0.16	T8087.593	71	河北人民美术出版社
9	两个队长		惠元	陈为明		60	1959年1月初版	1—30,100	0.16	T8087.594	74	河北人民美术出版社
10	抹灰大王认师记		左军	沈毅 傅乃琳 郑缘高 陈俭贞 沈培炎		60	1959年1月初版	1—16,100	0.12	T8087.598	50	河北人民美术出版社
11	前进		白宇	魏振祥 王光宇 李新民	解义勇	60	1959年2月初版	1—21,600	0.14	T8087.564	60	河北人民美术出版社
12	夫妇闹新车		洪钊	程修		60	1959年2月初版	1—38,100	0.12	T8087.575	46	河北人民美术出版社
13	昆仑奴		艺夫	张令涛 胡若佛		60	1959年2月初版	1—72,600	0.19	T8087.577	78	河北人民美术出版社
14	带路老人		万家春	程曼 李亨		60	1959年2月初版	1—22,100	0.13	T8087.580	54	河北人民美术出版社
15	新坟的秘密			庄言		60	1959年2月初版	1—43,100	0.19	T8087.582	92	河北人民美术出版社
16	不仅是为了爱情	孟繁卿	黄洵瑞	杨鹏		60	1959年2月初版	1—30,100	0.11	T8087.590	42	河北人民美术出版社

（续表）

序号	书名	原著	文	图	封面	开本	版次印次	印数	定价（元）	书号	页数	出版社
17	难忘的人	郭建欧	田云溪	傅凌云		60	1959年2月初版	1—25,100	0.13	T8087.591	54	河北人民美术出版社
18	高举红旗三十年	刘大为	张建辉	吕连生		60	1959年2月初版	1—54,100	0.14	T8087.592	62	河北人民美术出版社
19	紫玉		张帆	范灵		60	1959年2月初版	1—78,100	0.13	T8087.596	48	河北人民美术出版社
20	梁洛文的转变		中共保定地委宣传部	集华		60	1959年2月初版	1—8,100	0.10	T8087.602	41	河北人民美术出版社
21	监察主任	浩然	刘一心	刘一心		60	1959年2月初版	1—21,100	0.15	T8087.603	64	河北人民美术出版社
22	打麻雀	杨平	瑾瑛	郭重光 李恩云		60	1959年2月初版	1—11,800	0.11	T8087.605	45	河北人民美术出版社
23	红旗谱之一 大闹柳树林	梁斌	赵敦	刘端		60	1959年2月初版	1—75,100	0.13	T8087.608	58	河北人民美术出版社
	备注：赵成章、敦谦联合署名赵敦。											
24	鞭打楚平王	冯梦龙等	鲁高	凌涛 严绍唐 朱元红		60	1959年2月初版	1—64,100	0.28	T8087.610	132	河北人民美术出版社
25	文天祥		林林	陶干臣	张鹿山	60	1959年2月初版	1—45,100	0.21	T8087.612	93	河北人民美术出版社
26	干女儿		田云溪	钟志宏		60	1959年2月初版	1—23,100	0.14	T8087.615	58	河北人民美术出版社
27	牡丹亭		卢光照	范灵		60	1958年10月初版，1959年3月再版1印	44,101—92,150	0.24	T8087.520	111	河北人民美术出版社
	备注：本书再版1印的页数由初版的194页减到111页，书号不变。											
28	同舟共济		冷冶	吴懋祥		60	1959年3月初版	1—43,100	0.17	T8087.574	76	河北人民美术出版社
29	燕青李逵双赶会		吴剑	池振亚		60	1959年3月初版	1—83,100	0.15	T8087.576	62	河北人民美术出版社
30	照阳江上的朝阳		樊丕德	魏连福		60	1959年3月初版	1—73,100	0.12	T8087.597	49	河北人民美术出版社
31	林家庄洗碱记		焦玉峰	肖林		60	1959年3月初版	1—32,100	0.14	T8087.599	63	河北人民美术出版社
32	奇袭白虎团	王程远	王权	作良		60	1959年3月初版	1—100,100	0.15	T8087.606	64	河北人民美术出版社

（续表）

<table>
<tr><th>序号</th><th>书名</th><th>原著</th><th>文</th><th>图</th><th>封面</th><th>开本</th><th>版次印次</th><th>印数</th><th>定价（元）</th><th>书号</th><th>页数</th><th>出版社</th></tr>
<tr><td>33</td><td>五天五夜</td><td>吴锐</td><td>郭森</td><td>何国华</td><td></td><td>60</td><td>1959年3月初版</td><td>1—100,100</td><td>0.17</td><td>T8087.609</td><td>78</td><td>河北人民美术出版社</td></tr>
<tr><td>34</td><td>鬼林</td><td>万寒</td><td>白忠懋</td><td>杨兆新</td><td></td><td>60</td><td>1959年3月初版</td><td>1—34,100</td><td>0.12</td><td>T8087.613</td><td>50</td><td>河北人民美术出版社</td></tr>
<tr><td>35</td><td>奇怪的音符</td><td>王为明</td><td>万家春</td><td>林涛</td><td></td><td>60</td><td>1959年3月初版</td><td>1—88,100</td><td>0.16</td><td>T8087.616</td><td>72</td><td>河北人民美术出版社</td></tr>
<tr><td>36</td><td>照片引起的回忆</td><td>赵自</td><td>洪钊</td><td>金立德</td><td></td><td>60</td><td>1959年3月初版</td><td>1—48,100</td><td>0.13</td><td>T8087.617</td><td>56</td><td>河北人民美术出版社</td></tr>
<tr><td>37</td><td>岳父</td><td></td><td>吴振轩</td><td>姚天沐</td><td></td><td>60</td><td>1959年3月初版</td><td>1—36,600</td><td>0.12</td><td>T8087.623</td><td>49</td><td>河北人民美术出版社</td></tr>
<tr><td>38</td><td>收白龙马</td><td></td><td>张帆</td><td>张鹿山</td><td></td><td>60</td><td>1959年3月初版</td><td>1—133,100</td><td>0.14</td><td>T8087.624</td><td>54</td><td>河北人民美术出版社</td></tr>
<tr><td>39</td><td>弟弟</td><td></td><td>赤林</td><td>孟英声</td><td></td><td>60</td><td>1959年3月初版</td><td>1—29,600</td><td>0.12</td><td>T8087.625</td><td>43</td><td>河北人民美术出版社</td></tr>
<tr><td>40</td><td>凤凰山上</td><td></td><td>苏敦勇</td><td>张世简
张琼芝</td><td></td><td>60</td><td>1959年3月初版</td><td>1—87,100</td><td>0.13</td><td>T8087.626</td><td>49</td><td>河北人民美术出版社</td></tr>
<tr><td>41</td><td>为了铧犁</td><td></td><td>郑沁园</td><td>吕连生</td><td></td><td>60</td><td>1959年3月初版</td><td>1—25,600</td><td>0.11</td><td>T8087.628</td><td>38</td><td>河北人民美术出版社</td></tr>
<tr><td rowspan="2">42</td><td>中国古代发明家</td><td></td><td>张帆</td><td>程十发等</td><td></td><td>60</td><td>1959年3月初版</td><td>1—59,100</td><td>0.19</td><td>T8087.629</td><td>72</td><td>河北人民美术出版社</td></tr>
<tr><td colspan="12">备注：本书包含《能起死回生的扁鹊》8页，程十发绘画；《天文学家张衡》8页，凌涛、严绍唐、朱元红绘画；《蒲元造神刀》6页，陆俨少绘画；《我国第一位外科手术家华佗》10页，张鹿山绘画；《机械工程师马钧》7页，陈光宗绘画；《毕昇发明活字印刷》6页，康殷绘画；《黄道婆发明纺织工具》11页，黄子晞绘画；《伟大的药物学家李时珍》10页，刘仲文绘画；《我国第一艘轮船制造人徐寿》6页，刘汉宗绘画。共计9个故事。</td></tr>
<tr><td>43</td><td>前途</td><td></td><td></td><td>焦可群
张希岭</td><td></td><td>60</td><td>1959年4月初版</td><td>1—27,700</td><td>0.17</td><td>T8087.600</td><td>79</td><td>河北人民美术出版社</td></tr>
<tr><td>44</td><td>愤怒</td><td></td><td>王烈</td><td>陈云华
赵隆文</td><td></td><td>60</td><td>1959年4月初版</td><td>1—40,600</td><td>0.15</td><td>T8087.601</td><td>65</td><td>河北人民美术出版社</td></tr>
<tr><td>45</td><td>杀虎妖</td><td></td><td>于文青</td><td>王仲清</td><td></td><td>20</td><td>1959年4月再版</td><td>1—4,350</td><td>0.80</td><td>T8087.615</td><td>70</td><td>河北人民美术出版社</td></tr>
<tr><td>46</td><td>谁偷了声音</td><td></td><td>白宇</td><td>华三川</td><td></td><td>60</td><td>1959年4月初版</td><td>1—65,800</td><td>0.31</td><td>T8087.619</td><td>165</td><td>河北人民美术出版社</td></tr>
<tr><td>47</td><td>鲤鱼姑娘</td><td></td><td>风波</td><td>张锡武</td><td></td><td>60</td><td>1959年4月初版</td><td>1—72,600</td><td>0.13</td><td>T8087.631</td><td>50</td><td>河北人民美术出版社</td></tr>
<tr><td>48</td><td>布谷声声</td><td></td><td>张春峰</td><td>周卓人
陶士范</td><td></td><td>60</td><td>1959年4月初版</td><td>1—27,900</td><td>0.12</td><td>T8087.642</td><td>50</td><td>河北人民美术出版社</td></tr>
</table>

（续表）

序号	书名	原著	文	图	封面	开本	版次印次	印数	定价（元）	书号	页数	出版社
49	铁弓缘		杨犀	王乃候		60	1959年4月初版	1—73,500	0.23	T8087.643	107	河北人民美术出版社
50	小猛子的秘密		丁夷	潘锡柔		60	1959年4月初版	1—35,800	0.14	T8087.644	60	河北人民美术出版社
51	来历不明的社务委员		敦谦	少梅		60	1959年4月初版	1—46,100	0.16	T8087.647	70	河北人民美术出版社
52	战斗在福建前线		张帆	陈云华 赵隆义		60	1959年4月初版	1—75,000	0.19	T8087.1024	89	河北人民美术出版社
	备注：本书包含《雄鹰》16页，《烈火真金》24页，《无畏的炮兵》21页，《福建民兵英勇支前》14页，《火线上的女共青团员》14页。共计5个小故事。											
53	诗山画海花果乡		田间 张国祥等	刘锡九 杨万富等	董希文	24	1959年5月初版	1—11,600	0.50	T8087.649	56	河北人民美术出版社
54	诗洋画海金束鹿		张俊乔 赵魁林等	丁绍敏 张志儒等		24	1959年5月初版	1—12,000	0.50	T8087.648	48	河北人民美术出版社
	备注：本书有精装本。											
55	月娘娘		宇宙	黄子晞 苏云		60	1959年5月初版	1—42,100	0.14	T8087.611	53	河北人民美术出版社
56	小矿工（上集）		姜震瀛	韩乐业		60	1959年5月初版	1—20,900	0.25	T8087.627	132	河北人民美术出版社
57	红旗谱之三身陷虎穴		敦谦 赵成章	刘端		60	1959年5月初版	1—66,100	0.18	T8087.641	83	河北人民美术出版社
58	红旗谱之二远走高飞		敦谦 赵成章	张辛国		60	1959年5月初版	1—65,100	0.22	T8087.640	108	河北人民美术出版社
59	中国寓言故事选集	韩非子等	王弋	刘佩武等	韩伍	60	1959年5月初版	1—109,000	0.13	T8087.664	48	河北人民美术出版社
	备注：本书包含《曾子不撒谎》《南郭先生》等14个小故事。											
60	澶渊之盟		祁野耘	康殷 叔平		60	1959年5月初版	1—113,500	0.19	T8087.666	79	河北人民美术出版社
61	嘉丽亚的新生		杨森	孙信		60	1959年5月初版	1—23,100	0.25	T8087.630	130	河北人民美术出版社
62	悔恨		黄继馨	程修		60	1959年5月初版	1—90,100	0.15	T8087.652	63	河北人民美术出版社
63	一毛钱	陶萍	康迈千	高燕		60	1959年5月初版	1—16,700	0.13	T8087.614	52	河北人民美术出版社

（续表）

序号	书名	原著	文	图	封面	开本	版次印次	印数	定价（元）	书号	页数	出版社
64	鲍不平		南洁池	刘仲文	张鹿山	60	1959年5月初版	1—35, 400	0. 12	T8087. 618	45	河北人民美术出版社
65	在工地上		艾莲	何志强		60	1959年5月初版	1—18, 600	0. 13	T8087. 622	52	河北人民美术出版社
66	上甘岭的英雄		艾绵 舒风	罗盘		60	1959年5月初版	1—54, 300	0. 31	T8087. 604	164	河北人民美术出版社
67	马小翠		王捷 孟养玉	孟养玉		60	1959年5月初版	1—41, 300	0. 14	T8087. 651	58	河北人民美术出版社
68	红旗谱之四 反割头税		赵敦	刘端		60	1959年5月初版	1—88, 900	0. 19	T8087. 672	92	河北人民美术出版社
	备注：本书获1963年第一届全国连环画评奖文学脚本三等奖。											
69	金凤树开花		于文青	朱子蓉		60	1959年5月初版	1—80, 600	0. 14	T8087. 645	61	河北人民美术出版社
70	农业气象哨		保定专署气象局	保定专署气象局		60	1959年6月初版	1—7, 000	0. 12	无	40	保定地区人民出版社
71	御河桥			盛锡珊	刘旦宅	60	1959年1月初版，1959年6月第2次印刷	57, 101—12, 9150	0. 21	T8087. 586	93	河北人民美术出版社
	备注：本书第2次印刷时封面进行了重新绘画。											
72	徐秋影案件		小流	施奇平		60	1959年6月初版	1—81, 600	0. 22	T8087. 621	108	河北人民美术出版社
73	女英雄苏美凤		阮恩泽	高鸿		60	1959年6月初版	1—101, 700	0. 13	T8087. 661	52	河北人民美术出版社
74	侦察兵		焦玉峰	陈云华		60	1959年6月初版	1—116, 800	0. 12	T8087. 662	49	河北人民美术出版社
75	海滨一少年		姜震瀛	韩伍		60	1959年6月初版	1—48, 100	0. 18	T8087. 665	87	河北人民美术出版社
76	夏青苗求师		姜震瀛	邓柯		60	1959年6月初版	1—24, 900	0. 14	T8087. 667	60	河北人民美术出版社
77	渔哥礁		王大鹏	陈林祥		60	1959年6月初版	1—71, 200	0. 16	T8087. 669	66	河北人民美术出版社
78	三个和一个	钱瑞康	张晓	曹世琦		60	1959年6月初版	1—36, 400	0. 11	T8087. 674	39	河北人民美术出版社
79	黑风山		来诵芬	张鹿山	胡若佛	60	1959年6月初版	1—186, 100	0. 21	T8087. 675	94	河北人民美术出版社

（续表）

序号	书名	原著	文	图	封面	开本	版次印次	印数	定价（元）	书号	页数	出版社
80	真正的爱情		姜韬	叶坚铭		60	1959年6月初版	1—76，100	0.10	T8087.676	33	河北人民美术出版社
	备注：同为1印，本书印数有部分标注为1—78，800。											
81	翘尾巴的火鸡		章程	冯吉令		60	1959年6月初版	1—32，400	0.20	T8087.678	98	河北人民美术出版社
82	骄傲的公鸡		王宇文	田乐天		48	1959年7月初版	1—24，600	0.16	T8087.607	35	河北人民美术出版社
83	诗光画彩照黎河——遵化农民诗画选			孙百发 张从安等		24	1959年7月初版	1—4，130	0.40	T8087.646	32	河北人民美术出版社
84	红军坟的故事		陈龙华	荣金珠		60	1959年7月初版	1—75，600	0.14	T8087.670	58	河北人民美术出版社
85	庙子湖上的神火		高峦	张锡武		60	1959年7月初版	1—70，100	0.13	T8087.671	47	河北人民美术出版社
86	光荣榜上的新人物	簿子炎	郑沁园	蔡人燕		60	1959年7月初版	1—16，100	0.14	T8087.677	55	河北人民美术出版社
	备注：本书包含《革新技术的能手》25页，张建辉改编，李实绘画。											
87	老英雄杨仲海		小戈	王克文		60	1959年7月初版	1—21，400	0.11	T8087.678	38	河北人民美术出版社
88	黄风岭		潘勤孟	池振亚		60	1959年7月初版	1—189，100	0.19	T8087.679	80	河北人民美术出版社
89	赌国王后牌软糖		王士之	吕连升		60	1959年7月初版	1—88，100	0.20	T8087.680	101	河北人民美术出版社
90	三个朋友		王祖威	沈原野		60	1959年7月初版	1—25，700	0.14	T8087.681	57	河北人民美术出版社
91	上北京		本社	孙信		90	1959年7月初版	1—13，800	0.06	R8087.682	33	河北人民美术出版社
92	红军团长当农民		张建辉	吴懋祥		60	1959年7月初版	1—25，800	0.16	T8087.683	70	河北人民美术出版社
93	笛子		王捷	孟英声		60	1959年7月初版	1—31，800	0.12	T8087.684	50	河北人民美术出版社
94	战地夜校		万家春	陈云华 陈守迎		60	1959年7月初版	1—39，400	0.14	T8087.686	58	河北人民美术出版社
	备注：本书包含《小班长》28页，万家春改编，陈守迎绘画。											
95	水漫炉火台		羡智 冷冶	章国霖 汪子豆		60	1959年8月初版	1—31，400	0.24	T8087.668	123	河北人民美术出版社

（续表）

序号	书名	原著	文	图	封面	开本	版次印次	印数	定价（元）	书号	页数	出版社
96	虎穴劫狱		王烈	金奎		60	1959年8月初版	1—86，300	0.12	T8087.688	47	河北人民美术出版社
97	湖边星火	翟学忠	王士之	赵隆义		60	1959年8月初版	1—61，300	0.17	T8087.689	77	河北人民美术出版社
98	一切为了伤员		常惠	古华		60	1959年8月初版	1—25，500	0.14	T8087.691	59	河北人民美术出版社
99	小春和大水		周季水	韩伍		60	1959年8月初版	1—39，600	0.17	T8087.692	75	河北人民美术出版社
100	翠英		李恩云	李恩云	何国华	60	1959年8月初版	1—16，600	0.11	T8087.696	42	河北人民美术出版社
101	技术革命的一面红旗		王富敏	王富敏		60	1959年8月初版	1—11，600	0.13	T8087.698	52	河北人民美术出版社
102	张良		郑沁园	严绍唐 朱元红	程十发	60	1959年8月初版	1—94，600	0.18	T8087.700	76	河北人民美术出版社
103	破沧州（水浒后传之九）		张辙	刘汉宗	刘旦宅	60	1959年8月初版	1—101，600	0.16	T8087.701	67	河北人民美术出版社
104	劫狱		朱文扬	刘开基		60	1959年8月初版	1—62，900	0.18	T8087.703	83	河北人民美术出版社
105	水火疑案	墨考	焦玉峰	杨锦文		60	1959年8月初版	1—33，300	0.13	T8087.704	52	河北人民美术出版社
106	李小霞	卞祖芳	池子			60	1959年8月初版	1—13，800	0.11	T8087.705	38	河北人民美术出版社
107	山神的故事			张玮		60	1959年9月初版	1—18，700	0.13	T8087.690	55	河北人民美术出版社
108	洒在元旦的鲜血		万家春	刘熊		60	1959年9月初版	1—47，000	0.13	T8087.693	56	河北人民美术出版社
109	大字报	杨啸	敦千 胡老寿	张春峰 丁少敏		60	1959年9月初版	1—4，400	0.12	T8087.694	40	河北人民美术出版社
	备注：本书包含《胡家四代》13页，胡老寿等改编，丁少敏绘画。											
110	给爷爷请假	张存杰	敦千 刘禾	元景洪 孙玉平		60	1959年9月初版	1—5，450	0.11	T8087.695	不详	河北人民美术出版社
	备注：本书包含《三改丰产牌》15页，刘禾改编，元景洪绘画。											
111	老红军		小流	李亨 白崇易		60	1959年9月初版	1—53，200	0.17	T8087.697	82	河北人民美术出版社

（续表）

序号	书名	原著	文	图	封面	开本	版次印次	印数	定价（元）	书号	页数	出版社
112	岛上红旗	何泽沛	肖芳敏	张友涛 周诗成		60	1959年9月初版	1—59,000	0.15	T8087.699	64	河北人民美术出版社
113	流沙河		卢振祥	叶之浩	胡若佛	60	1959年9月初版	1—139,700	0.13	T8087.702	46	河北人民美术出版社
114	三蜕和长命		阮芳泽	李武英		60	1959年9月初版	1—58,200	0.11	T8087.706	36	河北人民美术出版社
115	新安江春讯		叶惠元	朱子蓉		60	1959年9月初版	1—5,000	0.11	T8087.707	37	河北人民美术出版社
116	平顶山		潘勤孟	池振亚	胡若佛	60	1959年9月初版	1—133,900	0.22	T8087.708	99	河北人民美术出版社
117	游击英雄刘秋菊		张葆印	童继武		60	1959年10月初版	1—58,100	0.14	T8087.709	57	河北人民美术出版社
118	双珠凤		钱笑呆	钱笑呆 曹增潮 池振亚		60	1959年10月初版	1—81,400	0.21	T8087.710	91	河北人民美术出版社
119	枫林曲		大鲁	黄景		60	1959年10月初版	1—51,100	0.14	T8087.711	61	河北人民美术出版社
120	海岛上的火光		丁萁	范生福		60	1959年10月初版	1—29,600	0.15	T8087.712	65	河北人民美术出版社
121	第九十六个女人		蔡华申		金立德	60	1959年10月初版	1—45,600	0.14	T8087.713	58	河北人民美术出版社
122	拜师记		张光炎	吕连生		60	1959年10月初版	1—11,100	0.13	T8087.714	52	河北人民美术出版社
123	双鞭将呼延灼（水浒后传之八）		张辙	张鹿山	刘旦宅	60	1959年10月初版	1—105,500	0.16	T8087.717	66	河北人民美术出版社
124	清风店歼灭战		祝九多	周恒山		60	1959年10月初版	1—68,100	0.14	T8087.718	59	河北人民美术出版社
125	师长的儿子		戴铁英	郁芷芳		60	1959年10月初版	1—36,100	0.12	T8087.719	49	河北人民美术出版社
126	红色保育员	印兵	张建辉	孟养玉		60	1959年10月初版	1—8,200	0.11	T8087.720	37	河北人民美术出版社
127	小康保的成长		石磊	陈圣镬		60	1959年10月初版	1—7,300	0.12	T8087.721	50	河北人民美术出版社
128	新女婿		赵玉波	刘一心		60	1959年10月初版	1—10,500	0.14	T8087.722	59	河北人民美术出版社

（续表）

序号	书名	原著	文	图	封面	开本	版次印次	印数	定价（元）	书号	页数	出版社
129	古树的花朵		赤林	蔡人燕 戴瑞华		60	1959年11月初版	1—5, 300	0. 12	T8087. 715	47	河北人民美术出版社
130	一畦菜花		姜培光	张琼芝		60	1959年11月初版	1—3, 500	0. 14	T8087. 716	59	河北人民美术出版社
131	土地神显灵	倪捷	杨万富	李芸生 杨万富		60	1959年11月初版	1—31, 100	0. 10	T8087. 727	28	河北人民美术出版社
	备注：本书包含《巧断偷瓜》11页。											
132	无手姑娘		刘含贞	钟志宏		60	1959年11月初版	1—9, 400	0. 14	T8087. 728	63	河北人民美术出版社
133	母女俩		吴振轩	张淑俊		60	1959年11月初版	1—5, 400	0. 11	T8087. 730	41	河北人民美术出版社
134	人民公社红旗手——王国藩办社的基本经验		本社	本社		60	1959年11月初版	1—300, 100	0. 16	T8087. 742	不详	河北人民美术出版社
135	红旗谱之五 七月风暴		赵敦	阮恩泽		60	1959年12月初版	1—57, 800	0. 24	T8087. 687	119	河北人民美术出版社
136	一笔安家费	鸿雁等	马永堃 溥义	马永堃 溥义		60	1959年12月初版	1—7, 600	0. 14	T8087. 723	不详	河北人民美术出版社
	备注：本书包含《虎子》39页。											
137	杨大猛怒杀镇关西		王季温	端木勇		60	1959年12月初版	1—60, 100	0. 11	T8087. 725	38	河北人民美术出版社
138	火车头上捉鬼子		刘存厚	吴懋祥		60	1959年12月初版	1—55, 100	0. 12	T8087. 726	47	河北人民美术出版社
139	二七惨案		肖宏	金立德		60	1959年12月初版	1—41, 600	0. 12	T8087. 729	51	河北人民美术出版社
140	真正的爱	宋文	洪钊 韩彦山	冒怀苏 韩彦山		60	1959年12月初版	1—17, 100	0. 12	T8087. 736	31	河北人民美术出版社
	备注：本书包含《旅馆里的故事》14页。											
141	立夏节暴动		王烈	王重义孙愚		60	1959年12月初版	1—40, 100	0. 12	T8087. 737	48	河北人民美术出版社
142	农民的科学家		吴振轩	朱帆		60	1959年12月初版	1—7, 300	0. 14	T8087. 738	57	河北人民美术出版社

（续表）

序号	书名	原著	文	图	封面	开本	版次印次	印数	定价（元）	书号	页数	出版社
143	我的伤疤		张静	刘开基		60	1959年12月初版	1—20，100	0.17	T8087.739	75	河北人民美术出版社
144	野火春风斗古城 ① 插入敌腹	李英儒	洪钊	陈云华 赵隆义		60	1959年12月初版	1—122，100	0.27	T8087.744	140	河北人民美术出版社
	备注：本书获1963年第一届全国连环画评奖文学脚本三等奖。											
145	小梅		小鸿	杨梦义 曾亮		60	1959年12月初版	1—4，300	0.11	T8087.792	40	河北人民美术出版社

20世纪 60 年代

图说冀版连环画 1950—2000

TUSHUO JIBAN LIANHUANHUA 1950—2000

1960 年

3 月 17 日，河北人民出版社由保定市迁至天津市尖山路办公。

碾玉观音
小莲改编　吴蓁、李萍绘画
河北人民美术出版社

苏六娘
陈平夫改编　李成勋绘画
河北人民美术出版社

篾工姑娘
戴铁英改编　章志敏绘画
河北人民美术出版社

危险的侦察
流远编绘
河北人民美术出版社

黎锦的心事
张西洛改编
高昭庆、张羽、王建武绘画
河北人民美术出版社

伍嫂子
钤广礼改编　荣金珠绘画
河北人民美术出版社

寻夫记
王烈改编　吕连升绘画
河北人民美术出版社

花儿妈
张春峰改编　傅凌云绘画
河北人民美术出版社

格尔甲的歌
白翼原著　李天心绘画
河北人民美术出版社

火云洞
李白英改编　池振亚绘画　胡若佛封面
河北人民美术出版社

草原小骑兵
唐开础改编　韩伍绘画
河北人民美术出版社

绵河滚滚上高山
赵锡改编　钟志宏绘画
河北人民美术出版社

渔童
张士杰搜集　胡毓麟改编
刘仲文绘画　黄子晞封面
河北人民美术出版社

星星火炬
赤林改编　柳根林绘画
河北人民美术出版社

彭浦人民公社大放异彩
洪钊改编　武闯绘画
河北人民美术出版社

闹太湖（水浒后传之四）
张帆改编　刘汉宗绘画　刘旦宅封面
河北人民美术出版社

腰刀
来诵芬改编　徐深绘画
河北人民美术出版社

老秃山战斗
常惠改编　王宇文绘画
河北人民美术出版社

共产主义之花
翟敏智改编　钟志宏绘画
河北人民美术出版社

六月雪
关汉卿原著　陈平夫改编
何仲达绘画　黄子晞封面
河北人民美术出版社

接班人
谢爱莲改编　施琦平绘画
河北人民美术出版社

穆桂英招亲
杨犀改编　宗静风绘画　胡若佛封面
河北人民美术出版社

西楚霸王
康殷、叔平绘画
河北人民美术出版社

深山猎虎
吴梦起原著　卢光照改编　钟一鸾绘画
河北人民美术出版社

三下西亭
洪钊改编　端木勇绘画
河北人民美术出版社

老羊工当了教授
张建辉改编　金宝临绘画
河北人民美术出版社

小姑听房
张春峰等改编　张贻来、刘宫霖、薛树森绘画
河北人民美术出版社

真假唐僧
潘勤孟改编
汪玉山、汪继远绘画　胡若佛封面
河北人民美术出版社

红旗谱之六 飞出牢笼
赵敦改编　张辛国绘画
河北人民美术出版社

报晓鸡
铃广礼改编　孟英声、陈克健绘画
河北人民美术出版社

双锁山
常祖荫改编　史奉仓绘画　张世简封面
河北人民美术出版社

小蝌蚪找妈妈
铃广礼改编　王志英绘画
河北人民美术出版社

保育教材图解
吕荫樾改编　戴敦邦绘画
河北人民美术出版社

一块小补钉（丁）
铃广礼改编　阮恩泽绘画
河北人民美术出版社

白菜花
南洁池改编　张世简绘画
河北人民美术出版社

登云山（水浒后传之一）
张帆改编　陈江淙绘画　刘旦宅封面
河北人民美术出版社

闹龙廷
张建辉改编　李成勋、戴洪海绘画
河北人民美术出版社

金谷穗上的绿蝈蝈
张士杰原著　易龙、杨万富改编
秋枫、李天际绘画　李成勋封面
河北人民美术出版社

人参姑娘
春峰改编　李天心绘画
河北人民美术出版社

两个老“侦察兵”
吕荫樾改编　傅凌云绘画
河北人民美术出版社

爆炸英雄李混子
刘振业改编　林涛绘画
河北人民美术出版社

薛刚反唐
张建辉改编
汪玉山、杨青华、冯墨浓绘画　刘旦宅封面
河北人民美术出版社

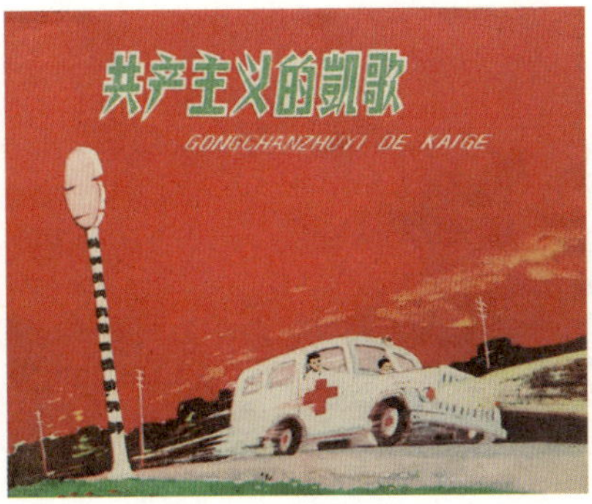

矿山医生
姜震瀛改编
泉深、苏云、士德绘画　黄子晞封面
河北人民美术出版社

共产主义的凯歌
张洪钤改编　凑智绘画
河北人民美术出版社

驯狗师
周存绪改编　华三川绘画
河北人民美术出版社

一〇五岁的太爷爷
孙国林改编　周显义绘画
河北人民美术出版社

替爸爸看水
王立文、李永珍原著　吕荫樾、钤广礼改编
苏诗敏、谷照恩绘画
河北人民美术出版社

同桌
王祖威改编　雨花绘画
河北人民美术出版社

侦察的故事
张建辉改编　赵隆义绘画
河北人民美术出版社

飞崖走壁五英雄
艾瑛改编　龙廷坝绘画
河北人民美术出版社

爱情
王兰改编　周雪芬、殷全元绘画
河北人民美术出版社

牧羊老人
席绍华原著　张建辉改编
孟养玉绘画　楼阁封面
河北人民美术出版社

多年的愿望
東为原著　谢家璐改编　李充绘画
河北人民美术出版社

钢珠飞车
张帆改编　刘佩武绘画
河北人民美术出版社

锻炼
吉辉改编　翟润书绘画
河北人民美术出版社

北斗星
吴振轩改编　王济达绘画
河北人民美术出版社

计败三路兵（水浒后传之七）
张辙改编　张鹿山绘画　刘旦宅封面
河北人民美术出版社

王宝钏
陈平夫改编　盛锡珊、吕德康绘画
河北人民美术出版社

吉祥如意
卢光照改编　谭学楷绘画
河北人民美术出版社

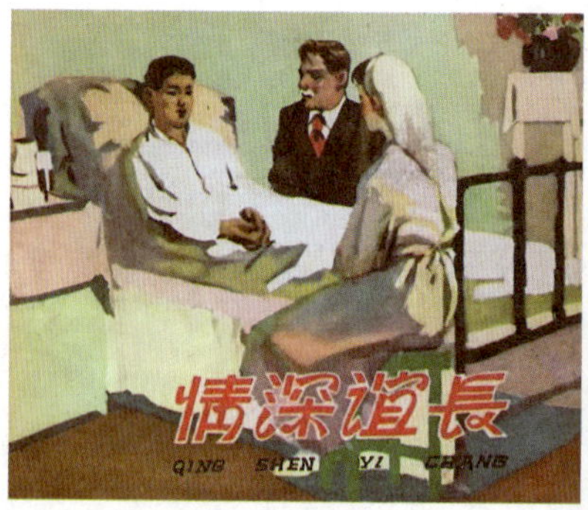

情深谊长
王弋改编　楼阁绘画
河北人民美术出版社

计盗紫金铃
陈平夫改编　池振亚绘画　胡若佛封面
河北人民美术出版社

雷州义盗
陶士范改编
严绍唐、李铁生绘画　刘旦宅封面
河北人民美术出版社

一九五六年到一九六七年
全国农业发展纲要图解
河北人民美术出版社编绘
河北人民美术出版社

棒槌山上老桑树
唐开础改编　蔡人燕、戴端华绘画
河北人民美术出版社

父与子
尚青原著　陆宜才改编　赵静东绘画
河北人民美术出版社

狼窝里的雷声
王士之改编　柏芳景绘画
河北人民美术出版社

托塔李天王
胡毓麟改编　张锡武绘画
河北人民美术出版社

回民支队
张帆改编　古华绘画
河北人民美术出版社

蛇医传
易龙改编　范生福绘画
河北人民美术出版社

小矿工（下）
姜震瀛改编　韩乐业绘画
河北人民美术出版社

芸姐
含贞、惠元改编　吴元绘画
河北人民美术出版社

欢乐的家
郑沁园改编　吕连生绘画　邓柯封面
河北人民美术出版社

盘丝洞
卢光照改编　胡若佛绘画
河北人民美术出版社

英雄库尔班
夏临改编　王井绘画
河北人民美术出版社

逆风千里
周万诚原著　尚君砺绘画
河北人民美术出版社

潘杨和
苏伟光改编　史奉仓绘画
河北人民美术出版社

奇怪的棉袄
洪钊改编　刘一心、谷照恩绘画
河北人民美术出版社

星星队
铃广礼改编　雨花绘画
河北人民美术出版社

敌后武工队 1
冯志原著　张帆改编　吴懋祥绘画
河北人民美术出版社

老红军抢险记
曹延路编绘
河北人民美术出版社

正太风暴
梦道改编　刘一心、谷照恩绘画
河北人民美术出版社

艾森豪威尔丢丑记
华君武等作
河北人民美术出版社

七绝山
陈平夫改编　池振亚绘画
河北人民美术出版社

阿妈
硝石原著　张捷、张帆改编
张永太、刘佩武绘画
河北人民美术出版社

百亩棉田丰产记
北京幻灯制片厂编绘
河北人民美术出版社

牛丙砸盐店
来诵芬改编　张鹿山绘画
河北人民美术出版社

山鹰
万家春改编　李江鸿绘画
河北人民美术出版社

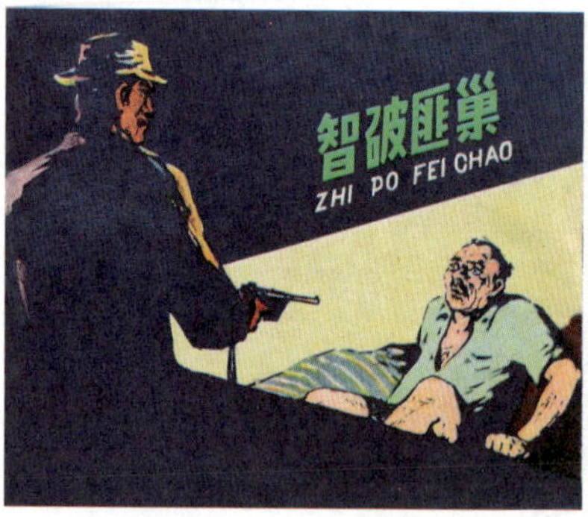

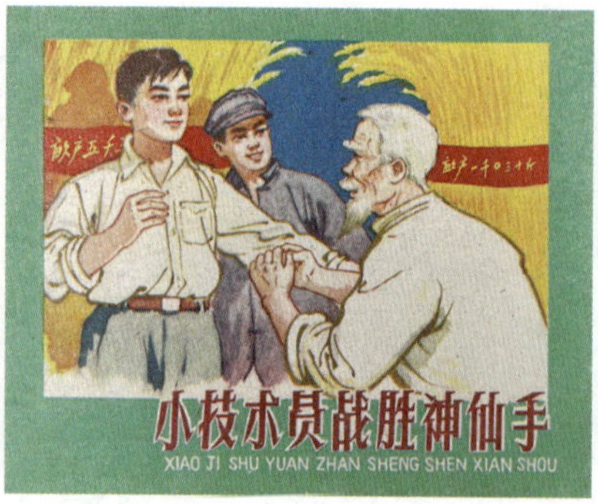

智破匪巢
王弋改编　程修绘画
河北人民美术出版社

小技术员战胜神仙手
张建辉改编　李亨、静霞绘画
河北人民美术出版社

巧救王叔叔
铃广礼改编　潘锡柔绘画
河北人民美术出版社

共产党员闫建章
张建辉改编　一群绘画
河北人民美术出版社

邢燕子
罗助民编文
赵栋、哈增伯、刘汉宗、李庆永绘画
河北人民美术出版社

红色服务员
王弋改编　施琦平绘画
河北人民美术出版社

洵河红莲
张建辉改编　周雪芬、殷全元绘画
河北人民美术出版社

千钧一发见红心
洪钊改编　王井绘画
河北人民美术出版社

捉獾
张建辉改编　苏诗敏绘画
河北人民美术出版社

穷山沟变成文化村
洪钊改编　孟养玉绘画
河北人民美术出版社

水库上的歌声
建辉改编　刘开基绘画
河北人民美术出版社

野火春风斗古城 ②
李英儒原著　洪钊改编
陈云华、赵隆义绘画
河北人民美术出版社

铁锁崖
张建辉改编　黄清琪绘画
河北人民美术出版社

登巴叔叔的故事
张建辉改编　苏子绘画
河北人民美术出版社

响马传
梁河改编　杨青华、杨久华绘画
河北人民美术出版社

一条妙计
杨柳青原著　雨苹改编　端木勇绘画
河北人民美术出版社

小辫子
于良志原著　周季水改编　吴克柔绘画
河北人民美术出版社

女秀才
洪钊编文　李亨绘画
河北人民美术出版社

樊秀才
王弋改编　邱小玉、严惠君绘画
河北人民美术出版社

英雄渠
寒荒原著　张春峰改编　佘国纲绘画
河北人民美术出版社

党的好儿子凌文明
张建辉改编　刘一心、谷照恩绘画
河北人民美术出版社

本年河北人民美术出版社共出版连环画 108 种。其中《西游记》出版《火云洞》《真假唐僧》《计盗紫金铃》《盘丝洞》《七绝山》5 种。《七绝山》的成品书没有书号，没有定价。此书当年是否公开销售，是否为样书或并未正式出版，尚待确认。

《河北古今书目》收录有本年的《绘图汉语拼音方案声母韵母》一书，但《全国总书目》《全国新书目》均未收录此书，截至本书出版前未见出版信息和实体出版物。

1961 年

受困难时期影响，20 世纪 60 年代早期的连环画印刷用纸质量下降，多用黑草纸进行印刷。黑草纸表面粗糙，甚至有很多草梗。这种纸着墨性差，印刷出来的图像往往会出现团墨、模糊、断线的现象，印刷质量不高，严重影响阅读效果。

春城花开
李汝春编文　钟志宏绘画
河北人民美术出版社

杨靖宇将军的故事
丹心改编　尚君砺绘画
河北人民美术出版社

打乾隆
赵光远、马正秀改编
叶之浩绘画　盛锡珊封面
河北人民美术出版社

火烧敌营
王季温改编　高燕绘画
河北人民美术出版社

祝妈妈
王弋改编　张玉霖等绘画
河北人民美术出版社

师徒俩
冯国增编文　孙光基绘画
河北人民美术出版社

洛阳桥
史式改编　吴湘霞绘画　盛锡珊封面
河北人民美术出版社

动荡的少年时代
志学改编　韩伍绘画
河北人民美术出版社

敌后武工队 2
冯志原著　张帆改编　吴懋祥绘画
河北人民美术出版社

红仙女
志学改编　邓柯绘画
河北人民美术出版社

红花傲霜开
铃广礼改编　沈鸿如绘画
河北人民美术出版社

汤尼和他的狗
王季温改编　韩伍绘画
河北人民美术出版社

红色管家——温德志
铃广礼改编　本社绘画
河北人民美术出版社

葵花马
广礼、建辉改编　范生福、张中良绘画
河北人民美术出版社

野火春风斗古城 ③
李英儒原著　洪钊改编　陈云华、赵隆义绘画
河北人民美术出版社

夺煤英雄于四元
张建辉改编　一群绘画
河北人民美术出版社

福州城里捉舌头
王弋改编　程修绘画
河北人民美术出版社

活捉李仙洲
水曲辰改编　宋治平绘画
河北人民美术出版社

文盲变状元
王弋改编　王炎林等绘画
河北人民美术出版社

我国的保尔
张建辉改编　全祝明绘画　静涛封面
河北人民美术出版社

为粮而战
李文显改编　张辛国、张春峰绘画
河北人民美术出版社

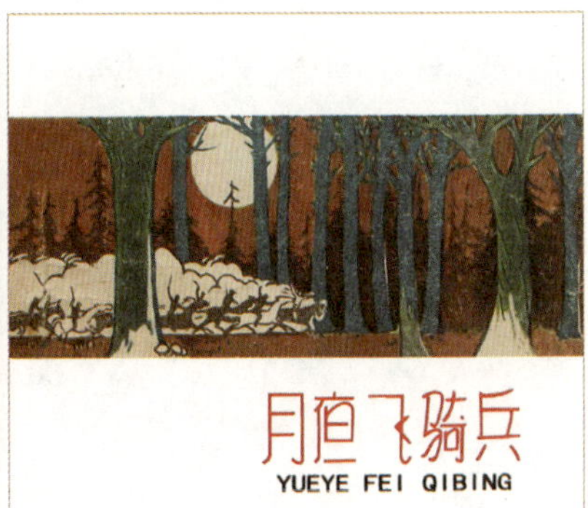

齐天大圣
来诵芬改编　刘汉宗绘画　胡若佛封面
河北人民美术出版社

难忘的冬天
敦千改编　王恩盛绘画
河北人民美术出版社

月夜飞骑兵
常惠改编　尚君砺绘画
河北人民美术出版社

小珊子
苏伟光改编　王永扬绘画
河北人民美术出版社

三轮车工人的吼声
王烈改编　金立德绘画
河北人民美术出版社

红色女游击队员
王士之改编　于化鲤绘画
河北人民美术出版社

农民革新家——张小礼
吴燕、佩欣原著　铃广礼改编
唐秀菊、陆新生绘画
河北人民美术出版社

刘志丹
洪建改编　王重义绘画
河北人民美术出版社

鲁王和小黄马
洪钊改编　张鹿山绘画
河北人民美术出版社

长白山上一棵松
张建辉改编　魏连福绘画
河北人民美术出版社

英雄的“堡垒”
敦千改编　祝贺绘画
河北人民美术出版社

小小气象哨
刘存厚改编　邓柯绘画
河北人民美术出版社

狱中救亲人
紫孜改编　赵静东绘画
河北人民美术出版社

蛤蟆洼的变迁
阎涛改编　叶坚铭绘画
河北人民美术出版社

奇怪的枪声
王季温改编　孟英声绘画
河北人民美术出版社

三八红旗手李素琴
孟敏改编　陈云华、赵隆义绘画
河北人民美术出版社

“穷棒子”精神万岁
李俊瑛改编　钟志宏绘画
河北人民美术出版社

红色指挥员
史式改编　吴懋祥绘画
河北人民美术出版社

宣誓前的风波
周雪芬绘画
河北人民美术出版社

越海擒敌
洪钊改编　黄景绘画
河北人民美术出版社

借蜜
本社改编　孑牛绘画
河北人民美术出版社

侦察济南
焦玉峰改编　刘端绘画
河北人民美术出版社

万宝岛上的灯火
王弋改编　熊明曦绘画
河北人民美术出版社

巧救关胜（水浒后传之十）
史式改编　刘汉宗绘画
河北人民美术出版社

展翅高飞
谢平实改编　戴敦邦绘画
河北人民美术出版社

谁光荣
万家春改编　张庚绘画
河北人民美术出版社

小铁脑壳遇险记
王志英改编　王志英绘画
河北人民美术出版社

除四害小英雄
锐翔改编　潘锡柔绘画
河北人民美术出版社

女儿国
陈平夫改编　钱笑呆、曹增潮绘画
河北人民美术出版社

箭秆（杆）河边
浩然原著　陈平夫改编
王永豪、廉振华绘画
河北人民美术出版社

人强马壮
张辛国改编　张辛国绘画
河北人民美术出版社

勇敢的摄影师
宋文郁原著　潘勤孟改编　王永扬绘画
河北人民美术出版社

铁柱和水生
秋水改编　李恩云、郭重光绘画
河北人民美术出版社

红六军的诞生
郭忠贵原著　敦千改编　宋治平绘画
河北人民美术出版社

随周副主席长征
张建辉改编　尚君励绘画
河北人民美术出版社

康兰英
张建辉改编　孟养玉绘画
河北人民美术出版社

列车飞越“鬼门关”
王弋改编　刘一心、谷照恩绘画
河北人民美术出版社

英姬
李容久原著　焦玉峰改编　于化鲤绘画
河北人民美术出版社

国旗升起的时候
凌行正原著　王良莹改编　何国华绘画
河北人民美术出版社

高"司令"
王有声原著　柳青改编　周雪芬绘画
河北人民美术出版社

本年河北人民美术出版社出版连环画 61 种，其中《西游记》出版《齐天大圣》《女儿国》2 种。

1962 年

紧箍咒
卢光照改编　盛锡珊绘画　胡若佛封面
河北人民美术出版社

可妈
于文青改编　叶坚铭绘画
河北人民美术出版社

野火春风斗古城 ④
李英儒原著　洪钊改编
陈云华、赵隆义绘画
河北人民美术出版社

闯三关
康迈千改编　赵隆义绘画
河北人民美术出版社

套不住的手
钤广礼改编　肖林绘画
河北人民美术出版社

老共青团员
艾瑛改编　金奎绘画
河北人民美术出版社

矿山风暴
叶放生改编　谷照恩、刘一心绘画
河北人民美术出版社

天竺国
陈平夫改编　郑家声绘画　胡若佛封面
河北人民美术出版社

野火春风斗古城 ⑤
李英儒原著　洪钊改编　陈云华绘
河北人民美术出版社

红旗谱 ㊤
梁斌原著　赵敦改编　刘端、张辛国绘画
河北人民美术出版社

红旗谱 ㊦
梁斌原著　赵敦改编
阮恩泽、张辛国绘画
河北人民美术出版社

真假孙悟空
陈平夫改编
宗静风、周静秋绘画　胡若佛封面
河北人民美术出版社

满江红
张春峰改编　汪玉山绘画　刘旦宅封面
河北人民美术出版社

勇敢的小山羊
王志英改编　王志英绘画
河北人民美术出版社

藏胞的“女神”
王捷改编　孟英声绘画
河北人民美术出版社

花蝴蝶的故事
吕荫樾改编　吴菊芬绘画
河北人民美术出版社

朝霞红似火
张诚改编　杜键、高亚光绘画
河北人民美术出版社

天国英雄 ㊤
洪钊改编　池振亚绘画
河北人民美术出版社

红羊峪
祁野耘改编
钱笑呆、钱尔成、曹增潮绘画
河北人民美术出版社

佘赛花
景孤血、祁野耘原著　祁野耘改编
张锡武绘画　刘旦宅封面
河北人民美术出版社

玉春和瓦夏
史式改编　韩伍绘画
河北人民美术出版社

战火中的青春
陆柱国、王炎原著
郑沁园改编　吴懋祥绘画
河北人民美术出版社

两代人
唐开础改编　邓柯绘画
河北人民美术出版社

少年英雄吕锡三
钤广礼改编　周雪芬绘画
河北人民美术出版社

太阳当空照
孟敏改编　肖林绘画
河北人民美术出版社

回门
黄继业改编　孟养玉绘画
河北人民美术出版社

岳云
史式改编　汪玉山绘画
河北人民美术出版社

蔡文姬
唐开础改编　胡若佛绘画
河北人民美术出版社

活愚公
陈平夫改编　端木勇绘画
河北人民美术出版社

一棵大白菜
王季温改编　王志英绘画
河北人民美术出版社

白鹅
黄洵瑞改编　杨玉华绘画
河北人民美术出版社

连环洞
陈平夫改编　宗静风、宗静草、周静秋绘画
河北人民美术出版社

老刚头
辰耳改编　陈惠冠绘画
河北人民美术出版社

三进五窑村
张辛国编绘
河北人民美术出版社

碧血丹心
李逸生原著　陈平夫改编
严绍唐、李铁生、朱元红绘画　盛锡珊封面
河北人民美术出版社

喇嘛庙的秘密
钤广礼改编　尚君砺绘画
河北人民美术出版社

烽火列车
万家春改编　钟志宏绘画
河北人民美术出版社

矿灯
含贞、惠元改编　刘汉绘画
河北人民美术出版社

本年，河北人民美术出版社出版连环画 38 种。其中《西游记》出版《紧箍咒》《天竺国》《真假孙悟空》《连环洞》4 种。

冀版《西游记》连环画套书创作工程历时 7 年终于完成，共计出版 26 种。此套书汇集了刘汉宗、张树德、刘凌沧、徐燕荪、任率英、陈缘督、刘继卣、陈光镒、钱笑呆、胡若佛、池振亚、张鹿山、郑家声等众多南北名家。河北人民美术出版社的这次创作，是迄今为止有据可查的新中国连环画套书出版中首次大规模联合南北画家的集体创作。以画家张树德为主要代表的连环画创作组达成了前所未有的协作共识，将人物角色的形象、服饰元素等进行了统一，努力在艺术表现手法上保持高度的一致性，为广大读者呈现了一场视觉盛宴，造就了时代的经典。这套作品代表了河北人民美术出版社连环画出版的最高水平。

《西游记》连环画一经问世就掀起了全国的阅读热潮，深受广大读者的喜爱，其影响力甚至超越了小说。在其他连环画单册印量仅在 1 万册左右的年代，《西游记》连环画历经多次加印，累计印量超过 500 万册。《西游记》连环画见证了河北人民美术出版社在中国连环画出版界的领军地位，更为重要的是，这套书也为新中国成立以来《西游记》各种版本的角色形象、影像提供了重要参考，至今仍被公认为“现存最全、质量最高的《西游记》连环画”。

1963 年

本年，连环画创作再次活跃。12 月 26 日，由文化部与中国美术家协会共同举办的“全国连环画创作评奖授奖大会”即第一届全国连环画评奖在北京中国美术馆举行，评选范围是 1949 年至 1963 年 4 月底之间各地出版的连环画作品。河北人民美术出版社出版的《战火中的青春》《三进五窑村》获绘画创作三等奖，《红旗谱》之四《反割头税》和《野火春风斗古城》套书获文学脚本三等奖。

沙漠雄鹰
敦千改编　王井绘画
河北人民美术出版社

蔺铁头
吕荫樾改编　端木勇、陈为明绘画
河北人民美术出版社

土改队长老柯
郑沁国改编　肖林绘画
河北人民美术出版社

三进三出抓俘虏
谢迅之改编　亦民绘画
河北人民美术出版社

西瓜的故事
洪钊改编　孙愚绘画
河北人民美术出版社

红嫂
陈平夫改编　王里绘画
河北人民美术出版社

牛牛大叔
张建辉改编　孙光基绘画
河北人民美术出版社

大刀傅连信
南洁池改编　江栋良绘画
河北人民美术出版社

铅笔头的故事
史式改编　阮恩泽绘画
河北人民美术出版社

团园（圆）之后
史式改编　朱光玉绘画　盛锡珊封面
河北人民美术出版社

秃尾巴老狼
本社整理　王志英绘画
河北人民美术出版社

风火轮
董继馨改编　何国华绘画
河北人民美术出版社

失空斩
林涛编绘
河北人民美术出版社

守卫在桃花河畔
张帆改编　王重二绘画
河北人民美术出版社

中国古代军事家
李淑青改编　胡若佛、冯墨浓、钱笑呆、江栋良、朱光玉、汪玉山、刘汉宗绘画
河北人民美术出版社

周末
马仲秀改编　戴敦邦绘画
河北人民美术出版社

狼窝除奸记
焦玉峰改编　王永扬绘画
河北人民美术出版社

播火记之一 七月浪波
于平改编　刘端绘画
河北人民美术出版社

红姑
张士杰改编　陈惠冠绘画
河北人民美术出版社

佟世清
王良莹改编　尚君砺绘画
河北人民美术出版社

打潘豹
任心溪改编
汪玉山、汪继远绘画　郑家声封面
河北人民美术出版社

智战群猴
张建辉改编　韩伍绘画
河北人民美术出版社

敌后武工队 3
冯志原著　张帆改编　吴懋祥绘画
河北人民美术出版社

清风店
洪钊改编　傅洪生绘画
河北人民美术出版社

哥（儿）俩好
所云平、白文原著　洪钊改编
端木勇、胡克礼绘画　王永扬封面
河北人民美术出版社

猴桥
耀荣、张志学、吴夕改编
施有成、邬强、郭勤初、何仲达绘画
河北人民美术出版社

纪念品
季温改编　丁可绘画
河北人民美术出版社

大闹七星宴
张建辉改编　金奎绘画
河北人民美术出版社

西瓜计
包景林原著　张春峰改编　阮恩泽、潘锡柔绘画
河北人民美术出版社

两个小八路
未佳改编　张辛国绘画
河北人民美术出版社

黑老虎队
王宇文改编　叶铭坚绘画
河北人民美术出版社

李三娘
南洁池改编　凌涛绘画　江栋良封面
河北人民美术出版社

雪夜翻山送情报
吕荫樾改编　孙世涛绘画
河北人民美术出版社

李双双
朱先立改编　王宇文绘画
河北人民美术出版社

伐木人
董继馨改编　杨英镖绘画
河北人民美术出版社

小石匠
王耀荣改编　刘仲文绘画
河北人民美术出版社

赤胆忠心
秋风改编　傅洪生绘画
河北人民美术出版社

小兵的故事
柯岩编文　周雪芬绘画
河北人民美术出版社

湘江侦察　上集
吕清林、李惠华原著　任心溪改编
陈云华绘画　何国华封面
河北人民美术出版社

小四不像
王季温改编　杨英镖绘画
河北人民美术出版社

东进抗日
然而改编　宇华绘画
河北人民美术出版社

延安之战
林羊改编　宋怀林、郭敦绘画
河北人民美术出版社

接关系
向锐翔改编　王宇文绘画
河北人民美术出版社

中国古代成语故事
张帆改编
江栋良等绘画　颜梅华封面
河北人民美术出版社

小红军
章力挥原著　万家春改编
郭德训绘画　董福章封面
河北人民美术出版社

本年河北人民美术出版社出版连环画 45 种。

1964 年

英雄小八路
丹枫改编　韩伍绘画
河北人民美术出版社

八百鞭子
任朴原著　吕荫樾改编
苏诗敏绘画　韩伍封面
河北人民美术出版社

两匹瘦马
常祖荫改编　王永扬绘画
河北人民美术出版社

大闹伪公所
张建辉改编　二伙绘画
河北人民美术出版社

战火中的青春
郑沁园改编　吴懋祥绘画
河北人民美术出版社

火萤和金鱼
王志英编绘
河北人民美术出版社

洪湖赤卫队
张帆改编　何国华绘画
河北人民美术出版社

39 号案件
单单、方方原著　敦谦改编
金立德绘画　乔保华封面
河北人民美术出版社

红缨歌
王欢改编　尚君励绘画
河北人民美术出版社

小兵张嘎
朱笠改编　张辛国绘画
河北人民美术出版社

播火记之一　七月浪波
于平改编　刘端绘画
河北人民美术出版社

一包工资
董继馨改编　钟志宏绘画
河北人民美术出版社

海防前线擒匪记
郑沁园改编　经慰绘画
河北人民美术出版社

归队
高春贤原著　张建辉改编
何国华绘画
河北人民美术出版社

湘江侦察　下集
吕清林、李惠华原著　任心溪改编
陈云华绘画　何国华封面
河北人民美术出版社

荀灌娘
唐开础改编　钱笑呆绘画
河北人民美术出版社

李双双
朱先立改编　王宇文绘画
河北人民美术出版社

190 中队
王良莹改编　王井绘画
河北人民美术出版社

播火记之二 绿林枪声
青萍改编　刘端绘画
河北人民美术出版社

宋恩珍
殷之慧、徐肃仪等原著　董继馨改编
张白羽绘画　墨波封面
河北人民美术出版社

冲破洪涛救亲人
张建辉改编　张永太绘画
河北人民美术出版社

包公三掷砚
蒋星煜原著　南洁池改编
汪玉山、汪继远绘画　颜梅华封面
河北人民美术出版社

平原游击队
张辛国改编　竹川绘画
河北人民美术出版社

刘二虎火烧洋教士
杨烈改编　刘汉宗绘画
河北人民美术出版社

51 号兵站
郑沁园改编　阮恩泽绘画
河北人民美术出版社

红色风暴中的少先队
辰耳改编　潘晋华、陈剑英绘画
河北人民美术出版社

65 号密件
殷全元、周雪芬编绘
河北人民美术出版社

甲午海战
张帆改编　江栋良绘画
河北人民美术出版社

宝船
任心溪改编　颜梅华绘画
河北人民美术出版社

本年河北人民美术出版社出版连环画 29 种。

1965 年

12 月，河北人民美术出版社由石家庄市迁至保定市裕华东路 18 号。

党员登记表
洪钊改编　孙愚绘画
河北人民美术出版社

西门豹
张静改编　王亦秋绘画
河北人民美术出版社

芦花大公鸡
吕荫樾改编　苏诗敏绘画　韩伍封面
河北人民美术出版社

怎样防治小麦黑疸病（农业科学小画册）
本社改编　张培力绘画　刘禾封面
河北人民出版社

怎样防治小麦黄疸病（农业科学小画册）
本社改编　张国慕绘画　刘禾封面
河北人民出版社

棉花芽苗移栽（农业科学小画册）
本社改编
保定市美术服务社绘画　刘禾封面
河北人民出版社

安全使用农药（农业科学小画册）
本社改编
思棠、国瑾、琼芝绘画　刘禾封面
河北人民出版社

怎样防治小麦线虫病（农业科学小画册）
本社改编　陈兆祥绘画　刘禾封面
河北人民出版社

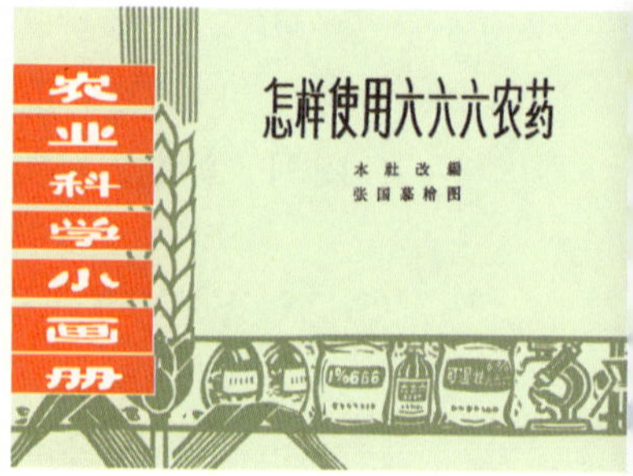

怎样使用六六六农药（农业科学小画册
本社改编　张国慕绘画　刘禾封面
河北人民出版社

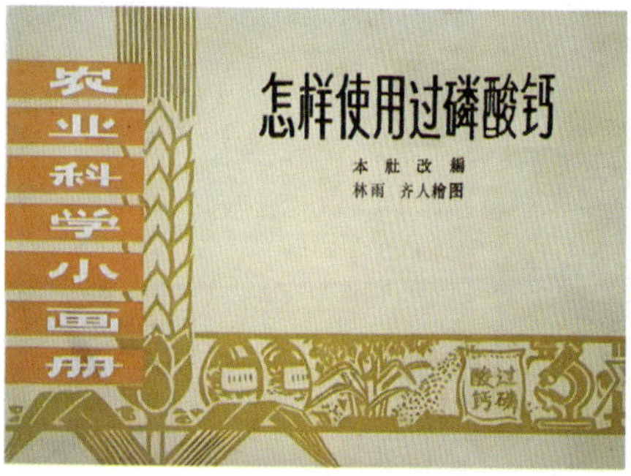

怎样使用过磷酸钙（农业科学小画册）
本社改编
林雨、齐人绘画　刘禾封面
河北人民出版社

在激流中永生
本社编绘
河北人民美术出版社

半斤芝麻
社文改编　赵拴造绘画
河北人民美术出版社

谢臣
本社编绘　张永太封面
河北人民美术出版社

绝不后退
张春峰改编　乔保华绘画
河北人民美术出版社

暑假第一天
高禾、重华编绘
河北人民美术出版社

追虎记
雨苹改编　吴懋祥绘画
河北人民美术出版社

五分钱办大事
本社整理　李力绘画
河北人民美术出版社

小游击队员柳小猛
张帆改编　韩伍绘画
河北人民美术出版社

战地炊烟
陈阵改编　李惠绘画
河北人民美术出版社

秤眼老章
王季温改编　潘锡柔绘画
河北人民美术出版社

燎原
董继馨改编　刘汉宗绘画
河北人民美术出版社

本年共出版冀版连环画 21 种，其中河北人民美术出版社 14 种，河北人民出版社 7 种。

1966年

5月，河北省省会由天津市迁到保定市。河北人民出版社也迁到保定市，与社印刷厂合署办公，对外统称为河北人民出版社。

当年，河北人民美术出版社多部连环画入选“华北农村俱乐部画库”，如《谢臣》《贺相魁》《一匹马》《智勇双全的郭连长》《敌后武工队》《三进五窑村》《活捉美国顾问》等，封面多为原封面重新裁切而成，并未重新绘制，书号未变，故这些再版不再统计。

1958年4月至1966年5月天津市曾为河北省省会。在这一时期内，天津人民美术出版社一直作为独立机构开展相关业务，故“津美社”在此期间所出版的连环画不在本书的统计范围之内。

换了人间
杨烈改编　钟志宏绘画
河北人民美术出版社

球衣
奔射改编　韩伍绘画
河北人民美术出版社

霓虹灯下的哨兵
任心溪改编　河清绘画
河北人民美术出版社

活捉美国顾问
吴振轩改编　高禾、吴仲华绘画
河北人民美术出版社

智勇双全的郭连长
任心溪改编　张永太绘画
河北人民美术出版社

齐建光——牢记阶级苦　永做革命人
本社编绘
河北人民美术出版社

越海插旗
吕荫樾改编　么玉明绘画
河北人民美术出版社

一匹马
河北人民美术出版社编绘
河北人民美术出版社

贺相魁
中国人民解放军北京部队某部
美术组供稿
河北人民美术出版社

人民的好儿子——刘英俊
王文里、张世祥、李奎根、陈家栋绘画
河北人民美术出版社

本年河北人民美术出版社共出版连环画 10 种。

1967 年

一心为公的共产主义战士
——申宪智
河北人民美术出版社

张思德
根据广东省军区某部政治部所制幻灯片复制
河北人民美术出版社

一心为公的共产主义战士
——蔡永祥
浙江省军区政治部供稿绘画
河北人民美术出版社

伟大的共产主义战士
——白求恩
《解放军报》供稿
河北人民美术出版社

本年河北人民美术出版社共出版连环画 4 种。

由于 20 世纪 60 年代初期国家进入困难时期，纸张、油墨等印刷必需品供给严重不足，而人们又对图书等生活非必需品的需求减少，这直接影响了图书的出版和销售，进而影响了出版业的整体运营和发展，使得整个出版业出现萎缩甚至倒退。最直接的体现就是，在这一时期所出版的连环画的质量和数量都严重下降。但就是在这样的历史背景下，河北人民美术出版社上下凝聚一心，克服重重困难，让连环画的出版工作在曲折中艰难前行，使得《野火春风斗古城》《播火记》《敌后武工队》《三进五窑村》《战火中的青春》等一本本红色经典连环画走进千万百姓家，极大地丰富了人们的精神生活。

从 1960 年初到 1967 年 7 月，共出版冀版连环画 316 种。1968 年 8 月 23 日，河北人民美术出版社由保定市裕华东路 18 号迁至石家庄市建设南大街河北人民美术出版社印刷厂内。由于受到当时形势的影响，从 1966 年初，省内的编辑出版工作开始瘫痪，图书出版工作几乎全部停止。从 1967 年下半年至 1970 年年底，河北省再没有出版过连环画。

1960年—1967年冀版连环画汇总

1960年冀版连环画汇总

序号	书名	原著	文	图	封面	开本	版次印次	印数	定价（元）	书号	页数	出版社
1	碾玉观音		小莲	吴蓁 李萍		60	1960年1月初版	1—56,100	0.15	T8087.731	61	河北人民美术出版社
2	苏六娘		陈平夫	李成勋		60	1960年1月初版	1—41,100	0.18	T8087.732	76	河北人民美术出版社
3	篾工姑娘		戴铁英	章志敏		60	1960年1月初版	1—8,100	0.11	R8087.735	45	河北人民美术出版社
4	危险的侦察		流远	流远		48	1960年1月初版	1—30,100	0.13	R8087.741	44	河北人民美术出版社
5	黎锦的心事		张西洛	高昭庆 张羽 王建武		60	1960年1月初版	1—11,100	0.12	T8087.733	50	河北人民美术出版社
6	伍嫂子		钤广礼	荣金珠		60	1960年1月初版	1—32,100	0.15	T8087.740	64	河北人民美术出版社
7	寻夫记		王烈	吕连升		60	1960年1月初版	1—9,600	0.13	T8087.743	57	河北人民美术出版社
8	花儿妈		张春峰	傅凌云		60	1960年1月初版	1—6,100	0.12	T8087.793	47	河北人民美术出版社
9	格尔甲的歌	白翼		李天心		60	1960年1月初版	1—12,600	0.16	T8087.734	70	河北人民美术出版社
10	火云洞		李白英	池振亚	胡若佛	60	1960年2月初版	1—154,100	0.20	T8087.724	88	河北人民美术出版社
11	草原小骑兵		唐开础	韩伍		60	1960年2月初版	1—38,100	0.14	T8087.791	63	河北人民美术出版社
12	绵河滚滚上高山		赵锡	钟志宏		60	1960年2月初版	1—10,100	0.16	T8087.799	75	河北人民美术出版社
13	渔童	张士杰	胡毓麟	刘仲文	黄子晞	60	1960年2月初版	1—35,200	0.12	T8087.790	41	河北人民美术出版社
14	星星火炬		赤林	柳根林		60	1960年2月初版	1—23,300	0.17	T8087.796	81	河北人民美术出版社
15	彭浦人民公社大放异彩		洪钊	武闯		60	1960年2月初版	1—24,600	0.12	T8087.808	52	河北人民美术出版社
16	闹太湖（水浒后传之四）		张帆	刘汉宗	刘旦宅	60	1960年2月初版	1—113,600	0.17	T8087.745	71	河北人民美术出版社
17	腰刀		来诵芬	徐深		48	1960年2月初版	1—22,400	0.17	T8087.794	62	河北人民美术出版社

（续表）

序号	书名	原著	文	图	封面	开本	版次印次	印数	定价（元）	书号	页数	出版社
18	老秃山战斗		常惠	王宇文		60	1960年2月初版	1—70，300	0.11	T8087.805	42	河北人民美术出版社
19	共产主义之花		翟敏智	钟志宏		60	1960年2月初版	1—15，600	0.14	T8087.807	58	河北人民美术出版社
20	六月雪	关汉卿	陈平夫	何仲达	黄子晞	60	1960年2月初版	1—87，100	0.15	T8087.795	63	河北人民美术出版社
21	接班人		谢爱莲	施琦平		60	1960年3月初版	1—12，600	0.15	T8087.817	66	河北人民美术出版社
22	穆桂英招亲		杨犀	宗静风	胡若佛	60	1960年3月初版	1—119，100	0.18	T8087.801	77	河北人民美术出版社
23	西楚霸王			康殷 叔平		60	1960年3月初版	1—91，100	0.26	T8087.802	119	河北人民美术出版社
24	深山猎虎	吴梦起	卢光照	钟一鸾		60	1960年3月初版	1—16，600	0.15	T8087.813	66	河北人民美术出版社
25	三下西亭		洪钊	端木勇		60	1960年3月初版	1—61，100	0.13	T8087.804	54	河北人民美术出版社
26	老羊工当了教授		张建辉	金宝临		60	1960年3月初版	1—7，000	0.12	T8087.816	46	河北人民美术出版社
27	小姑听房		张春峰等	张贻来 刘宫霖 薛树森		60	1960年3月初版	1—10，300	0.15	T8087.814	不详	河北人民美术出版社
28	真假唐僧		潘勤孟	汪玉山 汪继远	胡若佛	60	1960年3月初版	1—152，100	0.17	T8087.803	70	河北人民美术出版社
29	红旗谱之六 飞出牢笼		赵敦	张辛国		60	1960年3月初版	1—71，600	0.13	T8087.839	54	河北人民美术出版社
	备注：赵敦为赵成章、敦谦的联合署名。											
30	报晓鸡		钤广礼	孟英声 陈克健		90	1960年3月初版	1—451，00	0.08	R8087.798	22	河北人民美术出版社
31	双锁山		常祖荫	史奉仓	张世简	60	1960年3月初版	1—54，600	0.11	T8087.800	37	河北人民美术出版社
32	小蝌蚪找妈妈		钤广礼	王志英		48	1960年3月初版	1—331，00	0.17	T8087.863	34	河北人民美术出版社
33	保育教材图解		吕荫樾	戴敦邦		42	1960年3月初版	1—20，400	0.22	T8087.797	43	河北人民美术出版社
34	一块小补钉（丁）		钤广礼	阮恩泽		90	1960年4月初版	1—54，100	0.05	R8087.815	18	河北人民美术出版社

（续表）

序号	书名	原著	文	图	封面	开本	版次印次	印数	定价（元）	书号	页数	出版社
35	白菜花		南洁池	张世简		60	1960年4月初版	1—58, 100	0.10	T8087.812	30	河北人民美术出版社
36	登云山（水浒后传之一）		张帆	陈江淙	刘旦宅	60	1960年4月初版	1—105, 100	0.20	T8087.837	89	河北人民美术出版社
37	闹龙廷		张建辉	李成勋 戴洪海		60	1960年4月初版	1—118, 100	0.15	T8087.818	63	河北人民美术出版社
38	金谷穗上的绿蝈蝈	张士杰	易龙 杨万富	秋枫 李天际	李成勋	60	1960年4月初版	1—45, 600	0.15	T8087.809	59	河北人民美术出版社
	备注：本书包含《请东家》16页。											
39	人参姑娘		春峰	李天心		60	1960年4月初版	1—36, 100	0.13	T8087.842	57	河北人民美术出版社
40	两个老“侦察兵”		吕荫樾	傅凌云		60	1960年4月初版	1—22, 100	0.12	T8087.841	54	河北人民美术出版社
41	爆炸英雄李混子		刘振业	林涛		60	1960年4月初版	1—76, 100	0.13	T8087.853	62	河北人民美术出版社
42	薛刚反唐		张建辉	汪玉山 杨青华 冯墨浓	刘旦宅	60	1960年4月初版	1—152, 100	0.21	T8087.810	92	河北人民美术出版社
43	矿山医生		姜震瀛	泉深 苏云 士德	黄子晞	60	1960年4月初版	1—12, 600	0.14	T8087.848	64	河北人民美术出版社
44	共产主义的凯歌		张洪钤	湊智		60	1960年4月初版	1—50, 100	0.10	T8087.850	42	河北人民美术出版社
45	驯狗师		周存绪	华三川		60	1960年4月初版	1—23, 600	0.15	T8087.852	70	河北人民美术出版社
46	一〇五岁的太爷爷		孙国林	周显义		60	1960年4月初版	1—16, 700	0.14	T8087.851	68	河北人民美术出版社
47	替爸爸看水	王立文 李永珍	吕荫樾 钤广礼	苏诗敏 谷照恩		60	1960年4月初版	1—23, 100	0.13	T8087.849	58	河北人民美术出版社
	备注：本书包含《养鸡和种菜的故事》31页。											
48	同桌		王祖威	雨花		60	1960年4月初版	1—15, 300	0.12	T8087.838	53	河北人民美术出版社
49	侦察的故事		张建辉	赵隆义		60	1960年4月初版	1—75, 100	0.19	T8087.811	95	河北人民美术出版社
50	飞崖走壁五英雄		艾瑛	龙廷坝		60	1960年4月初版	1—23, 600	0.11	T8087.840	45	河北人民美术出版社

（续表）

序号	书名	原著	文	图	封面	开本	版次印次	印数	定价（元）	书号	页数	出版社
51	爱情		王兰	周雪芬 殷全元		60	1960年4月 初版	1—36, 600	0. 13	T8087. 836	60	河北人民美术出版社
52	牧羊老人	席绍华	张建辉	孟养玉	楼阁	60	1960年4月 初版	1—11, 400	0. 12	T8087. 835	54	河北人民美术出版社
53	多年的愿望	束为	谢家璐	李兖		60	1960年5月 初版	1—20, 600	0. 14	T8087. 855	68	河北人民美术出版社
54	钢珠飞车		张帆	刘佩武		60	1960年5月 初版	1—18, 100	0. 18	T8087. 864	94	河北人民美术出版社
55	锻炼		吉辉	翟润书		60	1960年5月 初版	1—20, 800	0. 12	T8087. 882	53	河北人民美术出版社
56	北斗星		吴振轩	王济达		60	1960年5月 初版	1—23, 300	0. 14	T8087. 881	68	河北人民美术出版社
57	计败三路兵（水浒后传之七）		张辙	张鹿山	刘旦宅	60	1960年5月 初版	1—148, 100	0. 13	T8087. 857	56	河北人民美术出版社
58	王宝钏		陈平夫	盛锡珊 吕德康		60	1960年5月 初版	1—150, 100	0. 18	T8087. 856	81	河北人民美术出版社
59	吉祥如意		卢光照	谭学楷		60	1960年5月 初版	1—34, 300	0. 11	T8087. 867	50	河北人民美术出版社
60	情深谊长		王弋	楼阁		60	1960年5月 初版	1—33, 100	0. 18	T8087. 859	90	河北人民美术出版社
61	计盗紫金铃		陈平夫	池振亚	胡若佛	60	1960年5月 初版	1—210, 100	0. 24	T8087. 854	114	河北人民美术出版社
62	雷州义盗		陶士范	严绍唐 李铁生	刘旦宅	60	1960年5月 初版	1—131, 100	0. 18	T8087. 858	80	河北人民美术出版社
63	一九五六年到一九六七年全国农业发展纲要图解		河北人民美术出版社	河北人民美术出版社		60	1960年5月 再版	46, 151—446, 150	0. 18	T8087. 413	120	河北人民美术出版社
	备注：本书为再版图书，书名改变，页数调整。											
64	棒槌山上老桑树		唐开础	蔡人燕 戴端华		60	1960年6月 初版	1—50, 100	0. 14	T8087. 861	60	河北人民美术出版社
65	父与子	尚青	陆宜才	赵静东		60	1960年6月 初版	1—45, 100	0. 10	T8087. 871	37	河北人民美术出版社
66	狼窝里的雷声		王士之	柏芳景		60	1960年6月 初版	1—120, 100	0. 13	T8087. 886	59	河北人民美术出版社

（续表）

序号	书名	原著	文	图	封面	开本	版次印次	印数	定价（元）	书号	页数	出版社
67	托塔李天王		胡毓麟	张锡武		60	1960年6月初版	1—50, 100	0. 13	T8087. 870	56	河北人民美术出版社
68	回民支队		张帆	古华		60	1960年6月初版	1—100, 100	0. 27	T8087. 868	148	河北人民美术出版社
69	蛇医传		易龙	范生福		60	1960年6月初版	1—41, 600	0. 14	T8087. 888	63	河北人民美术出版社
70	小矿工（下）		姜震瀛	韩乐业		60	1960年6月初版	1—39, 600	0. 24	T8087. 869	125	河北人民美术出版社
71	芸姐		含贞 惠元	吴元		60	1960年6月初版	1—73, 100	0. 13	T8087. 887	60	河北人民美术出版社
72	欢乐的家		郑沁园	吕连生	邓柯	60	1960年6月初版	1—26, 600	0. 12	T8087. 884	53	河北人民美术出版社
73	盘丝洞		卢光照	胡若佛		60	1960年6月初版	1—50, 100	0. 13	T8087. 860	52	河北人民美术出版社
74	英雄库尔班		夏临	王井		60	1960年6月初版	1—50, 100	0. 17	T8087. 885	88	河北人民美术出版社
75	逆风千里	周万诚		尚君砺		60	1960年6月初版	1—80, 100	0. 20	T8087. 889	101	河北人民美术出版社
76	潘杨和		苏伟光	史奉仓		60	1960年6月初版	1—45, 100	0. 10	T8087. 883	39	河北人民美术出版社
77	奇怪的棉袄		洪钊	刘一心 谷照恩		140	1960年7月初版	1—110, 100	0. 06	无	21	河北人民美术出版社
78	星星队		钤广礼	雨花		60	1960年7月初版	1—52, 100	0. 12	T8087. 902	51	河北人民美术出版社
79	敌后武工队 1	冯志	张帆	吴懋祥		60	1960年7月初版	1—100, 100	0. 24	T8087. 899	128	河北人民美术出版社
80	老红军抢险记		曹延路	曹延路		24	1960年7月初版	1—45, 100	0. 20	T8087. 904	18	河北人民美术出版社
81	正太风暴		梦道	刘一心 谷照恩		60	1960年7月初版	1—70, 100	0. 18	T8087. 901	90	河北人民美术出版社
82	艾森豪威尔丢丑记			华君武等		40	1960年7月初版	1—15, 100	0. 18	T8087. 905	44	河北人民美术出版社
83	七绝山		陈平夫	池振亚		60	1960年7月初版	1—20, 100	无	无	59	河北人民美术出版社
	备注：本书无书号，无定价。《全国新书目》《河北古今书目》均收录本书。											

（续表）

序号	书名	原著	文	图	封面	开本	版次印次	印数	定价（元）	书号	页数	出版社
84	阿妈	硝石	张捷 张帆	张永太 刘佩武		60	1960年8月初版	1—80，100	0.12	T8087.890	48	河北人民美术出版社
	备注：本书包含《打“红眼狼”》18页。											
85	百亩棉田丰产记		北京幻灯制片厂	北京幻灯制片厂		60	1960年8月初版	1—19，600	0.08	T8087.932	24	河北人民美术出版社
86	牛丙砸盐店		来诵芬	张鹿山		60	1960年8月初版	1—50，100	0.11	T8087.907	44	河北人民美术出版社
87	山鹰		万家春	李江鸿		60	1960年8月初版	1—70，100	0.17	T8087.939	83	河北人民美术出版社
88	智破匪巢		王弋	程修		60	1960年8月初版	1—100，100	0.10	T8087.908	42	河北人民美术出版社
89	小技术员战胜神仙手		张建辉	李亨 静霞		60	1960年8月初版	1—49，100	0.15	T8087.938	72	河北人民美术出版社
90	巧救王叔叔		钤广礼	潘锡柔		60	1960年9月初版	1—123，600	0.15	T8087.941	74	河北人民美术出版社
91	共产党员闫建章		张建辉	一群		60	1960年9月初版	1—87，600	0.11	T8087.940	44	河北人民美术出版社
92	邢燕子		罗助民	赵栋 哈增伯 刘汉宗 李庆永		60	1960年9月初版	1—200，100	0.11	T8087.951	56	河北人民美术出版社
93	红色服务员		王弋	施琦平		60	1960年9月初版	1—58，600	0.11	T8087.942	44	河北人民美术出版社
94	沟河红莲		张建辉	周雪芬 殷全元		60	1960年9月初版	1—87，600	0.17	T8087.943	88	河北人民美术出版社
95	千钧一发见红心		洪钊	王井		60	1960年10月初版	1—80，100	0.08	T8087.957	30	河北人民美术出版社
96	捉獾		张建辉	苏诗敏		48	1960年10月初版	1—40，100	0.09	T8087.950	23	河北人民美术出版社
97	穷山沟变成文化村		洪钊	孟养玉		60	1960年10月初版	1—50，100	0.08	T8087.954	25	河北人民美术出版社
98	水库上的歌声		建辉	刘开基		60	1960年10月初版	1—60，100	0.17	T8087.952	85	河北人民美术出版社
99	野火春风斗古城 ②	李英儒	洪钊	陈云华 赵隆义		60	1960年10月初版	1—100，100	0.19	T8087.956	96	河北人民美术出版社
	备注：本书获1963年第一届全国连环画评奖文学脚本三等奖。											

（续表）

序号	书名	原著	文	图	封面	开本	版次印次	印数	定价（元）	书号	页数	出版社
100	铁锁崖		张建辉	黄清琪		60	1960年11月初版	1—106, 100	0. 19	T8087. 958	95	河北人民美术出版社
101	登巴叔叔的故事		张建辉	苏子		60	1960年11月初版	1—70, 100	0. 12	T8087. 891	44	河北人民美术出版社
	备注：本书包含《登巴叔叔和小王子》20页，《登巴叔叔和财主》24页。											
102	响马传		梁河	杨青华 杨久华		60	1960年11月初版	1—150, 100	0. 18	T8087. 962	79	河北人民美术出版社
103	一条妙计	杨柳青	雨苹	端木勇		60	1960年11月初版	1—300, 000	0. 13	T8087. 955	58	河北人民美术出版社
104	小辫子	于良志	周季水	吴克柔		60	1960年12月初版	1—100, 100	0. 12	T8087. 964	51	河北人民美术出版社
105	女秀才		洪钊	李亨		60	1960年12月初版	1—106, 100	0. 10	T8087. 967	38	河北人民美术出版社
106	樊秀才		王弋	邱小玉 严惠君		60	1960年12月初版	1—50, 100	0. 11	T8087. 965	51	河北人民美术出版社
107	英雄渠	寒荒	张春峰	佘国纲		60	1960年12月初版	1—50, 100	0. 13	T8087. 963	60	河北人民美术出版社
108	党的好儿子凌文明		张建辉	刘一心 谷照恩		60	1960年12月初版	1—164, 100	0. 11	T8087. 966	46	河北人民美术出版社

1961 年冀版连环画汇总

序号	书名	原著	文	图	封面	开本	版次印次	印数	定价（元）	书号	页数	出版社
1	春城花开		李汝春	钟志宏		60	1961年1月初版	1—61, 100	0. 12	T8087. 976	56	河北人民美术出版社
2	杨靖宇将军的故事		丹心	尚君砺		60	1961年1月初版	1—80, 100	0. 11	T8087. 978	46	河北人民美术出版社
3	打乾隆		赵光远 马正秀	叶之浩	盛锡珊	60	1961年1月初版	1—55, 100	0. 15	T8087. 979	65	河北人民美术出版社
4	火烧敌营		王季温	高燕		60	1961年1月初版	1—70, 100	0. 14	T8087. 975	67	河北人民美术出版社
5	祝妈妈		王弋	张玉霖等		60	1961年1月初版	1—42, 100	0. 14	T8087. 977	69	河北人民美术出版社
6	师徒俩		冯国增	孙光基		60	1961年1月初版	1—31, 100	0. 10	T8087. 968	39	河北人民美术出版社
7	洛阳桥		史式	吴湘霞	盛锡珊	60	1961年2月初版	1—54, 100	0. 13	T8087. 980	57	河北人民美术出版社
8	动荡的少年时代		志学	韩伍		60	1961年2月初版	1—75, 100	0. 15	T8087. 983	70	河北人民美术出版社
9	敌后武工队 2	冯志	张帆	吴懋祥		60	1961年2月初版	1—100, 100	0. 19	T8087. 984	99	河北人民美术出版社
10	红仙女		志学	邓柯		60	1961年2月初版	1—96, 100	0. 26	T8087. 981	140	河北人民美术出版社
11	红花傲霜开		钤广礼	沈鸿如		60	1961年2月初版	1—55, 100	0. 15	T8087. 982	69	河北人民美术出版社
12	汤尼和他的狗		王季温	韩伍		60	1961年3月初版	1—50, 600	0. 11	T8087. 985	50	河北人民美术出版社
13	红色管家——温德志		钤广礼	本社		60	1961年3月初版	1—60, 600	0. 11	T8087. 990	44	河北人民美术出版社
14	葵花马		广礼 建辉	范生福 张中良		140	1961年3月初版	1—80, 600	0. 06	R8087. 986	22	河北人民美术出版社
15	野火春风斗古城 ③	李英儒	洪钊	陈云华 赵隆义		60	1961年3月初版	1—110, 600	0. 22	T8087. 987	115	河北人民美术出版社
	备注：本书获1963年第一届全国连环画评奖文学脚本三等奖。											
16	夺煤英雄于四元		张建辉	一群		60	1961年3月初版	1—76, 600	0. 13	T8087. 991	60	河北人民美术出版社
17	福州城里捉舌头		王弋	程修		60	1961年3月初版	1—90, 600	0. 13	T8087. 989	59	河北人民美术出版社

（续表）

序号	书名	原著	文	图	封面	开本	版次印次	印数	定价（元）	书号	页数	出版社
18	活捉李仙洲		水曲辰	宋治平		60	1961年3月初版	1—90, 600	0.11	T8087.988	48	河北人民美术出版社
19	文盲变状元		王弋	王炎林等		60	1961年4月初版	1—55, 600	0.14	T8087.1002	65	河北人民美术出版社
20	我国的保尔		张建辉	全祝明	静涛	60	1961年4月初版	1—67, 600	0.08	T8087.892	29	河北人民美术出版社
21	为粮而战		李文显	张辛国 张春峰		60	1961年4月初版	1—100, 600	0.10	T8087.1003	38	河北人民美术出版社
22	齐天大圣		来诵芬	刘汉宗	胡若佛	60	1961年4月初版	1—50, 600	0.16	T8087.992	70	河北人民美术出版社
23	难忘的冬天		敦千	王恩盛		60	1961年4月初版	1—74, 600	0.16	T8087.1000	78	河北人民美术出版社
24	月夜飞骑兵		常惠	尚君砺		60	1961年4月初版	1—80, 600	0.10	T8087.1001	38	河北人民美术出版社
25	小珊子		苏伟光	王永扬		60	1961年5月初版	1—78, 600	0.16	T8087.1007	75	河北人民美术出版社
26	三轮车工人的吼声		王烈	金立德		60	1961年5月初版	1—51, 600	0.15	T8087.1006	70	河北人民美术出版社
27	红色女游击队员		王士之	于化鲤		60	1961年5月初版	1—80, 600	0.17	T8087.1004	83	河北人民美术出版社
28	农民革新家——张小礼	吴燕 佩欣	钤广礼	唐秀菊 陆新生		60	1961年5月初版	1—70, 600	0.09	T8087.1009	32	河北人民美术出版社
29	刘志丹		洪建	王重义		60	1961年5月初版	1—105, 600	0.12	T8087.1010	52	河北人民美术出版社
	备注：本书包含《太白镇收枪》33页，《鸡》19页。											
30	鲁王和小黄马		洪钊	张鹿山		60	1961年5月初版	1—50, 600	0.10	T8087.1005	38	河北人民美术出版社
31	长白山上一棵松		张建辉	魏连福		60	1961年5月初版	1—82, 600	0.11	T8087.1008	50	河北人民美术出版社
32	英雄的“堡垒”		敦千	祝贺		60	1961年6月初版	1—105, 500	0.18	T8087.1012	94	河北人民美术出版社
33	小小气象哨		刘存厚	邓柯		60	1961年6月初版	1—80, 500	0.14	T8087.1011	67	河北人民美术出版社
34	狱中救亲人		紫孜	赵静东		60	1961年6月初版	1—82, 500	0.14	T8087.1016	67	河北人民美术出版社

（续表）

序号	书名	原著	文	图	封面	开本	版次印次	印数	定价（元）	书号	页数	出版社
35	蛤蟆洼的变迁		阎涛	叶坚铭		60	1961年6月初版	1—97,500	0.12	T8087.1013	52	河北人民美术出版社
36	奇怪的枪声		王季温	孟英声		60	1961年6月初版	1—82,500	0.13	T8087.1015	59	河北人民美术出版社
37	三八红旗手李素琴		孟敏	陈云华 赵隆义		60	1961年6月初版	1—70,500	0.11	T8087.1014	46	河北人民美术出版社
38	“穷棒子”精神万岁		李俊瑛	钟志宏		60	1961年7月初版	1—51,600	0.12	T8087.1019	51	河北人民美术出版社
39	红色指挥员		史式	吴懋祥		60	1961年7月初版	1—80,600	0.18	T8087.1018	93	河北人民美术出版社
40	宣誓前的风波			周雪芬		60	1961年7月初版	1—48,600	0.09	T8087.1017	33	河北人民美术出版社
41	越海擒敌		洪钊	黄景		60	1961年7月初版	1—80,600	0.21	T8087.1021	108	河北人民美术出版社
42	借蜜		本社	孑牛		60	1961年7月初版	1—45,600	0.09	T8087.1020	31	河北人民美术出版社
43	侦察济南		焦玉峰	刘端		60	1961年7月初版	1—90,600	0.10	T8087.1022	39	河北人民美术出版社
44	万宝岛上的灯火		王弋	熊明曦		60	1961年8月初版	1—55,500	0.16	T8087.1024	75	河北人民美术出版社
45	巧救关胜（水浒后传之十）		史式	刘汉宗		60	1961年8月初版	1—51,500	0.15	T8087.1031	64	河北人民美术出版社
46	展翅高飞		谢平实	戴敦邦		60	1961年8月初版	1—55,500	0.16	T8087.1025	75	河北人民美术出版社
47	谁光荣		万家春	张庚		60	1961年8月初版	1—60,500	0.15	T8087.1023	69	河北人民美术出版社
48	小铁脑壳遇险记		王志英	王志英		48	1961年9月初版	1—60,500	0.24	T8087.1030	55	河北人民美术出版社
49	除四害小英雄		锐翔	潘锡柔		60	1961年9月初版	1—48,500	0.10	T8087.1028	40	河北人民美术出版社
50	女儿国		陈平夫	钱笑呆 曹增潮		60	1961年9月初版	1—53,500	0.22	T8087.1027	106	河北人民美术出版社
51	箭秆（杆）河边	浩然	陈平夫	王永豪 廉振华		60	1961年9月初版	1—67,500	0.18	T8087.1029	94	河北人民美术出版社
52	人强马壮		张辛国	张辛国		60	1961年10月初版	1—55,500	0.16	T8087.1033	75	河北人民美术出版社

（续表）

序号	书名	原著	文	图	封面	开本	版次印次	印数	定价（元）	书号	页数	出版社
53	勇敢的摄影师	宋文郁	潘勤孟	王永扬		60	1961年10月初版	1—42,500	0.15	T8087.1034	70	河北人民美术出版社
54	铁柱和水生		秋水	李恩云 郭重光		60	1961年10月初版	1—80,500	0.11	T8087.1032	43	河北人民美术出版社
55	红六军的诞生	郭忠贵	敦千	宋治平		60	1961年11月初版	1—100,500	0.12	T8087.1026	55	河北人民美术出版社
56	随周副主席长征		张建辉	尚君励		60	1961年11月初版	1—100,500	0.09	T8087.1037	34	河北人民美术出版社
57	康兰英		张建辉	孟养玉		60	1961年11月初版	1—45,500	0.13	T8087.1036	58	河北人民美术出版社
58	列车飞越“鬼门关”		王弋	刘一心 谷照恩		60	1961年11月初版	1—61,500	0.12	T8087.1035	54	河北人民美术出版社
59	英姬	李容久	焦玉峰	于化鲤		60	1961年12月初版	1—100,500	0.11	T8087.1038	46	河北人民美术出版社
60	国旗升起的时候	凌行正	王良莹	何国华		60	1961年12月初版	1—90,500	0.12	T8087.1040	53	河北人民美术出版社
61	高“司令”	王有声	柳青	周雪芬		60	1961年12月初版	1—85,500	0.09	T8087.1039	35	河北人民美术出版社

1962年冀版连环画汇总

序号	书名	原著	文	图	封面	开本	版次印次	印数	定价（元）	书号	页数	出版社
1	紧箍咒		卢光照	盛锡珊	胡若佛	60	1962年1月初版	1—60,500	0.17	T8087.1041	73	河北人民美术出版社
2	可妈		于文青	叶坚铭		60	1962年1月初版	1—75,500	0.17	T8087.1042	88	河北人民美术出版社
3	野火春风斗古城 ④	李英儒	洪钊	陈云华 赵隆义		60	1962年2月初版	1—80,500	0.16	T8087.1045	79	河北人民美术出版社
	备注：本书获1963年第一届全国连环画评奖文学脚本三等奖。											
4	闯三关		康迈千	赵隆义		60	1962年2月初版	1—40,500	0.10	T8087.1044	37	河北人民美术出版社
5	套不住的手		钤广礼	肖林		60	1962年2月初版	1—20,500	0.10	T8087.1046	50	河北人民美术出版社
6	老共青团员		艾瑛	金奎		60	1962年3月初版	1—60,500	0.20	T8087.1047	101	河北人民美术出版社
7	矿山风暴		叶放生	谷照恩 刘一心		60	1962年3月初版	1—25,500	0.15	T8087.1052	71	河北人民美术出版社
8	天竺国		陈平夫	郑家声	胡若佛	60	1962年3月初版	1—40,500	0.20	T8087.1050	95	河北人民美术出版社
9	野火春风斗古城 ⑤	李英儒	洪钊	陈云华		60	1962年3月初版	1—80,500	0.23	T8087.1053	119	河北人民美术出版社
	备注：本书获1963年第一届全国连环画评奖文学脚本三等奖。											
10	红旗谱 ㊤	梁斌	赵敦	刘端 张辛国		60	1962年3月再版	1—50,500	0.50	T8087.1048	286	河北人民美术出版社
11	红旗谱 ㊦	梁斌	赵敦	阮恩泽 张辛国		60	1962年3月再版	1—50,500	0.32	T8087.1049	172	河北人民美术出版社
12	真假孙悟空		陈平夫	宗静风 周静秋	胡若佛	60	1962年4月初版	1—40,500	0.18	T8087.1051	81	河北人民美术出版社
13	满江红		张春峰	汪玉山	刘旦宅	60	1962年4月初版	1—80,500	0.17	T8087.1056	75	河北人民美术出版社
	备注：本书在1963年进行了第2次印刷，脚本有变动。											
14	勇敢的小山羊		王志英	王志英		48	1962年4月初版	1—20,500	0.12	T8087.1055	40	河北人民美术出版社
15	藏胞的“女神”		王捷	孟英声		60	1962年5月初版	1—30,500	0.19	T8087.1058	97	河北人民美术出版社
16	花蝴蝶的故事		吕荫樾	吴菊芬		60	1962年6月初版	1—30,500	0.11	T8087.1061	43	河北人民美术出版社

（续表）

序号	书名	原著	文	图	封面	开本	版次印次	印数	定价（元）	书号	页数	出版社
17	朝霞红似火		张诚	杜键 高亚光		60	1962年6月 初版	1—30,500	0.19	T8087.1062	96	河北人民美术出版社
18	天国英雄㊤		洪钊	池振亚		60	1962年6月 初版	1—80,500	0.22	T8087.1063	105	河北人民美术出版社
19	红羊峪		祁野耘	钱笑呆 钱尔成 曹增潮		60	1962年6月 初版	1—70,500	0.17	T8087.1057	74	河北人民美术出版社
20	佘赛花	景孤血 祁野耘	祁野耘	张锡武	刘旦宅	60	1962年6月 初版	1—40,500	0.19	T8087.1060	86	河北人民美术出版社
21	玉春和瓦夏		史式	韩伍		60	1962年6月 初版	1—40,500	0.23	T8087.1059	120	河北人民美术出版社
22	战火中的青春	陆柱国 王炎	郑沁园	吴懋祥		50	1962年7月 初版	1— 100,500	0.22	T8087.1064	88	河北人民美术出版社
	备注：本书获1963年第一届全国连环画评奖绘画创作三等奖。											
23	两代人		唐开础	邓柯		60	1962年7月 初版	1—30,500	0.27	T8087.1066	145	河北人民美术出版社
24	少年英雄 吕锡三		钤广礼	周雪芬		60	1962年7月 初版	1—40,500	0.16	T8087.1054	75	河北人民美术出版社
	备注：本书包含《小发明家翟顺义》35页，苏诗敏绘画。											
25	太阳当空照		孟敏	肖林		60	1962年8月 初版	1—20,500	0.17	T8087.1069	85	河北人民美术出版社
26	回门		黄继业	孟养玉		60	1962年8月 初版	1—30,500	0.13	T8087.1072	61	河北人民美术出版社
27	岳云		史式	汪玉山		60	1962年8月 初版	1—80,500	0.24	T8087.1073	116	河北人民美术出版社
28	蔡文姬		唐开础	胡若佛		60	1962年9月 初版	1—55,500	0.24	T8087.1065	113	河北人民美术出版社
29	活愚公		陈平夫	端木勇		60	1962年9月 初版	1—10,500	0.17	T8087.1068	82	河北人民美术出版社
30	一棵大白菜		王季温	王志英		140	1962年9月 初版	1—50,500	0.06	R8087.1067	22	河北人民美术出版社
31	白鹅		黄洵瑞	杨玉华		60	1962年10月 初版	1—40,500	0.16	R8087.1075	75	河北人民美术出版社
32	连环洞		陈平夫	宗静风 宗静草 周静秋		60	1962年10月 初版	1—60,500	0.16	T8087.1076	69	河北人民美术出版社

（续表）

序号	书名	原著	文	图	封面	开本	版次印次	印数	定价（元）	书号	页数	出版社
33	老刚头		辰耳	陈惠冠		60	1962年10月初版	1—50,500	0.11	T8087.1070	44	河北人民美术出版社
34	三进五窑村		张辛国	张辛国		60	1962年11月初版	1—40,500	0.18	T8087.1078	93	河北人民美术出版社
	备注：本书获1963年第一届全国连环画评奖绘画创作三等奖。											
35	碧血丹心	李逸生	陈平夫	严绍唐 李铁生 朱元红	盛锡珊	60	1962年11月初版	1—50,500	0.17	T8087.1074	77	河北人民美术出版社
36	喇嘛庙的秘密		钤广礼	尚君砺		60	1962年11月初版	1—40,500	0.15	T8087.1071	72	河北人民美术出版社
37	烽火列车		万家春	钟志宏		60	1962年12月初版	1—27,500	0.22	T8087.1079	114	河北人民美术出版社
38	矿灯		含贞 惠元	刘汉		60	1962年12月初版	1—24,500	0.24	T8087.1077	130	河北人民美术出版社

1963年冀版连环画汇总

序号	书名	原著	文	图	封面	开本	版次印次	印数	定价（元）	书号	页数	出版社
1	沙漠雄鹰		敦千	王井		60	1963年1月初版	1—35,500	0.17	T8087.1085	81	河北人民美术出版社
2	蔺铁头		吕荫樾	端木勇 陈为明		60	1963年1月初版	1—60,500	0.23	T8087.1080	117	河北人民美术出版社
3	土改队长老柯		郑沁国	肖林		60	1963年1月初版	1—27,000	0.13	T8087.1081	57	河北人民美术出版社
4	三进三出抓俘虏		谢迅之	亦民		60	1963年2月初版	1—80,500	0.13	T8087.1084	59	河北人民美术出版社
5	西瓜的故事		洪钊	孙愚		60	1963年2月初版	1—70,500	0.12	T8087.1083	53	河北人民美术出版社
6	红嫂		陈平夫	王里		60	1963年2月初版	1—50,500	0.19	T8087.1082	97	河北人民美术出版社
7	牛牛大叔		张建辉	孙光基		60	1963年3月初版	1—58,500	0.15	T8087.1087	71	河北人民美术出版社
8	大刀傅连信		南洁池	江栋良		60	1963年3月初版	1—60,500	0.14	T8087.1089	61	河北人民美术出版社
9	铅笔头的故事		史式	阮恩泽		60	1963年3月初版	1—46,500	0.15	T8087.1088	72	河北人民美术出版社
10	团园（圆）之后		史式	朱光玉	盛锡珊	60	1963年3月初版	1—60,500	0.22	T8087.1086	103	河北人民美术出版社
11	秃尾巴老狼		本社	王志英		48	1963年4月初版	1—45,500	0.13	T8087.1090	40	河北人民美术出版社
12	风火轮		董继馨	何国华		48	1963年4月初版	1—60,500	0.15	T8087.1091	50	河北人民美术出版社
13	失空斩		林涛	林涛		36	1963年4月初版	1—47,000	0.25	T8087.1093	36	河北人民美术出版社
	备注：本书包含《失空斩》《打焦赞》《将相和》《秋胡》《三娘教子》《岳母刺字》6个小故事。											
14	守卫在桃花河畔		张帆	王重二		60	1963年5月初版	1—48,000	0.26	T8087.1096	140	河北人民美术出版社
15	中国古代军事家		李淑青	胡若佛 冯墨浓 钱笑呆 江栋良 朱光玉 汪玉山 刘汉宗		60	1963年5月初版	1—50,000	0.28	T8087.1094	128	河北人民美术出版社
	备注：本书包含《古代军事家姜子牙》16页，胡若佛绘画；《军事学家孙武》20页，钱笑呆绘画；《曹刿论战》20页，汪玉山绘画；《吴起》17页，朱光玉绘画；《军纪严明、关心士兵的大军事家司马穰苴》23页，冯墨农绘画；《孙膑》13页，江栋良绘画；《赵国有名的大将李牧》19页，刘汉宗绘画。共计7个小故事。											

（续表）

序号	书名	原著	文	图	封面	开本	版次印次	印数	定价（元）	书号	页数	出版社
16	周末		马仲秀	戴敦邦		60	1963年6月初版	1—29,000	0.11	T8087.1099	45	河北人民美术出版社
17	狼窝除奸记		焦玉峰	王永扬		60	1963年6月初版	1—70,000	0.15	T8087.1095	69	河北人民美术出版社
18	播火记之一七月浪波		于平	刘端		60	1963年6月初版	1—80,000	0.29	T8087.1101	156	河北人民美术出版社
19	红姑		张士杰	陈惠冠		60	1963年6月初版	1—60,000	0.16	T8087.1098	70	河北人民美术出版社
20	佟世清		王良莹	尚君砺		60	1963年6月初版	1—45,000	0.18	T8087.1100	88	河北人民美术出版社
21	打潘豹		任心溪	汪玉山 汪继远	郑家声	60	1963年7月初版	1—50,000	0.15	T8087.1106	61	河北人民美术出版社
22	智战群猴		张建辉	韩伍		60	1963年7月初版	1—45,000	0.12	T8087.1097	53	河北人民美术出版社
23	敌后武工队 3	冯志	张帆	吴懋祥		60	1963年7月初版	1—50,000	0.31	T8087.1105	163	河北人民美术出版社
24	清风店		洪钊	傅洪生		60	1963年7月初版	1—50,000	0.30	T8087.1104	161	河北人民美术出版社
25	哥（儿）俩好	所云平 白文	洪钊	端木勇 胡克礼	王永扬	60	1963年8月初版	1—55,000	0.23	T8087.1108	121	河北人民美术出版社
26	猴桥		耀荣 张志学 吴夕	施有成 邬强 郭勤初 何仲达		48	1963年8月初版	1—30,000	0.36	T8087.1103	86	河北人民美术出版社
	备注：本书包含《寒号鸟》30页，《谁偷了鸡的蛋》36页。											
27	纪念品		季温	丁可		60	1963年8月初版	1—29,000	0.14	T8087.1112	64	河北人民美术出版社
28	大闹七星宴		张建辉	金奎		60	1963年8月初版	1—70,000	0.23	T8087.1109	120	河北人民美术出版社
29	西瓜计	包景林	张春峰	阮恩泽 潘锡柔		60	1963年8月初版	1—50,000	0.14	T8087.1102	61	河北人民美术出版社
	备注：本书包含《小号兵》29页。											
30	两个小八路		未佳	张辛国		60	1963年8月初版	1—55,000	0.19	T8087.1111	99	河北人民美术出版社
31	黑老虎队		王宇文	叶铭坚		60	1963年9月初版	1—60,000	0.17	T8087.1110	82	河北人民美术出版社

（续表）

序号	书名	原著	文	图	封面	开本	版次印次	印数	定价（元）	书号	页数	出版社
32	李三娘		南洁池	凌涛	江栋良	60	1963年9月初版	1—50,000	0.13	T8087.1107	53	河北人民美术出版社
33	雪夜翻山送情报		吕荫樾	孙世涛		60	1963年9月初版	1—54,000	0.11	T8087.1115	43	河北人民美术出版社
34	李双双		朱先立	王宇文		60	1963年9月初版	1—43,000	0.25	T8087.1117	134	河北人民美术出版社
35	伐木人		董继馨	杨英镖		60	1963年10月初版	1—37,000	0.33	T8087.1092	57	河北人民美术出版社
36	小石匠		王耀荣	刘仲文		60	1963年10月初版	1—60,000	0.13	T8087.1118	53	河北人民美术出版社
37	赤胆忠心		秋风	傅洪生		60	1963年10月初版	1—75,000	0.23	T8087.1120	119	河北人民美术出版社
38	小兵的故事		柯岩	周雪芬		60	1963年10月初版	1—50,000	0.11	T8087.1114	42	河北人民美术出版社
39	湘江侦察 上集	吕清林 李惠华	任心溪	陈云华	何国华	60	1963年10月初版	1—80,000	0.19	T8087.1113	96	河北人民美术出版社
40	小四不像		王季温	杨英镖		48	1963年11月初版	1—40,000	0.17	T8087.1116	34	河北人民美术出版社
41	东进抗日		然而	宇华		60	1963年11月初版	1—71,000	0.29	T8087.1122	153	河北人民美术出版社
42	延安之战		林羊	宋怀林 郭敦		60	1963年11月初版	1—70,000	0.21	T8087.1121	107	河北人民美术出版社
43	接关系		向锐翔	王宇文		60	1963年12月初版	1—73,000	0.25	T8087.1125	132	河北人民美术出版社
44	中国古代成语故事		张帆	江栋良等	颜梅华	60	1963年12月初版	1—70,000	0.25	T8087.1123	112	河北人民美术出版社
	备注：本书包含《老马识途》13页，陈光镒绘画；《按图索骥》8页，陈光镒绘画；《危若累卵》10页，汪玉山绘画；《亡羊补牢》9页，汪玉山绘画；《排难解纷》10页，江栋良绘画；《破釜沉舟》20页，江栋良绘画；《纸上谈兵》13页，徐正平绘画；《乐不思蜀》6页，徐正平绘画；《指鹿为马》9页，王亦秋绘画；《草木皆兵》10页，王亦秋绘画。共计10个小故事。											
45	小红军	章力挥	万家春	郭德训	董福章	60	1963年12月初版	1—78,000	0.19	T8087.1124	97	河北人民美术出版社

1964 年冀版连环画汇总

序号	书名	原著	文	图	封面	开本	版次印次	印数	定价（元）	书号	页数	出版社
1	英雄小八路		丹枫	韩伍		60	1964年1月初版	1—78,000	0.33	T8087.1126	184	河北人民美术出版社
2	八百鞭子	任朴	吕荫樾	苏诗敏	韩伍	60	1964年2月初版	1—76,000	0.13	T8087.1128	54	河北人民美术出版社
3	两匹瘦马		常祖荫	王永扬		60	1964年2月初版	1—31,000	0.11	T8087.1129	42	河北人民美术出版社
4	大闹伪公所		张建辉	二伙		60	1964年2月初版	1—80,000	0.14	T8087.1127	61	河北人民美术出版社
5	战火中的青春		郑沁园	吴懋祥		60	1964年2月再版	1—40,000	0.18	T8087.1064	90	河北人民美术出版社
	备注：本书再版时封面进行了重绘，开本改变，增绘2页内文。											
6	火萤和金鱼		王志英	王志英		48	1964年3月初版	1—46,000	0.22	T8087.1131	46	河北人民美术出版社
7	洪湖赤卫队		张帆	何国华		60	1964年3月初版	1—67,000	0.28	T8087.1130	147	河北人民美术出版社
8	39号案件	单单 方方	敦谦	金立德	乔保华	60	1964年3月初版	1—80,000	0.22	T8087.1132	114	河北人民美术出版社
9	红缨歌		王欢	尚君励		60	1964年4月初版	1—74,000	0.19	T8087.1134	95	河北人民美术出版社
10	小兵张嘎		朱笠	张辛国		60	1964年4月初版	1—80,000	0.19	T8087.1133	96	河北人民美术出版社
11	播火记之一 七月浪波		于平	刘端		60	1963年6月初版，1964年5月第2次印刷	80,001—145,000	0.29	T8087.1101	156	河北人民美术出版社
	备注：本书第2次印刷时封面进行了重绘。											
12	一包工资		董继馨	钟志宏		60	1964年5月初版	1—50,000	0.12	T8087.1136	53	河北人民美术出版社
13	海防前线擒匪记		郑沁园	经慰		60	1964年5月初版	1—85,000	0.25	T8087.1135	131	河北人民美术出版社
14	归队	高春贤	张建辉	何国华		60	1964年6月初版	1—55,000	0.14	T8087.1138	63	河北人民美术出版社
15	湘江侦察 下集	吕清林 李惠华	任心溪	陈云华	何国华	60	1964年6月初版	1—70,000	0.24	T8087.1139	124	河北人民美术出版社
16	荀灌娘		唐开础	钱笑呆		60	1964年6月初版	1—53,000	0.18	T8087.1137	77	河北人民美术出版社

（续表）

序号	书名	原著	文	图	封面	开本	版次印次	印数	定价（元）	书号	页数	出版社
17	李双双		朱先立	王宇文		60	1963年9月初版，1964年6月第2次印刷	43,001—61,000	0.25	T8087.1117	134	河北人民美术出版社
	备注：本书第2次印刷时封面进行了重绘。											
18	190中队		王良莹	王井		60	1964年7月初版	1—70,000	0.20	T8087.1142	101	河北人民美术出版社
19	播火记之二 绿林枪声		青萍	刘端		60	1964年7月初版	1—100,000	0.33	T8087.1143	177	河北人民美术出版社
20	宋恩珍	殷之慧 徐肃仪等	董继馨	张白羽	墨波	60	1964年8月初版	1—90,000	0.13	T8087.1140	60	河北人民美术出版社
21	冲破洪涛救亲人		张建辉	张永太		60	1964年8月初版	1—100,000	0.12	T8087.1149	53	河北人民美术出版社
22	包公三掷砚	蒋星煜	南洁池	汪玉山 汪继远	颜梅华	60	1964年8月初版	1—50,000	0.18	T8087.1144	79	河北人民美术出版社
	备注：本书包含《隐身草》33页，杨烈改编，叶之浩绘画。											
23	平原游击队		张辛国	竹川		60	1964年8月初版	1—100,000	0.29	T8087.1148	151	河北人民美术出版社
24	刘二虎火烧洋教士		杨烈	刘汉宗		60	1964年9月初版	1—55,000	0.13	T8087.1141	50	河北人民美术出版社
25	51号兵站		郑沁园	阮恩泽		60	1964年9月初版	1—70,000	0.29	T8087.1146	150	河北人民美术出版社
26	红色风暴中的少先队		辰耳	潘晋华 陈剑英		60	1964年9月初版	1—75,000	0.23	T8087.1150	118	河北人民美术出版社
27	65号密件		殷全元 周雪芬	殷全元 周雪芬		60	1964年9月初版	1—90,000	0.15	T8087.1147	71	河北人民美术出版社
28	甲午海战		张帆	江栋良		60	1964年9月初版	1—50,000	0.27	T8087.1145	133	河北人民美术出版社
29	宝船		任心溪	颜梅华		60	1964年10月初版	1—45,000	0.24	T8087.1151	115	河北人民美术出版社

1965 年冀版连环画汇总

序号	书名	原著	文	图	封面	开本	版次印次	印数	定价（元）	书号	页数	出版社
1	党员登记表		洪钊	孙愚		60	1965年1月初版	1—60，000	0.32	T8087.1152	174	河北人民美术出版社
2	西门豹		张静	王亦秋		60	1965年1月初版	1—65,000	0.11	T8087.1153	40	河北人民美术出版社
3	芦花大公鸡		吕荫樾	苏诗敏	韩伍	48	1965年1月初版	1—50,000	0.12	T8087.1154	37	河北人民美术出版社
4	怎样防治小麦黑疸病（农业科学小画册）		本社	张培力	刘禾	50	1965年3月初版	1—10,000	0.06	T16086.251	31	河北人民出版社
5	怎样防治小麦黄疸病（农业科学小画册）		本社	张国慕	刘禾	50	1965年3月初版	1—10,000	0.06	T16086.252	29	河北人民出版社
6	棉花芽苗移栽（农业科学小画册）		本社	保定市美术服务社	刘禾	50	1965年4月初版	1—10,000	0.07	T16086.254	37	河北人民出版社
7	安全使用农药（农业科学小画册）		本社	思棠 国瑾 琼芝	刘禾	50	1965年5月初版	1—7,000	0.09	T16086.259	51	河北人民出版社
8	怎样防治小麦线虫病（农业科学小画册）		本社	陈兆祥	刘禾	50	1965年5月初版	1—5,000	0.07	T16086.260	37	河北人民出版社
9	怎样使用六六六农药（农业科学小画册）		本社	张国慕	刘禾	50	1965年5月初版	1—7,000	0.07	T16086.261	31	河北人民出版社
10	怎样使用过磷酸钙（农业科学小画册）		本社	林雨 齐人	刘禾	50	1965年5月初版	1—5,500	0.06	T16086.262	27	河北人民出版社
11	在激流中永生		本社	本社		60	1965年5月初版	1—100,000	0.11	T8087.1155	44	河北人民美术出版社
12	半斤芝麻		社文	赵拴造		60	1965年6月初版	1—90,000	0.09	T8087.1156	30	河北人民美术出版社
13	谢臣		本社	本社	张永太	60	1965年6月初版	1—145,000	0.18	T8087.1157	91	河北人民美术出版社
14	绝不后退		张春峰	乔保华		60	1965年9月初版	1—340,000	0.11	T8087.1158	47	河北人民美术出版社
15	暑假第一天		高禾 重华	高禾 重华		60	1965年9月初版	1—150,000	0.12	T8087.1159	51	河北人民美术出版社
16	追虎记		雨苹	吴懋祥		60	1965年9月再版	1—200,000	0.12	T8087.251	51	河北人民美术出版社
	备注：本书原名为《王园爱追虎救孩》，本次再版书名、封面、开本均改变。											

（续表）

序号	书名	原著	文	图	封面	开本	版次印次	印数	定价（元）	书号	页数	出版社
17	五分钱办大事		本社	李力		128	1965年11月初版	1—150，000	0.06	T8087.1160	22	河北人民美术出版社
18	小游击队员柳小猛		张帆	韩伍		60	1965年12月初版	1—150，000	0.21	T8087.1161	106	河北人民美术出版社
19	战地炊烟		陈阵	李惠		60	1965年12月初版	1—135，000	0.15	T8087.1162	67	河北人民美术出版社
20	秤眼老章		王季温	潘锡柔		60	1965年12月初版	1—95，000	0.14	T8087.1163	61	河北人民美术出版社
21	燎原		董继馨	刘汉宗		60	1965年12月初版	1—125，000	0.22	T8087.1164	116	河北人民美术出版社

1966 年冀版连环画汇总

序号	书名	原著	文	图	封面	开本	版次印次	印数	定价（元）	书号	页数	出版社
1	换了人间		杨烈	钟志宏		60	1966年1月初版	1—110,000	0.21	T8087.1165	106	河北人民美术出版社
2	球衣		奔射	韩伍		60	1966年2月初版	1—83,300	0.12	T8087.1166	52	河北人民美术出版社
3	霓虹灯下的哨兵		任心溪	河清		60	1966年2月初版	1—80,000	0.28	T8087.1167	146	河北人民美术出版社
4	活捉美国顾问		吴振轩	高禾 吴仲华		60	1966年3月初版	1—80,000	0.18	T8087.1168	89	河北人民美术出版社
	备注：本书包含《福伯伯留下的任务》43页，任心溪改编，宋怀林绘画。											
5	智勇双全的郭连长		任心溪	张永太		60	1966年4月初版	1—111,000	0.16	T8087.1169	78	河北人民美术出版社
	备注：本书包含《钢铁战士蔡金同》37页，杨烈改编，张永太绘画。											
6	齐建光——牢记阶级苦永做革命人		本社	本社		100	1966年4月初版	1—100,000	0.05	T8087.1170	41	河北人民美术出版社
7	越海插旗		吕荫樾	么玉明		60	1966年5月初版	1—150,000	0.13	T8087.1174	55	河北人民美术出版社
8	一匹马		河北人民美术出版社	河北人民美术出版社		60	1966年6月初版	1—14,000	0.15	T8087.1173	93	河北人民美术出版社
9	贺相魁			中国人民解放军北京部队某部美术组		60	1966年6月初版	1—235,000	0.14	T8087.1175	76	河北人民美术出版社
10	人民的好儿子——刘英俊			王文里 张世祥 李奎根 陈家栋		100	1966年8月初版	1—350,000	0.04	T8087.1176	26	河北人民美术出版社

1967 年冀版连环画汇总

序号	书名	原著	文	图	封面	开本	版次印次	印数	定价（元）	书号	页数	出版社
1	一心为公的共产主义战士——申宪智					100	1967年6月初版	1—150,000	0.05	T8087.1177	35	河北人民美术出版社
2	张思德			广东省军区某部政治部所制幻灯片		100	1967年6月初版	1—330,000	0.03	T8087.1179	24	河北人民美术出版社
3	一心为公的共产主义战士——蔡永祥			浙江省军区政治部		100	1967年6月初版	1—100,000	0.05	T8087.1180	26	河北人民美术出版社
4	伟大的共产主义战士——白求恩			《解放军报》		64	1967年6月初版	1—190,000	0.06	T8087.1181	12	河北人民美术出版社

20世纪 70 年代

图说冀版连环画1950—2000

TUSHUO JIBAN LIANHUANHUA 1950—2000

1970 年

3 月，河北人民出版社由保定迁到省会石家庄的北马路。同月，河北人民出版社筹备组在石家庄成立。

5 月 7 日，河北人民出版社组织出版《河北民兵革命斗争故事》，共出版 3 集，从此河北人民出版社开始自行编辑出版通俗读物，河北省的出版秩序开始恢复。

6 月，河北人民美术出版社撤销，并入河北人民出版社美术编辑室。

珍宝岛十英雄
河北人民出版社

本年河北人民出版社出版连环画 1 种。

1971 年

党和国家领导人一直十分关心少儿图书的出版问题。1971 年 3 月，周恩来总理在全国出版工作座谈会上对出版工作作了重要指示。至此，各地出版社逐渐恢复少儿读物的出版业务。

9 月，召开河北省出版创作工作会议。会议制定了《河北省出版创作三年规划》，开始鼓励个人搞创作，并恢复编辑出版业务。从 1971 年下半年起，河北省开始有少量的连环画作品问世。

红灯记（初稿）
浙江美术学院《红灯记》连环画创作组编绘
河北人民出版社

智取威虎山
《文汇报》《智取威虎山》连环画创作组编绘
河北人民出版社

打豹红少年
承德地区文艺创作组编绘
河北人民出版社

地道战（电影版）
根据同名电影选编
河北人民出版社

白毛女
河北人民出版社编绘
河北人民出版社

本年河北人民出版社出版连环画5种。

1972 年

1 月，河北人民出版社美术编辑组创办《河北工农兵画刊》月刊。

杨路的
邯郸地区《杨路的》连环画创作组编绘
河北人民出版社

小英雄阮友充
秘自义改编　尹庆芳绘画
河北人民出版社

小柱头智送鸡毛信
郄聪魏编文　王怀骐绘画
河北人民出版社

董存瑞（60 开）
张家口地区《董存瑞》连环画创作组编绘
河北人民出版社

董存瑞（40 开）
张家口地区《董存瑞》连环画创作组编绘
河北人民出版社

身残志坚干革命
天津地革委文化局编绘
河北人民出版社

李维超
保定市群艺馆石林等编文
保定市群艺馆薛树森等绘画
河北人民出版社

雁翎队（60 开）
保定地区《雁翎队》连环画创作组编绘
河北人民出版社

雁翎队（40 开）
保定地区《雁翎队》连环画创作组编绘
河北人民出版社

京生
张家口地区《京生》连环画创作组编绘
河北人民出版社

阿福
王计祥编文
河北人民出版社绘画
河北人民出版社

小英雄雨来
管桦原著　弋理改编
李江鸿绘画
河北人民出版社

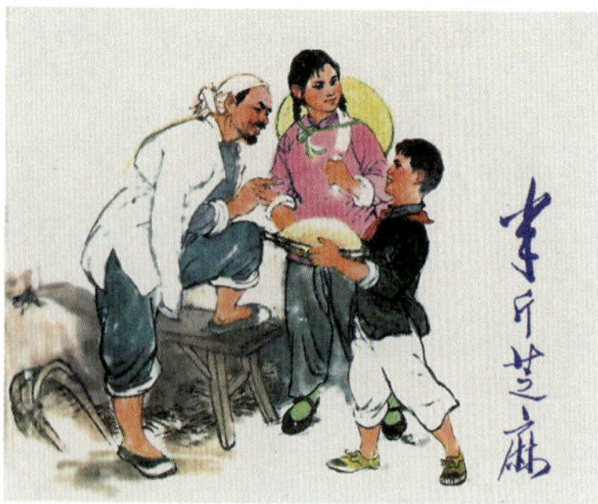

半斤芝麻
浩然原著　社文改编　赵拴造绘画
河北人民出版社

本年河北人民出版社出版连环画 13 种。

1973年

东平湖的鸟声
刘端绘画
河北人民出版社

琼虎
西虹原著　高宝生改编
高宝生绘画
河北人民出版社

智取敌哨所
聪聪改编　宋雅丽绘画
河北人民出版社

特别礼物
尤熹　孙文浦改编
钟志宏绘画
河北人民出版社

广阔的天地
晋县周头公社革委会原著
田耳改编
《河北工农兵画刊》记者绘画
河北人民出版社

第一步
奚海改编
施胜辰、韩喜增绘画
河北人民出版社

借蜜
本社改编　本社绘画
河北人民出版社

《白毛女》电影剧照
根据同名革命现代舞剧电影剧照选编
河北人民出版社

地雷战
封秋昌改编　李丰田绘画
河北人民出版社

小老虎班
天津地区文化局大城县革命委员会创作组编绘
河北人民出版社

穆宗新
阜城县文艺创作组编文
李丰田绘画
河北人民出版社

红心铸金堤
景胜编文
杨作文、吴菊芬绘画
河北人民出版社

老河迷
沧州地区《老河迷》连环画创作组编绘
河北人民出版社

入地牵龙
佟靖功编文
马廷奎绘画
河北人民出版社

变迁记
献县《变迁记》连环画创作组编绘
河北人民出版社

海河激浪
飞雁编文　赵拴造、李跃华绘画
河北人民出版社

战斗在 322 高地
王玺原著　王晓光改编　振宇绘画
河北人民出版社

本年河北人民出版社出版连环画 17 种。

1974 年

第三十个春天
李应编文　衡水地区文艺创作组、《河北工农兵画刊》记者绘画
河北人民出版社

鞭声清脆
飞雁编文　张辛国绘画
河北人民出版社

柱子和小拴
刘业通编绘
河北人民出版社

两个鸡蛋
杨畅编文　刘生展等绘画
刘海志封面
河北人民出版社

志刚与小胖
刘书楷、齐天剑编文
李树文绘画
河北人民出版社

沙河破击战
阎涛编文
刘端、李玉文等绘画
河北人民出版社

虎穴买电
董五顺编文
杜双银、胡绍恒、张文信绘画
河北人民出版社

小泥鳅
刘金茂、魏奎仲编文
魏奎仲绘画
河北人民出版社

南瓜生蛋的秘密
大光改编　王宇文绘画
河北人民出版社

西瓜计
田耳改编　陈增哲绘画
河北人民出版社

两亩岗地
陶然编文
李明堂、阎振卿绘画
河北人民出版社

海防小哨兵
李凤琪原著　封秋昌改编
姜凌涛绘画
河北人民出版社

带响的弓箭
张登魁原著　韩静霆改编
刘启华、春燕绘画
河北人民出版社

红心虎胆
四八〇〇部队某部业余美术创作组编绘
河北人民出版社

本年河北人民出版社出版连环画 14 种。

1975 年

槽头新兵
任书香编文
王同辰、杜玉舟绘画
河北人民出版社

西门豹——破除迷信
张参改编　王亦秋绘画
河北人民出版社

河畔新花
刘树强编文
夏连雨、张西安、黄玉忠绘画
河北人民出版社

骏马飞腾
杜一改编　刘生展绘画
河北人民出版社

心红水旺
封秋昌、飞雁编文
刘文谦、王子学绘画
河北人民出版社

小哨兵
张荣珍原著　李双军改编
李双军绘画
河北人民出版社

图画故事（红小兵读物）
冉南、卢红等绘画
谢志高封面
河北人民出版社

引航
秦港《引航》创作组编绘
河北人民出版社

夜袭敌军车
晋察冀鲁豫烈士陵园编绘
河北人民出版社

英雄的小姑娘
魏茂林编文　李跃华绘画
河北人民出版社

智擒魔王
赵瑞林编文　马庭奎绘画
河北人民出版社

青松岭
长春电影制片厂供稿
河北人民出版社
吉林人民出版社

巧炸敌人军火库
王哲贤编文
刘福生、史惠芳绘画
河北人民出版社

一担水
浩然原著　贾明编文
振宇、徐希绘画　石呈虎封面
河北人民出版社

大龙和小虎
桑原、张泽改编　张企曾绘画
河北人民出版社

杏花塘边
桑原、张泽改编
张庚绘画　赵贵德封面
河北人民出版社

鱼塘边的战斗
王学明编绘
河北人民出版社

战斗小英雄
王文宏编文
庄小雷、崔建社绘画
赵贵德封面
河北人民出版社

三辈儿
张孟良编文　陈继荣绘画
河北人民出版社

虎山擒敌
张存杰编文　张增木绘画
河北人民出版社

激战松谷峰
朱明远编文　王晋泰绘画
董辰生封面
河北人民出版社

入关之前
鲁兆荣原著　绍旻改编
中国人民解放军五二八三一部
队业余美术组 董建民执笔
河北人民出版社

砸渔行（雁翎队的故事）
刘夫海原著　张欣之改编
安新县文化馆供稿
赵冰爽、刘庚午执笔
魏奎仲封面
河北人民出版社

旗开得胜（雁翎队的故事）
申跃中原著　李应改编
刘端绘画
河北人民出版社

号角
邓泰和编绘
龚定平封面
河北人民出版社

本年河北人民出版社出版连环画25种。

1976 年

沙石峪
唐山地区《沙石峪》连环画创作组编绘
河北人民出版社

重逢
卢金林编文　谷中良绘画
丁伯奎封面
河北人民出版社

鸽子的秘密
飞雁原著　王春才改编
张冰洁、董建民、张增木绘画
河北人民出版社

贴心连长
张瑞清原著　王文宏改编
崔建社、李建军、庄小雷绘画
河北人民出版社

欢乐的海
浩然原著　王计祥改编
艾民有、吴燕生绘画
河北人民出版社

秦王斩荆轲
何钟文编文　雷金池绘画
河北人民出版社

水上擒敌
曹治淮编文　王怀骐绘画
河北人民出版社

连心扁担
集慧编绘
河北人民出版社

血染的桦树皮
江明改编　中国人民解放军 51030 部队 吴成槐、韩静波绘画
河北人民出版社

众志成城（雁翎队的故事）
刘夫海原著　天津艺术学院绘画系工农兵学员改编　天津艺术学院绘画系工农兵学员绘画
河北人民出版社

智除伪队长（雁翎队的故事）
云起原著　张林改编
魏奎仲、刘庚吉绘画
河北人民出版社

巧取军火船（雁翎队的故事）
刘夫海原著　刘树强改编
辛鹤江绘画
河北人民出版社

红枫岭
夏风编文　解永钧绘画
河北人民出版社

踏着晨光
姚克明原著　王计祥改编
谷照恩、葛治国绘画
河北人民出版社

把好方向盘
刘谦慎原著　李国涛改编
李乃宙绘画
河北人民出版社

两只花母鸡
张存杰编文　韩喜增绘画
河北人民出版社

剑峰岭
奚学瑶编文
薄惠明、刘福生、史惠芳绘画
河北人民出版社

小红马的故事
建辉、绍旻编文
赵茂魁、王并艺绘画
河北人民出版社

铁牛
张绍旻编文
黄拉堂、吴永训、崔存忠绘画
河北人民出版社

海钻捉蟹
张建国原著　秦宗贤改编
姜凌涛绘画
河北人民出版社

子弟兵的母亲戎冠秀
高俊儒编文
张冰洁、赵拴造绘画
河北人民出版社

本年河北人民出版社出版连环画 21 种。

1977年

12月3日至17日，全国出版工作座谈会在北京召开。根据会议精神，各出版机构做了调整，加强编辑出版力量和作者队伍建设，健全各项规章制度，着手恢复稿酬制度等工作。

雪原前哨
高陈原著　张光武改编
赵连生绘画　张辛国封面
河北人民出版社

新的战斗
柴茂荣编绘
河北人民出版社

怎样保护牙齿
河北新医大学第二医院口腔科编文
刘起文绘画　张文学封面
河北人民出版社

草原铁骑
李宝柱编文　刘生展等绘画
河北人民出版社

唐山人民心向毛主席
邵成华等改编　柴茂荣等绘画
河北人民出版社

奇袭十房院（雁翎队的故事）
刘夫海原著　张帆改编
夏连雨绘画
河北人民出版社

奇怪的骆驼蹄印
张绍旻改编　福明绘画
河北人民出版社

海燕展翅
徐英杰编文　王双贵绘画
河北人民出版社

红雨
杨啸原著　李大振改编
马廷奎绘画
河北人民出版社

花喜鹊
浩然原著　王计祥改编
佟振国绘画
河北人民出版社

除四害漫画集
池北偶、易和元编文
杜建国、丁午等绘画
河北人民出版社

艳阳天插图集
方增先绘画
河北人民出版社

巧战“煤老虎”
中国人民解放军五一〇七一部队编文
齐济南、张玉良绘画
河北人民出版社

放蜂时节
周伟民原著　杜勤来改编
施胜辰绘画　韩喜增封面
河北人民出版社

杂技新花
王镛编文
廉宽宏、王镛、刘恩合绘画
河北人民出版社

竹笋的秘密
黄新心原著　赵志雍改编
邓泰和绘画　谢志高封面
河北人民出版社

铁娃看桃
郭华原著　王计祥改编
潘真绘画
河北人民出版社

退票
本社改编　朱妍、李耀华绘画
河北人民出版社

小帕蒂的生日
王锡维、张德民原著　孟阳改编
李才根绘画　赵贵德封面
河北人民出版社

火瓦寨的歌声
青野改编　赵思温、雷金池绘画
河北人民出版社

智取豹岭镇
许伏生编文　陈秉德绘画
河北人民出版社

人民的好总理（敬爱的周总理在邢台地震灾区）
奚海编文　韩喜增、施胜辰绘画
河北人民出版社

激战狼牙山
河北易县文化馆改编
胡大鹏、高振起、许德宝绘画
娄齐贵封面
河北人民出版社

大牛和二牛
徐宝信、沈培绘画
河北人民出版社

孙悟空三打白骨精
水飞诗
毛用坤、杜建国绘画
河北人民出版社

图画故事
邯郸地区文化局改编
陈增哲、韩东英等绘画
龚定平封面
河北人民出版社

小兵上阵
余方德原著
张增木、董建民改编
张增木、董建民绘画
河北人民出版社

放鸭子
杜若人原著　刘树强改编
张增木绘画
河北人民出版社

小啄木鸟的故事
符世深编绘
河北人民出版社

甲午风云
张帆改编　江栋良绘画
龚定平封面
河北人民出版社

本年河北人民出版社出版连环画 30 种。

1978 年

1 月 1 日，河北人民出版社恢复稿酬制度。

1978 年党的十一届三中全会以后，河北省的图书出版进入了一个新的发展时期。

朱总司令的故事
李新娟、单纪兰改编
五二八六四部队业余美术组绘画
河北人民出版社

金色的梨园
刘猛改编　丁午绘画
河北人民出版社

处处有雷锋
五二八三一部队政治部供稿
董建民封面
河北人民出版社

孙悟空三打白骨精
王计祥诗
毛用坤、杜建国、徐景达绘画
河北人民出版社

红旗一角的故事
尹世霖诗
毛水仙绘画
河北人民出版社

柯棣华大夫美术作品选
中国人民解放军白求恩
国际和平医院供稿
河北人民出版社

大雁高飞
飞雁、刘克玲诗
丁午绘画
河北人民出版社

大刀记 1
郭澄清原著　孟阳改编
陈继荣绘画
河北人民出版社

五洋捉鳖
徐英杰编文　王双贵绘画
河北人民出版社

团结马
杜一编文　刘永义、董善明绘画
赵贵德封面
河北人民出版社

高高的乌兰哈达
郭雪波原著　赵国瑞改编
李重新、康纪生绘画
河北人民出版社

火红的青春
刘新壮编文
范东岐、严绍毅、张培生绘画
河北人民出版社

鸡场小猎手
李亮编文　王长春绘画
张文学封面
河北人民出版社

大闹天宫（上）
唐澄编文
严定宪等绘画
河北人民出版社

大闹天宫（下）
唐澄编文
严定宪等绘画
河北人民出版社

兔兔搬家
范思廉编文
范思廉绘画
河北人民出版社

董存瑞
张辛国、陈秉德改编
马廷奎、刘端、陈秉德、柴茂荣绘画
龚定平封面
河北人民出版社

渔童
时瑞荣改编　钱家慰等绘画
河北人民出版社

小刺猬盖房子
青野等编文　姜成安绘画
河北人民出版社

彩笔绘宏图
本社编文　梁洪德封面
河北人民出版社

中国古代科学家
张帆编文　雷金池等绘画
梁岩封面
河北人民出版社

随周副主席过草地
刘树强改编　吴山明绘画
河北人民出版社

水娃的故事
曹治淮编文　刘业通绘画
王怀琪封面
河北人民出版社

"幸福城"的猩猩
中原改编　黄玉忠绘画
河北人民出版社

送伞
徐宝信作者
河北人民出版社

本年河北人民出版社共出版连环画 25 种。

1979 年

火红的军旗
白冰编文
吴燕生、艾民有绘画
河北人民出版社

花大姐
尹玉茹编文　王敢绘画
河北人民出版社

节振国
王瑞改编　刘汉宗绘画
冯玉太封面
河北人民出版社

逼上梁山（画册）
尚羡智编文　戴敦邦绘画
河北人民出版社

下雨之前
吴城配文　陈永镇绘画
河北人民出版社

虎子送信
刘业通编文　尹庆芳绘画
河北人民出版社

探亲记
曹治淮原著　钟玉成改编
韩喜增绘画
河北人民出版社

卖小鸡的故事
武秋海编文
马焕民、孟洛筹绘画
河北人民出版社

小花猫的故事
刘名远等原著　张绍旻等改编
谷照恩等绘画　谷爱萍封面
河北人民出版社

纸条的故事
开华、霆昭原著
张增木改编　张增木绘画
河北人民出版社

李时珍
张慧剑原著　张国信改编
韩伍绘画
河北人民出版社

成语图画故事
张述忱、王计祥编文
贺友直等绘画
河北人民出版社

三只小熊
祝琪改编
祝琪绘画
河北人民出版社

画廊一夜
上海美术电影制片厂《画廊一夜》
摄制组编绘
河北人民出版社

珊瑚岛上的死光
童恩正原著
刘英民改编
刘世铎绘画
河北人民出版社

预防近视眼
吴秀昌改编
刘启文绘画
张文学封面
河北人民出版社

运药记
胡天启编文
李明堂、尹庆芳绘画
河北人民出版社

想想画画
金明编文　郝玉明绘画
河北人民出版社

震中之花
张宋、许焕岗编文
范余增绘画　赫福路封面
河北人民出版社

谁是“18”号
张东平原著　秦宗贤改编
顾盼、潘鸿海绘画　潘鸿海封面
河北人民出版社

大刀记 2
郭澄清原著　孟阳、高晶改编
陈继荣绘画
河北人民出版社

鲁班的故事
刘洁彰、吴玉龄编文
王学明绘画
河北人民出版社

不让他掉队
白冰编文　史惠芳绘画
李文侠封面
河北人民出版社

红灯照
吕瑞明、阎肃原著　英民、葆群改编
郑庆衡、白庚延、杨德树、吕云所绘画
河北人民出版社

通天洞
尹玉如编文　梁旭绘画
河北人民出版社

大老哥打猎
金波编文
郝玉明绘画
河北人民出版社

金翅膀采蜜记
葛翠琳原著　杨新周改编
刘泽岱绘画
河北人民出版社

骄傲的小白兔
耿守忠编文
姜成安、吴带生绘画
河北人民出版社

星星梦游记
严蒙原著　江明改编
沈培绘画
河北人民出版社

日食和月食
崔振华编文
邓静如、施蔚绘画
河北人民出版社

还表记
张成新、程逸如、查洪燮编文
毛用坤绘画
河北人民出版社

小铁头夺马记
蔡维才原著
高风改编
谢志高绘画
河北人民出版社

小游击队员
王愿坚原著　赵俊琦改编
叶坚铭、徐传鑫绘画
魏奎仲封面
河北人民出版社

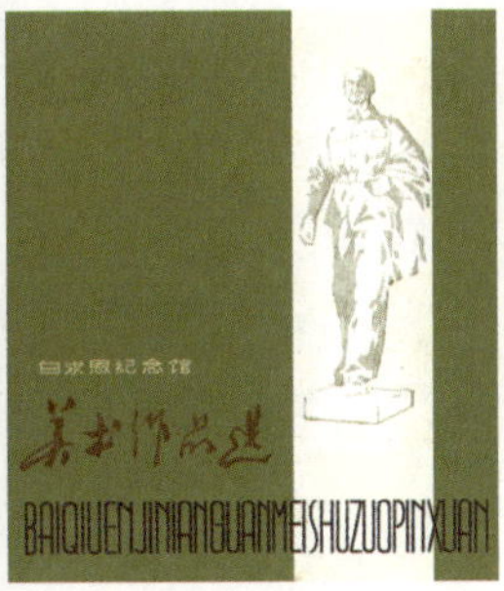

白求恩纪念馆美术作品选
中国人民解放军白求恩国际和平医院供稿
河北人民出版社

人民的歌手
莫伸原著　海兰改编
王怀庆、黄冠余、白敬周绘画
河北人民出版社

小黑熊洗澡
张立俊编文
谷守纲绘画
河北人民出版社

鸡窝里飞出金凤凰
贺宜原著
李书邦编绘
河北人民出版社

未来世界漫游记
叶永烈编文　陈力萍绘画
河北人民出版社

龟兔第二次赛跑
冯存惠改编
杜建国绘画
河北人民出版社

石蟹
包蕾编文　刘微、查侃绘画
河北人民出版社

本年河北人民出版社出版连环画 40 种。

20 世纪 70 年代初期，在党和国家领导人的关心下，全国的连环画出版开始恢复。河北人民美术出版社曾经被遣散的部分人员，陆续回到复建的河北人民出版社美术编辑室，出版年画、连环画以及少量的图片集、画册等美术出版物，涌现出了《地雷战》《三辈儿》《雁翎队的故事》《孙悟空三打白骨精》等经典作品。1978 年党的十一届三中全会的召开，拨正了中国社会主义建设的航向。河北的连环画出版事业也随之发生了巨大的变化，河北人民出版社的出版工作有了起色，组织机构有所健全，人员有所增加。1979 年至 1980 年，出版社出版的图书从数量到质量上都有明显提升。1970 年至 1979 年，共出版连环画 191 种。

1970 年—1979 年冀版连环画汇总

1970 年冀版连环画汇总

序号	书名	原著	文	图	封面	开本	版次印次	印数	定价（元）	书号	页数	出版社
1	珍宝岛十英雄		无	无		24	1970年12月第1版	无	0.30	8086.60	43	河北人民出版社

1971 年冀版连环画汇总

序号	书名	原著	文	图	封面	开本	版次印次	印数	定价（元）	书号	页数	出版社
1	红灯记		浙江美术学院《红灯记》连环画创作组	浙江美术学院《红灯记》连环画创作组		60	1970年9月第1版，1971年5月翻印	无	0.18	8086.110	193	河北人民出版社
2	智取威虎山		《文汇报》《智取威虎山》连环画创作组	《文汇报》《智取威虎山》连环画创作组		60	1971年6月翻印	无	0.20	8086.109	190	河北人民出版社
3	打豹红少年		承德地区文艺创作组	承德地区文艺创作组		60	1971年8月第1版	无	0.08	8086.165	55	河北人民出版社
4	地道战		根据同名电影选编			60	1971年9月第1版	无	0.23	8086.164	196	河北人民出版社
	备注：本书根据同名电影选编，为电影版连环画。											
5	白毛女		河北人民出版社	河北人民出版社		60	1971年12月第1版	无	0.16	8086.192	154	河北人民出版社

1972年冀版连环画汇总

序号	书名	原著	文	图	封面	开本	版次印次	印数	定价（元）	书号	页数	出版社
1	杨路的		邯郸地区《杨路的》连环画创作组	邯郸地区《杨路的》连环画创作组		60	1972年4月第1版	无	0.09	8086.225	62	河北人民出版社
2	小英雄阮友充		秘自义	尹庆芳		60	1972年5月第1版	无	0.05	8086.226	26	河北人民出版社
3	小柱头智送鸡毛信		郄聪魏	王怀骐		60	1972年5月第1版	无	0.11	8086.223	29	河北人民出版社
4	董存瑞		张家口地区《董存瑞》连环画创作组	张家口地区《董存瑞》连环画创作组		60	1972年5月第1版	无	0.18	8086.231	144	河北人民出版社
5	董存瑞		张家口地区《董存瑞》连环画创作组	张家口地区《董存瑞》连环画创作组		40	1972年5月第1版	无	0.27	8086.231	144	河北人民出版社
6	身残志坚干革命		天津地革委文化局	天津地革委文化局		60	1972年5月第1版	无	0.11	8086.229	78	河北人民出版社
7	李维超		保定市群艺馆石林等	保定市群艺馆薛树森等		60	1972年5月第1版	无	0.15	8086.230	111	河北人民出版社
8	雁翎队		保定地区《雁翎队》连环画创作组	保定地区《雁翎队》连环画创作组		60	1972年5月第1版	无	0.20	8086.232	153	河北人民出版社
9	雁翎队		保定地区《雁翎队》连环画创作组	保定地区《雁翎队》连环画创作组		40	1972年5月第1版	无	0.30	8086.232	153	河北人民出版社
10	京生		张家口地区《京生》连环画创作组	张家口地区《京生》连环画创作组		60	1972年7月第1版	无	0.09	8086.240	55	河北人民出版社
11	阿福		王计祥	河北人民出版社		60	1972年8月第1版	无	0.09	8086.243	59	河北人民出版社
12	小英雄雨来	管桦	弋理	李江鸿		60	1972年11月第1版	无	0.06	8086.250	31	河北人民出版社
13	半斤芝麻	浩然	社文	赵拴造		60	1972年11月第1版	无	0.06	8086.249	30	河北人民出版社

1973 年冀版连环画汇总

序号	书名	原著	文	图	封面	开本	版次印次	印数	定价（元）	书号	页数	出版社
1	东平湖的鸟声			刘端		48	1973年2月 河北第1版	无	0.12	8027.5475	66	河北人民出版社
	备注：本书为河北人民出版社重印，书号仍用人民美术出版社。											
2	琼虎	西虹	高宝生	高宝生		60	1973年2月 河北第1版	无	0.10	8027.5537	68	河北人民出版社
	备注：本书为河北人民出版社重印，书号仍用人民美术出版社。											
3	智取敌哨所		聪聪	宋雅丽		40	1973年3月 第1版	1—200,000	0.11	8086.292	20	河北人民出版社
4	特别礼物		尤熹 孙文浦	钟志宏		60	1973年4月 第1版	无	0.06	8086.291	37	河北人民出版社
5	广阔的天地	晋县周头公社革委会	田耳	《河北工农兵画刊》记者		60	1973年6月 第1版	1—60,000	0.05	8086.301	31	河北人民出版社
6	第一步		奚海	施胜辰 韩喜增		60	1973年6月 第1版	1—60,000	0.09	8086.297	59	河北人民出版社
7	借蜜		本社	本社		40	1973年6月 第1版	1—75,000	0.15	8086.293	24	河北人民出版社
8	《白毛女》电影剧照		根据同名革命现代舞剧电影剧照选编			48	1973年6月 第1版	1—80,000	0.30	8086.298	66	河北人民出版社
9	地雷战		封秋昌	李丰田		60	1973年8月 第1版	1—350,000	0.15	8086.302	123	河北人民出版社
10	小老虎班		天津地区文化局大城县革命委员会创作组	天津地区文化局大城县革命委员会创作组		64	1973年10月 第1版	1—80,000	0.10	8086.364	73	河北人民出版社
11	穆宗新		阜城县文艺创作组	李丰田		64	1973年10月 第1版	1—70,000	0.10	8086.365	76	河北人民出版社
12	红心铸金堤		景胜	杨作文 吴菊芬		64	1973年10月 第1版	1—75,000	0.08	8086.362	52	河北人民出版社
13	老河迷		沧州地区《老河迷》连环画创作组	沧州地区《老河迷》连环画创作组		64	1973年10月 第1版	1—75,000	0.09	8086.361	61	河北人民出版社
14	入地牵龙		佟靖功	马廷奎		64	1973年10月 第1版	1—75,000	0.10	8086.363	71	河北人民出版社

（续表）

序号	书名	原著	文	图	封面	开本	版次印次	印数	定价（元）	书号	页数	出版社
15	变迁记		献县《变迁记》连环画创作组		献县《变迁记》连环画创作组	64	1973年11月第1版	1—85,000	0.14	8086.369	110	河北人民出版社
16	海河激浪		飞雁		赵拴造 李跃华	64	1973年11月第1版	1—80,000	0.14	8086.367	108	河北人民出版社
17	战斗在322高地	王玺	王晓光		振宇	60	1973年11月第1版	1—500,000	0.14	8086.352	82	河北人民出版社

1974 年冀版连环画汇总

序号	书名	原著	文	图	封面	开本	版次印次	印数	定价（元）	书号	页数	出版社
1	第三十个春天		李应	衡水地区文艺创作组《河北工农兵画刊》记者		60	1974年1月第1版	1—30,000	0.09	8086.386	57	河北人民出版社
2	鞭声清脆		飞雁	张辛国		64	1974年2月第1版	1—250,000	0.07	8086.387	43	河北人民出版社
3	柱子和小拴		刘业通	刘业通		60	1974年2月第1版	1—500,000	0.07	8086.357	42	河北人民出版社
4	两个鸡蛋		杨畅	刘生展等	刘海志	64	1974年2月第1版	1—230,000	0.07	8086.358	42	河北人民出版社
	备注：本书包含《拣粮》21页，刘生展、郭重光、张企曾绘画。											
5	志刚与小胖		刘书楷 齐天剑	李树文		64	1974年2月第1版	1—400,000	0.08	8086.378	47	河北人民出版社
6	沙河破击战		阎涛	刘端 李玉文等		60	1974年3月第1版	1—1,150,000	0.15	8086.376	118	河北人民出版社
7	虎穴买电		董五顺	杜双银 胡绍恒 张文信		60	1974年3月第1版	1—700,000	0.09	8086.377	52	河北人民出版社
8	小泥鳅		刘金茂 魏奎仲	魏奎仲		48	1974年4月第1版	1—230,000	0.12	8086.354	27	河北人民出版社
9	南瓜生蛋的秘密		大光	王宇文		64	1974年5月第1版	1—100,000	0.08	8086.388	52	河北人民出版社
10	西瓜记		田耳	陈增哲		64	1974年6月第1版	1—450,000	0.06	8086.391	36	河北人民出版社
11	两亩岗地		陶然	李明堂 阎振卿		64	1974年10月第1版	1—170,000	0.08	8086.441	50	河北人民出版社
12	海防小哨兵	李凤琪	封秋昌	姜凌涛		64	1974年10月第1版	1—800,000	0.09	8086.451	63	河北人民出版社
13	带响的弓箭	张登魁	韩静霆	刘启华 春燕		64	1974年10月第1版	1—350,000	0.09	8086.440	68	河北人民出版社
14	红心虎胆		四八〇〇部队某部业余美术创作组	四八〇〇部队某部业余美术创作组		64	1974年11月第1版	1—950,000	0.13	8086.453	107	河北人民出版社

1975年冀版连环画汇总

序号	书名	原著	文	图	封面	开本	版次印次	印数	定价（元）	书号	页数	出版社
1	槽头新兵		任书香	王同辰 杜玉舟		64	1975年1月 第1版	1—500,000	0.09	8086.457	62	河北人民 出版社
2	西门豹——破除迷信		张参	王亦秋		64	1975年1月 第2版	1—1,300,000	0.05	8086.469	28	河北人民 出版社
	备注：本书较65版封面改变，内页缩减12页。											
3	河畔新花		刘树强	夏连雨 张西安 黄玉忠		64	1975年1月 第1版	1—350,000	0.11	8086.473	85	河北人民 出版社
4	骏马飞腾		杜一	刘生展		64	1975年1月 第1版	1—800,000	0.12	8086.468	97	河北人民 出版社
5	心红水旺		封秋昌 飞雁	刘文谦 王子学		64	1975年2月 第1版	1—400,000	0.10	8086.458	85	河北人民 出版社
6	小哨兵	张荣珍	李双军	李双军		64	1975年2月 第1版	1—730,000	0.06	8086.478	38	河北人民 出版社
7	图画故事（红小兵读物）			冉南 卢红等	谢志高	40	1975年2月 第1版	1—200,000	0.09	8086.459	40	河北人民 出版社
8	引航		秦港《引航》创作组	秦港《引航》创作组		64	1975年2月 第1版	1—450,000	0.10	8086.481	78	河北人民 出版社
9	夜袭敌军车		晋察冀鲁豫烈士陵园	晋察冀鲁豫烈士陵园		64	1975年2月 第1版	1—1,000,000	0.06	8086.454	37	河北人民 出版社
10	英雄的小姑娘		魏茂林	李跃华		64	1975年2月 第1版	1—700,000	0.08	8086.455	53	河北人民 出版社
11	智擒魔王		赵瑞林	马庭奎		64	1975年3月 第1版	1—1,300,000	0.12	8086.486	94	河北人民 出版社
12	青松岭		长春电影制片厂供稿			64	1975年5月 第1版	1—500,000	0.26	8086.456	190	河北人民 出版社 吉林人民 出版社
	备注：本书与吉林人民出版社联合出版。											
13	巧炸敌人军火库		王哲贤	刘福生 史惠芳		64	1975年5月 第1版	1—1,300,000	0.09	8086.487	62	河北人民 出版社
14	一担水	浩然	贾明	振宇 徐希	石呈虎	64	1975年5月 第1版	1—335,000	0.09	8027.5945		河北人民 出版社
	备注：本书为河北人民出版社重印，书号仍用河北人民美术出版社的书号。											
15	大龙和小虎		桑原 张泽	张企曾		64	1975年6月 第1版	1—600,000	0.06	8086.488	38	河北人民 出版社

（续表）

序号	书名	原著	文	图	封面	开本	版次印次	印数	定价（元）	书号	页数	出版社
16	杏花塘边		桑原 张泽	张庚	赵贵德	64	1975年10月第1版	1—700,000	0.07	8086.490	46	河北人民出版社
17	鱼塘边的战斗		王学明		王学明	64	1975年10月第1版	1—1,000,000	0.11	8086.557	54	河北人民出版社
18	战斗小英雄		王文宏	赵贵德	庄小雷 崔建社	64	1975年10月第1版	1—1,300,000	0.12	8086.550	101	河北人民出版社
19	三辈儿		张孟良		陈继荣	64	1975年10月第1版	1—700,000	0.15	8086.549	133	河北人民出版社
20	虎山擒敌		张存杰		张增木	64	1975年11月第1版	1—700,000	0.11	8086.555	54	河北人民出版社
21	激战松谷峰		朱明远	董辰生	王晋泰	64	1975年11月第1版	1—800,000	0.16	8086.579	130	河北人民出版社
22	入关之前	鲁兆荣	绍旻		中国人民解放军五二八三一部队业余美术组 董建民	64	1975年11月第1版	1—1,000,000	0.09	8086.556	66	河北人民出版社
23	砸渔行（雁翎队的故事）	刘夫海	张欣之	魏奎仲	安新县文化馆供稿 赵冰爽 刘庚午	64	1975年12月第1版	1—650,000	0.08	8086.589	58	河北人民出版社
24	旗开得胜（雁翎队的故事）	申跃中	李应		刘端	64	1975年12月第1版	1—850,000	0.08	8086.588	54	河北人民出版社
25	号角		邓泰和	龚定平	邓泰和	64	1975年12月第1版	1—500,000	0.08	8086.590	56	河北人民出版社
	备注：本书包含《号角》30页；《爷爷和小桃》26页，张建辉、张绍旻编文，李双君绘画。											

1976 年冀版连环画汇总

序号	书名	原著	改编	封面	绘画	开本	版次印次	印数	定价（元）	书号	页数	出版社
1	沙石峪		唐山地区《沙石峪》连环画创作组		唐山地区《沙石峪》连环画创作组	64	1976年1月第1版	1—130,000	0.17	8086.598	134	河北人民出版社
2	重逢		卢金林	丁伯奎	谷中良	64	1976年1月第1版	1—550,000	0.11	8086.593	85	河北人民出版社
3	鸽子的秘密	飞雁	王春才		张冰洁 董建民 张增木	64	1976年1月第1版	1—550,000	0.09	8086.597	70	河北人民出版社
4	贴心连长	张瑞清	王文宏		崔建社 李建军 庄小雷	64	1976年1月第1版	1—300,000	0.09	8086.577	62	河北人民出版社
5	欢乐的海	浩然	王计祥		艾民有 吴燕生	40	1976年1月第1版	1—20,000	0.22	8086.576	39	河北人民出版社
6	秦王斩荆轲		何钟文		雷金池	64	1976年2月第1版	1—430,000	0.09	8086.610	61	河北人民出版社
7	水上擒敌		曹治淮		王怀骐	64	1976年2月第1版	1—750,000	0.08	8086.600	54	河北人民出版社
8	连心扁担		集慧		集慧	64	1976年2月第1版	1—300,000	0.08	8086.578	54	河北人民出版社
	备注：本书包含《连心扁担》23页；《一盆饭》31页，杜澎原作，赫威刚改编，刘耕涛、李春富绘画。											
9	血染的桦树皮		江明		中国人民解放军51030部队 吴成槐 韩静波	64	1976年2月第1版	1—780,000	0.07	8086.603	46	河北人民出版社
10	众志成城（雁翎队的故事）	刘夫海	天津艺术学院绘画系工农兵学员		天津艺术学院绘画系工农兵学员	64	1976年3月第1版	1—800,000	0.09	8086.613	62	河北人民出版社
11	智除伪队长（雁翎队的故事）	云起	张林		魏奎仲 刘庚吉	64	1976年3月第1版	1—900,000	0.08	8086.601	54	河北人民出版社
12	巧取军火船（雁翎队的故事）	刘夫海	刘树强		辛鹤江	64	1976年3月第1版	1—700,000	0.11	8086.612	86	河北人民出版社
13	红枫岭		夏风		解永钧	64	1976年5月第1版	1—500,000	0.14	8086.594	114	河北人民出版社
14	踏着晨光	姚克明	王计祥		谷照恩 葛治国	64	1976年6月第1版	1—200,000	0.05	8086.661	30	河北人民出版社

（续表）

序号	书名	原著	改编	封面	绘画	开本	版次印次	印数	定价（元）	书号	页数	出版社
15	把好方向盘	刘谦慎	李国涛		李乃宙	64	1976年8月第1版	1—250,000	0.09	8086.698	66	河北人民出版社
	备注：本书包含《把好方向盘》33页；《驰骋在社会主义大道上》33页，马树河改编，胡德尔绘画。											
16	两只花母鸡		张存杰		韩喜增	64	1976年8月第1版	1—300,000	0.08	8086.641	54	河北人民出版社
17	剑峰岭		奚学瑶		薄惠明 刘福生 史惠芳	64	1976年9月第1版	1—600,000	0.13	8086.735	102	河北人民出版社
18	小红马的故事		建辉 绍旻		赵茂魁 王并艺	64	1976年9月第1版	1—350,000	0.07	8086.660	42	河北人民出版社
19	铁牛		张绍旻		黄拉堂 吴永训 崔存忠	64	1976年9月第1版	1—200,000	0.11	8086.733	83	河北人民出版社
20	海钻捉蟹	张建国	秦宗贤		姜凌涛	64	1976年9月第1版	1—350,000	0.07	8086.728	45	河北人民出版社
21	子弟兵的母亲戎冠秀		高俊儒		张冰洁 赵拴造	64	1976年10月第1版	1—300,000	0.12	8086.699	94	河北人民出版社

1977年冀版连环画汇总

序号	书名	原著	文	图	封面	开本	版次印次	印数	定价（元）	书号	页数	出版社
1	雪原前哨	高陈	张光武	赵连生	张辛国	64	1977年2月第1版	1—550, 000	0. 14	8086. 739	118	河北人民出版社
2	新的战斗		柴茂荣	柴茂荣		64	1977年3月第1版	1—130, 000	0. 12	8086. 727	94	河北人民出版社
3	怎样保护牙齿		河北新医大学第二医院口腔科	刘起文	张文学	40	1977年3月第1版	1—50, 000	0. 12	8086. 754	38	河北人民出版社
4	草原铁骑		李宝柱	刘生展等		64	1977年5月第1版	1—500, 000	0. 12	8086. 763	98	河北人民出版社
5	唐山人民心向毛主席		邵成华等	柴茂荣等		64	1977年5月第1版	1—150, 000	0. 12	8086. 750	95	河北人民出版社
5	备注：本书包含《唐山人民心向毛主席》15页，邵成华改编，柴茂荣、潘真、张增木、高路绘画；《红色电波通北京》27页，邵成华改编，赵连生绘画；《十八勇士》22页，单纪兰改编，赵连生、柴茂荣、潘真、张增木绘画；《日夜思念毛主席》16页，张辛国改编，张文学绘画；《送水记》8页，邵成华改编，张增木绘画；《一壶清水暖人心》7页，华人改编，柴茂荣绘画。											
6	奇袭十房院（雁翎队的故事）	刘夫海	张帆	夏连雨		64	1977年5月第1版	1—700, 000	0. 11	8086. 732	83	河北人民出版社
7	奇怪的骆驼蹄印		张绍旻	福明		64	1977年6月第1版	1—500, 000	0. 09	8086. 764	61	河北人民出版社
8	海燕展翅		徐英杰	王双贵		64	1977年6月第1版	1—160, 000	0. 10	8086. 776	73	河北人民出版社
9	红雨	杨啸	李大振	马廷奎		64	1977年6月第1版	1—180, 000	0. 17	8086. 765	141	河北人民出版社
10	花喜鹊	浩然	王计祥	佟振国		40	1977年6月第1版	1—100, 000	0. 12	8086. 759	20	河北人民出版社
11	除四害漫画集		池北偶 易和元	杜建国 丁午等		24	1977年7月第1版	1—50, 000	0. 16	8086. 806	44	河北人民出版社
12	艳阳天插图集			方增先		16	1977年7月第1版	1—7, 000	2. 00	8086. 726	32	河北人民出版社
13	巧战“煤老虎”		中国人民解放军五一〇七一部队	齐济南 张玉良		64	1977年8月第1版	1—80, 000	0. 09	8086. 788	56	河北人民出版社
14	放蜂时节	周伟民	杜勤来	施胜辰	韩喜增	64	1977年8月第1版	1—230, 000	0. 06	8086. 783	38	河北人民出版社
15	杂技新花		王镛	廉宽宏 王镛 刘恩合		64	1977年9月第1版	1—300, 000	0. 12	8086. 823	94	河北人民出版社

（续表）

序号	书名	原著	文	图	封面	开本	版次印次	印数	定价（元）	书号	页数	出版社
16	竹笋的秘密	黄新心	赵志雍	邓泰和	谢志高	64	1977年10月第1版	1—150,000	0.06	8086.755	39	河北人民出版社
17	铁娃看桃	郭华	王计祥	潘真		64	1977年10月第1版	1—250,000	0.06	8086.777	39	河北人民出版社
18	退票		本社	朱妍 李耀华		长48	1977年10月第1版	1—130,000	0.08	8086.731	11	河北人民出版社
18	备注：本书包含《退票》6页24图；《果园小主人》5页20图。											
19	小帕蒂的生日	王锡维 张德民	孟阳	李才根	赵贵德	64	1977年10月第1版	1—380,000	0.12	8086.787	92	河北人民出版社
20	火瓦寨的歌声		青野	赵思温 雷金池		64	1977年12月第1版	1—450,000	0.09	8086.871	62	河北人民出版社
21	智取豹岭镇		许伏生	陈秉德		64	1977年12月第1版	1—800,000	0.07	8086.868	50	河北人民出版社
22	人民的好总理（敬爱的周总理在邢台地震灾区）		奚海	韩喜增 施胜辰		40	1977年12月第1版	1—100,000	0.15（凸）	8086.876	53	河北人民出版社
22	人民的好总理		奚海	韩喜增 施胜辰		40	1977年12月第1版	1—30,000	0.20（胶）	8086.876	53	河北人民出版社
22	备注：本书分凸、胶两个版本，印刷和用纸不同，定价、印量也不同，其他一致。											
23	激战狼牙山		河北易县文化馆	胡大鹏 高振起 许德宝	娄齐贵	64	1977年12月第1版	1—500,000	0.10	8087.877	77	河北人民出版社
23	备注：本书与人民美术出版社联合出版，有各自书号。人民美术出版社为6月出版，印量100万。河北人民出版社为12月出版，书号是河北美术出版社的号，彼时河北美术出版社未恢复，推测可能是错印。											
24	大牛和二牛			徐宝信 沈培		长32	1977年12月第1版	1—120,000	0.12	8086.872	31	河北人民出版社
25	孙悟空三打白骨精		水飞	毛用坤 杜建国		64	1977年12月第1版	1—800,000	0.08	8086.870	38	河北人民出版社
26	图画故事		邯郸地区文化局	陈增哲 韩东英等	龚定平	长32	1977年12月第1版	1—80,000	0.12	8086.796	32	河北人民出版社
27	小兵上阵	余方德	张增木 董建民	张增木 董建民		64	1977年12月第1版	1—250,000	0.09	8086.822	70	河北人民出版社
28	放鸭子	杜若人	刘树强	张增木		64	1977年12月第1版	1—250,000	0.08	8086.835	54	河北人民出版社
29	小啄木鸟的故事		符世深	符世深		48	1977年12月第1版	1—200,000	0.12	8086.873	19	河北人民出版社

（续表）

序号	书名	原著	文	图	封面	开本	版次印次	印数	定价（元）	书号	页数	出版社
30	甲午风云		张帆	江栋良	龚定平	64	1964年9月第1版1977年12月第2次印刷	1—550,000	0.16	8086.844	133	河北人民出版社
	备注：本书与1964年的版本相比，书名、封面，开本、书号、出版社均发生改变。											

1978年冀版连环画汇总

序号	书名	原著	文	图	封面	开本	版次印次	印数	定价（元）	书号	页数	出版社
1	朱总司令的故事		李新娟 单纪兰	五二八六四部队业余美术组		64	1978年2月第1版	1—210,000	0.06	8086.880	34	河北人民出版社
2	金色的梨园		刘猛	丁午		80	1978年3月第1版	1—300,000	0.06	8086.831	18	河北人民出版社
3	处处有雷锋			五二八三一部队政治部	董建民	64	1978年5月第1版	1—160,000	0.11	8086.886	70	河北人民出版社
4	孙悟空三打白骨精		王计祥	毛用坤 杜建国 徐景达		40	1978年5月第1版	1—350,000	0.21	8086.879	37	河北人民出版社
5	红旗一角的故事		尹世霖	毛水仙		48	1978年5月第1版	1—45,000	0.15	8086.890	30	河北人民出版社
6	柯棣华大夫美术作品选			中国人民解放军白求恩国际和平医院		24	1978年6月第1版	1—10,000	1.20	8086.895	30	河北人民出版社
7	大雁高飞		飞雁 刘克玲	丁午		64	1978年6月第1版	1—300,000	0.11	8086.887	29	河北人民出版社
8	大刀记1	郭澄清	孟阳	陈继荣		64	1978年9月第1版	1—500,000	0.16	8086.920	134	河北人民出版社
9	五洋捉鳖		徐英杰	王双贵		64	1978年9月第1版	1—420,000	0.13	8086.961	102	河北人民出版社
10	团结马		杜一	刘永义 董善明	赵贵德	64	1978年9月第1版	1—150,000	0.12	8086.960	90	河北人民出版社
11	高高的乌兰哈达	郭雪波	赵国瑞	李重新 康纪生		64	1978年9月第1版	1—60,000	0.11	8086.963	82	河北人民出版社
12	火红的青春		刘新壮	范东岐 严绍毅 张培生		64	1978年9月第1版	1—110,000	0.12	8086.966	94	河北人民出版社
13	鸡场小猎手		李亮	王长春	张文学	64	1978年9月第1版	1—180,000	0.08	8086.967	53	河北人民出版社
	备注：本书包含《鸡场小猎手》31页；《绿书包的故事》22页，嘉雄、新学编文，韩国士、易乐然绘画。											
14	大闹天宫（上）		唐澄	严定宪等		40	1978年9月第1版	1—450,000	0.17	8086.970	38	河北人民出版社
15	大闹天宫（下）		唐澄	严定宪等		40	1978年9月第1版	1—450,000	0.21	8086.970	46	河北人民出版社
16	兔兔搬家		范思廉	范思廉		48	1978年9月第1版	1—200,000	0.10	8086.922	18	河北人民出版社

（续表）

序号	书名	原著	文	图	封面	开本	版次印次	印数	定价（元）	书号	页数	出版社
17	董存瑞		张辛国 陈秉德	马廷奎 刘端 陈秉德 柴茂荣	龚定平	64	1978年10月第1版	1—300, 000	0.16	8086.1002	137	河北人民出版社
18	渔童		时瑞荣	钱家慰等		40	1978年11月第1版	1—450, 000	0.17	8086.968	38	河北人民出版社
19	小刺猬盖房子		青野等	姜成安		长48	1978年11月第1版	1—220, 000	0.08	8086.984	20	河北人民出版社
	备注：本书包含《小刺猬》10页19图，青野改编，姜成安绘画；《小熊学艺》10页20图，马元良编绘。											
20	彩笔绘宏图		本社		梁洪德	32	1978年11月第1版	1—30, 000	0.16	8086.986	不详	河北人民出版社
21	中国古代科学家		张帆	雷金池等	梁岩	64	1978年12月第1版	1—200, 000	0.12	8086.1011	92	河北人民出版社
	备注：本书包含《扁鹊》8页，张冰杰绘画；《张衡》9页，双印绘画；《华佗》12页，王学明绘画；《祖冲之》11页，雷金池绘画；《郦道元》8页，王学明绘画；《李春》9页，张冰杰绘画；《毕升（昇）》11页，邓泰和绘画；《沈括》12页，雷金池绘画；《黄道婆》12页，邓泰和绘画。											
22	随周副主席过草地		刘树强	吴山明		40	1978年12月第1版	1—150, 000	0.12	8086.888	20	河北人民出版社
23	水娃的故事		曹治淮	刘业通	王怀琪	64	1978年12月第1版	1—500, 000	0.13	8086.1000	102	河北人民出版社
24	“幸福城”的猩猩		中原	黄玉忠		64	1978年12月第1版	1—300, 000	0.09	8086.1001	61	河北人民出版社
25	送伞			徐宝信		80	1978年12月第1版	1—110, 000	0.04	8086.1003	22	河北人民出版社

1979 年冀版连环画汇总

序号	书名	原著	文	图	封面	开本	版次印次	印数	定价（元）	书号	页数	出版社
1	火红的军旗		白冰	吴燕生 艾民有		24	1979年1月 第1版	1—60, 000	0. 22	8086. 969	20	河北人民出版社
2	花大姐		尹玉茹	王敢		64	1979年2月 第1版	1—70, 000	0. 07	8086. 1015	49	河北人民出版社
3	节振国		王瑞	刘汉宗	冯玉太	64	1979年4月 第1版	1—285, 000	0. 19	8086. 1016	169	河北人民出版社
	备注：本书与人民美术出版社联合出版，有各自书号。											
4	逼上梁山 （画册）		尚羡智	戴敦邦		20	1979年4月 第1版	1—51, 000	0. 90	8086. 1008	16	河北人民出版社
	备注：本书获1981年第二届全国连环画评奖绘画创作二等奖。											
5	下雨之前		吴珹	陈永镇		长32	1979年4月 第1版	1—85, 000	0. 17	8086. 1023	31	河北人民出版社
6	虎子送信		刘业通	尹庆芳		64	1979年4月 第1版	1—350, 000	0. 09	8086. 1027	62	河北人民出版社
7	探亲记	曹治淮	钟玉成	韩喜增		64	1979年4月 第1版	1—70, 000	0. 08	8086. 1022	59	河北人民出版社
8	卖小鸡的故事		武秋海	马焕民 孟洛筹		64	1979年5月 第1版	1—43, 000	0. 08	8086. 1029	54	河北人民出版社
9	小花猫的故事	刘名远等	张绍旻等	谷照恩等	谷爱萍	64	1979年5月 第1版	1—150, 600	0. 10	8086. 1010	74	河北人民出版社
	备注：本书包含《小花猫》36页，刘名远原著，张绍旻改编，谷照恩绘画；《审公鸡》38页，胡忠军原著，刘英民改编，崔德喜绘画。											
10	纸条的故事	开华 霆昭	张增木	张增木		64	1979年5月 第1版	1—320, 000	0. 09	8086. 1028	62	河北人民出版社
11	李时珍	张慧剑	张国信	韩伍		48	1979年6月 第1版	1—46, 000	0. 23	8086. 1042	142	河北人民出版社
12	成语图画故事		张述忱 王计祥	贺友直等		64	1979年6月 第1版	1—350, 000	0. 15	8086. 1044	126	河北人民出版社
	备注：本书包含《愚公移山》《拔苗助长》《熟能生巧》等31个小故事。											
13	三只小熊		祝琪	祝琪		40	1979年6月 第1版	1—100, 000	0. 10	8086. 1073	18	河北人民出版社
14	画廊一夜		上海美术电影制片厂《画廊一夜》摄制组	上海美术电影制片厂《画廊一夜》摄制组		48	1979年6月 第1版	1—50, 000	0. 21	8086. 1043	47	河北人民出版社
15	珊瑚岛上的死光	童恩正	刘英民	刘世铎		64	1979年7月 第1版	1—115, 000	0. 15	8086. 1069	126	河北人民出版社

（续表）

序号	书名	原著	文	图	封面	开本	版次印次	印数	定价（元）	书号	页数	出版社
16	预防近视眼		吴秀昌	刘启文	张文学	40	1979年7月第1版	1—50, 000	0. 10	8086. 1070	29	河北人民出版社
	备注：本书包含《预防近视眼》21页；《预防眼外伤及红眼病》8页。											
17	运药记		胡天启	李明堂 尹庆芳		64	1979年8月第1版	1—38, 000	0. 09	8086. 1090	70	河北人民出版社
18	想想画画		金明	郝玉明		长32	1979年8月第1版	1—16, 000	0. 22	8086. 1093	24	河北人民出版社
19	震中之花		张宋 许焕岗	范余增	赫福路	64	1979年8月第1版	1—32, 500	0. 08	8086. 1104	54	河北人民出版社
20	谁是“18”号	张东平	秦宗贤	顾盼 潘鸿海	潘鸿海	64	1979年8月第1版	1—520, 000	0. 09	8086. 1091	71	河北人民出版社
21	大刀记2	郭澄清	孟阳 高晶	陈继荣		64	1979年8月第1版	1—400, 000	0. 15	8086. 1092	126	河北人民出版社
22	鲁班的故事		刘洁彰 吴玉龄	王学明		64	1979年8月第1版	1—210, 000	0. 10	8086. 1089	75	河北人民出版社
	备注：本书包含《学艺》《造锯》《建角楼》3个故事。											
23	不让他掉队		白冰	史惠芳	李文侠	64	1979年9月第1版	1—48000	0. 09	8086. 1105	62	河北人民出版社
24	红灯照	吕瑞明 阎肃	英民 葆群	郑庆衡 白庚延 杨德树 吕云所		64	1979年9月第1版	1—201, 000	0. 16	8086. 1124	134	河北人民出版社
25	通天洞		尹玉如	梁旭		64	1979年9月第1版	1—55, 000	0. 09	8086. 1072	66	河北人民出版社
26	大老哥打猎		金波	郝玉明		48	1979年10月第1版	1—23, 500	0. 10	8086. 1143	18	河北人民出版社
	备注：本书包含《狗尾巴草》9页。											
27	金翅膀采蜜记	葛翠琳	杨新周	刘泽岱		64	1979年10月第1版	1—91, 000	0. 10	8086. 1137	62	河北人民出版社
28	骄傲的小白兔		耿守忠	姜成安 吴带生		48	1979年10月第1版	1—50, 000	0. 10	8086. 1148	26	河北人民出版社
29	星星梦游记	严蒙	江明	沈培		64	1979年10月第1版	1—104, 000	0. 12	8086. 1136	36	河北人民出版社
30	日食和月食		崔振华	邓静如 施蔚		40	1979年10月第1版	1—121, 000	0. 32	8086. 1128	55	河北人民出版社

（续表）

序号	书名	原著	文	图	封面	开本	版次印次	印数	定价（元）	书号	页数	出版社
31	还表记		张成新 程逸如 查洪燮	毛用坤		48	1979年10月第1版	1—4，200	0.07	10086.480	24	河北人民出版社
32	小铁头夺马记	蔡维才	高风	谢志高		50	1979年10月第1版	1—280，000	0.19	8086.1126	129	河北人民出版社
33	小游击队员	王愿坚	赵俊琦	叶坚铭 徐传鑫	魏奎仲	64	1979年11月第1版	1—600，000	0.09	8086.1141	63	河北人民出版社
34	白求恩纪念馆美术作品选			中国人民解放军白求恩国际和平医院		24	1979年11月第1版	1—3，700	1.00	8086.1138	36	河北人民出版社
35	人民的歌手	莫伸	海兰	王怀庆 黄冠余 白敬周		64	1979年11月第1版	1—248，000	0.11	8086.1140	86	河北人民出版社
36	小黑熊洗澡		张立俊	谷守纲		48	1979年12月第1版	1—42，000	0.11	8086.1145	21	河北人民出版社
37	鸡窝里飞出金凤凰	贺宜	李书邦	李书邦		48	1979年12月第1版	1—35，000	0.23	8086.1142	46	河北人民出版社
38	未来世界漫游记		叶永烈	陈力萍		24	1979年12月第1版	1—17，200	0.22	8086.1123	64	河北人民出版社
39	龟兔第二次赛跑		冯存惠	杜建国		32	1979年12月第1版	1—19，500	0.23	8086.1139	29	河北人民出版社
	备份：本书包含《龟兔第二次赛跑》16页；《小猪找朋友》13页，青野改编，杜建国绘画。											
40	石蟹		包蕾	刘微 查侃		40	1979年12月第1版	1—30，000	0.23	8086.1146	38	河北人民出版社

图说冀版连环画

下册

主编 田忠 赵世明

河北出版传媒集团
河北美术出版社
·石家庄·

1950—2000

ILLUSTRATION OF HEBEI VERSION COMIC BOOK

策　　划：田　忠　杨智洁　张　静
责任编辑：张永明　张　卓
责任校对：李　宏　郭　军
　　　　　李菁华　王　丰
特约编辑：陈建儒　王紫璇
封面设计：王天宁
排版设计：翰墨文化

图书在版编目（CIP）数据

图说冀版连环画：1950—2000. 下册 / 田忠，赵世明主编. -- 石家庄：河北美术出版社，2025. 2.
ISBN 978-7-5718-3101-1
Ⅰ. G239.272.2
中国国家版本馆 CIP 数据核字第 2024TS2905 号

图说冀版连环画 1950—2000
TUSHUO JIBAN LIANHUANHUA 1950—2000

出　版：河北出版传媒集团　河北美术出版社
发　行：河北美术出版社
地　址：河北省石家庄市和平西路新文里 8 号
邮　编：050071
电　话：0311—85915009
网　址：http://www.hebms.com
印　刷：保定市正大印刷有限公司
开　本：787 毫米 × 1092 毫米　1/16
印　张：37
版　次：2025 年 2 月第 1 版
印　次：2025 年 2 月第 1 次印刷

定　价：198.00 元（全二册）

20世纪80年代

图说冀版连环画 1950—2000

TUSHUO JIBAN LIANHUANHUA 1950—2000

1980 年

本年《西游记》再版工程启动。当年共出版《真假孙悟空》《齐天大圣》《真假唐僧》《紧箍咒》《天竺国》《黑风山》《高老庄》《连环洞》《比丘国》《女儿国》10 种，其中只有《真假孙悟空》标注为 1 版 1 印，其余均标注为 2 版 1 印。实际上由于出版社发生了变化，由河北人民美术出版社变为河北人民出版社，书号发生了改变，《齐天大圣》等 9 种都应为 1 版 1 印。

满江红
张春峰改编　汪玉山绘画
刘旦宅封面
河北人民出版社

齐天大圣
来诵芬改编　刘汉宗绘画
胡若佛封面
河北人民出版社

小熊分饼
叶飞改编　叶飞绘画
河北人民出版社

鲁滨孙（逊）飘（漂）流记
笛福原著　李建新改编
黄云松绘画　黄云松封面
河北人民出版社

田田采蜜
张从海诗　张庚绘画
河北人民出版社

古代笑话选（上）
穆莱改编
白庚延、杨德树、郭明志绘画
河北人民出版社

真假唐僧
潘勤孟改编　汪玉山、汪继远绘画
胡若佛封面
河北人民出版社

淘气猴
田真诗　张庚编绘
河北人民出版社

叱咤风云
徐英杰编文
朱贻德、宋宏刚绘画
河北人民出版社

花果山取经记
李亮编文　浦稼祥绘画
浦泳封面
河北人民出版社

哪吒闹海
抒晨、光明编文　史久仁绘画
河北人民出版社

小粗心
施冬原著　陆新森编绘
河北人民出版社

望日莲
徐光耀原著　周贵良改编
张冰洁绘画
河北人民出版社

紧箍咒
卢光照改编　盛锡珊绘画
胡若佛封面
河北人民出版社

真假孙悟空
陈平夫改编　宗静风、周静秋绘画
胡若佛封面
河北人民出版社

天竺国
陈平夫改编
郑家声绘画
胡若佛封面
河北人民出版社

小金马（上册）
李涌编文
增哲、志丰、付贵、连启绘画
河北人民出版社

小山鹰和老野兔
曹治淮编文
符世深绘画
河北人民出版社

捕鲸记
李庆仁、车书敏原著
李庆仁、车书敏绘画
李庆仁、车书敏封面
河北人民出版社

黑风山
吴承恩原著　来诵芬改编
张鹿山绘画　胡若佛封面
河北人民出版社

高老庄
吴承恩原著　卢光照改编
陈缘督、朱丹枫绘画
河北人民出版社

比丘国
吴承恩原著　陈平夫改编
叶之浩、徐进绘画
河北人民出版社

连环洞
陈平夫改编
宗静风、宗静草、周静秋绘画
河北人民出版社

神圣的使命
王亚平原著　贾梦元、单纪兰改编
张增木绘画　张增木封面
河北人民出版社

滨海谍案
牟怀柯原著　张健改编
陆汝浩绘画　魏魁仲封面
河北人民出版社

森林打猎记
李庆奎编文　张辛国绘画
刘海志封面
河北人民出版社

掏鼠洞
崔洪昌原著　李建新改编
崔建设绘画　龚定平封面
河北人民出版社

不平常的遭遇
陈登科等原著　童介眉改编
童介眉绘画　魏小明封面
河北人民出版社

神秘的马希纳
卡尔·汉茨·图瑟原著　泉水、国信、立志改编　刘世铎绘画　刘世铎封面
河北人民出版社

大桥争夺战
湛芳原著　张绍旻改编
吴成槐绘画　徐波封面
河北人民出版社

黄河东流
李准原著　冬人改编
李重新绘画　李重新封面
河北人民出版社

两个小八路
李心田原著　赵春堂改编
赵春堂、季源业绘画
河北人民出版社

胖胖
彭国良改编　彭国良绘画
彭国良封面
河北人民出版社

转战陕北
本吉、阳子编文
杜滋龄、刘希立绘画　赵贵德封面
河北人民出版社

女儿国
吴承恩原著　陈平夫改编
钱笑呆、曹增潮绘画
河北人民出版社

孤胆英雄岩龙
律已改编　张永太绘画
河北人民出版社

奇冤一案
肖平原著　张光奎改编
邓泰和绘画　刘海志封面
河北人民出版社

三次突击
陈廷一编文
吴绍人、牟建兵绘画
河北人民出版社

金马驹
杨畅编文　乔庆余绘画
乔庆余封面
河北人民出版社

小松鼠调查记
耿守忠编文
姜成安、吴带生绘画
河北人民出版社

勤俭的二小
张志勇改编　谷照恩绘画
河北人民出版社

小白兔不上当
沈寂等编文　庄敏瑾等绘画
庄敏瑾封面
河北人民出版社

飞向冥王星的人
叶永烈原著　徐英杰改编
王双贵绘画　王双贵封面
河北人民出版社

小灵通漫游记
纪元瑶、贾启森改编
朱延龄绘画　朱延龄封面
河北人民出版社

一场拳击
于方明原著　许同祥、姜中雄改编
姜中雄绘画　郝玉明封面
河北人民出版社

遇险逢亲人
成星原著　王瑞华改编
解永钧绘画　解永钧封面
河北人民出版社

县太爷挨打
张存杰改编　张文学、史斧振等绘画
刘端封面
河北人民出版社

小明的奇遇
郭治原著　杜勤来改编
关景宇、赵宝林绘画　温海平封面
河北人民出版社

古代笑话选（下）
穆莱改编
黄全昌、黄全风、麦荣邦绘画
河北人民出版社

成语图画故事（二）
张帆编文　王亦秋等绘画
孟庆江封面
河北人民出版社

将相和
韩广源改编　王学明绘画
河北人民出版社

乒坛名将容国团
艾立国编文　艾民有、吴燕生绘画
吴燕生封面
河北人民出版社

司马迁
武锋、冯新广改编
陈冬至绘画
河北人民出版社

小花学本领
杨楠编文　陈永镇绘画
河北人民出版社

本年河北人民出版社出版连环画 54 种。

1981 年

2 月 18 日，第二届全国连环画评奖在北京举行，河北人民出版社出版的《逼上梁山》获绘画创作二等奖，《鲁滨逊漂流记》获文学脚本二等奖。

本年《西游记》再版工程继续并启动新绘工程。当年共出版《无底洞》《平顶山》《黄风岭》《盘丝洞》《计盗紫金铃》《七绝山》《伏龙寺》《小雷音寺》《火云洞》9 种。其中《无底洞》标注为 2 版 1 印，实际上此书为新绘本。《小雷音寺》较之老版封面发生镜像改变。《平顶山》标注为 1 版 1 印，《黄风岭》标注为 1 版 2 印，其余 7 种均标注为 2 版 1 印。实际上由于出版社发生了变化，书号改变，这 9 种都应为 1 版 1 印。

珍禽异兽
张寿彭配文　任国兴摄影
河北人民出版社

牛郎织女
张键编文　刘汉宗绘画
杨德树封面
河北人民出版社

云雨星的故事
胡天启改编　双印绘画
双印封面
河北人民出版社

黄鼬之谜
王启中改编
王启中、马迎波、曹淑之绘画
陆新森封面
河北人民出版社

长翅膀的猫
忻趵原著　陈镒康改编
毛用坤绘画　胡永凯封面
河北人民出版社

红楼梦插图集
张鸿林配文
戴敦邦绘画
河北人民出版社

七绝山
吴承恩原著　陈平夫改编
池振亚绘画
河北人民出版社

计盗紫金铃
吴承恩原著　陈平夫改编
池振亚绘画　胡若佛封面
河北人民出版社

盘丝洞
吴承恩原著　卢光照改编
胡若佛绘画　胡若佛封面
河北人民出版社

秦香莲
杨兆祥编文　罗希贤绘画
施大畏封面
河北人民出版社

猴弟弟
王森文　吴儆芦绘画
河北人民出版社

狐狸的故事
孟敏改编　谷守纲绘画
河北人民出版社

长平之战
韩广源改编　王树立绘画
王树立封面
河北人民出版社

火云洞
吴承恩原著　李白英改编
池振亚绘画
河北人民出版社

密林枪声
曹积三编文　李林祥绘画
王百顺封面
河北人民出版社

小马虎历险“疏忽国”
陈镒康改编
杜建国、毛用坤绘画
河北人民出版社

新儿女英雄传（上）
孔厥、袁静原著　李大振改编
辛鹤江绘画　魏魁仲封面
河北人民出版社

大战鸳鸯泺
李宝柱编文　孟喜元绘画
河北人民出版社

仙乳泉
肖甘牛编文　王培堃、杨永琚绘画
胡永凯封面
河北人民出版社

播火记（上）
梁斌原著　尚羡智改编
刘端绘画　刘端封面
河北人民出版社

张老贵打鱼
王中年原著　曹继铎改编
陆新森绘画　陆新森封面
河北人民出版社

伏龙寺
陈平夫改编　张鹿山绘画
河北人民出版社

小雷音寺
吴承恩原著　路哥改编
陈云波绘画
河北人民出版社

回民支队（上）
刘树强编文　夏连雨、陈洪亮绘画
魏魁仲封面
河北人民出版社

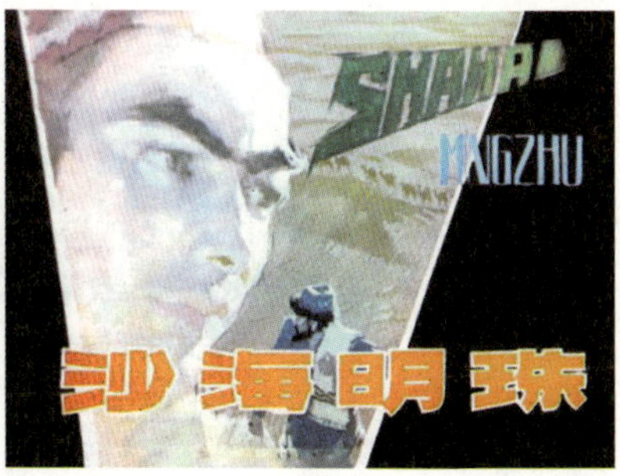

沙海明珠
哲中原著　海力改编　剡鸿魁、潘丁丁绘画
陈承齐、安耀华封面
河北人民出版社

酒店里的恶狗
根据中国古代寓言故事　封秋昌改编
陈惠冠等绘画　王怀骐封面
河北人民出版社

宝莲灯
昌言原著
焦玉峰、张家聚、高化民改编
雷金池绘画　雷金池封面
河北人民出版社

大刀记（3）
郭澄清原著　孟阳、绍旻改编
陈继荣绘画　陈继荣封面
河北人民出版社

活捉敌司令
金宝仁编文　韦丁宁绘画
魏魁仲封面
河北人民出版社

“明天”的故事
李才雍编文　王莹绘画
河北人民出版社

红旗谱
梁斌原著　尚羡智改编
王怀骐绘画　王怀骐封面
河北人民出版社

含羞草
刘绍棠原著　刘绳改编
田茂怀绘画　龚定平封面
河北人民出版社

白蛇传
田汉原著　张绍旻改编
王建、王月琴绘画　王建封面
河北人民出版社

野火春风斗古城（上）
李英儒原著　戈兵改编
马廷奎、马铭绘画　刘海志封面
河北人民出版社

女游击队长
李英儒原著　刘绳改编
王飒绘画　王飒封面
河北人民出版社

中中错在哪里?
查洪燮编写
吴儆芦、章观年绘画
河北人民出版社

舞台枪声
何延虹编文　魏魁仲绘画
魏魁仲封面
河北人民出版社

小金马（下）
李涌编文
增哲、付贵、志丰、连启绘画
河北人民出版社

玫瑰香奇案
周康渝编文　何保全、梁洪德绘画
何保全封面
河北人民出版社

三过八路屋
魏金永原著　中兴改编
段秀仓、陆延绘画　魏魁仲封面
河北人民出版社

小木偶
［意］科罗狄原著　范苏龙改编
王培堃、叶芝绘画
河北人民出版社

猴子裁判员
杜勤来编诗　甘作雨绘画
河北人民出版社

闹县城
刘夫海编文　谷中良绘画
龚定平封面
河北人民出版社

海青天
吴晗原著　奚海改编
戴敦邦、王白水绘画　戴敦邦封面
河北人民出版社

四气王半夜
邢念编文　刘泽岱等绘画
赵贵德封面
河北人民出版社

无底洞
吴承恩原著　张绍旻改编
高同宝绘画　王怀骐封面
河北人民出版社

格斗英雄
董季群编文　徐波绘画
汪洋封面
河北人民出版社

小英雄王璞
韩盼山、丁殿民原著　赵建国改编
刘根涛、赵建国绘画　龚定平封面
河北人民出版社

解放石家庄
李丰祝原著　赵振录、李应奇改编
辛国绘画　王怀骐封面
河北人民出版社

播火记（下）
梁斌原著　尚羡智改编
刘端绘画　刘端封面
河北人民出版社

成见作怪
宋丕胜、牛双印编绘
宋丕胜封面
河北人民出版社

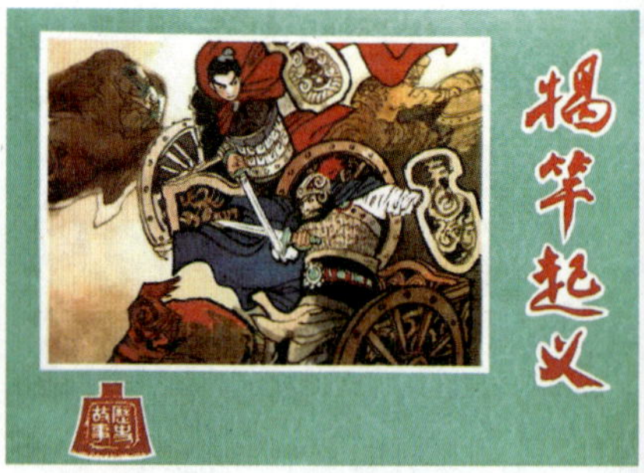

揭竿起义
戈兵改编　赵贵德绘画
赵贵德封面
河北人民出版社

花木兰
张德原著　韩双东改编
胡勃、刘大为绘画　胡勃封面
河北人民出版社

劳（崂）山道士
蒲松龄原著　张章改编
唐永利绘画　南运生封面
河北人民出版社

直罗之战
胡邦明编文　王晋泰、朱历怀绘画
王晋泰封面
河北人民出版社

石成学艺
张士杰原著　飞雁改编
武海鹰绘画　张素玉封面
河北人民出版社

画中人
张健改编　尹庆芳绘画
河北人民出版社

高原歼匪记
赵定平编文　张修竹绘画
龚定平封面
河北人民出版社

卧薪尝胆
曹治淮改编
豁志绘画
河北人民出版社

我们要帮他
张光昌编文
何艳荣绘画
河北人民出版社

平顶山
潘勤孟改编　池振亚绘画
胡若佛封面
河北人民出版社

柴郎成亲
张绍旻改编　王宇文绘画
南运生封面
河北人民出版社

墙头记
辰耳改编　王永扬绘画
王永扬封面
河北人民出版社

三断奇案
刘仲武改编　王学明绘画
河北人民出版社

破缸救友
贾秉恒编文　张玉良等绘画
南运生封面
河北人民出版社

黄风岭
潘勤梦改编　池振亚绘画
河北人民出版社

弄假成真
平衡编文　胡震国、王守中绘画
胡震国封面
河北人民出版社

隋文帝惩子
彭士杰编文　郑庆衡等绘画
谢志高封面
河北人民出版社

大发明家的一生 上
徐霭编文
汪观清、肖海春、刘巽发绘画
温海平封面
河北人民出版社

大发明家的一生 下
徐霭编文
汪观清、肖海春、刘巽发绘画
温海平封面
河北人民出版社

古代笑话
李遵义改编　谢志高等绘画
刘端封面
河北人民出版社

本年河北人民出版社出版连环画 71 种。

1982 年

1 月，在原河北人民出版社美术编辑室的基础上建立了河北美术出版社。至此，河北美术出版社恢复了独立建制，社号仍沿用原河北人民美术出版社社号 087，社名则沿用至今。这一年，中国正式加入国际 ISBN 组织，在系统中得到一位数字组号“7”。

是月，在原河北人民出版社文艺编辑室的基础上新建了花山文艺出版社，社号 286。

本年《西游记》再版及新绘工程继续，当年共出版《流沙河》《蟠桃宴》《悟空斗狮精》等 13 种。其中《悟空斗狮精》《万年人参果》《智战三魔》《大闹金兜洞》《黑水河》5 种属于新绘本，《龙宫借宝》属于沿用老版书名，封面、内页新绘；《流沙河》属于沿用老版书名、封面，而内页新绘，以上 7 种均标注为 1 版 1 印。《大闹通天河》《蟠桃宴》《三盗芭蕉扇》《收白龙马》《猴王出世》《波月洞》6 种的封面由王怀骐、尹庆芳新绘，标注为 1 版 2 印，实际上由于出版社变化，书号改变，均应为 1 版 1 印。

忠烈千秋
张汝川改编　罗希贤、姚人雄绘画
施大畏封面
河北人民出版社

熊猫学礼貌
武玉桂编文　詹同绘画
谷守纲封面
河北人民出版社

流沙河
吴承恩原著　石峰改编
高同宝绘画　胡若佛封面
河北人民出版社

大闹通天河
郭烽明改编　刘凌沧绘画
尹庆芳封面
河北人民出版社

三盗芭蕉扇
卢光照改编　任率英绘画
王怀骐封面
河北人民出版社

神笛
戴俊贤改编　罗镜泉、胡景德绘画
南运生封面
河北人民出版社

飞向蓝天
王世阁原著　刘光改编
宋宏刚、王建能绘画　冯田中封面
河北人民出版社

“Γ3796”号逃犯
刘博原著　李建新改编
石书贤绘画　冯天中封面
河北人民出版社

王昭君
曹禺原著　姜智改编
晁锡弟绘画　谢志高封面
河北人民出版社

三打陶三春
吴祖光原著　于秀溪改编
许全群绘画　许全群封面
河北人民出版社

山城疑案
况浩文原著　张键改编
李乃宙绘画　李乃宙封面
河北人民出版社

敢抛头颅换公正
平衡编文　卢延光等绘画
孟庆江封面
河北美术出版社

徐霞客
武锋、冯新广编文
吕云所绘画　尹庆芳封面
河北人民出版社

虎呆和虎英
常庚西编文　宁大明绘画
宁大明封面
河北美术出版社

刺官棒
于永全、梁之、郭忠泰原著　韩双东改编
谷照恩、李玉春、张进军绘画　谷照恩、李玉春封面
河北美术出版社

猴王出世
卢光照改编　张树德绘画
王怀骐封面
河北美术出版社

蟠桃宴
尚羡智改编　徐燕荪、金协中绘画
王怀骐封面
河北人民出版社

收白龙马
张帆改编　张鹿山绘画
王怀骐封面
河北美术出版社

波月洞
郭烽明改编　刘汉宗绘画
王怀骐封面
河北美术出版社

悟空斗狮精
吴承恩原著　刘树强改编
陆新森、吕振敏绘画
李文霞、尹庆芳封面
河北美术出版社

万年人参果
吴承恩原著　戈兵改编
乔庆余绘画
河北美术出版社

白雪公主
格林原著　方澎年改编
何玉门绘画　何玉门封面
河北美术出版社

爷俩抬驴
张记书改编　刘端绘画
河北美术出版社

杨七郎打擂——杨家将故事
刘兰芳、王印权原著　曹治淮改编
刘汉宗、赵锡复、张大放、田威绘画
尹庆芳、李文霞封面
河北美术出版社

画中游（清西陵集锦）
陈保蓉、曹治淮、尚洪英、张孝文编文
谷中良、苑建忠绘画
河北美术出版社

爱情与黑暗
［捷克］杨·奥切纳舍克原著　海力改编
黄云松、张昌洵绘画　胡振宇封面
河北美术出版社

八百鞭子
任朴原著　吕荫越改编
苏诗敏绘画　刘端封面
河北美术出版社

智截玉香笼
赵万顺改编　刘世铎绘画
河北美术出版社

薛刚反唐
汤仲言原著　张键改编
汪玉山、杨青华、冯墨浓绘画　李文侠封面
河北美术出版社

新儿女英雄传　下
孔厥、袁静原著　李大振改编
辛鹤江绘画　魏魁仲封面
河北美术出版社

阿勤和阿花
吴梦起原著　黄亦波改编
叶飞绘画
河北美术出版社

回民支队（下）
刘树强编文　夏连雨、陈洪亮绘画
魏魁仲封面
河北美术出版社

象鼻山的故事（儿童电影连环画 1）
杨玉良编文
李荣中、查侃绘画
河北人民出版社

智战三魔
吴承恩原著　张绍旻改编
张增木绘画　李文霞封面
河北美术出版社

蔡文姬
郭沫若原著　唐开础改编
胡若佛绘画　张文学封面
河北美术出版社

四〇七案件
叶永烈原著　吴秀英改编
胡震国、王守中绘画
河北美术出版社

逃亡者
竺乾华、朱休改编　隋奇绘画
河北美术出版社

在缉“逃犯”
纪明原著　李新娟改编
邬继德绘画　温海平封面
河北美术出版社

太空里的强盗
罗丹原著　韩永昌改编
杜凤宝绘画　张玉良封面
河北美术出版社

射腚将军
李亮编文　刘泽岱绘画
河北美术出版社

半屏山
刘润编文　胡永凯绘画
河北美术出版社

荀灌娘
唐开础改编　钱笑呆绘画
赵贵德封面
河北美术出版社

春草闯堂
敦谦改编　牛双印绘画
尹庆芳封面
河北美术出版社

巧审（儿童电影连环画 5）
小地、阳羊文　李绍然绘画
河北人民出版社

大闹金兜洞
李建新改编　刘海志绘画
李文侠封面
河北美术出版社

飞狗阿灵（儿童电影连环画 2）
阳羊文　方润南绘画
河北人民出版社

金龙肝（儿童电影连环画 3）
文良文　吴云初绘画
河北人民出版社

贝佳和小红帽子（儿童电影连环画 4）
馥耘文　钱家骍、钱欣绘画
河北人民出版社

珊丹和格旦
白冰编文　蒋仲兴、梁东水绘画
赵贵德封面
河北美术出版社

攻打边家寨
申跃中编文　赵思温、赵贵德绘画
赵贵德封面
河北美术出版社

群英会
李大发改编　陈惠冠绘画
陈惠冠封面
河北美术出版社

知县训虎
薛德元、刘光明、杨智原著　李明堂改编
童介眉绘画　郑庆衡封面
河北美术出版社

碧霞仙子
尹丕杰编文　何国华绘画
何国华封面
河北美术出版社

济公斗蟋蟀（儿童电影连环画 10）
伍仑文　葛战绘画
河北人民出版社

猪八戒吃西瓜（儿童电影连环画 11）
包蕾文　常保生绘画
河北人民出版社

小精灵智斗总督（小精灵画传）（64 开）
王培堃编绘　谷守纲封面
河北美术出版社

小精灵智斗总督（小精灵画传）（32 开）
王培堃编绘　谷守纲封面
河北美术出版社

龙宫借宝
吴承恩原著　尚羡智改编
高同宝绘画　尹庆芳封面
河北美术出版社

黑水河
李彦君改编　张冰洁绘画
张冰洁封面
河北美术出版社

皇帝的赏赐（儿童电影连环画 6）
阳羊文　葛桂云、周克勤绘画
河北人民出版社

神笔马良（儿童电影连环画 7）
水年文　孙大衡绘画
河北人民出版社

冰上遇险（儿童电影连环画 8）
顾汉昌文
张景沅、秦一真绘画
河北人民出版社

看戏（儿童电影连环画 9）
杨玉良文
徐铉德、陆正心绘画
河北人民出版社

黄粱梦（64 开）
刘瑞峰、唐秉月、袁苗禾、靳军改编
吴大成绘画　孟庆江封面
河北美术出版社

黄粱梦（40 开）
刘瑞峰、唐秉月、袁苗禾、靳军改编
吴大成绘画　孟庆江封面
河北美术出版社

青春之歌（上）
杨沫原著　唐西、戈兵改编
谢志高、华其敏绘画　谢志高封面
河北美术出版社

蛇窟擒敌
徐英杰编文　隋自更绘画
隋自更封面
河北美术出版社

野蜂出没的山谷（32 开）
李迪原著　飞雁改编
白德松绘画　白德松封面
河北美术出版社

贾岛还俗
钱世明原著　常星改编
刘业通绘画　胡勃封面
河北美术出版社

大闹天津卫（《血溅津门》之一）
孟良原著　孟良、飞雁改编
雷金池、陈继荣绘画　魏魁仲封面
河北美术出版社

红旗谱（64 开）
梁斌原著　尚羡智改编
王怀骐绘画　王怀庆封面
河北美术出版社

红旗谱（32 开）
梁斌原著　尚羡智改编
王怀骐绘画　王怀庆封面
河北美术出版社

猴子和狐狸
曹淑云等改编　李德生、宋雅丽绘画
谷守纲封面
河北美术出版社

小精灵大闹娃娃祭（小精灵画传）
（64 开）
王培堃编绘
河北美术出版社

小精灵大闹娃娃祭（小精灵画传）
（32 开）
王培堃编绘
河北美术出版社

铁大哥
张秋菊改编　冀维静绘画
河北美术出版社

野蜂出没的山谷（64 开）
飞雁改编　白德松封面
白德松绘画
河北美术出版社

钟爷爷讲的故事（儿童电影连环画 12）
云文文　吴云初绘画
河北人民出版社

天池的传说
绍旻改编　李丰田绘画
王怀骐封面
河北美术出版社

播火记（上）
梁斌原著　尚羡智改编
刘端绘画　刘端封面
河北美术出版社

播火记（下）
梁斌原著　尚羡智改编
刘端绘画　刘端封面
河北美术出版社

本年共出版连环画 81 种，其中河北美术出版社 57 种，河北人民出版社 24 种。

1983年

1983年6月，中共中央、国务院印发《关于加强出版工作的决定》，这对于出版业的发展意义重大，它明确指出出版工作“必须坚持为人民服务、为社会主义服务的根本方针”。在这一纲领性文件的指导下，出版事业得到了迅速地发展。

6月17日，河北人民出版社少儿读物编辑室编辑出版的《九色鹿》一书荣获联合国教科文组织亚洲文化中心举办的第三届野间儿童图书插图比赛二等奖。

本年《西游记》最后3种《悟空除三怪》《玄英洞》《灵山参佛祖》出版，河北美术出版社《西游记》再版及新绘工程历时4年完工，共计再版老版24册，新绘11册，较之老版新增9册，35册的套书基本成形，封面配色为棕色，俗称“棕皮版”。

怒斩关平（32开）
羡智编文　窦世魁、项维仁绘画
项维仁封面
河北美术出版社

聪明的木娃
孙幼忱编文　毕树校绘画
河北美术出版社

战国故事　上册（中国历史故事丛书）
林汉达、黄克、杨牧之原著　王玉良、戈兵改编
刘汉宗等绘画　李文侠封面
河北美术出版社

战国故事　中册（中国历史故事丛书）
林汉达、黄克、杨牧之原著
戈兵改编　钱贵荪等绘画
白庚延封面
河北美术出版社

战国故事　下册（中国历史故事丛书）
林汉达、黄克、杨牧之原著　戈兵、永昌、富贵改编
赵东瑞、高志岳、李跃华、刘振源绘画
杨淑涛封面
河北美术出版社

九色鹿
冯健男改编
冯健男绘画
河北人民出版社

女友
李新娟改编　查加伍绘画
温海平封面
河北美术出版社

带角的老虎
鄢荣全、李月芳编文
缪印堂绘画
河北美术出版社

怒斩关平（64 开）
羡智编文　窦世魁、项维仁绘画
项维仁封面
河北美术出版社

包公错断狄龙案
李新娟改编　白庚延绘画
白庚延封面
河北美术出版社

亨利恩仇记
范若由编文　严启生、严启国绘画
陈承其封面
河北美术出版社

孔雀公主（上）（儿童电影连环画 15）
今朝、君羊文
君羊、大矛绘画
河北人民出版社

孔雀公主（下）（儿童电影连环画 16）
今朝、君羊文
君羊、大矛绘画
河北人民出版社

机智的鸡兄弟
叶飞编绘
河北美术出版社

灵山参佛祖
王吉祥改编　张玉良绘画
张玉良封面
河北美术出版社

不讲理的客人
唐鲁峰原著　白雨改编
曾佑瑄绘画
河北美术出版社

常打枪和龙女
张绍昱编文　何保全绘画
河北美术出版社

“欢乐女神”
程乃珊原著　王瑞华改编
岑圣权绘画　陈承齐封面
河北美术出版社

巧摆牛阵
许焕岗编者　范余增绘画
龚定平封面
河北美术出版社

拔虎须
王云起原著　张汝川改编
施胜辰绘画　施胜辰封面
河北美术出版社

好朋友
张光昌编文　夏静惠绘画
河北美术出版社

蓓蓓和红花
张秋菊编绘　谷守纲封面
河北美术出版社

园园和麻雀
张秋菊编文　谷守纲绘画
河北美术出版社

独眼龙喋血面包岛（小精灵画传）（64 开）
王培堃编绘　谷守纲封面
河北美术出版社

独眼龙喋血面包岛（小精灵画传）（32 开）
王培堃编绘　谷守纲封面
河北美术出版社

聪明的乌龟
谷岳改编　谷守纲绘画
河北美术出版社

奇兵夺粮（《血溅津门》之二）
张孟良原著　孟良、飞雁改编
雷金池、陈继荣绘画　魏魁仲封面
河北美术出版社

母亲的雕像
孟伟哉原著　王良莹、陈锦富改编
崔建社绘画　王顺兴封面
河北美术出版社

李大钊的故事
张建国编文　刘文甫、乔文科绘画
刘文甫封面
河北美术出版社

齐会歼灭战
孙铁宝、王玉良编文
黄玉忠绘画　黄玉忠封面
河北美术出版社

血染的红莲
京隆原著　谷祖永改编
姜雨绘画　安跃华封面
河北美术出版社

杨七郎打擂（杨家将故事）
刘兰芳、王印权原著　曹治淮改编
刘汉宗、赵锡复、张大放、田威绘画
尹庆芳、李文侠封面
河北美术出版社

金殿保本（杨家将故事）
刘兰芳、王印权原著　刘树强改编
刘汉宗、王学明绘画
尹庆芳、李文侠封面
河北美术出版社

幽州解围（杨家将故事）
刘兰芳、王印权原著　万珍改编
刘汉宗、王树立绘画
杨淑涛、郑庆衡封面
河北美术出版社

血战金沙滩（杨家将故事）
刘兰芳、王印权原著　李保柱改编
刘汉宗绘画　杨淑涛、郑庆衡封面
河北美术出版社

两狼山（杨家将故事）
刘兰芳、王印权原著　曹治淮、李宝柱改编
刘汉宗绘画　陈惠冠封面
河北美术出版社

杨六郎告状（杨家将故事）
刘兰芳、王印权原著　树强、万珍改编
崔存忠绘画　陈惠冠封面
河北美术出版社

年画上的牧童
张秋菊改编　寇锦绘画
寇锦封面
河北美术出版社

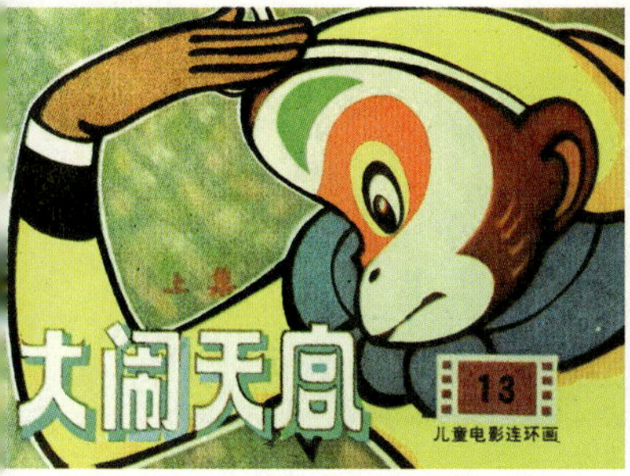

大闹天宫　上集（儿童电影连环画 13）
唐澄文　严定宪绘画
河北人民出版社

大闹天宫　下集（儿童电影连环画 14）
唐澄文　严定宪绘画
河北人民出版社

骄傲的将军（儿童电影连环画 17）
余又晨文　杜春甫绘画
河北人民出版社

谁唱得最好（儿童电影连环画 18）
晓东编绘
河北人民出版社

没头脑和不高兴（儿童电影连环画 19）
小禾文　熊南清、孙总青绘画
河北人民出版社

我知道（儿童电影连环画 20）
何玉门文　何玉门、陆青绘画
河北人民出版社

奇怪的病号（儿童电影连环画 21）
京川文　浦稼祥绘画
河北人民出版社

黑水英魂
王练等原著　王良莹改编
阴衍江绘画　赵贵德封面
河北美术出版社

张巡殉国
窦世杰改编　朱光玉绘画
朱光玉封面
河北美术出版社

神斧
聪聪编文　辛国绘画
吴绍人封面
河北美术出版社

太阳山
沙惠荣改编　尤先瑞绘画
河北美术出版社

葫芦宝参
张洪仁、杨万久原著　韩双东改编
谷爱平等绘画　谢志高封面
河北美术出版社

闪光的葫芦
张廷贵原著　张庚编绘
张泽苾封面
河北美术出版社

在恐怖的森林里
李迪原著　希华、青青改编
朱维明绘画　魏魁仲封面
河北美术出版社

野火春风斗古城 上
李英儒原著　戈兵改编
马廷奎、马铭绘画　冯天中封面
河北美术出版社

野火春风斗古城 下
李英儒原著　戈兵改编
马廷奎、马铭绘画　冯天中封面
河北美术出版社

虎穴取枪
杨惠权、宋宏编文　张韫韬绘画
魏魁仲封面
河北美术出版社

辛弃疾
常国武、程中原原著　张国信改编
吴泽浩绘画　韩国榛封面
河北美术出版社

下边庭（杨家将故事）
刘兰芳、王印权原著　青野改编
董善明绘画　陈惠冠封面
河北美术出版社

智断潘杨案（杨家将故事）
刘兰芳、王印权原著　飞雁改编
刘振源绘画　陈惠冠封面
河北美术出版社

黑松林雪恨（杨家将故事）
刘兰芳、王印权原著　封秋昌改编
刘永义绘画　杨德树封面
河北美术出版社

兵困黄土坡（杨家将故事）
刘兰芳、王印权原著　张绍旻改编
李耀华绘画　陈惠冠封面
河北美术出版社

大战韩昌（杨家将故事）
刘兰芳、王印权原著　野雁、秋旻改编
段秀苍绘画　杨德树封面
河北美术出版社

悟空除三怪
曹治淮改编　郭占魁绘画
陆福林封面
河北美术出版社

玄英洞
徐英杰改编　钟志宏绘画
魏永利封面
河北美术出版社

争夺新大陆（小精灵画传）
（64 开）
王培堃编绘　王培堃封面
河北美术出版社

争夺新大陆（小精灵画传）
（32 开）
王培堃编绘　王培堃封面
河北美术出版社

小花和邻居
许焕岗、徐焕栋编文
姜成安绘画
河北美术出版社

不爱洗脸的小黑熊
嵇鸿编文　丁午绘画
河北美术出版社

霍元甲传奇
皋汶改编
施明德、姜敏、王白水绘画
韩喜增封面
河北美术出版社

出卖心的人（童话世界）
威·豪夫原著　张秋菊改编
胡震国、王守中绘画　温海平封面
河北美术出版社

我们爱科学
董建民、东琦、董巍编绘
陈军、董建民封面
河北美术出版社

孙悟空仗义救鸳鸯
尚羡智改编　豁志绘画
河北美术出版社

再捉盗贼（大盗贼第二集）
[德] 奥特利特·普雷斯勒原著
郭明志改编　尤先瑞绘画　尤先瑞封面
河北美术出版社

智捉盗贼（大盗贼第一集）
[德]奥特利特·普雷斯勒原著
尤先瑞绘画　亦宾改编　尤先瑞封面
河北美术出版社

神笔张
谭元杰编绘　吴绍人封面
河北美术出版社

特殊身分（份）的警官 上
姚自豪、毛一昌原著
范永信改编　刘经、王博绘画
河北美术出版社

特殊身分（份）的警官 下
姚自豪、毛一昌原著
范自信改编　刘经、王博绘画
河北美术出版社

两个小立立
张秋菊改编　胡永凯绘画
胡永凯封面
河北美术出版社

美美
张光昌编文　尹家琅绘画
尹家琅封面
河北美术出版社

小娇娇
张秋菊编文　冀维静绘画
冀维静封面
河北美术出版社

云雨星的故事（民间故事）
盛森收集　胡天启改编
双印绘画　双印封面
河北美术出版社

大战鸳鸯泺
李宝柱改编　孟喜元绘画
孟喜元封面
河北美术出版社

司马迁
武锋、冯新广改编
陈冬至绘画
河北美术出版社

解放石家庄
李丰祝原著　赵振录、李应奇改编
辛国绘画　王怀骐封面
河北美术出版社

望日莲
徐光耀原著　周贵良改编
张冰洁绘画　张冰洁封面
河北美术出版社

掏鼠洞
崔洪昌原著　李建新改编
崔建社绘画　龚定平封面
河北美术出版社

黄巾起义
尚羡智编文　黄大华、崔君沛绘画
黄大华封面
河北美术出版社

春秋故事 上册（中国历史故事丛书）
林汉达原著　菡原改编
李江鸿等绘画　赵贵德封面
河北美术出版社

春秋故事 中册（中国历史故事丛书）
林汉达原著　菡原、魏民改编
李林祥等绘画　赵贵德封面
河北美术出版社

春秋故事 下册（中国历史故事丛书）
林汉达原著　梁占山改编
季源业等绘画　赵贵德封面
河北美术出版社

贝叶闹海（民间故事）
宗璞原著　张东振、韩玉房改编
张秋菊绘画　张秋菊封面
河北美术出版社

真假马奇洋（《血溅津门》之三）
张孟良原著　孟良、飞雁改编
雷金池、陈继荣绘画　王顺兴封面
河北美术出版社

黄头郎
王吉呈原著　鲁西改编
陈冬至绘画　陈冬至封面
河北美术出版社

宁宁
李建新编文　谷照恩、李玉春、张进军绘画
安耀华封面
河北美术出版社

赌城奇遇（小精灵画传）（64 开）
王培堃编绘　王培堃封面
河北美术出版社

赌城奇遇（小精灵画传）（32 开）
王培堃编绘　王培堃封面
河北美术出版社

斗杀西门庆（武松）
木柳改编　潘真绘画
潘真封面
河北美术出版社

醉打蒋门神（武松）
木柳改编　赵贵德绘画
赵贵德封面
河北美术出版社

景阳冈打虎（武松）
木柳改编　田茂怀绘画
赵贵德封面
河北美术出版社

大闹飞云浦（武松）
木柳改编　张文学绘画
张文学封面
河北美术出版社

血溅鸳鸯楼（武松）
木柳改编　辛鹤江绘画
辛鹤江封面
河北美术出版社

智取二龙山（武松）
木柳改编　张冰洁绘画
张冰洁封面
河北美术出版社

血涤鸳鸯剑
刘锐华、尚梦侨改编
许全群绘画　胡勃封面
河北美术出版社

找月亮（儿童电影连环画 22）
阳羊文　伍仲文绘画
河北人民出版社

黄鹤的故事（儿童电影连环画 23）
阳羊文　金诚绘画
河北人民出版社

小象努努（儿童电影连环画 24）
梁平文　朱康林绘画
河北人民出版社

魔棒（儿童电影连环画 25）
冰子文　严善春绘画
河北人民出版社

鹦鹉（儿童电影连环画 26）
冰夫文　胡进庆、陆青绘画
河北人民出版社

七色花（儿童电影连环画 27）
宇平文　薛梅君绘画
河北人民出版社

小兔子和老妖婆
郑世芳改编　杜建国、陈光明绘画
杜建国封面
河北美术出版社

一寸法师（童话世界）
李新娟改编　刘海志绘画
刘海志封面
河北美术出版社

破窑记
王实甫原著　冯庚梓改编
李犁绘画　李犁封面
河北美术出版社

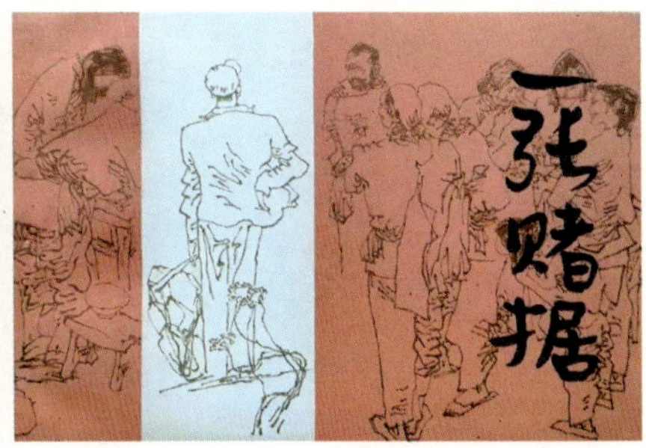

玩具店里的战斗
张保国编文　金诚绘画
金诚封面
河北美术出版社

海底奇观
徐英杰改编　王双贵绘画
王永扬封面
河北美术出版社

一张赌据
尤凤伟原著　张丽英、李章庭改编
吴绍人绘画　吴绍人封面
河北美术出版社

长发妹
张秋菊改编　包潮鸣、程延林绘画
包潮鸣封面
河北美术出版社

姊妹易嫁
张强改编　赵栓皂、杜双银绘画
杨淑涛封面
河北美术出版社

神奇的南瓜种子
莎慧改编　李丰田绘画
王怀骐封面
河北美术出版社

金色的铃铛
李亮、朱月霞改编
林峥明、其丹绘画　王怀骐封面
河北美术出版社

宫女图
甘作雨编绘　安跃华封面
河北美术出版社

宝画
李亮编文　刘端、季酉辰绘画
河北美术出版社

宝壶和宝棍（民间故事）
王志祥编文　雷金池、陈继荣绘画
雷金池封面
河北美术出版社

达活泉的故事
王坚编文　张增木绘画
吴绍人封面
河北美术出版社

“305”电波
杨鸿飞编文　赵东瑞、董庆科绘画
龚定平封面
河北美术出版社

翠微亭
李遵义改编　施大畏、庞先健绘画
施大畏封面
河北美术出版社

奇怪的动物医院
杨楠编文　毛用坤、毛小榆绘画
河北美术出版社

雪花牌软糖的秘密
章绍岩、柏才兴编文
钟志宏绘画　温海平封面
河北美术出版社

仙女峰
曹琼雪原著　张志勇、曹继铎改编
笑雨等绘画　贾铭封面
河北美术出版社

大闹汴梁（杨家将故事）
刘兰芳、王印权原著　戈兵改编
史惠芳绘画　陈惠冠封面
河北美术出版社

真假杨六郎（杨家将故事）
刘兰芳、王印权原著　戈兵改编
刘汉宗绘画　陈惠冠封面
河北美术出版社

兵困遂州（杨家将故事）
刘兰芳、王印权原著　戈兵改编
刘汉宗绘画　宋丕胜封面
河北美术出版社

大刀王兰英（杨家将故事）
刘兰芳、王印权原著　戈兵改编
刘振源绘画　陈惠冠封面
河北美术出版社

白马告状（杨家将故事）
刘兰芳、王印权原著　刘树强改编
董善明绘画　陈惠冠封面
河北美术出版社

孟良驯马（杨家将故事）
刘兰芳、王印权原著　张建改编
刘永义绘画　陈惠冠封面
河北美术出版社

穆柯寨（杨家将故事）
刘兰芳、王印权原著　张建改编
王树立绘画　王树立封面
河北美术出版社

三请穆桂英（杨家将故事）
刘兰芳、王印权原著　张建改编
崔存忠绘画　陈惠冠封面
河北美术出版社

挂帅出征（杨家将故事）
刘兰芳、王印权原著 张建改编
刘生展绘画 仲阳封面
河北美术出版社

大破天门阵（杨家将故事）
刘兰芳、王印权原著 张绍旻改编
李耀华绘画 陈惠冠封面
河北美术出版社

秦西汉故事 上册（中国历史故事丛书）
林汉达原著 张建辉改编
张玉良等绘画 赵贵德封面
河北美术出版社

秦西汉故事 中册（中国历史故事丛书）
林汉达原著 张建辉改编
辛国等绘画 潘真封面
河北美术出版社

秦西汉故事 下册（中国历史故事丛书）
林汉达原著 张建辉改编
季源业等绘画 潘真封面
河北美术出版社

三国故事 上册（中国历史故事丛书）
林汉达、边继石原著 雪岗改编
曾平、张晓飞绘画 谢志高封面
河北美术出版社

三国故事 中册（中国历史故事丛书）
林汉达、边继石原著 雪岗改编
施大畏等绘画 谢志高封面
河北美术出版社

三国故事 下册（中国历史故事丛书）
林汉达、边继石原著 雪岗改编
郑庆衡等绘画 谢志高封面
河北美术出版社

1983 年全国出版连环画共计 2100 种、6.3 亿多册，达到了全国年出版物总数的 1/4，连环画成为一种名副其实的大众文化形式。河北连环画出版事业也在这一年迎来了 20 世纪 80 年代的第一次高峰。本年共出版连环画 143 种，其中河北美术出版社 127 种，河北人民出版社 16 种。

1984 年

河北美术出版社出版的《长发妹》获联合国教科文组织亚洲文化中心第四届野间儿童图书插图比赛鼓励奖，《红旗谱》获第六届全国美展连环画铜奖。

8 月，国家文化部批准在原河北人民出版社科学技术编辑室的基础上成立河北科学技术出版社，社号 365；批准在原河北人民出版社少儿读物编辑室的基础上成立河北少年儿童出版社，社号 366。

石匠与美女
贺宜原著　纪元瑶改编
赵贵德绘画　赵贵德封面
花山文艺出版社

沉默的持剑官
王咏虹、徐雅雅原著　宁宣成改编
刘海志绘画　刘海志封面
花山文艺出版社

黑色的军用皮包
邬盛林原著　马保超改编
高鹏绘画　穆玮东封面
花山文艺出版社

幼读古诗一百首
丁新彦选注
牛双印、季酉辰、李丰田等绘画
李文侠封面
花山文艺出版社

鲧和禹的故事
袁珂原著　文源改编
克仁、国瑞绘画　李文侠封面
花山文艺出版社

小茶碗变成大脸盆（儿童电影连环画 29）
顾汉昌文　李荣中绘画
河北人民出版社

萝卜回来了（儿童电影连环画 28）
何玉门文　林文霄绘画
河北人民出版社

淘气鬼王小椿
赵镇琬改编　赵镇琬绘画
卞家华封面
河北人民出版社

追鱼
程逸汝改编　韩伍、钱生发绘画
韩伍封面
河北美术出版社

十二英烈
陈廷一改编　刘丰杰绘画
刘丰杰封面
河北美术出版社

刑警队长
王亚平原著　孟阳、范永信改编
杜滋龄、季源业绘画　赵贵德封面
河北美术出版社

哪吒出世
周楞伽原著　王计祥改编
张锦秀绘画　马寒松封面
河北美术出版社

闹海惩凶
周楞伽原著　王计祥改编
李壮阁绘画　马寒松封面
河北美术出版社

痛打龙王
周楞伽原著　王计祥改编
刘业通绘画　马寒松封面
河北美术出版社

师徒除妖
周楞伽原著　青岚改编
苑成心绘画　马寒松封面
河北美术出版社

大战四金刚
周楞伽原著　王计祥改编
叶洪峰绘画　马寒松封面
河北美术出版社

智败二郎神
周楞伽原著　王计祥改编
赵金鸽绘画　马寒松封面
河北美术出版社

水淹陈塘关
周楞伽原著　楚甸改编
陈洪亮绘画　马寒松封面
河北美术出版社

取义断情
周楞伽原著　楚甸改编
卞家华、王树立绘画　马寒松封面
河北美术出版社

检察官
罗华俊原著　王良莹改编
石恒谟绘画　梁建君封面
河北美术出版社

沉绿湖上的英雄
张志勇编文
赵贵德、谷照恩、张玉良、潘真、张文学绘画
赵贵德封面
河北美术出版社

改邪归正（大盗贼第三集）
[德] 奥特利特 · 普雷斯勒原著
柳吟改编　尤先瑞绘画　尤先瑞封面
河北美术出版社

毛毛和猫
张秋菊编文　谷守纲绘画
谷守纲封面
河北美术出版社

瓜棚传奇
刘绍棠原著　浅草改编
魏魁仲绘画　魏魁仲封面
河北美术出版社

葫芦娃
董均伦、江源原著　张庚编绘
张庚封面
河北美术出版社

武林志
于兰改编
花山文艺出版社

屈原的传说
封秋昌改编　张亚力绘画
张亚力封面
河北美术出版社

周刚杀霸 上
李长华原著　王吉祥改编
鲁飒、英博绘画　李泉淼封面
河北美术出版社

周刚杀霸 下
李长华原著　王吉祥改编
鲁飒、英博绘画　李泉淼封面
河北美术出版社

回师大梁
刘志轩改编　白庚延绘画
白庚延封面
河北美术出版社

雁毛扇
李满园原著　刘宗甫、范江改编
张秋菊绘画　马寒松封面
河北美术出版社

绿色的钱包
刘厚明、肖尹宪原著　江澄改编
张键绘画　王永扬封面
河北美术出版社

鹰拳
冯骥才原著　牛素琴、张驰改编
何保全绘画
河北美术出版社

龙子太郎
松谷美代子原著　张宇平改编
陆新森、吕振敏绘画　陆鑫封面
河北美术出版社

聪明的小白兔
韩艾青改编　庄敏瑾绘画
庄敏瑾封面
河北美术出版社

窃国大盗
胡月伟、杨鑫基、阙文原著
贾秉恒改编　王征绘画　王征封面
河北美术出版社

艺苑传奇
邓有梅原著　王启中改编
乔保华绘画　吴绍人封面
河北美术出版社

铁甲英雄
晨光、王茹跃编文
牟健兵绘画
河北美术出版社

高山下的花环
李存葆原著　于秀溪改编
王晋泰绘画　穆玮东封面
河北美术出版社

除奸反特斗顽敌
程林亭原著　峻嵘、逢春改编
崔建社绘画　陈承齐封面
河北美术出版社

王莽赶刘秀
洛康编文
解永钧、罗敬箴绘画
河北美术出版社

贪泉（64 开）
周成为改编
卢延光、蒙复旦绘画
河北美术出版社

贪泉（32 开）
周成为改编
卢延光、蒙复旦绘画
河北美术出版社

长鼻子老大
颂民编文　梁洪德绘画
吴绍人封面
河北美术出版社

珍珠绣花巾
敦谦改编　贾铭绘画
河北美术出版社

喵呜收徒弟（儿童电影连环画 30）
余又晨文　金雪林绘画
河北人民出版社

咕咚来了（儿童电影连环画 31）
金音文
朱行和、沈寿林绘画
河北人民出版社

雷声阵阵
袁桂珍编文　贾忠合绘画
王保进封面
河北美术出版社

魔海事件
林文烈、王要真原著　张光奎改编
刘文昌、刘世铎绘画　刘世铎封面
河北美术出版社

遇险的女兵
邓友梅原著　李新娟改编
吴懋祥绘画　张玉良封面
河北美术出版社

阿基米德的故事（64 开）
赵学元原著　寄松改编
李乃蔚绘画
河北美术出版社

阿基米德的故事（32 开）
赵学元原著　寄松改编
李乃蔚绘画
河北美术出版社

小精灵智斗总督（小精灵画传）
王培堃编绘　谷守纲封面
河北美术出版社

小精灵大闹娃娃祭（小精灵画传）
王培堃编绘
河北美术出版社

独眼龙喋血面包岛（小精灵画传）
王培堃编绘　谷守纲封面
河北美术出版社

海底迷宫覆灭记（小精灵画传）
王培堃编绘　王培堃封面
河北美术出版社

奇怪的绵羊国（小精灵画传）
王培堃编绘 王培堃封面
河北美术出版社

死里逃生（小精灵画传）
王培堃编绘　王培堃封面
河北美术出版社

恶战太空城（小精灵画传）
王培堃编绘　王培堃封面
河北美术出版社

秃鹫帝国的末日（小精灵画传）
王培堃编绘　王培堃封面
河北美术出版社

李世民登基
李震川改编　晓飞、晓霞绘画
刘国辉封面
河北美术出版社

小安子伏法记
李乔原著　侯愚改编
杨德树绘画
河北美术出版社

太行小兵
李涌原著　韩永昌改编
崔建社绘画　邱百平封面
河北美术出版社

平原枪声 1
李晓明、韩安庆原著　曹治淮改编
段秀苍绘画　陈承齐封面
河北美术出版社

平原枪声 2
李晓明、韩安庆原著　曹治淮改编
施胜辰绘画　陈承齐封面
河北美术出版社

平原枪声 3
李晓明、韩安庆原著　曹治淮改编
雷金池、陈继荣绘画　陈承齐封面
河北美术出版社

平原枪声 4
李晓明、韩安庆原著　曹治淮改编
陈继荣、雷金池绘画　陈承齐封面
河北美术出版社

青春之歌 上
杨沫原著　庚西、戈兵改编
谢志高、华其敏绘画　谢志高封面
河北美术出版社

青春之歌 下
杨沫原著　庚西、戈兵改编
谢志高、宋雅丽绘画　谢志高封面
河北美术出版社

冰上歼敌
范法根原著　张汝川改编
谷中良绘画　李全武封面
河北美术出版社

红兰姑娘
肖丁三编文　贺保银绘画
徐文山封面
河北美术出版社

神奇的狗熊（儿童电影连环画 32）
阳羊文　薛梅君绘画
河北人民出版社

人参姑娘（儿童电影连环画 33）
羽川文　李绍然绘画
河北人民出版社

捉迷藏（儿童电影连环画 34）
金音文
葛桂荣、吴云初绘画
河北人民出版社

烈火金钢（一）
刘流原著　竹石改编
马廷奎、马铭绘画　邱百平封面
河北美术出版社

本年共出版连环画 75 种，其中河北美术出版社 61 种，河北人民出版社 8 种，花山文艺出版社 6 种。

1985 年

1 月，河北少年儿童出版社《儿童世界》(后改为《儿童大世界》) 创刊。

智截军火车
张汝川编文　李景森绘画
王顺兴封面
河北美术出版社

状元与乞丐
刘仲武、张梦亭改编
王学明绘画　杨淑涛封面
河北美术出版社

迎春曲（儿童电影连环画 35）
宇平改编　王荣、沈改良绘画
河北人民出版社

蛋生平妖记（上）（儿童电影连环画 38）
清韵文　李荣中绘画
河北人民出版社

蛋生平妖记（下）（儿童电影连环画 39）
清韵文　李荣中绘画
河北人民出版社

长了腿的芒果（儿童电影连环画 40）
余又晨文
周克勤、攸扬、陆松茂绘画
河北人民出版社

莲花王后（儿童电影连环画 41）
馥耘编画
河北少年儿童出版社

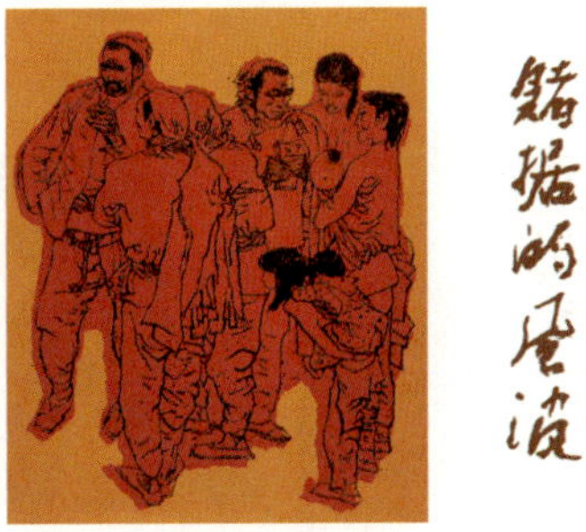

赌据的风波（64 开）
尤凤伟原著　张丽英、李章庭改编
吴绍人绘画
河北美术出版社

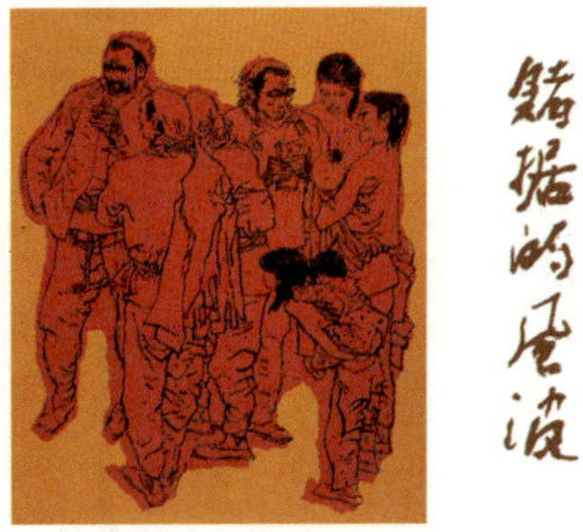

赌据的风波（32 开）
尤凤伟原著　张丽英、李章庭改编
吴绍人绘画
河北美术出版社

刀光虎影
童心改编　李乃宙绘画
李乃宙封面
河北美术出版社

铁拐李和景州塔
郭华原著　李新娟改编
邓柯绘画　邓柯封面
河北美术出版社

只有冬冬一个人（幼儿连环画丛书）
秋菊编文　卞家华绘画
河北美术出版社

好伙伴（幼儿连环画丛书）
吴珹编文　鲍潮鸣、程延林绘画
河北美术出版社

我爱林老师（幼儿连环画丛书）
张光昌编文　王信绘画
河北美术出版社

小丽丽（幼儿连环画丛书）
尹淑珍编文
白云乡、徐福厚绘画
河北美术出版社

小红花和大红花（幼儿连环画丛书）
吴珹编文
孙家跃绘画
河北美术出版社

阿姨扮医生（幼儿连环画丛书）
晓园编文
潘小庆绘画
河北美术出版社

伟伟画画（幼儿连环画丛书）
秋菊编文
冀维静绘画
河北美术出版社

两撇小黑胡（幼儿连环画丛书）
赵英编文
安耀华、温海平、郝祥绘画
河北美术出版社

虎大胆（幼儿连环画丛书）
秋菊编文
龚定平绘画
河北美术出版社

大王（幼儿连环画丛书）
张光昌编文
安耀华、温海平、郝祥绘画
河北美术出版社

岳雷（岳家小将）
罗波改编　项维仁绘画
项维仁封面
河北美术出版社

岳云（岳家小将）
孙中晓改编　窦世魁、窦世伟绘画
唐勇力封面
河北美术出版社

莲花王后
曹丽华文
钱欣绘画
河北少年儿童出版社

魔棒
冰子文　阎善春绘画
阎善春封面
河北少年儿童出版社

猪八戒吃西瓜
包蕾文　常保生、许小鸣绘画
常保生、许小鸣封面
河北少年儿童出版社

济公斗蟋蟀
伍仑文　葛春学绘画
卞家华封面
河北少年儿童出版社

飞狗阿灵
宇平文　方润南绘画
方润南封面
河北少年儿童出版社

钟爷爷讲的故事
云文文　吴云初绘画
卞家华封面
河北少年儿童出版社

冰上遇险
冰子文　张景源、余力绘画
张景源、余力封面
河北少年儿童出版社

骄傲的将军
余又晨文
杜春甫、施有成绘画
卞家华封面
河北少年儿童出版社

我知道
何郁文文　陆青绘画
陆青封面
河北少年儿童出版社

七色花
宇平文　薛梅君绘画
薛梅君封面
河北少年儿童出版社

没头脑和不高兴
建子文　熊南清绘画
熊南清封面
河北少年儿童出版社

诱敌记
祝凯原著　王瑞华改编
查加伍绘画　王怀骐封面
河北美术出版社

红河枪声
陈廷一编文　胡斌绘画
乔宝华封面
河北美术出版社

重造哪吒身
周楞伽原著　王计祥改编
赵金鸰绘画　马寒松封面
河北美术出版社

寻仇败李靖
周楞伽原著　王计祥改编
王树立绘画　马寒松封面
河北美术出版社

父子上天庭
周楞伽原著　王计祥改编
叶洪峰绘画　马寒松封面
河北美术出版社

大战孙悟空
周楞伽原著　王计祥改编
苑诚心绘画　马寒松封面
河北美术出版社

哪吒中妖法
周楞伽原著　王计祥改编
张锦秀绘画　马寒松封面
河北美术出版社

智斗罗刹女
周楞伽原著　王计祥改编
刘业通绘画　马寒松封面
河北美术出版社

惩妖报母仇
周楞伽原著　任达改编
陈洪亮绘画　马寒松封面
河北美术出版社

救难赴长安
周楞伽原著　任达改编
李壮阁绘画　马寒松封面
河北美术出版社

夺宝驱观音
周楞伽原著　荣学改编
崔爱民绘画　马寒松封面
河北美术出版社

动物鞋店
杨楠文
杜建国绘画
河北少年儿童出版社

聪明的小鸭
徐让改编
徐让绘画
河北少年儿童出版社

小燕子学本领
李远杰改编
贾文涛绘画
河北少年儿童出版社

古代笑话选
穆莱改编
白庚延等绘画
河北少年儿童出版社

古都风云（上）
杨沫原著　刘绳改编
孟喜元绘画
孟喜元、关巍封面
河北美术出版社

古都风云（下）
杨沫原著　刘绳改编
孟喜元绘画
孟喜元、关巍封面
河北美术出版社

苏小三参军
胡正言原著　张晓鸥改编
杨春华绘画　陈承齐封面
河北美术出版社

女娲神和聚宝盆
李亮编文　张增木绘画
吴绍人封面
河北美术出版社

望星山寻宝
绍旻编文　田力绘画
王悦民封面
河北美术出版社

乔装打扮
叶永烈原著　贺忠信、马保超改编
宋珍妮绘画　邱百平封面
河北美术出版社

九颗夜明珠
金日平原著　王金中改编
孙永印绘画　孙永印封面
河北美术出版社

华佗与曹操
陶原、郁云原著　李新娟改编
费声福绘画　唐勇力封面
河北美术出版社

春天和夏天（娃娃爱科学第一辑 1）
关陌改编　姜启才绘画
河北少年儿童出版社

秋天和冬天（娃娃爱科学第一辑 2）
关陌改编
刘洛平绘画
河北少年儿童出版社

田里的战斗（娃娃爱科学第一辑 3）
蔡字征改编
高宝生绘画
河北少年儿童出版社

长耳朵的新伙伴（娃娃爱科学第一辑 4）
关陌改编
高宝生绘画
河北少年儿童出版社

水果药店（娃娃爱科学第一辑 5）
王修文改编
胡基明绘画
河北少年儿童出版社

鸟儿回来了（娃娃爱科学第一辑 6）
蔡字征改编　刘洛平绘画
河北少年儿童出版社

红旗谱（平装）
梁斌原著　尚美智改编
王怀骐绘画　王怀庆封面
河北美术出版社

红旗谱（精装）
梁斌原著　尚美智改编
王怀骐绘画　王怀庆封面
河北美术出版社

看看 答答 1
茅于燕编
胡绍常绘画
河北少年儿童出版社

看看 答答 2
茅于燕编
胡绍常绘画
河北少年儿童出版社

聪明的小母鸡
雷丹译
谷照恩、谷静绘画
河北少年儿童出版社

小花狗找朋友
叶飞编绘
河北美术出版社

双雄会（上）
王文杰编文　龚定平封面
河北少年儿童出版社

双雄会（下）
王文杰编文　龚定平封面
河北少年儿童出版社

金发艾斯南
张秋菊改编　韩伍、黄英洁绘画
韩伍、黄英洁封面
河北美术出版社

窦天佑打擂
静波原著　大民改编
谢立堂绘画　谢立堂封面
河北美术出版社

虎穴买药
李志寅编文　李丰田绘画
王怀骐封面
河北美术出版社

七星剑传奇
赵本夫原著　菡原改编
何国华绘画　何国华封面
河北美术出版社

银肖山擒特记
陈亚军改编　刘业通绘画
刘业通封面
河北美术出版社

除妖受骗记
周楞伽原著　敦篁改编
王永扬绘画　王永扬封面
河北美术出版社

挖参遇仙记
张士杰原著　智涌改编
李燕华、振鑫绘画　李燕华封面
河北美术出版社

奇异的宝花
董均伦、江源原著　王瑞华改编
海君绘画　海君封面
河北美术出版社

宝扇
张汝川编文　张秋菊绘画
马寒松封面
河北美术出版社

文津阁传奇（名胜古迹传说故事）
陈继光原著　常星改编
李江鸿绘画　李江鸿封面
河北美术出版社

羊城平叛
沈默君原著　曹治淮改编
蚁美楷、蚁美玲绘画
蚁美楷、蚁美玲封面
河北美术出版社

哪吒闹海（上集）（儿童电影连环画 36）
岱碧改编　黄炜、常光希绘画
河北人民出版社

哪吒闹海（下集）（儿童电影连环画 37）
岱碧改编　黄炜、常光希绘画
河北人民出版社

清明案
朱红赤、傅军凯、张兴华原著
吴彤改编　勇力、广力绘画　唐勇力封面
河北美术出版社

古代画家的故事
谢金生编文　贺友直等绘画
谢志高封面
河北美术出版社

解放仙阁岛（上）
克扬原著　柴茂荣、张林改编
李重新、柴茂荣绘画　刘丰杰封面
河北美术出版社

解放仙阁岛（下）
克扬原著　柴茂荣、张林改编
李重新、柴茂荣绘画　刘丰杰封面
河北美术出版社

黑猫警长
沙惠荣改编　马寒松绘画
马寒松封面
河北美术出版社

忠良蒙难（呼家将之一）
奚海改编　崔存忠绘画
梁占岩封面
河北美术出版社

肉丘坟祭祖（呼家将之二）
刘树强改编　刘业通绘画
梁占岩封面
河北美术出版社

呼延庆打擂（呼家将之三）
张建辉改编　张恩礼、姜凌涛绘画
梁占岩封面
河北美术出版社

汴京脱险（呼家将之四）
玉良改编　刘惠君绘画
梁占岩封面
河北美术出版社

大战齐平山（呼家将之五）
尚羡智改编　永钧、敬箴绘画
梁占岩封面
河北美术出版社

钢叉山除害（呼家将之六）
封秋昌改编　张洁绘画
梁占岩封面
河北美术出版社

截囚车（呼家将之七）
王计祥改编　史惠芳绘画
梁占岩封面
河北美术出版社

校场比武（呼家将之八）
谷岳改编　赵拴造绘画
梁占岩封面
河北美术出版社

刘玉萍夺帅印（呼家将之九）
刘仲武改编　王树立绘画
梁占岩封面
河北美术出版社

小将闹东京（呼家将之十）
冯宝秋改编　崔爱民绘画
梁占岩封面
河北美术出版社

彰德府诓兵（呼家将之十一）
曹治淮改编　赵金鸰绘画
梁占岩封面
河北美术出版社

幽州寻父（呼家将之十二）
李新娟改编　刘振源绘画
梁占岩封面
河北美术出版社

北国认亲（呼家将之十三）
张庆锟改编　夏连雨绘画
梁占岩封面
河北美术出版社

延平斗石虎（呼家将之十四）
张汝川改编　李耀华绘画
梁占岩封面
河北美术出版社

斗羊会激战（呼家将之十五）
李亮改编　陈洪亮绘画
梁占岩封面
河北美术出版社

大破连环阵（呼家将之十六）
万珍改编　郭富贵绘画
梁占岩封面
河北美术出版社

昭雪除奸（呼家将之十七）
张鸿林改编　张冰洁绘画
梁占岩封面
河北美术出版社

葫芦告状
克安改编　刘端、刘亚彪绘画
河北美术出版社

运河英豪
刘绍棠原著　张企荣改编
刘进安绘画
河北美术出版社

大菩萨的传说
周哲民原著　白雨改编
晋泽绘画　吴绍人封面
河北美术出版社

姜女坟的传说（中国民间传说故事）
孙汝举改编　高同宝绘画
李炎封面
河北美术出版社

国宝奇遇
崔广鉴原著　郭华改编
郑绍敏绘画　郑绍敏封面
河北美术出版社

激战飞鹰岩（神力王之一）
汪佩琴、朱庆涛、吴谷辰原著
张国信改编　亦可、萌思绘画
宋惠民封面
河北美术出版社

名山学艺（神力王之二）
汪佩琴、朱庆涛、吴谷辰原著
张国信改编　羊牧、元姝绘画
宋惠民封面
河北美术出版社

苏州惩霸（神力王之三）
汪佩琴原著　平衡改编
溟均、岫雯绘画　宋惠民封面
河北美术出版社

仇敌和情侣（神力王之四）
汪佩琴原著　平衡改编
秋枫、高鹏绘画　宋惠民封面
河北美术出版社

擂台降五狂（神力王之五）
汪佩琴原著　陈忱改编
宝才、文倩绘画　宋惠民封面
河北美术出版社

神州擂（上）
残墨原著　曹治淮改编
王学明绘画　张韫韬封面
河北美术出版社

神州擂（中）
残墨原著　曹治淮改编
田茂怀绘画　张韫韬封面
河北美术出版社

神州擂（下）
残墨原著　曹治淮改编
田茂怀绘画　张韫韬封面
河北美术出版社

钱塘血案
羡智改编　辛鹤江绘画
辛鹤江封面
河北美术出版社

巧施拖兵计
张学豹、于阿敏原著　张汝川改编
刘根涛绘画　董永建封面
河北美术出版社

本年共出版连环画 121 种，其中河北美术出版社 88 种，河北少年儿童出版社 27 种，河北人民出版社 6 种。

1986 年

11 月 5 日，第三届全国连环画评奖的授奖仪式在北京举行。河北美术出版社出版的《运河英豪》《赌据的风波》获绘画创作二等奖，《红旗谱》获绘画荣誉三等奖、文学脚本二等奖。刘端、张辛国、张春峰、张建辉 4 人获 1986 年全国连环画工作荣誉奖。

12 月 31 日，国家出版局批准在原河北人民出版社文教编辑室的基础上成立河北教育出版社，社号 509。

本年河北美术出版社的《西游记》连环画首次以套书的形式出版，一套共计 35 册。其中对 26 册老版中的《天竺国》的内页进行了重绘，《收白龙马》《黑风山》等 11 册的封面进行了重绘，《真假唐僧》的封面进行了镜像处理，《除三怪》《金兜洞》2 册的书名发生了改变，其他的基本延续了 1980 年初期的版本，封面配色统一调整为绿色，俗称“绿皮版”。

郭子仪打擂（《男女英雄会》之一）
郝艳霞、王润生原著　古风改编
朱振芳绘画　李乃宙、姚小尧封面
河北少年儿童出版社

大闹百花楼（《男女英雄会》之三）
郝艳霞、王润生原著　古风改编
陈增哲绘画　宁大明、赵增云封面
河北少年儿童出版社

私访独家城（《男女英雄会》之四）
郝艳霞、王润生原著　古风改编
韩东英绘画　李乃宙、庄珠娣封面
河北少年儿童出版社

巧破聚宝楼（《男女英雄会》之七）
郝艳霞、王润生原著　古风改编
俎翠林绘画　李乃宙、姚小尧封面
河北少年儿童出版社

五台山搬（班）师（《男女英雄会》之八）
郝艳霞、王润生原著　古风改编
申同景绘画　李乃宙、姚小尧封面
河北少年儿童出版社

鞭打安禄山（《男女英雄会》之九）
郝艳霞、王润生原著　古风改编
李乃宙绘画　李乃宙、姚小尧封面
河北少年儿童出版社

李太白闹殿（《男女英雄会》之二）
郝艳霞、王润生原著　古风改编
闫宝泉绘画
宁大明、赵增云封面
河北少年儿童出版社

活擗黄官宝（《男女英雄会》之五）
郝艳霞、王润生原著　古风改编
吴月琴、安文生、宋源泉绘画
李乃宙、赵增云封面
河北少年儿童出版社

罗少保招亲（《男女英雄会》之六）
郝艳霞、王润生原著　古风改编
石田、刘桂绘画
李乃宙、姚小尧封面
河北少年儿童出版社

二探武家寨（《男女英雄会》之十）
郝艳霞、王润生原著　古风改编
李乃宙、李蓉绘画
李乃宙、姚小尧封面
河北少年儿童出版社

走马擒三将（《男女英雄会》之十一）
郝艳霞、王润生原著　古风改编
郭付贵、肖杜绘画
李乃宙、姚小尧封面
河北少年儿童出版社

五虎缚苍龙（《男女英雄会》之十二）
郝艳霞、王润生原著　古风改编
郭富贵绘画
宁大明、姚小尧封面
河北少年儿童出版社

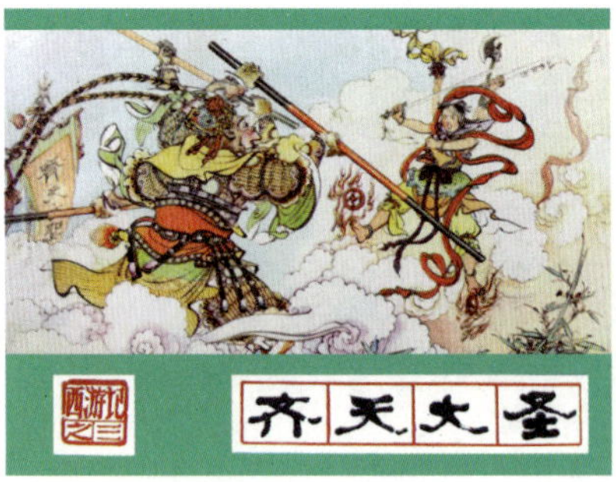

齐天大圣（西游记之三）
吴承恩原著　来诵芬改编
刘汉宗绘画　胡若佛封面
河北美术出版社

蟠桃宴（西游记之四）
吴承恩原著　尚羡智改编
徐燕荪、金协中绘画　王怀骐封面
河北美术出版社

紧箍咒（西游记之五）
吴承恩原著　卢光照改编
盛锡珊绘画　胡若佛封面
河北美术出版社

收白龙马（西游记之六）
吴承恩原著　张帆改编
张鹿山绘画　潘真封面
河北美术出版社

黑风山（西游记之七）
吴承恩原著　来诵芬改编
张鹿山绘画　潘真封面
河北美术出版社

高老庄（西游记之八）
吴承恩原著　卢光照改编
陈缘督、朱丹枫绘画
河北美术出版社

黄风岭（西游记之九）
吴承恩原著　潘勤梦改编
池振亚绘画
河北美术出版社

流沙河（西游记之十）
吴承恩原著　石峰改编
高同宝绘画　宋丕胜封面
河北美术出版社

万年人参果（西游记之十一）
吴承恩原著　戈兵改编
乔庆余绘画　李文侠封面
河北美术出版社

平顶山（西游记之十三）
吴承恩原著　潘勤孟改编
池振亚绘画　胡若佛封面
河北美术出版社

真假唐僧（西游记之十四）
吴承恩原著　潘勤孟改编
汪玉山、汪继远绘画　胡若佛封面
河北美术出版社

火云洞（西游记之十五）
吴承恩原著　李白英改编
池振亚绘画　李文侠封面
河北美术出版社

除三怪（西游记之十七）
吴承恩原著　曹治淮改编
郭占魁绘画　陆福林封面
河北美术出版社

大闹通天河（西游记之十八）
吴承恩原著　郭烽明改编
刘凌沧绘画　尹庆芳封面
河北美术出版社

金兜洞（西游记之十九）
吴承恩原著　李建新改编
刘海志绘画　李文侠封面
河北美术出版社

女儿国（西游记之二十）
吴承恩原著　陈平夫改编
钱笑呆、曹增潮绘画
河北美术出版社

真假孙悟空（西游记之二十一）
吴承恩原著　陈平夫改编
宗静风、周静秋绘画　胡若佛封面
河北美术出版社

三盗芭蕉扇（西游记之二十二）
吴承恩原著　卢光照改编
任率英绘画　王怀骐封面
河北美术出版社

伏龙寺（西游记之二十三）
吴承恩原著　陈平夫改编
张鹿山绘画
河北美术出版社

小雷音寺（西游记之二十四）
吴承恩原著　路哥改编
陈云波绘画
河北美术出版社

七绝山（西游记之二十五）
吴承恩原著　陈平夫改编
池振亚绘画　潘真封面
河北美术出版社

计盗紫金铃（西游记之二十六）
吴承恩原著　陈平夫改编
池振亚绘画　李文侠封面
河北美术出版社

盘丝洞（西游记之二十七）
吴承恩原著　卢光照改编
胡若佛绘画　李文章封面
河北美术出版社

比丘国（西游记之二十九）
吴承恩原著　陈平夫改编
叶之浩、徐进绘画　潘真封面
河北美术出版社

无底洞（西游记之三十）
吴承恩原著　张绍旻改编
高同宝绘画　王怀骐封面
河北美术出版社

连环洞（西游记之三十一）
吴承恩原著　陈平夫改编
宗静风、宗静草、周静秋绘画
河北美术出版社

玄英洞（西游记之三十三）
吴承恩原著　徐英杰改编
钟志宏绘画　潘真封面
河北美术出版社

天竺国（西游记之三十四）
吴承恩原著　陈平夫改编
彭国昌绘画　胡若佛封面
河北美术出版社

甜甜的桃子（幼儿连环画丛书）
秋菊编文　吴带生绘画
河北美术出版社

熊奶奶和小白兔（幼儿连环画丛书）
秋菊编文　姜成安绘画
河北美术出版社

懒猫不懒了（幼儿连环画丛书）
秋菊编文
刘积昆绘画
河北美术出版社

找幸福（幼儿连环画丛书）
秋菊编文
胡基明绘画
河北美术出版社

不识数的小熊（幼儿连环画丛书）
秋菊编文
姜渭渔绘画
河北美术出版社

大头托托奇遇记
孙泽良编绘
马寒松封面
河北美术出版社

雍正脑袋的传说
张孝文编文　马玉生、苑建中、王辰生绘画
吴绍人封面
河北美术出版社

第九个犯人
董治平原著　尚珩改编
吴成槐绘画　陈承齐封面
河北美术出版社

未结束的战斗
赵洪波原著　李新改编
肖玉磊绘画　吴绍人封面
河北美术出版社

十二属相的来历
里土编文　孙泽良绘画
河北美术出版社

佩剑将军
张笑天、石征先原著　祥文改编
梁占岩、纪京宁绘画　王怀骐封面
河北美术出版社

孙悟空的子孙
李楚城原著　竺乾华改编
黄雨金绘画　黄雨金封面
河北美术出版社

龙凤筵
光明、刘润改编
陈光明、黄英培绘画
河北美术出版社

火烧凌霄观（翡翠塔传奇之一）
残墨原著　启森、元瑶改编
刘端绘画　孟庆江封面
河北美术出版社

血洒北京城（翡翠塔传奇之二）
残墨原著　启森、元瑶改编
赵金鸰绘画　孟庆江封面
河北美术出版社

黑龙谷劫镖（翡翠塔传奇之三）
残墨原著　启森、元瑶改编
刘振源绘画　孟庆江封面
河北美术出版社

虎蹄涧情话（翡翠塔传奇之四）
残墨原著　启森、元瑶改编
张增木绘画　孟庆江封面
河北美术出版社

黑蜈蚣施奸（翡翠塔传奇之五）
残墨原著　启森、元瑶改编
崔爱民绘画　孟庆江封面
河北美术出版社

古源城闯险（翡翠塔传奇之六）
残墨原著　启森、元瑶改编
崔存忠绘画　孟庆江封面
河北美术出版社

群英闹擂场（翡翠塔传奇之七）
残墨原著　启森、元瑶改编
刘惠君绘画　孟庆江封面
河北美术出版社

众豪杰劫狱（翡翠塔传奇之八）
残墨原著　启森、元瑶改编
赵拴造绘画　孟庆江封面
河北美术出版社

奇袭十八涧（翡翠塔传奇之九）
残墨原著　启森、元瑶改编
刘业通绘画　孟庆江封面
河北美术出版社

浴血护国宝（翡翠塔传奇之十）
残墨原著　启森、元瑶改编
史惠芳绘画　孟庆江封面
河北美术出版社

宝船沉没的秘密
张安民、［埃及］马罕茂德·萨里姆原著
丁村改编　黄志民绘画　龚定平封面
河北少年儿童出版社

唐老鸭奇遇记 1（迪斯尼画库）
徐国常译
谷静、谷岩复制
河北少年儿童出版社

唐老鸭奇遇记 2（迪斯尼画库）
徐国常译
谷静、谷岩复制
河北少年儿童出版社

侦破死亡区
［埃及］马罕茂德·萨里姆原著
罗兰改编　高宝生绘画　高宝生封面
河北少年儿童出版社

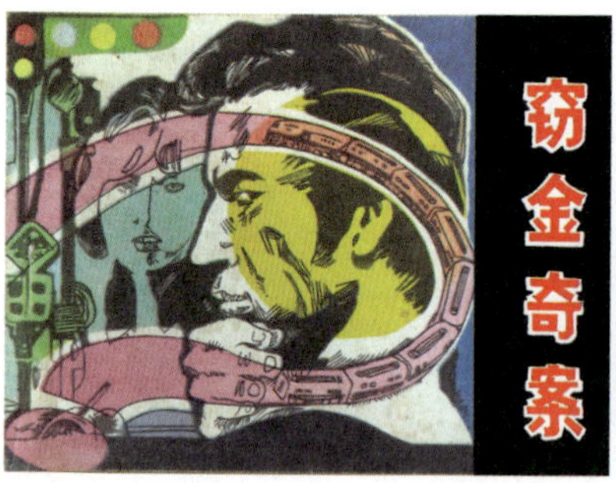

窃金奇案
［埃及］马罕茂德·萨里姆原著
罗兰改编　庾东海绘画　龚定平封面
河北少年儿童出版社

小约翰的奇遇（1）
洛康改编　毕树校绘画
龚定平封面
河北美术出版社

小约翰的奇遇（2）
洛康改编　毕树校绘画
龚定平封面
河北美术出版社

百人手枪队
曹金铸、何德昌原著　赵建国改编
王建平、王建绘画　王建封面
河北美术出版社

上幼儿园（看图画 涂颜色）
秋菊编　金木绘画
河北美术出版社

幼儿园好（看图画 涂颜色）
张秋菊编绘
河北美术出版社

到外婆家（看图画 涂颜色）
张秋菊改编　张秋菊绘画
河北美术出版社

动物园（看图画 涂颜色）
秋菊编　金木绘画
河北美术出版社

本年共出版连环画 75 种，其中河北美术出版社 58 种，河北少年儿童出版社 17 种。

1987 年

鼻子长长（儿歌“小百科”谜语儿歌）
吴珹编
徐茂林绘画
河北少年儿童出版社

竹马谣（儿歌“小百科”传统儿歌）
吴珹编
谷照恩绘画
河北少年儿童出版社

开火车（儿歌“小百科”游戏儿歌）
吴珹编
吴吉仁绘画
河北少年儿童出版社

雪娃娃（儿歌“小百科”新儿歌）
吴珹编
刘德璋绘画
河北少年儿童出版社

谁的耳朵（儿歌“小百科”知识儿歌）
吴珹编
徐光立绘画
河北少年儿童出版社

虎和兔（儿歌“小百科”绕口令）
吴珹编
赵镇琬绘画
河北少年儿童出版社

幼读知识图画词典——生产交通工具
曹玉华编文　谷岩绘画
河北少年儿童出版社

幼读知识图画词典——社会生活
博其木勒编　徐光立绘画
河北少年儿童出版社

幼读知识图画词典——汉语拼音速记法
李梦阳编写　卞家华绘画
河北少年儿童出版社

幼读知识图画词典——植物
曹玉华编　白银录绘画
河北少年儿童出版社

幼读知识图画词典——自然现象
李梦阳编
李玉春、李孟军绘画
河北少年儿童出版社

幼读知识图画词典——动物
李梦阳改编
河北少年儿童出版社

谁是乖孩子（2—3 岁幼儿连环画丛书）
金育青编文
张汝为绘画
河北美术出版社

会走路的石头（2—3 岁幼儿连环画丛书）
金育青编文
张汝为绘画
河北美术出版社

小熊看牙（2—3 岁幼儿连环画丛书）
金育青编文
张汝为绘画
河北美术出版社

布老虎（2—3 岁幼儿连环画丛书）
金育青编文
张汝为绘画
河北美术出版社

兔兔分苹果（3—4 岁幼儿连环画丛书）
金育青编文
张汝为绘画
河北美术出版社

小猴骑车（3—4 岁幼儿连环画丛书）
金育青编文
张汝为绘画
河北美术出版社

小刺猬的皮大衣（3—4 岁幼儿连环画丛书）
金育青编文
张汝为绘画
河北美术出版社

大象不骄傲了（3—4 岁幼儿连环画丛书）
金育青编文
张汝为绘画
河北美术出版社

洋娃娃笑了（2—3 岁幼儿园图画故事）
徐让编绘
河北美术出版社

小兔吃萝卜（2—3 岁幼儿园图画故事）
徐让编绘
河北美术出版社

拍皮球（2—3 岁幼儿园图画故事）
徐让编绘
河北美术出版社

谁做的好事?（2—3 岁幼儿园图画故事）
徐让编绘
河北美术出版社

宝缸
重阳改编　文学绘画
河北美术出版社

老虎外婆
重阳改编　潘小庆绘画
河北美术出版社

聪明的阿凡提
重阳改编　刘端、潘真绘画
河北美术出版社

金斧头
重阳改编　金木绘画
河北美术出版社

灰姑娘
重阳改编　冰雪绘画
河北美术出版社

幼读古典小说故事（幼读知识丛书）
失车编写　辛鹤江绘画
河北少年儿童出版社

幼读历史故事（幼读知识丛书）
邢威编写
谷照恩绘画
河北少年儿童出版社

幼读神话传说（幼读知识丛书）
肖文编写
李丰田绘画
河北少年儿童出版社

幼读古文片断（幼读知识丛书）
李远杰选编
赵贵德、张文学绘画
河北少年儿童出版社

幼读古诗词（幼读知识丛书）
彭功智、潘万辉选编
董庆科、孙进军绘画
河北少年儿童出版社

幼读寓言故事（幼读知识丛书）
李远杰编写　谷照恩、谷静绘画
河北少年儿童出版社

幼读世界之最（幼读知识丛书）
金峰编写　彭大立绘画
河北少年儿童出版社

小猪的故事（看图识字讲故事）
朱奎文　曾佑玮、张广庆绘画
河北少年儿童出版社

小灰兔的木箱子（看图识字讲故事）
朱奎文　石夫绘画
河北少年儿童出版社

过生日（看图识字讲故事）
朱奎文　曾佑瑄绘画
河北少年儿童出版社

熊猫搬家（看图识字讲故事）
朱奎文　曾佑玮、张广庆绘画
河北少年儿童出版社

聪明的熊妈妈（看图识字讲故事）
朱奎改编　寇锦绘画
河北少年儿童出版社

超人（童话世界画库 1）
盈子、拉里编译
朱延令绘画
河北少年儿童出版社

大盗贼和手提箱（童话世界画库 2）
欧翔编文
钱逸敏绘画
河北少年儿童出版社

蘑菇城
李文雁编文
陆汝浩绘画
河北美术出版社

懒黑熊
梁大明改编
吴带生绘画
河北美术出版社

聪明的小羊
晓兵编文
胡基明绘画
河北美术出版社

猫头鹰
安保华编文
刘吉昆绘画
河北美术出版社

小羊与小兔
媛洁编文
小卞绘画
河北美术出版社

骄傲的公鸡
孙日溪改编　刘文颉绘画
刘吉昆封面
河北美术出版社

小熊学骑车
王俊杰编文
叶淑兰、吕振敏绘画
河北美术出版社

迷路的小鸟
曾长清编文
赵雷绘画
河北美术出版社

小白兔找朋友
辛文编文注音
卞家华绘画
河北美术出版社

狗熊种瓜
辛文编文注音
鲍潮鸣绘画
河北美术出版社

鸭子国请警卫
王君、铁宝改编
姜成安绘画
河北美术出版社

米老鼠和唐老鸭（1）
邹绍平等译
彭国良等复制
河北美术出版社

米老鼠和唐老鸭（2）
贺起龙等译
姜渭渔、王小愚等复制
河北美术出版社

看图动脑筋（宝宝学知识图库）
金木编文　谷守纲绘画
谷守纲封面
河北美术出版社

看图比一比（宝宝学知识画库）
金木编绘　谷守纲封面
河北美术出版社

看图学计算（宝宝学知识画库）
金木编文　寇锦章绘画
谷守纲封面
河北美术出版社

看图画动物（宝宝学知识画库）
金木编绘　谷守纲封面
河北美术出版社

看图辨形状（宝宝学知识画库）
金木编文　谷守纲绘画
谷守纲封面
河北美术出版社

看图讲故事（宝宝学知识画库）
彭国良绘画
谷守纲封面
河北美术出版社

看图认四季（宝宝学知识画库）
刘毅编文　徐福厚、白云乡绘画
谷守纲封面
河北美术出版社

看图讲卫生（宝宝学知识图库）
王青编文　徐福厚、白云乡绘画
谷守纲封面
河北美术出版社

古诗配画 1（幼儿知识画库丛书）
贺远征、梁占岩等绘画
河北美术出版社

古诗配画 2（幼儿知识画库丛书）
辛鹤江、王生义等绘画
河北美术出版社

东游记 1
刘钰民原著　新鑫改编
崔爱民、赵金鸰等绘画
曹留夫封面
河北美术出版社

东游记 2
刘钰民原著　新鑫改编
庆云等绘画　曹留夫封面
河北美术出版社

东游记 3
刘钰民原著　晨光改编
金木等绘画　曹留夫封面
河北美术出版社

东游记 4
刘钰民原著　晨光改编
曹留夫等绘画
曹留夫封面
河北美术出版社

北游记 1
余象斗原著
侯新书改编　潘真绘画
曹留夫封面
河北美术出版社

北游记 2
余象斗原著　侯新书改编
苑诚心绘画　曹留夫封面
河北美术出版社

北游记 3
余象斗原著
赵慧丽改编
刘端绘画　曹留夫封面
河北美术出版社

南游记 1
郭明志编文
田力绘画　曹留夫封面
河北美术出版社

南游记 2
郭明志编文　马寒松绘画
曹留夫封面
河北美术出版社

南游记 3
郭明志编文
振森绘画　曹留夫封面
河北美术出版社

南游记 4
郭明志编文　赵贵德绘画
曹留夫封面
河北美术出版社

西游记 1
戈兵改编　尤先瑞绘画
曹留夫封面
河北美术出版社

西游记 2
戈兵改编　辛鹤江绘画
曹留夫封面
河北美术出版社

西游记 3
张健改编　张木绘画
曹留夫封面
河北美术出版社

西游记 4
张健改编　秋菊绘画
曹留夫封面
河北美术出版社

到海边去（幼儿故事系列）
纪家秀文　张健民绘画
河北少年儿童出版社

妈妈病啦（幼儿故事系列）
纪家秀文　张健民绘画
河北少年儿童出版社

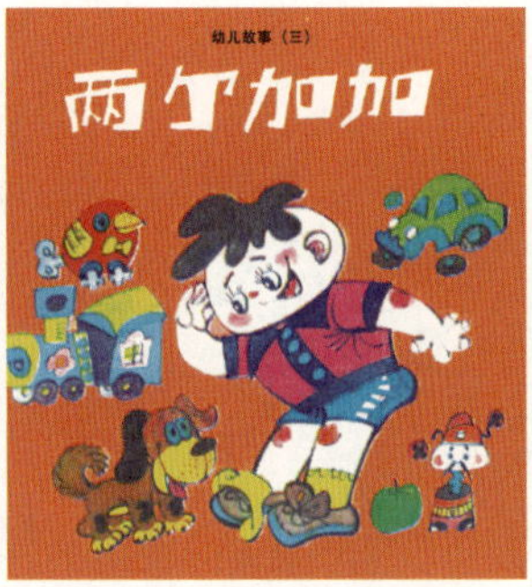

两个加加（幼儿故事系列）
纪家秀文　张健民绘画
河北少年儿童出版社

春春家的母鸡（幼儿故事系列）
纪家秀文　张健民绘画
河北少年儿童出版社

老山羊怕谁（3—4 岁小童话）
方轶群文　胡基明绘画
河北少年儿童出版社

躲躲雨（3—4 岁小童话）
方轶群文　位丽绘画
河北少年儿童出版社

猴子的西瓜（3—4 岁小童话）
方轶群文　黄志凯绘画
河北少年儿童出版社

小的赢大的（3—4 岁小童话）
方轶群文　张跃绘画
河北少年儿童出版社

聪明的小猪（3—4 岁小童话） 方轶群文　简毅绘画 河北少年儿童出版社	欢欢历险记 亦宾编文　黄多玲、徐让绘画 河北美术出版社

本年共出版连环画 91 种，其中河北美术出版社 56 种，河北少年儿童出版社 35 种。

1988 年

河北美术出版社的《西游记》连环画首次以套书形式出版后，广受好评，市场供不应求，还有塑料袋版、锦盒版，以及面向中国香港、澳门的盒装版等。该书于 1987 年、1988 年连续两年多次加印。

排难施妙术（济公故事连环画）
王维章改编　刘端绘画
胡永凯封面
河北美术出版社

审狐做月老（济公故事连环画）
王维章改编　振森绘画
胡永凯封面
河北美术出版社

惩恶戏宰相（济公故事连环画）
王维章改编　苑诚心绘画
胡永凯封面
河北美术出版社

捉贼破奇案（济公故事连环画）
王维章改编　胡永凯绘画
胡永凯封面
河北美术出版社

收雷鸣陈亮（济公故事连环画）
王维章改编　李壮阁绘画
胡永凯封面
河北美术出版社

捉拿华云龙（济公故事连环画）
重阳子改编　刘靖国绘画
胡永凯封面
河北美术出版社

三降玉面狐（济公故事连环画）
重阳子改编 张秋菊绘画
胡永凯封面
河北美术出版社

救难惩奸官（济公故事连环画）
重阳子改编 刘学民绘画
胡永凯封面
河北美术出版社

大战邵华风（济公故事连环画）
重阳子改编 张锦秀绘画
胡永凯封面
河北美术出版社

八魔炼济公（济公故事连环画）
重阳子改编 龚定平绘画
胡永凯封面
河北美术出版社

古宝盗窃案
李建新改编 李林祥、朱历怀、朱淑媛绘画
辛宽良封面
河北美术出版社

神灯
冯骥才原著 李遵义改编
晁锡弟、晓海绘画 吴绍人封面
河北美术出版社

九马疑踪
周光祖改编 谷中良绘画
河北美术出版社

引狼出穴
王颖原著 谷祖永改编
孙永印、周林林绘画 孙家跃封面
河北美术出版社

飞兵捣G城
可人原著 梦亭、仲武改编
崔建社、崔楠绘画 乔保华封面
河北美术出版社

智取松林寨
赵瑞轩等原著
马保超改编　张修竹绘画
张修竹封面
河北美术出版社

米老鼠和唐老鸭③
张存理译
广友、严磊等复制
唐宇封面
河北美术出版社

米老鼠和唐老鸭④
张存理译
刘积昆复制
刘积昆封面
河北美术出版社

米老鼠和唐老鸭⑤
张存理译
张玉敏等复制
唐宇封面
河北美术出版社

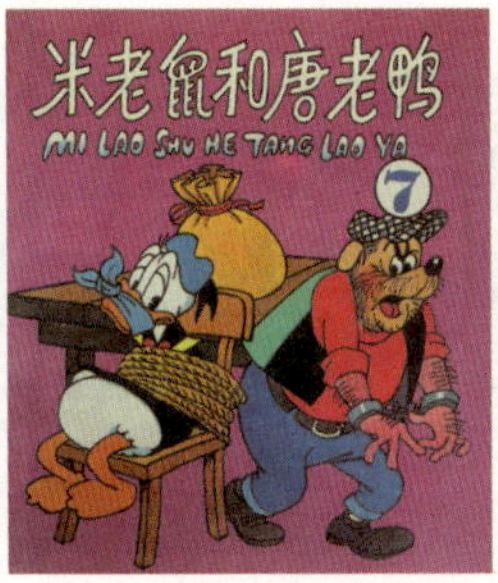

米老鼠和唐老鸭⑥
张存理译
刘俊岩、李明等复制
蔡荣封面
河北美术出版社

米老鼠和唐老鸭⑦
张存理译
彭国良等复制
蔡荣封面
河北美术出版社

米老鼠和唐老鸭⑧
张存理译
彭国良等复制
唐宇封面
河北美术出版社

智力大王（机智人物故事）
王计祥改编
马寒松等绘画
马寒松封面
河北美术出版社

上学好（《宝宝入学准备》家庭教材）
晨光改编　胡基明绘画
河北美术出版社

唐老鸭·米老鼠①
徐国常译
龚珠、肖炫、宁英、陈湛复制
河北少年儿童出版社

唐老鸭·米老鼠②
徐国常译
肖炫、龚珠、宁英、陈湛复制
河北少年儿童出版社

动物世界 上
洛卡编　胡基明绘画
孙绍波封面
河北少年儿童出版社

动物世界 下
陈苗海编　冯念康绘画
孙绍波封面
河北少年儿童出版社

大猩猩过河（绿色知识童话丛书①）
刘业通编绘
河北美术出版社

小黑狗取经（绿色知识童话丛书②）
刘业通编文　宋虎立绘画
河北美术出版社

小猫养鱼（绿色知识童话丛书③）
刘业通编文　姬宝瑛绘画
河北美术出版社

小鸭鸭找妈妈（绿色知识童话丛书④）
刘业通编文　刘靖国绘画
河北美术出版社

狐狸的天书（绿色知识童话丛书⑤）
刘业通编绘
河北美术出版社

小花兔捞钥匙（绿色知识童话丛书⑥）
刘业通编文　徐让绘画
河北美术出版社

小熊猫进城（绿色知识童话丛书⑦）
刘业通编文　马寒松绘画
河北美术出版社

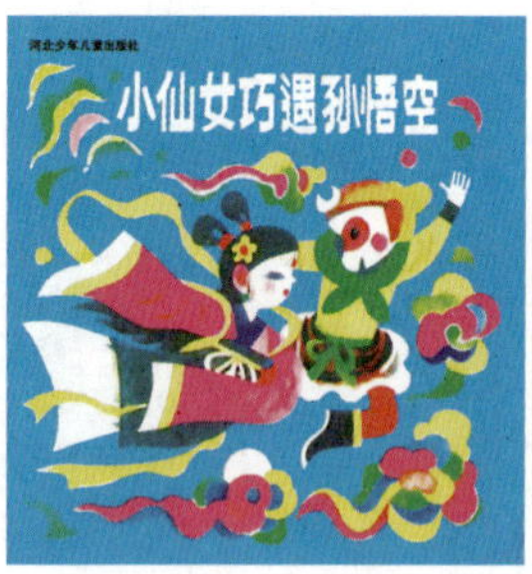

贪睡的小熊（绿色知识童话丛书⑧）
刘业通编文　曾佑瑄绘画
河北美术出版社

小仙女巧遇孙悟空
秋菊、重阳子编绘
河北少年儿童出版社

小仙女大战风娘娘
秋菊、重阳子编绘
河北少年儿童出版社

一休巧捉田鼠（好朋友卡通画库）
颜煦之编　周翔绘画
河北少年儿童出版社

唐老鸭空中遇险（好朋友卡通画库）
颜煦之编　洛卡绘画
河北少年儿童出版社

蓝精灵巨人（好朋友卡通画库）
颜煦之编　王祖民绘画
河北少年儿童出版社

武松放虎（好朋友卡通画库）
文娟编　尹其云绘画
河北少年儿童出版社

哪吒学艺（好朋友卡通画库）
颜煦之编　姜启才绘画
河北少年儿童出版社

孙悟空巧除金刚箍（好朋友卡通画库）
颜煦之编　潘小庆绘画
河北少年儿童出版社

小老虎（幼儿语言训练）
冯幽君文　卞家华绘画
河北少年儿童出版社

骑鲤鱼（幼儿语言训练）
钱德慈文　侯冠宾绘画
河北少年儿童出版社

花喜鹊
吴珹文
颜志强绘画
河北少年儿童出版社

摘星星
吴珹文
刘丽非绘画
河北少年儿童出版社

幼背古诗三十首（学前知识读物丛书）
雷光照编文
照恩、同宝、高涛等绘画
谷守纲封面
河北美术出版社

小学生日常行为规范
河北美术出版社

中学生日常行为规范
河北美术出版社

外国新妖精童话集
王敏、代红等译
郑绪良、王祖民等绘画
河北少年儿童出版社

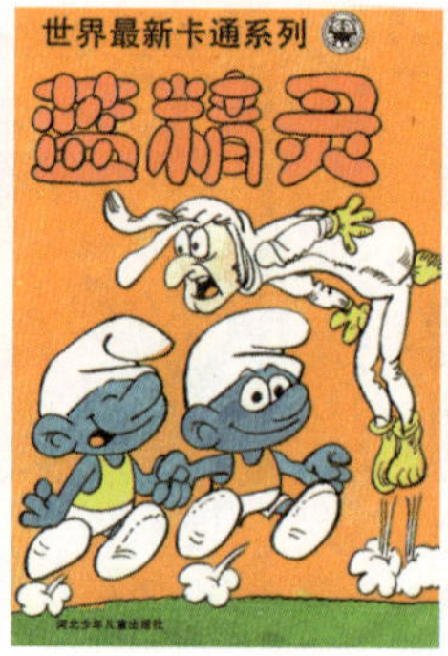

中国历史人物百图
曹玉声编绘
河北少年儿童出版社

机器猫（世界最新卡通系列）
白雪复制　侯冠宾封面
河北少年儿童出版社

怪物（世界最新卡通系列）
侯冠宾封面
河北少年儿童出版社

蓝精灵（世界最新卡通系列）
侯冠宾封面
河北少年儿童出版社

魔法少女（世界最新卡通系列）
白雪复制　侯冠宾封面
河北少年儿童出版社

阿童木（世界最新卡通系列）
白雪复制　侯冠宾封面
河北少年儿童出版社

岳雷（岳家小将）
罗波改编　项维仁绘画
项维仁封面
河北美术出版社

岳云（岳家小将）
孙中晓改编　窦世魁、窦世伟绘画
唐勇力封面
河北美术出版社

本年共出版连环画 60 种，其中河北美术出版社 37 种，河北少年儿童出版社 23 种。

1989 年

河北美术出版社的《西游记》连环画于本年度再次再版，新增绘了 1 册《寻访取经人》，并对其中 22 册的脚本文字进行了重新改编，封面、内页进行了重绘，俗称“89 版”。这一版本也是迄今为止改动最大的，至此冀版《西游记》连环画套书 36 册从数量上完成了定型。

魔爪脱险记
张沛然编文
孙泽良、孙小良绘画
马寒松封面
河北美术出版社

智胜众恶怪
张沛然编文
段纪夫、王敏绘画
马寒松封面
河北美术出版社

无草国救生记
张沛然编文
曹留夫绘画
马寒松封面
河北美术出版社

活尸的秘密
张沛然编文
张伯元、张子亮绘画
马寒松封面
河北美术出版社

三献琥珀球
张沛然编文
郭占魁、郭非绘画
马寒松封面
河北美术出版社

海底觅仇记
张沛然编文
徐茂林、徐霖绘画
马寒松封面
河北美术出版社

老鼠第一（十二属相故事画库）
张秀霞编文
徐克仁绘画
河北少年儿童出版社

金色鼠（十二属相故事画库）
张秀霞编文　徐光立绘画
徐光立封面
河北少年儿童出版社

“没用的小老鼠”（十二属相故事画库）
张秀霞编文　田风绘画
河北少年儿童出版社

聪明的小灰鼠（十二属相故事画库）
张秀霞编文　庄敏瑾绘画
河北少年儿童出版社

老鼠的来历（十二属相故事画库）
张秀霞编文
刘泽岱、徐谷安、徐通潮绘画
河北少年儿童出版社

神牛（十二属相故事画库）
保超编文　张连瑞绘画
卞疆封面
河北少年儿童出版社

卧牛城的传说（十二属相故事画库）
保超编文　朱振芳等绘画
朱振芳封面
河北少年儿童出版社

犏牛和山笛（十二属相故事画库）
保超编文　贾文涛、贾寅绘画
卞家华封面
河北少年儿童出版社

金牛店（十二属相故事画库）
保超编文　王迪绘画
卞家华封面
河北少年儿童出版社

牛犊和白姑娘（十二属相故事画库）
保超编文　五福、肖锋绘画
王峰封面
河北少年儿童出版社

八百老虎闹东京（十二属相故事画库）
博其木勒编文
张维信、墨墨绘画
王峰封面
河北少年儿童出版社

猛虎报恩（十二属相故事画库）
郑永俊编文　卞家华绘画
卞家华封面
河北少年儿童出版社

虎头鞋（十二属相故事画库）
郑永俊编文
大武、三宝绘画
卞家华封面
河北少年儿童出版社

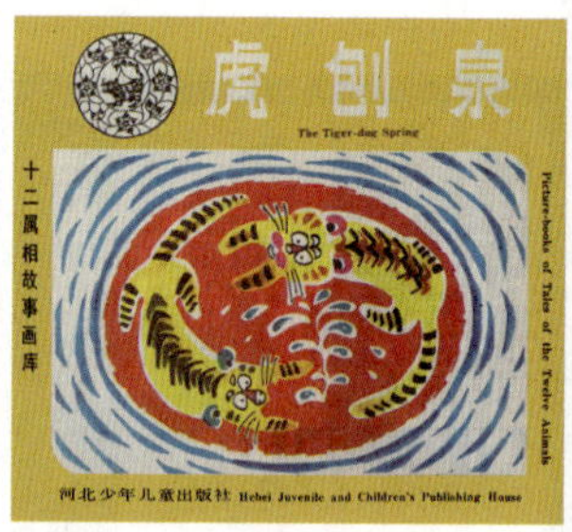

虎刨泉（十二属相故事画库）
博其木勒编文
李鸿飞、金子绘画
王峰封面
河北少年儿童出版社

老虎与孙真人（十二属相故事画库）
博其木勒编文
于大武等绘画　王峰封面
河北少年儿童出版社

小兔乖乖（十二属相故事画库）
白雨编文
冯聪英、洪涛绘画
王峰封面
河北少年儿童出版社

兔子和狼（十二属相故事画库）
白雨编文
季华、马玮征绘画
卞锐封面
河北少年儿童出版社

聪明的小兔子（十二属相故事画库）
白雨编文　傅晨曦绘画
王峰封面
河北少年儿童出版社

小白兔和狮子（十二属相故事画库）
白雨编文　裘兆明绘画
王峰封面
河北少年儿童出版社

玉兔姑娘（十二属相故事画库）
白雨编文　侯冠宾等绘画
侯冠宾封面
河北少年儿童出版社

秃尾巴青龙的故事（十二属相故事画库）
刘连源编文　侯冠宾绘画
侯冠宾封面
河北少年儿童出版社

火龙（十二属相故事画库）
博其木勒编文　曾佑瑄绘画
曾佑瑄封面
河北少年儿童出版社

红莲变龙（十二属相故事画库）
博其木勒编文
李玉春、李孟军绘画
河北少年儿童出版社

龙女巧夺赶山鞭（十二属相故事画库）
博其木勒编文
宁大明、张凤仪绘画
河北少年儿童出版社

龙女浴日（十二属相故事画库）
博其木勒编文
位丽封面　位丽绘画
河北少年儿童出版社

蛇郎（十二属相故事画库）
董侃编文　李午申绘画
唐平封面
河北少年儿童出版社

白蛇青蛇斗法海（十二属相故事画库）
马保超编文　董庆科绘画
董庆科封面
河北少年儿童出版社

蛇娘娘（十二属相故事画库）
马保超编文　谷照恩、谷静绘画
谷照恩封面
河北少年儿童出版社

蛇女（十二属相故事画库）
马保超编文
张玉良、王凤霞绘画
河北少年儿童出版社

蛇仔和阿宜（十二属相故事画库）
马保超编文
彭大立绘画
河北少年儿童出版社

宝马斗魔鬼（十二属相故事画库）
马保超编文
张洁、张少英绘画
河北少年儿童出版社

勇敢的云青马（十二属相故事画库）
马保超编文
梁建平、项春霞绘画
河北少年儿童出版社

白马告状（十二属相故事画库）
董侃编文
韩喜增绘画
河北少年儿童出版社

黑马除妖（十二属相故事画库）
董侃编文
张洁、张少英绘画
河北少年儿童出版社

草原上的金龙（十二属相故事画库）
马保超编文
韩壮绘画
河北少年儿童出版社

黑头羊（十二属相故事画库）
耿光编文　启才等绘画
王峰封面
河北少年儿童出版社

小羊和狼（十二属相故事画库）
耿光编文　胡宁娜、冯忆南绘画
冯忆南封面
河北少年儿童出版社

羊并不软弱（十二属相故事画库）
耿光编文　王祖民绘画
王峰封面
河北少年儿童出版社

盘羊的功劳（十二属相故事画库）
耿光编文　王晓宁绘画
王峰封面
河北少年儿童出版社

小山羊报仇（十二属相故事画库）
耿光编文　原小民绘画
卞锐封面
河北少年儿童出版社

猴子吃枣（十二属相故事画库）
幽君编文　赵东瑞绘画
卞锐封面
河北少年儿童出版社

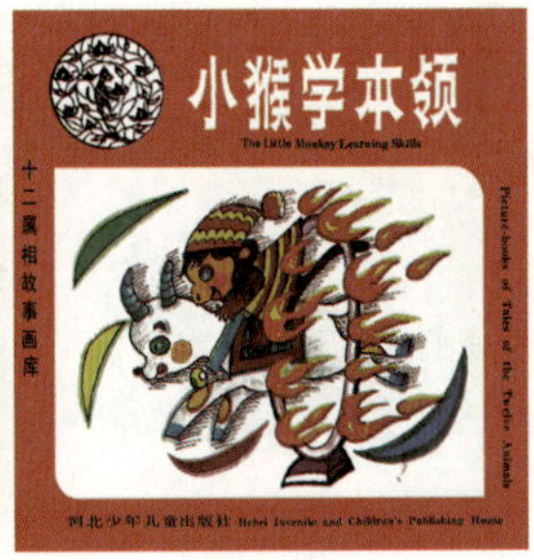

小猴学本领（十二属相故事画库）
幽君编文　房永明绘画
王峰封面
河北少年儿童出版社

小猴卖桃（十二属相故事画库）
幽君编文　孙泽良绘画
卞疆封面
河北少年儿童出版社

错怪了小猴（十二属相故事画库）
幽君编文　吕莎绘画
王峰封面
河北少年儿童出版社

猴子裁判员（十二属相故事画库）
幽君编文　吴大宪绘画
卞家华封面
河北少年儿童出版社

鸡姑娘（十二属相故事画库）
保超编文　段海云绘画
段海云封面
河北少年儿童出版社

下金蛋的母鸡（十二属相故事画库）
焕才编文　鹿泉、王峰绘画
王峰封面
河北少年儿童出版社

阿南和二姐（十二属相故事画库）
焕才编文　张健民绘画
王峰封面
河北少年儿童出版社

金鸡（十二属相故事画库）
保超编文　冯贵才、英华绘画
卞锐封面
河北少年儿童出版社

小鸡救母（十二属相故事画库）
焕才编文　李绍然等绘画
王峰封面
河北少年儿童出版社

天狗咬日月（十二属相故事画库）
克安编文　刘端、刘亚彪绘画
唐平封面
河北少年儿童出版社

猫狗结仇（十二属相故事画库）
克安编文
穆玮东绘画
河北少年儿童出版社

黄狗缉盗（十二属相故事画库）
克安编文　谷岩、同济绘画
唐平封面
河北少年儿童出版社

红绿宝豆（十二属相故事画库）
克安编文　谷爱萍绘画
谷爱萍封面
河北少年儿童出版社

三百神狗闹县衙（十二属相故事画库）
克安编文　张进军绘画
张进军封面
河北少年儿童出版社

白猪娶妻（十二属相故事画库）
马保超编文　韩伍、王启帆绘画
唐平封面
河北少年儿童出版社

黑黑和花姑（十二属相故事画库）
马保超编文　李培荣、冯有康绘画
河北少年儿童出版社

黑猪战恶狼（十二属相故事画库）
颂民编文
殷奇美等绘画
河北少年儿童出版社

海猪（十二属相故事画库）
马保超编文　蒋松涛绘画
河北少年儿童出版社

金猪娃（十二属相故事画库）
颂民编文　金渭昌绘画
河北少年儿童出版社

狐狸精作孽（中国著名神话故事）
王吉祥、张守勤改编
刘业通绘画
河北美术出版社

神哪吒惩凶（中国著名神话故事）
王吉祥、张守勤改编
刘靖国绘画
河北美术出版社

姜子牙拿妖（中国著名神话故事）
王吉祥、张守勤改编
赵金鸽绘画
河北美术出版社

西伯侯归国（中国著名神话故事）
王吉祥、张守勤改编
崔爱民绘画
河北美术出版社

黄飞虎反商（中国著名神话故事）
王吉祥、张守勤改编
周鹤龄绘画
河北美术出版社

杨二郎除魔（中国著名神话故事）
王吉祥、张守勤改编
苑诚心绘画
河北美术出版社

土行孙降周（中国著名神话故事）
王吉祥、张守勤改编
刘学民绘画
河北美术出版社

两王子丧命（中国著名神话故事）
王吉祥、张守勤改编
鑫森绘画
河北美术出版社

西岐兵东进（中国著名神话故事）
王吉祥、张守勤改编
徐光立绘画
河北美术出版社

商纣王自焚（中国著名神话故事）
王吉祥、张守勤改编
张冰洁绘画
河北美术出版社

小熊进城（拼音童话）
李新娟编文　李新娟注音
贾德江绘画
河北美术出版社

黑猫抓小偷（拼音童话）
李新娟编文　李新娟注音
刘德璋绘画
河北美术出版社

小熊学艺（拼音童话）
李新娟编文
峰华绘画
河北美术出版社

智斗狐狸（拼音童话）
李新娟编文
金燕平绘画
河北美术出版社

小白兔请医生（拼音童话）
张汝川编文　辛鑫注音
贾文涛绘画
河北美术出版社

小坏（世界卡通大王 1）
河北少年儿童出版社

小不点（世界卡通大王 1）
白雪描绘
河北少年儿童出版社

小武士（世界卡通大王 1）
河北少年儿童出版社

巴巴爸爸（世界卡通大王 1）
河北少年儿童出版社

动物故事会
里土编文
孙泽良、孙小兵绘画
河北美术出版社

小怪物太空奇遇记 上
辛力改编
马义宾、吴宏珂译
史斧振封面
河北美术出版社

小怪物太空奇遇记 下
辛力改编
马义宾、吴宏珂译
史斧振封面
河北美术出版社

夜光杯奇案㊤（小精灵新传 1）
王培堃编绘　王培堃封面
河北美术出版社

夜光杯奇案㊦（小精灵新传 2）
王培堃编绘　王培堃封面
河北美术出版社

劫机阴谋㊤（小精灵新传 3）
王培堃编绘　王培堃封面
河北美术出版社

劫机阴谋㊦（小精灵新传 4）
王培堃编绘　王培堃封面
河北美术出版社

神秘的潜艇（小精灵新传 5）
王培堃编绘　王培堃封面
河北美术出版社

智擒海盗（小精灵新传 6）
王培堃编绘　王培堃封面
河北美术出版社

大闹“海上乐园”（小精灵新传 7）
王培堃编绘　王培堃封面
河北美术出版社

“鲨鱼号”走私船（小精灵新传 8）
王培堃编绘　王培堃封面
河北美术出版社

真假夜光杯（小精灵新传 9）
王培堃编绘　王培堃封面
河北美术出版社

“蜘蛛王国”的陷落（小精灵新传 10）
王培堃编绘　王培堃封面
河北美术出版社

奇方化良木（济公后传）
李欣改编　张平等绘画
高中造封面
河北美术出版社

夜半抓刺客（济公后传）
李欣改编　贾铭等绘画
高中造封面
河北美术出版社

除妖捉凶犯（济公后传）
侯新书等改编
曹宝泉等绘画
高中造封面
河北美术出版社

降妖抗金兵（济公后传）
姜明等改编
高同宝等绘画
高中造封面
河北美术出版社

托梦惩赃官（济公后传）
晨光改编
刘业通等绘画
高中造封面
河北美术出版社

我的小怪物（世界最新卡通大王）
赵磊绘画　赵磊封面
河北科学技术出版社

黑鼠王国覆灭记
贾文涛、王立生、谷溪、桂英编绘
李志国封面
河北美术出版社

机智的毛驴（拼音童话）
李新娟编文
陈淑霞绘画
河北美术出版社

没有尾巴的狼（幼儿寓言）
谢扬改编
沈苑苑等绘画
河北美术出版社

狮子的诡计（幼儿寓言）
剑峰改编
张汝为等绘画
河北美术出版社

米老鼠和黑骑士
贺起龙译
方正等复制
河北美术出版社

米老鼠勇斗大巫师
贺起龙译
笑亭等复制
河北美术出版社

悟空和八戒 1 大战黑风怪·悟空收八戒
李欣改编　孙平、孙绍波绘画
刘泽岱封面
河北美术出版社

悟空和八戒 2 降服黄风怪·大闹通天河
李欣改编　毛用坤、毛小榆绘画
刘泽岱封面
河北美术出版社

悟空和八戒 3
过河收沙僧·白骨精和黄袍怪
张键改编
吕平、吕岩绘画
刘泽岱封面
河北美术出版社

悟空和八戒 4
真假宝葫芦·假唐僧现形
张键改编
张玉良、晨虹绘画
刘泽岱封面
河北美术出版社

悟空和八戒 5
二僧战蟒精·智盗紫金铃
晨晨改编
张木、张敏绘画
刘泽岱封面
河北美术出版社

悟空和八戒 6
比丘国除怪·无底洞捉妖
晨晨改编
张秋菊、王丰绘画
刘泽岱封面
河北美术出版社

悟空和八戒 7
智降红孩妖·三借芭蕉扇
晨光改编
杜建国、小铮绘画
刘泽岱封面
河北美术出版社

悟空和八戒 8 悟空除三怪
陈国英改编 魏天定、魏达绘画
刘泽岱封面
河北美术出版社

两个小公主(世界著名童话)
孙庆国改编 高中造绘画
高中造封面
河北美术出版社

三件魔宝(世界著名童话)
李庚月改编 臧永洁绘画
高中造封面
河北美术出版社

森林里的奇遇(世界著名童话)
翟建文改编 张进军绘画
高中造封面
河北美术出版社

神奇的蔬菜(世界著名童话)
翟建文改编 郭富贵绘画
高中造封面
河北美术出版社

魔豆(世界著名童话)
孙庆国改编 彭国昌绘画
高中造封面
河北美术出版社

牛郎织女(中国四大民间传说)
新姿文
郭富贵绘画
河北少年儿童出版社

孟姜女的传说(中国四大民间传说)
华姿文
杨永青绘画
河北少年儿童出版社

白蛇传（中国四大民间传说）
刘宁波文　庄家汉绘画
河北少年儿童出版社

梁山伯与祝英台（中国四大民间传说）
刘宁波文　杨永青绘画
河北少年儿童出版社

中国四大民间传说
新姿等文
郭富贵等绘画
河北少年儿童出版社

小河马——卡通系列 1
安康译
赵磊、赵红英复制
河北人民出版社

小河马——卡通系列 2
安康译
赵磊、赵红英复制
河北人民出版社

小河马——卡通系列 3
安康译
赵磊、赵红英复制
河北人民出版社

小河马——卡通系列 4
安康译
赵磊、赵红英复制
河北人民出版社

我的小怪物（世界卡通）
王阳绘画　王阳封面
河北科学技术出版社

狼和七只小山羊（世界童话名著连环画丛书 1）
张锡杰译
王建华校
河北少年儿童出版社

白雪公主（世界童话名著连环画丛书 2）
张锡杰译
王建华校
河北少年儿童出版社

猴子和螃蟹的故事（世界童话名著连环画丛书 3）
张锡杰译
王建华校
河北少年儿童出版社

聪明的一休（世界童话名著连环画丛书 4）
张锡杰译
王建华校
河北少年儿童出版社

拇指姑娘（世界童话名著连环画丛书 5）
张锡杰译
王建华校
河北少年儿童出版社

黑孩桑巴（世界童话名著连环画丛书 6）
张锡杰译
王建华校
河北少年儿童出版社

浦岛太郎（世界童话名著连环画丛书 7）
张锡杰译
王建华校
河北少年儿童出版社

三只小猪（世界童话名著连环画丛书 8）
张锡杰译
王建华校
河北少年儿童出版社

卖火柴的小女孩（世界童话名著连环画丛书9）
张锡杰译
王建华校
河北少年儿童出版社

玛娅历险记（世界童话名著连环画丛书 11）
张锡杰译
王建华校
河北少年儿童出版社

灰姑娘（世界童话名著连环画丛书 6）
张锡杰译
王建华校
河北少年儿童出版社

草帽菩萨（世界童话名著连环画丛书 12）
张锡杰译
王建华校
河北少年儿童出版社

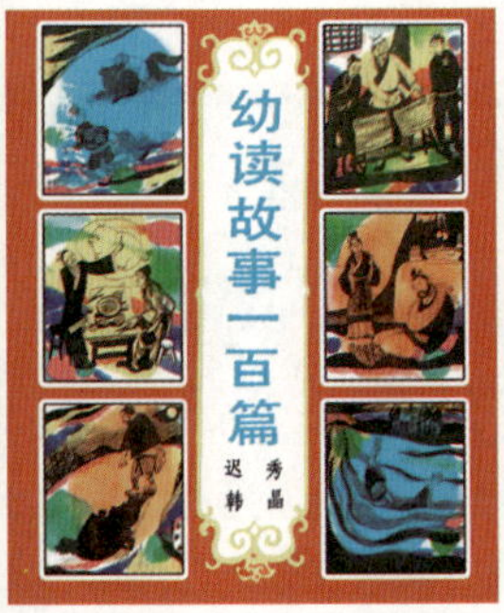

幼读故事一百篇
迟秀、韩晶改编
季酉辰、辛鹤江、贺保银等绘画
花山文艺出版社

机器猫画传　第 1 辑
邢春玲译写
王峰等绘画
河北少年儿童出版社

机器猫画传　第 2 辑
邢春玲译写
王峰等绘画
河北少年儿童出版社

机器猫画传　第 3 辑
邢春玲译写
王峰等绘画
河北少年儿童出版社

机器猫画传　第 4 辑
邢春玲译写
王峰等绘画
河北少年儿童出版社

猴王出世（西游记之一）
吴承恩原著　戈兵改编
王学明绘画　王怀骐封面
河北美术出版社

龙宫借宝（西游记之二）
吴承恩原著　尚羡智改编
高同宝绘画　李文侠封面
河北美术出版社

齐天大圣（西游记之三）
吴承恩原著　来诵芬改编
刘汉宗绘画　胡若佛封面
河北美术出版社

蟠桃宴（西游记之四）
吴承恩原著　戈兵改编
辛鹤江绘画　王怀骐封面
河北美术出版社

寻访取经人（西游记之五）
吴承恩原著　戈兵改编
刘业通绘画　王怀骐封面
河北美术出版社

紧箍咒（西游记之六）
吴承恩原著　戈兵改编
郭富贵绘画　胡若佛封面
河北美术出版社

收白龙马（西游记之七）
吴承恩原著　戈兵改编
牛双印、王悦民绘画　李振球封面
河北美术出版社

黑风山（西游记之八）
吴承恩原著　李新改编
潘真绘画　魏为封面
河北美术出版社

高老庄（西游记之九）
吴承恩原著　李新改编
张洁绘画
河北美术出版社

黄风岭（西游记之十）
吴承恩原著　潘勤梦改编
池振亚绘画
河北美术出版社

流沙河（西游记之十一）
吴承恩原著　石峰改编
高同宝绘画　李振球封面
河北美术出版社

万年人参果（西游记之十二）
吴承恩原著　戈兵改编
乔庆余绘画　李文侠封面
河北美术出版社

波月洞（西游记之十三）
吴承恩原著　郭烽明改编
刘汉宗绘画　王怀骐封面
河北美术出版社

平顶山（西游记之十四）
吴承恩原著　李新改编
刘端绘画　胡若佛封面
河北美术出版社

真假唐僧（西游记之十五）
吴承恩原著　李新改编
李小柱、牛亚萍绘画　胡若佛封面
河北美术出版社

火云洞（西游记之十六）
吴承恩原著　张建改编
张增木绘画　李文侠封面
河北美术出版社

黑水河（西游记之十七）
吴承恩原著　李彦君改编
张冰洁绘画　张冰洁封面
河北美术出版社

除三怪（西游记之十八）
吴承恩原著　曹治淮改编
郭占魁绘画　胡勃封面
河北美术出版社

大闹通天河（西游记之十九）
吴承恩原著　郭烽明改编
刘凌沧绘画　李文侠封面
河北美术出版社

金兜洞（西游记之二十）
吴承恩原著　李建新改编
刘海志绘画　李文侠封面
河北美术出版社

女儿国（西游记之二十一）
吴承恩原著　陈平夫改编
钱笑呆、曹增潮绘画
河北美术出版社

真假孙悟空（西游记之二十二）
吴承恩原著　张建改编
李振球绘画　胡若佛封面
河北美术出版社

三盗芭蕉扇（西游记之二十三）
吴承恩原著　卢光照改编
任率英绘画　王怀骐封面
河北美术出版社

伏龙寺（西游记之二十四）
吴承恩原著　张建改编
谷中良绘画
河北美术出版社

小雷音寺（西游记之二十五）
吴承恩原著　张建改编
史斧振绘画
河北美术出版社

七绝山（西游记之二十六）
吴承恩原著　陈廷一改编
刘振源绘画　胡勃封面
河北美术出版社

计盗紫金铃（西游记之二十七）
吴承恩原著　陈廷一改编
王树立绘画　胡勃封面
河北美术出版社

盘丝洞（西游记之二十八）
吴承恩原著　陈廷一改编
张冰洁、吕平绘画　胡勃封面
河北美术出版社

智战三魔（西游记之二十九）
吴承恩原著　张绍旻改编
张增木绘画　胡勃封面
河北美术出版社

比丘国（西游记之三十）
吴承恩原著　陈廷一改编
周鹤龄绘画　李振球封面
河北美术出版社

无底洞（西游记之三十一）
吴承恩原著　张绍旻改编
高同宝绘画　王怀骐封面
河北美术出版社

连环洞（西游记之三十二）
吴承恩原著　陈平夫改编
宗静风、宗静草、周静秋绘画
河北美术出版社

悟空斗狮精（西游记之三十三）
吴承恩原著　刘树强改编
陆新森、吕振敏绘画　李文侠封面
河北美术出版社

玄英洞（西游记之三十四）
吴承恩原著　徐英杰改编
钟志宏绘画　胡勃封面
河北美术出版社

天竺国（西游记之三十五）
吴承恩原著　陈平夫改编
彭国昌绘画　胡勃封面
河北美术出版社

灵山参佛祖（西游记之三十六）
吴承恩原著　王计祥改编
张玉良绘画　魏为封面
河北美术出版社

思想品德课辅助画册①
彭秋水等改编
徐占明等绘画
杨沛封面
河北美术出版社

思想品德课辅助画册③
刘瑾等改编
王学明等绘画
杨沛封面
河北美术出版社

思想品德课辅助画册⑤
何福魁等改编
施胜辰等绘画
杨沛封面
河北美术出版社

思想品德课辅助画册⑦
卢书静等改编
陈继荣等绘画
杨沛封面
河北美术出版社

思想品德课辅助画册⑨
赵秀娥等改编
段金鑫等绘画
杨沛封面
河北美术出版社

思想品德课辅助画册⑪
封秋昌改编
崔爱民等绘画
杨沛封面
河北美术出版社

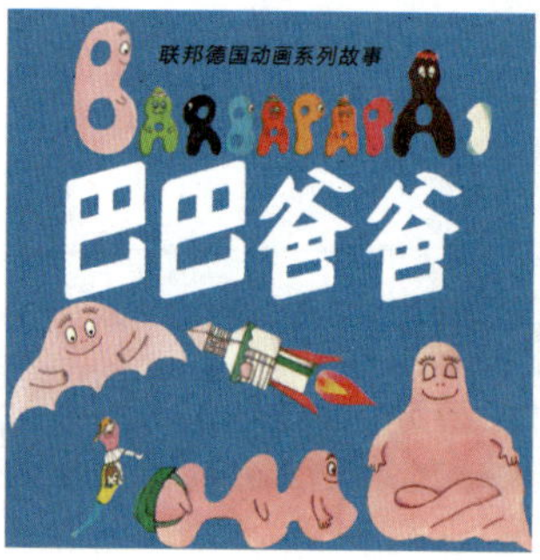

巴巴爸爸 1（联邦德国动画系列故事）
罗申、争鸣、吕岩编绘
金燕平封面
河北美术出版社

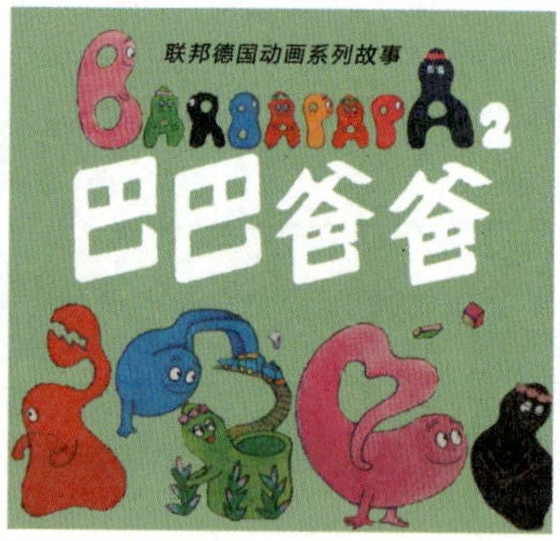

巴巴爸爸 2（联邦德国动画系列故事）
罗申、争鸣、吕岩编绘
金燕平封面
河北美术出版社

巴巴爸爸 3（联邦德国动画系列故事）
晓园、高爽、园艺编绘
金燕平封面
河北美术出版社

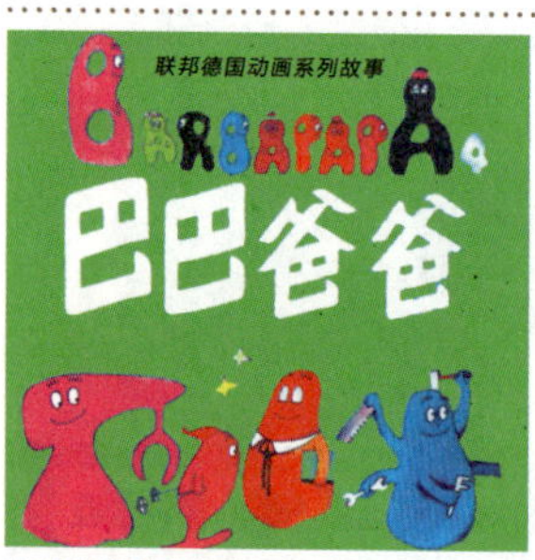

巴巴爸爸 4（联邦德国动画系列故事）
晓园、高爽、园艺编绘
金燕平封面
河北美术出版社

超级金刚 ①
林旬改编 伟芳等绘画
贺凯封面
河北少年儿童出版社

超级金刚 ②
林旬改编 伟芳等绘画
贺凯封面
河北少年儿童出版社

超级金刚 ③
林旬改编 伟芳等绘画
贺凯封面
河北少年儿童出版社

"收费"做好事（系列动画故事画库）
晓园改编　诚心绘画
河北美术出版社

逃出怪物岛（系列动画故事画库）
诚心改编　鑫森绘画
河北美术出版社

吃馅饼比赛（系列动画故事画库）
晓园改编　刘业通绘画
河北美术出版社

谁捡谁要（系列动画故事画库）
晓园改编　双印绘画
河北美术出版社

小怪物上学（系列动画故事画库）
晓园改编　小明、小芸绘画
河北美术出版社

大脚小朋友（系列动画故事画库）
晓园改编　周鹤龄绘画
河北美术出版社

小怪物的生日（系列动画故事画库）
晓园改编　崔爱民绘画
河北美术出版社

小怪物的心上人（系列动画故事画库）
晓园改编　赵金鸽绘画
河北美术出版社

冲浪冠军（系列动画故事画库）
晓园改编　刘靖国绘画
河北美术出版社

电视明星（系列动画故事画库）
晓园改编
刘学明绘画
河北美术出版社

刀劈魏霸头（黑龙突击队之一）
晨光改编　马寒松绘画
张杰封面
河北美术出版社

家破投八路（黑龙突击队之二）
晨光改编　宋虎立绘画
张杰封面
河北美术出版社

机智救兰嫂（黑龙突击队之三）
晨光改编　秘景超绘画
张杰封面
河北美术出版社

苇塘巧周旋（黑龙突击队之四）
晨光改编　痴野绘画
张杰封面
河北美术出版社

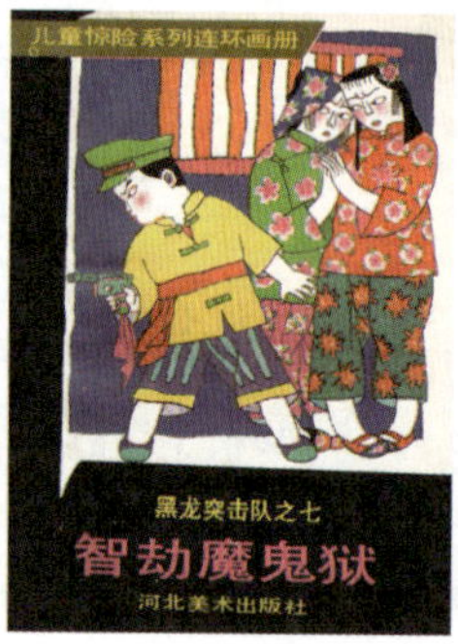

巧除聂叛徒（黑龙突击队之五）
晨光改编　安文生绘画
张杰封面
河北美术出版社

狱中斗敌顽（黑龙突击队之六）
晨光改编　吕振敏绘画
张杰封面
河北美术出版社

智劫魔鬼狱（黑龙突击队之七）
晨光改编徐光立绘画
张杰封面
河北美术出版社

魔穴攻坚战（黑龙突击队之八）
晨光改编　曹留夫绘画
张杰封面
河北美术出版社

飞马擒小野（黑龙突击队之九）
晨光改编
吴冰绘画　张杰封面
河北美术出版社

小熊猫不哭了 1（团结有爱的故事）
沛然改编　施蔚绘画
河北美术出版社

大家来扫雪 2（助人为乐的故事）
沛然改编　冀维静绘画
河北美术出版社

两只小青鸟 3（学有恒心的故事）
朴建忠改编　枫然绘画
河北美术出版社

美美与兰兰 4（知错就改的故事）
梁大明改编　吴带生绘画
河北美术出版社

欢欢与慌慌 5（诚实做人的故事）
梁大明改编　姜成安绘画
河北美术出版社

幼背唐诗百首
黄培需、傅开沛选译
郑庆衡、王学明、刘进安等绘画
河北美术出版社

幼读古词一百首
金健编注
龙振海、张亚力、董庆科、痴野绘画
河北少年儿童出版社

本年是河北省连环画出版史上的最高峰，共出版连环画 225 种，其中河北美术出版社 129 种，河北少年儿童出版社 89 种，河北人民出版社 4 种，河北科学技术出版社 2 种，花山文艺出版社 1 种。

20 世纪 80 年代，连环画的创作出版再次出现高峰。1980 年至 1989 年河北省的连环画出版事业空前繁荣，共出版各类连环画 996 种。特别是河北美术出版社，以发生在华北老区各个历史时期的革命斗争故事，党的十一届三中全会以来各条战线涌现的反映大好形势的文学作品，带有河北地方风物特点的名胜古迹和传说故事为重点推出了一系列经典作品。除此之外，经典题材的连环画作品继续出版，《红旗谱》《大刀记》《新儿女英雄传》《黄河东流》《青春之歌》《平原枪声》《回民支队》《解放石家庄》《烈火金钢》《运河英豪》《赌据的风波》《西游记》《杨家将》《呼家将》《哪吒》《秦西汉故事》《小精灵画传》《长发妹》《黄粱梦》《贪泉》《黄头郎》《铁拐李和景州塔》《怒斩关平》等，都是这一时期河北美术出版社推出的连环画佳作，为广大读者提供了丰富的精神食粮。

1980年—1989年冀版连环画汇总

1980年冀版连环画汇总

序号	书名	原著	文	图	封面	开本	版次印次	印数	定价（元）	书号	页数	出版社
1	满江红		张春峰	汪玉山	刘旦宅	64	1980年1月第2版	1—2,480,000	0.10	8086·1181	75	河北人民出版社
	备注：本书因换社，较62版书号、开本和定价有变，内容一致。											
2	齐天大圣		来诵芬	刘汉宗	胡若佛	64	1980年1月第2版	1—3,140,000	0.10	8086·1183	70	河北人民出版社
	备注：本书为《西游记》之三。											
3	小熊分饼		叶飞	叶飞		64	1980年2月第1版	1—900,000	0.07	8086·1151	16	河北人民出版社
	备注：本书包含《小熊分饼》8页，《猴子摘包谷》8页。											
4	鲁滨孙（逊）飘（漂）流记	笛福	李建新	黄云松	黄云松	64	1980年2月第1版	1—1,690,000	0.20	8086·1180	174	河北人民出版社
	备注：本书获1981年第二届全国连环画评奖文学脚本二等奖。											
5	田田采蜜		张从海	张庚		64	1980年2月第1版	1—468,000	0.08	8086·1179	58	河北人民出版社
6	古代笑话选（上）		穆莱	白庚延 杨德树 郭明志		32	1980年2月第1版	1—225,000	0.27	R10086·467	105	河北人民出版社
7	真假唐僧		潘勤孟	汪玉山 汪继远	胡若佛	64	1980年2月第2版	1—3,110,000	0.10	8086·1182	70	河北人民出版社
	备注：本书为《西游记》之十四。											
8	淘气猴		田真	张庚		40	1980年3月第1版	1—450,000	0.13	8086·1152	17	河北人民出版社
	备注：本书包含《蜻蜓姑娘》，田真诗，张庚画；《大公鸡和扁嘴鸭》，张庚编绘；《淘气猴》，张庚编绘，共3个故事。											
9	叱咤风云		徐英杰	朱贻德 宋宏刚		64	1980年3月第1版	1—688,000	0.13	8086·1184	102	河北人民出版社
10	花果山取经记		李亮	浦稼祥	浦泳	64	1980年3月第1版	1—2,000,000	0.08	8086·1187	46	河北人民出版社
11	哪吒闹海		抒晨 光明	史久仁		64	1980年3月第1版	1—2,250,000	0.18	8086·1186	46	河北人民出版社
12	小粗心	施冬	陆新森	陆新森		64	1980年5月第1版	1—130,000	0.09	8086·1195	39	河北人民出版社
13	望日莲	徐光耀	周贵良	张冰洁		64	1980年5月第1版	1—465,000	0.09	8086·1193	66	河北人民出版社

（续表）

序号	书名	原著	文	图	封面	开本	版次印次	印数	定价（元）	书号	页数	出版社
14	紧箍咒		卢光照	盛锡珊	胡若佛	64	1980年5月 第2版	1— 2,000,000	0.11	8086·1192	72	河北人民出版社
	备注：本书为《西游记》之五，内页较老版减少1页。											
15	真假 孙悟空		陈平夫	宗静风 周静秋	胡若佛	64	1980年5月 第1版	1— 2,000,000	0.12	8086·1190	80	河北人民出版社
	备注：本书为《西游记》之二十一，内页较老版减少1页。											
16	天竺国		陈平夫	郑家声	胡若佛	64	1980年5月 第2版	1— 2,000,000	0.14	8086·1191	95	河北人民出版社
	备注：本书为《西游记》之三十四。											
17	小金马 （上册）		李涌	增哲 志丰 付贵 连启		64	1980年6月 第1版	1—240,000	0.16	8086·1202	134	河北人民出版社
18	小山鹰和 老野兔		曹治淮	符世深		64	1980年6月 第1版	1—152,000	0.18	8086·1196	46	河北人民出版社
19	捕鲸记	李庆仁 车书敏		李庆仁 车书敏	李庆仁 车书敏	40	1980年6月 第1版	1—47,000	0.20	8086·1071	26	河北人民出版社
20	黑风山	吴承恩	来诵芬	张鹿山	胡若佛	64	1980年6月 第2版	1— 2,000,000	0.14	8086·1200	94	河北人民出版社
	备注：本书为《西游记》之七。											
21	高老庄	吴承恩	卢光照	陈缘督 朱丹枫		64	1980年6月 第2版	1— 1,500,000	0.10	8086·1198	54	河北人民出版社
	备注：本书为《西游记》之八。											
22	比丘国	吴承恩	陈平夫	叶之浩 徐进		64	1980年6月 第2版	1— 1,500,000	0.11	8086·1197	60	河北人民出版社
	备注：本书为《西游记》之二十九。											
23	连环洞		陈平夫	宗静风 宗静草 周静秋		64	1980年6月 第2版	1— 2,000,000	0.11	8086·1189	69	河北人民出版社
	备注：本书为《西游记》之三十一。											
24	神圣的使命	王亚平	贾梦元 单纪兰	张增木	张增木	64	1980年7月 第1版	1—80,000	0.15	8086·1276	118	河北人民出版社
25	滨海谍案	牟怀柯	张健	陆汝浩	魏魁仲	64	1980年7月 第1版	1—800,000	0.10	8086·1201	75	河北人民出版社
26	森林打猎记		李庆奎	张辛国	刘海志	64	1980年7月 第1版	1—190,000	0.09	8086·1206	62	河北人民出版社

（续表）

序号	书名	原著	文	图	封面	开本	版次印次	印数	定价（元）	书号	页数	出版社
27	掏鼠洞	崔洪昌	李建新	崔建设	龚定平	64	1980年7月第1版	1—150,000	0.10	8086・1217	70	河北人民出版社
28	不平常的遭遇	陈登科等	童介眉	童介眉	魏小明	64	1980年7月第1版	1—80,000	0.09	8086・1301	61	河北人民出版社
29	神秘的马希纳	卡尔・汉茨・图瑟	泉水 国信 立志	刘世铎	刘世铎	64	1980年7月第1版	1—65,000	0.11	8086・1219	78	河北人民出版社
30	大桥争夺战	湛芳	张绍旻	吴成槐	徐波	64	1980年8月第1版	1—900,000	0.16	8086・1204	134	河北人民出版社
31	黄河东流	李准	冬人	李重新	李重新	64	1980年8月第1版	1—20,000	0.23	8086・1273	206	河北人民出版社
32	两个小八路	李心田	赵春堂	赵春堂 季源业		64	1980年8月第1版	1—600,000	0.15	8086・1205	118	河北人民出版社
33	胖胖		彭国良	彭国良	彭国良	64	1980年8月第1版	1—120,000	0.12	8086・1208	79	河北人民出版社
34	转战陕北		本吉　阳子	杜滋龄 刘希立	赵贵德	64	1980年8月第1版	1—800,000	0.14	8086・1207	110	河北人民出版社
35	女儿国	吴承恩	陈平夫	钱笑呆 曹增潮		64	1980年8月第2版	1—1,500,000	0.16	8086・1199	106	河北人民出版社
	备注：本书为《西游记》之二十。											
36	孤胆英雄岩龙		律已	张永太		64	1980年9月第1版	1—200,000	0.09	8086・1274	62	河北人民出版社
37	奇冤一案	肖平	张光奎	邓泰和	刘海志	64	1980年10月第1版	1—171,000	0.09	8086・1321	62	河北人民出版社
38	三次突击		陈廷一	吴绍人 牟建兵		64	1980年10月第1版	1—241,000	0.09	8086・1322	66	河北人民出版社
39	金马驹		杨畅	乔庆余	乔庆余	40	1980年10月第1版	1—15,800	0.27	8086・1275	38	河北人民出版社
40	小松鼠调查记		耿守忠	姜成安 吴带生		48	1980年10月第1版	1—16,150	0.24	8086・1297	45	河北人民出版社
41	勤俭的二小		张志勇	谷照恩		64	1980年10月第1版	1—90,000	0.11	8086・1320	62	河北人民出版社
42	小白兔不上当		沈寂等	庄敏瑾等	庄敏瑾	64	1980年10月第1版	1—52,300	0.10	8086・1314	62	河北人民出版社
	备注：本书包含《小白兔不上当》23页；《小白兔和小灰兔》22页，嵇鸿编文，何玉门绘画；《黄花鱼和龙头鱼》17页，鲁克编文，金诚、正兴绘画。											

（续表）

序号	书名	原著	文	图	封面	开本	版次印次	印数	定价（元）	书号	页数	出版社
43	飞向冥王星的人	叶永烈	徐英杰	王双贵	王双贵	64	1980年10月第1版	1—55,600	0.15	8086·1319	118	河北人民出版社
44	小灵通漫游记		纪元瑶 贾启森	朱延龄	朱延龄	40	1980年11月第1版	1—13,700	0.39	8086·1218	70	河北人民出版社
45	一场拳击	于方明	许同祥 姜中雄	姜中雄	郝玉明	64	1980年11月第1版	1—86,000	0.08	8086·1332	54	河北人民出版社
46	遇险逢亲人	成星	王瑞华	解永钧	解永钧	64	1980年11月第1版	1—78,200	0.09	8086·1300	62	河北人民出版社
47	县太爷挨打		张存杰	张文学 史斧振等	刘端	64	1980年11月第1版	1—139,800	0.10	8086·1312	59	河北人民出版社
	备注：本书包含《县太爷挨打》14页；《请东家》23页，刘端绘画；《认榜文》13页，张文学绘画；《追画饼》9页，潘真绘画，共4个故事。											
48	小明的奇遇	郭治	杜勤来	关景宇 赵宝林	温海平	64	1980年11月第1版	1—43,100	0.08	8086·1299	54	河北人民出版社
49	古代笑话选（下）		穆莱	黄全昌 黄全风 麦荣邦		32	1980年11月第1版	1—248,000	0.20	R10086·522	71	河北人民出版社
50	成语图画故事（二）		张帆	王亦秋等	孟庆江	64	1980年12月第1版	1—38,000	0.17	8086·1333	126	河北人民出版社
	备注：本书包含《入木三分》《按图索骥》《狐假虎威》等24个小故事。											
51	将相和		韩广源	王学明		64	1980年12月第1版	1—209,900	0.10	8086·1327	62	河北人民出版社
52	乒坛名将容国团		艾立国	艾民有 吴燕生	吴燕生	64	1980年12月第1版	1—42,000	0.11	8086·1330	86	河北人民出版社
53	司马迁		武锋 冯新广	陈冬至		64	1980年12月第1版	1—101,000	0.16	8086·1335	110	河北人民出版社
54	小花学本领		杨楠	陈永镇		64	1980年12月第1版	1—51,000	0.20	8086·1350	48	河北人民出版社
	备注：本书包含《小花学本领》30页；《小猴错在哪》18页，刘心武编文，王里绘画。											

1981年冀版连环画汇总

序号	书名	原著	文	图	封面	开本	版次印次	印数	定价（元）	书号	页数	出版社
1	珍禽异兽		张寿彭	任国兴		48	1981年1月第1版	1—24, 100	0. 15	8086・1331	21	河北人民出版社
2	牛郎织女		张键	刘汉宗	杨德树	64	1981年1月第1版	1—180, 000	0. 11	8086・1345	78	河北人民出版社
3	云雨星的故事		胡天启	双印	双印	64	1981年1月第1版	1—180, 000	0. 08	8086・1353	46	河北人民出版社
4	黄鼬之谜		王启中	王启中 马迎波 曹淑之	陆新森	64	1981年1月第1版	1—150, 000	0. 20	8086・1356	46	河北人民出版社
5	长翅膀的猫	忻趵	陈镒康	毛用坤	胡永凯	64	1981年1月第1版	1—44, 000	0. 10	8086・1337	57	河北人民出版社
	备注：本书包含《长翅膀的猫》34页；《小白鸽咕咕》23页，励艺夫编文，张健民、郭占魁绘画。											
6	红楼梦插图集		张鸿林	戴敦邦		24	1981年2月第1版	1—15, 000	1. 30	8086・1321	36	河北人民出版社
7	七绝山	吴承恩	陈平夫	池振亚		64	1981年2月第2版	1—1, 630, 000	0. 09	8086・1348	59	河北人民出版社
	备注：本书为《西游记》之二十五。											
8	计盗紫金铃	吴承恩	陈平夫	池振亚	胡若佛	64	1981年2月第2版	1—1, 580, 000	0. 16	8086・1339	114	河北人民出版社
	备注：本书为《西游记》之二十六。											
9	盘丝洞	吴承恩	卢光照	胡若佛	胡若佛	64	1981年2月第2版	1—1, 635, 000	0. 09	8086・1340	51	河北人民出版社
	备注：本书为《西游记》之二十七，内页较老版减少1页。											
10	秦香莲		杨兆祥	罗希贤	施大畏	64	1981年2月第1版	1—240, 000	0. 17	8086・1346	126	河北人民出版社
11	猴弟弟		王森	吴儆芦		40	1981年2月第1版	1—75, 000	0. 13	8086・1351	16	河北人民出版社
12	狐狸的故事		孟敏	谷守纲		48	1981年3月第1版	1—48, 500	0. 12	8086・1323	44	河北人民出版社
	备注：本书包含《狐狸为王》《狐狸的悲剧》《狐狸的死》3个故事。											
13	长平之战		韩广源	王树立	王树立	64	1981年3月第1版	1—211, 000	0. 11	8086・1341	76	河北人民出版社
14	火云洞	吴承恩	李白英	池振亚		64	1981年3月第2版	1—1, 540, 000	0. 12	8086・1349	86	河北人民出版社
	备注：本书为《西游记》之十五，内页较老版减少2页。											

（续表）

序号	书名	原著	文	图	封面	开本	版次印次	印数	定价（元）	书号	页数	出版社
15	密林枪声		曹积三	李林祥	王百顺	64	1981年3月第1版	1—155, 000	0.09	8086·1352	62	河北人民出版社
16	小马虎历险"疏忽国"		陈镒康	杜建国 毛用坤		64	1981年3月第1版	1—85, 000	0.12	8086·1354	70	河北人民出版社
	备注：本书包含《明明逛动物园》30页，荆其柱编文，乐小英绘画。											
17	新儿女英雄传（上）	孔厥 袁静	李大振	辛鹤江	魏魁仲	64	1981年3月第1版	1—855, 000	0.20	8086·1355	170	河北人民出版社
18	大战鸳鸯泺		李宝柱	孟喜元		64	1981年3月第1版	1—230, 000	0.11	8086·1357	86	河北人民出版社
19	仙乳泉		肖甘牛	王培堃 杨永琚	胡永凯	64	1981年3月第1版	1—620, 000	0.12	8086·1434	87	河北人民出版社
20	播火记（上）	梁斌	尚羡智	刘端	刘端	64	1981年3月第1版	1—600, 000	0.22	8086·1443	194	河北人民出版社
21	张老贵打鱼	王中年	曹继铎	陆新森	陆新森	64	1981年4月第1版	1—660, 000	0.08	8086·1363	46	河北人民出版社
22	伏龙寺		陈平夫	张鹿山		64	1981年5月第2版	1—800, 000	0.10	8086·1365	62	河北人民出版社
	备注：本书为《西游记》之二十三。											
23	小雷音寺	吴承恩	路哥	陈云波		64	1981年5月第2版	1—850, 000	0.10	8086·1367	63	河北人民出版社
	备注：本书为《西游记》之二十四，较老版封面发生镜像反转。											
24	回民支队（上）		刘树强	夏连雨 陈洪亮	魏魁仲	64	1981年5月第1版	1—670, 000	0.17	8086·1366	150	河北人民出版社
25	沙海明珠	哲中	海力	刘鸿魁 潘丁丁	陈承齐 安耀华	64	1981年5月第1版	1—48, 000	0.10	8086·1370	77	河北人民出版社
26	酒店里的恶狗	根据中国古代寓言故事	封秋昌	陈惠冠等	王怀骐	64	1981年5月第1版	1—150, 000	0.12	8086·1438	86	河北人民出版社
	备注：本书包含《酒店里的恶狗》《高帽子》《钓鱼》等13个小故事。											
27	宝莲灯	昌言	焦玉峰 张家聚 高化民	雷金池	雷金池	64	1981年5月第1版	1—100, 000	0.15	8086·1442	110	河北人民出版社
28	大刀记（3）	郭澄清	孟阳 绍旻	陈继荣	陈继荣	64	1981年6月第1版	1—120, 000	0.20	8086·1369	174	河北人民出版社
29	活捉敌司令		金宝仁	韦丁宁	魏魁仲	64	1981年6月第1版	1—280, 000	0.14	8086·1372	110	河北人民出版社

（续表）

序号	书名	原著	文	图	封面	开本	版次印次	印数	定价（元）	书号	页数	出版社
30	“明天”的故事		李才雍	王莹		48	1981年6月第1版	1—50,000	0.14	8086·1373	27	河北人民出版社
	备注：本书包含《大脑门哥哥》10页。											
31	红旗谱	梁斌	尚羡智	王怀骐	王怀骐	64	1981年6月第1版	1—231,000	0.23	8086·1374	201	河北人民出版社
	备注：本书获1984年第六届全国美展连环画铜奖，1986年第三届全国连环画评奖绘画荣誉三等奖、文学脚本二等奖，1991年全国美术图书评奖铜奖。											
32	含羞草	刘绍棠	刘绳	田茂怀	龚定平	64	1981年6月第1版	1—80,000	0.09	8086·1375	70	河北人民出版社
33	白蛇传	田汉	张绍旻	王建 王月琴	王建	64	1981年6月第1版	1—200,000	0.16	8086·1436	118	河北人民出版社
34	野火春风斗古城（上）	李英儒	戈兵	马廷奎 马铭	刘海志	64	1981年6月第1版	1—610,000	0.19	8086·1437	166	河北人民出版社
35	女游击队长	李英儒	刘绳	王飒	王飒	64	1981年6月第1版	1—751,000	0.17	8086·1439	142	河北人民出版社
36	中中错在哪里？		查洪燮	吴儆芦 章观年		40	1981年6月第1版	1—112,000	0.15	8086·1440	18	河北人民出版社
37	舞台枪声		何延虹	魏魁仲	魏魁仲	64	1981年6月第1版	1—720,000	0.11	8086·1441	86	河北人民出版社
38	小金马（下）		李涌	增哲 付贵 志丰 连启		64	1981年6月第1版	1—235,000	0.16	8086·1470	134	河北人民出版社
39	玫瑰香奇案		周康渝	何保全 梁洪德	何保全	64	1981年6月第1版	1—1,230,000	0.13	8086·1474	110	河北人民出版社
40	三过八路屋	魏金永	中兴	段秀仓 陆延	魏魁仲	64	1981年6月第1版	1—810,000	0.09	8086·1473	70	河北人民出版社
41	小木偶	[意]科罗狄	范苏龙	王培堃 叶芝		64	1981年7月第1版	1—80,000	0.13	8086·1368	102	河北人民出版社
42	猴子裁判员		杜勤来	甘作雨		64	1981年7月第1版	1—410,000	0.10	8086·1479	59	河北人民出版社
	备注：本书包含《小象米拉》33页，纪元瑶、贾启森编文，吕正绘画。											
43	闹县城		刘夫海	谷中良	龚定平	64	1981年8月第1版	1—930,000	0.09	8086·1477	62	河北人民出版社
44	海青天	吴晗	奚海	戴敦邦 王白水	戴敦邦	64	1981年8月第1版	1—730,000	0.16	8086·1478	118	河北人民出版社

（续表）

序号	书名	原著	文	图	封面	开本	版次印次	印数	定价（元）	书号	页数	出版社
45	四气王半夜		邢念	刘泽岱等	赵贵德	64	1981年8月第1版	1—557, 000	0. 14	8086・1494	102	河北人民出版社
	备注：本书包含《四气王半夜》《刘二》等12个小故事。											
46	无底洞	吴承恩	张绍旻	高同宝	王怀骐	64	1981年8月第2版	1—745, 000	0. 13	8086・1495	94	河北人民出版社
	备注：本书为《西游记》之三十，80年代新绘本之一。											
47	格斗英雄		董季群	徐波	汪洋	64	1981年8月第1版	1—948, 000	0. 11	8086・1496	82	河北人民出版社
48	小英雄王璞	韩盼山 丁殿民	赵建国	刘根涛 赵建国	龚定平	64	1981年9月第1版	1—850, 000	0. 14	8086・1336	118	河北人民出版社
49	解放石家庄	李丰祝	赵振录 李应奇	辛国	王怀骐	64	1981年9月第1版	1—820, 000	0. 21	8086・1497	162	河北人民出版社
50	播火记（下）	梁斌	尚羡智	刘端	刘端	64	1981年9月第1版	1—295, 000	0. 22	8086・1498	170	河北人民出版社
51	成见作怪		宋丕胜 牛双印	宋丕胜 牛双印	宋丕胜	64	1981年9月第1版	1—300, 000	0. 10	8086・1508	62	河北人民出版社
	备注：本书包含《成见作怪》《毛遂自荐》等5个故事。											
52	揭竿起义		戈兵	赵贵德	赵贵德	64	1981年9月第1版	1—380, 000	0. 14	8086・1509	102	河北人民出版社
53	花木兰	张德	韩双东	胡勃 刘大为	胡勃	64	1981年9月第1版	1—430, 000	0. 18	8086・1510	134	河北人民出版社
54	劳（崂）山道士	蒲松龄	张章	唐永利	南运生	64	1981年9月第1版	1—240, 000	0. 10	8086・1513	59	河北人民出版社
	备注：本书包含《农人》19页。											
55	直罗之战		胡邦明	王晋泰 朱历怀	王晋泰	64	1981年9月第1版	1—780, 000	0. 17	8086・1516	126	河北人民出版社
56	石成学艺	张士杰	飞雁	武海鹰	张素玉	64	1981年10月第1版	1—235, 000	0. 10	8086・1507	70	河北人民出版社
57	画中人		张健	尹庆芳		64	1981年10月第1版	1—690, 000	0. 18	8086・1519	134	河北人民出版社
58	高原歼匪记		赵定平	张修竹	龚定平	64	1981年11月第1版	1—698, 000	0. 18	8086・1506	134	河北人民出版社
59	卧薪尝胆		曹治淮	豁志		64	1981年11月第1版	1—380, 000	0. 14	8086・1524	94	河北人民出版社
60	我们要帮他		张光昌	何艳荣		48	1981年12月第1版	1—54, 000	0. 15	8086・1371	21	河北人民出版社

（续表）

序号	书名	原著	文	图	封面	开本	版次印次	印数	定价（元）	书号	页数	出版社
61	平顶山		潘勤孟	池振亚	胡若佛	64	1981年12月第1版	1—815,000	0.15	8086·1425	98	河北人民出版社
	备注：本书为《西游记》之十三，内页较老版减少1页。											
62	柴郎成亲		张绍旻	王宇文	南运生	64	1981年12月第1版	1—750,000	0.14	8086·1514	102	河北人民出版社
63	墙头记		辰耳	王永扬	王永扬	64	1981年12月第1版	1—505,000	0.10	8086·1515	62	河北人民出版社
64	三断奇案		刘仲武	王学明		64	1981年12月第1版	1—470,000	0.17	8086·1520	126	河北人民出版社
65	破缸救友		贾秉恒	张玉良等	南运生	64	1981年12月第1版	1—480,000	0.10	8086·1521	62	河北人民出版社
	备注：本书包含《破缸救友》《曹冲称象》《凿壁借光》等9个小故事。											
66	黄风岭		潘勤梦	池振亚		64	1981年12月第1版第2次印刷	1—815,000	0.12	8086·1523	78	河北人民出版社
	备注：本书为《西游记》之九，内页较老版减少2页。											
67	弄假成真		平衡	胡震国 王守中	胡震国	64	1981年12月第1版	1—456,000	0.14	8086·1526	48	河北人民出版社
68	隋文帝惩子		彭士杰	郑庆衡等	谢志高	64	1981年12月第1版	1—490,000	0.11	8086·1530	70	河北人民出版社
	备注：本书包含《自个愿伏法》《法斩监军》等6个小故事。											
69	大发明家的一生 上		徐霭	汪观清 肖海春 刘巽发	温海平	64	1981年12月第1版	1—142,000	0.18	8086·1531	126	河北人民出版社
70	大发明家的一生 下		徐霭	汪观清 肖海春 刘巽发	温海平	64	1981年12月第1版	1—141,700	0.18	8086·1532	126	河北人民出版社
71	古代笑话		李遵义	谢志高等	刘端	64	1981年12月第1版	1—567,000	0.18	8086·1534	126	河北人民出版社
	备注：本书包含《我不见了》等20个小故事。											

1982 年冀版连环画汇总

序号	书名	原著	文	图	封面	开本	版次印次	印数	定价（元）	书号	页数	出版社
1	忠烈千秋		张汝川	罗希贤 姚人雄	施大畏	64	1982年1月 第1版	1— 1, 140, 000	0. 20	8086・1547	142	河北人民 出版社
2	熊猫学礼貌		武玉桂	詹同	谷守纲	64	1982年1月 第1版	1—460, 000	0. 10	8086・1535	58	河北人民 出版社
	备注：本书包含《小黄牛和小水牛》20页，梅九聚编文，陆正兴绘画。											
3	流沙河	吴承恩	石峰	高同宝	胡若佛	64	1982年1月 第1版	1— 1, 010, 000	0. 10	8086・1541	54	河北人民 出版社
	备注：本书为《西游记》之十，本书保留老版《西游记》书名，脚本内页均为82年重新编绘，内页增加8页，更换出版社及书号。											
4	大闹通天河		郭烽明	刘凌沧	尹庆芳	64	1982年1月 第1版第2 次印刷	1— 1, 010, 000	0. 11	8086・1543	70	河北人民 出版社
	备注：本书为《西游记》之十八，封面新绘，内页较老版减少1页，更换出版社及书号。											
5	三盗芭蕉扇		卢光照	任率英	王怀骐	64	1982年1月 第1版第2 次印刷	1—990, 000	0. 14	8086・1544	90	河北人民 出版社
	备注：本书为《西游记》之二十二，封面新绘，更换出版社及书号。出版物版权页错标为《西游记》之二十一。											
6	神笛		戴俊贤	罗镜泉 胡景德	南运生	64	1982年2月 第1版	1—560, 000	0. 12	8086・1540	77	河北人民 出版社
	备注：本书包含《磨盘山》30页，朝林编文，刘光佐绘画。											
7	飞向蓝天	王世阁	刘光	宋宏刚 王建能	冯田中	64	1982年2月 第1版	1—400, 000	0. 10	8086・1527	62	河北人民 出版社
8	“Γ3796”号 逃犯	刘博	李建新	石书贤	冯天中	64	1982年2月 第1版	1—915, 000	0. 11	8086・1536	70	河北人民 出版社
9	王昭君	曹禺	羡智	晁锡弟	谢志高	64	1982年2月 第1版	1—215, 000	0. 26	8086・1545	194	河北人民 出版社
10	三打陶三春	吴祖光	于秀溪	许全群	许全群	64	1982年2月 第1版	1—880, 000	0. 18	8086・1538	130	河北人民 出版社
11	山城疑案	况浩文	张键	李乃宙	李乃宙	64	1982年2月 第1版	1—945, 000	0. 23	8086・1539	170	河北人民 出版社
12	敢抛头颅 换公正		平衡	卢延光等	孟庆江	64	1982年2月 第1版	1—505, 000	0. 12	8087・143	79	河北美术 出版社
	备注：本书包含《子文送族人伏法》《刘肃辨冤》等10个小故事。											
13	徐霞客		武锋 冯新广	吕云所	尹庆芳	64	1982年3月 第1版	1—340, 000	0. 16	8086・1537	114	河北人民 出版社

（续表）

序号	书名	原著	文	图	封面	开本	版次印次	印数	定价（元）	书号	页数	出版社
14	虎呆和虎英		常庚西	宁大明	宁大明	64	1982年3月第1版	1—770, 000	0. 12	8087・138	78	河北美术出版社
15	刺官棒	于永全 梁之 郭忠泰	韩双东	谷照恩 李玉春 张进军	谷照恩 李玉春	64	1982年3月第1版	1—525, 000	0. 13	8087・136	84	河北美术出版社
	备注：本书包含《刺官棒》29页，《骑鹿挖参》21页，《舅舅和外甥》34页。											
16	猴王出世		卢光照	张树德	王怀骐	64	1982年3月第1版第2次印刷	1—610, 000	0. 11	8087・141	66	河北美术出版社
	备注：本书为《西游记》之一，封面新绘，内页较老版减少2页，更换出版社及书号。											
17	蟠桃宴		尚美智	徐燕荪 金协中	王怀骐	64	1982年3月第1版第2次印刷	1—1, 060, 000	0. 10	8086・1542	58	河北人民出版社
	备注：本书为《西游记》之四，封面新绘，更换出版社及书号。											
18	收白龙马		张帆	张鹿山	王怀骐	64	1982年3月第1版第2次印刷	1—750, 000	0. 09	8087・137	54	河北美术出版社
	备注：本书为《西游记》之六，封面新绘，更换出版社及书号。											
19	波月洞		郭烽明	刘汉宗	王怀骐	64	1982年3月第1版第2次印刷	1—730, 000	0. 14	8087・140	90	河北美术出版社
	备注：本书为《西游记》之十二，封面新绘，内页较老版减少2页，更换出版社及书号。											
20	悟空斗狮精	吴承恩	刘树强	陆新森 吕振敏	李文霞 尹庆芳	64	1982年3月第1版	1—760, 000	0. 16	8087・142	110	河北美术出版社
	备注：本书为《西游记》之三十二，80年代新绘本之一。											
21	万年人参果	吴承恩	戈兵	乔庆余		64	1982年5月第1版	1—570, 000	0. 16	8087・148	110	河北美术出版社
	备注：本书为《西游记》之十一，80年代新绘本之一。											
22	白雪公主	格林	方澎年	何玉门	何玉门	64	1982年5月第1版	1—485, 000	0. 09	8087・146	46	河北美术出版社
23	爷俩抬驴		张记书	刘端		64	1982年5月第1版	1—250, 000	0. 09	8087・144	54	河北美术出版社
24	杨七郎打擂——杨家将故事	刘兰芳 王印权	曹治淮	刘汉宗 赵锡复 张大放 田威	尹庆芳 李文霞	64	1982年5月第1版	1—745, 000	0. 15	8087・139	102	河北美术出版社
	备注：本书为《杨家将》之一，河北人民社出版，使用河北美术社书号，应为印刷错误。											

（续表）

序号	书名	原著	文	图	封面	开本	版次印次	印数	定价（元）	书号	页数	出版社
25	画中游（清西陵集锦）		陈保蓉 曹治淮 尚洪英 张孝文	谷中良 苑建忠		32	1982年5月第1版	1—121,000	0.18	8087·184	43	河北美术出版社
	备注：本书为《画中游》清西陵集锦，内有《珍妃小传》连环画35幅。											
26	爱情与黑暗	[捷克]杨·奥切纳舍克	海力	黄云松 张昌洵	胡振宇	64	1982年5月第1版	1—615,000	0.14	8087·147	94	河北美术出版社
27	八百鞭子	任朴	吕荫越	苏诗敏	刘端	64	1982年5月第1版第2次印刷	1—635,000	0.09	8087·145	54	河北美术出版社
	备注：本书1964年2月第1版，1982年5月应为第2版第1次印刷。本次出版封面新绘，更换出版社及书号。											
28	智截玉香笼		赵万顺	刘世铎		64	1982年6月第1版	1—905,000	0.19	8087·151	134	河北美术出版社
29	薛刚反唐	汤仲言	张键	汪玉山 杨青华 冯墨浓	李文侠	64	1982年6月第1版第2次印刷	1—1,460,000	0.14	8087·150	90	河北美术出版社
	备注：本书1960年4月第1版，1982年6月应为第2版第1次印刷。本次出版封面新绘，脚本新编，更换出版社及书号。											
30	新儿女英雄传 下	孔厥 袁静	李大振	辛鹤江	魏魁仲	64	1982年6月第1版	1—340,000	0.24	8087·157	174	河北美术出版社
31	阿勤和阿花	吴梦起	黄亦波	叶飞		64	1982年6月第1版	1—255,000	0.15	8087·159	30	河北美术出版社
32	回民支队（下）		刘树强	夏连雨 陈洪亮	魏魁仲	64	1982年6月第1版	1—400,000	0.21	8087·149	150	河北美术出版社
33	象鼻山的故事（儿童电影连环画1）		杨玉良	李荣中 查侃		128	1982年6月第1版	1—730,000	0.07	R8086·1677	62	河北人民出版社
34	智战三魔	吴承恩	张绍旻	张增木	李文霞	64	1982年6月第1版	1—710,000	0.17	8087·152	118	河北美术出版社
	备注：本书为《西游记》之二十八，80年代新绘本之一。											
35	蔡文姬	郭沫若	唐开础	胡若佛	张文学	64	1982年7月第1版第2次印刷	1—113,000	0.16	8087·160	110	河北美术出版社
	备注：本书1962年9月第1版，1982年7月应为第2版第1次印刷。本次出版封面新绘，更换出版社及书号。											
36	四〇七案件	叶永烈	吴秀英	胡震国 王守中		64	1982年7月第1版	1—665,000	0.10	8087·162	62	河北美术出版社

（续表）

序号	书名	原著	文	图	封面	开本	版次印次	印数	定价（元）	书号	页数	出版社
37	逃亡者		竺乾华 朱休	隋奇		64	1982年7月第1版	1—500,000	0.12	8087·156	78	河北美术出版社
38	在缉“逃犯”	纪明	李新娟	郏继德	温海平	64	1982年7月第1版	1—470,000	0.18	8087·161	126	河北美术出版社
39	太空里的强盗	罗丹	韩永昌	杜凤宝	张玉良	64	1982年7月第1版	1—348,000	0.11	8087·192	70	河北美术出版社
40	射腚将军		李亮	刘泽岱		64	1982年7月第1版	1—485,000	0.09	8087·154	53	河北美术出版社
41	半屏山		刘润	胡永凯		64	1982年7月第1版	1—315,000	0.13	8087·155	62	河北美术出版社
42	荀灌娘		唐开础	钱笑呆	赵贵德	64	1982年7月第1版第2次印刷	1—334,000	0.12	8087·165	74	河北美术出版社
	备注：本书1964年6月第1版，1982年7月应为第2版第1次印刷。本次出版封面新绘，更换出版社及书号。											
43	春草闯堂		敦谦	牛双印	尹庆芳	64	1982年8月第1版	1—190,000	0.18	8087·182	130	河北美术出版社
44	巧审（儿童电影连环画5）		小地 阳羊	李绍然		128	1982年8月第1版	1—676,000	0.07	R10086·1681	62	河北人民出版社
45	大闹金兜洞		李建新	刘海志	李文侠	64	1982年8月第1版	1—460,000	0.15	8087·166	102	河北美术出版社
	备注：本书为《西游记》之十九，80年代新绘本之一。											
46	飞狗阿灵（儿童电影连环画2）		阳羊	方润南		128	1982年8月第1版	1—720,000	0.07	R8086·1678	62	河北人民出版社
47	金龙肝（儿童电影连环画3）		文良	吴云初		128	1982年8月第1版	1—701,000	0.07	R8086·1679	62	河北人民出版社
48	贝佳和小红帽子（儿童电影连环画4）		馥芸	钱家骅 钱欣		128	1982年8月第1版	1—682,000	0.07	R8086·1680	62	河北人民出版社
49	珊丹和格旦		白冰	蒋仲兴 梁东水	赵贵德	64	1982年8月第1版	1—315,000	0.10	8087·167	61	河北美术出版社
50	攻打边家寨		申跃中	赵思温 赵贵德	赵贵德	64	1982年9月第1版	1—777,000	0.14	8087·196	94	河北美术出版社
51	群英会		李大发	陈惠冠	陈惠冠	64	1982年9月第1版	1—235,000	0.24	8087·183	174	河北美术出版社

（续表）

序号	书名	原著	文	图	封面	开本	版次印次	印数	定价（元）	书号	页数	出版社
52	知县训虎	薛德元 刘光明 杨智	李明堂	童介眉	郑庆衡	64	1982年9月第1版	1—542, 000	0. 14	8087·181	94	河北美术出版社
53	碧霞仙子		尹丕杰	何国华	何国华	64	1982年9月第1版	1—425, 000	0. 15	8087·193	102	河北美术出版社
54	济公斗蟋蟀（儿童电影连环画10）		伍仑	葛战		128	1982年9月第1版	1—351, 000	0. 07	R8086·1686	62	河北人民出版社
55	猪八戒吃西瓜（儿童电影连环画11）		包蕾	常保生		128	1982年9月第1版	1—334, 000	0. 07	R8086·1687	62	河北人民出版社
56	小精灵智斗总督（小精灵画传）		王培堃	王培堃	谷守纲	64	1982年9月第1版	1—360, 000	0. 09	8087·194	52	河北美术出版社
	备注：本书为《小精灵画传》之一。本套书获第四届全国连环画评奖优秀套书二等奖。											
57	小精灵智斗总督（小精灵画传）		王培堃	王培堃	谷守纲	32	1982年9月第1版	1—29, 000	0. 19	8087·195	52	河北美术出版社
	备注：本书为《小精灵画传》之一，开本不同。											
58	龙宫借宝	吴承恩	尚羡智	高同宝	尹庆芳	64	1982年10月第1版	1—258, 000	0. 09	8087·208	54	河北美术出版社
	备注：本书为《西游记》之二，本书保留老版《西游记》书名，封面内页均为82年新绘，更换出版社及书号。											
59	黑水河		李彦君	张冰洁	张冰洁	64	1982年10月第1版	1—369, 100	0. 10	8087·202	62	河北美术出版社
	备注：本书为《西游记》之十六，80年代新绘本之一。											
60	皇帝的赏赐（儿童电影连环画6）		阳羊	葛桂云 周克勤		128	1982年10月第1版	1—357, 300	0. 07	R8086·1082	62	河北人民出版社
61	神笔马良（儿童电影连环画7）		水年	孙大衡		128	1982年10月第1版	1—337, 300	0. 07	R8086·1082	62	河北人民出版社
62	冰上遇险（儿童电影连环画8）		顾汉昌	张景沅 秦一真		128	1982年10月第1版	1—338, 300	0. 07	R8086·1684	62	河北人民出版社
63	看戏（儿童电影连环画9）		杨玉良	徐铉德 陆正心		128	1982年10月第1版	1—344, 300	0. 07	R8086·1685	62	河北人民出版社

（续表）

序号	书名	原著	文	图	封面	开本	版次印次	印数	定价（元）	书号	页数	出版社
64	黄粱梦		刘瑞峰 唐秉月 袁苗禾 靳军	吴大成	孟庆江	64	1982年10月第1版	1—407，800	0.15	8087·205	102	河北美术出版社
65	黄粱梦		刘瑞峰 唐秉月 袁苗禾 靳军	吴大成	孟庆江	40	1982年10月第1版	1—2，340	0.29	8087·206	102	河北美术出版社
66	青春之歌（上）	杨沫	唐西 戈兵	谢志高 华其敏	谢志高	64	1982年10月第1版	1—153，300	0.24	8087·204	174	河北美术出版社
67	蛇窟擒敌		徐英杰	隋自更	隋自更	64	1982年10月第1版	1—515，000	0.14	8087·209	94	河北美术出版社
68	野蜂出没的山谷	李迪	飞雁	白德松	白德松	32	1982年10月第1版	1—271	0.38	8087·207	142	河北美术出版社
69	贾岛还俗	钱世明	常星	刘业通	胡勃	64	1982年11月第1版	1—268，000	0.16	8087·212	110	河北美术出版社
70	大闹天津卫（《血溅津门》之一）	孟良	孟良 飞雁	雷金池 陈继荣	魏魁仲	64	1982年11月第1版	1—464，000	0.20	8087·216	138	河北美术出版社
	备注：本书为《血溅津门》之一。											
71	红旗谱	梁斌	尚羡智	王怀骐	王怀庆	64	1981年6月1版1982年11月第2次印刷	213，000—300，000	0.27	8087·214	201	河北美术出版社
	备注：本书2印封面重绘。											
72	红旗谱	梁斌	尚羡智	王怀骐	王怀庆	32	1981年6月1版1982年11月第2次印刷	无	0.53	8087·215	201	河北美术出版社
	备注：本书2印封面重绘，开本改变。											
73	猴子和狐狸		曹淑云等	李德生 宋雅丽	谷守纲	64	1982年12月第1版	1—136，700	0.15	8087·223	76	河北美术出版社
	备注：本书包含《猴子和狐狸》《兔子与狼》《吃果子》《狼和鹿》4个故事。											
74	小精灵大闹娃娃祭		王培堃	王培堃		64	1982年12月第1版	1—203，300	0.09	8087·229	54	河北美术出版社
	备注：本书为《小精灵画传》之二。											
75	小精灵大闹娃娃祭		王培堃	王培堃		32	1982年12月第1版	1—8，000	0.18	8087·230	54	河北美术出版社
	备注：本书为《小精灵画传》之二，开本不同。											

（续表）

序号	书名	原著	文	图	封面	开本	版次印次	印数	定价（元）	书号	页数	出版社
76	铁大哥		张秋菊	冀维静		48	1982年12月第1版	1—42,000	0.15	8087・234	24	河北美术出版社
77	野蜂出没的山谷		飞雁	白德松	白德松	64	1982年12月第1版	1—183,900	0.20	8087・203	142	河北美术出版社
78	钟爷爷讲的故事（儿童电影连环画12）		云文	吴云初		128	1982年12月第1版	1—115,000	0.07	R8086・1688	62	河北人民出版社
79	天池的传说		绍旻	李丰田	王怀骐	64	1982年12月第1版	1—285,000	0.16	8087・220	110	河北美术出版社
80	播火记（上）	梁斌	尚美智	刘端	刘端	64	1981年3月1版1982年12月第2次印刷	600,000—721,000	0.25	8087・295	194	河北美术出版社
	备注：本书2印更换出版社，封面新绘。											
81	播火记（下）	梁斌	尚美智	刘端	刘端	64	1981年3月1版1982年12月第2次印刷	295,000—434,800	0.23	8087・222	170	河北美术出版社
	备注：本书2印更换出版社，封面新绘。											

1983年冀版连环画汇总

序号	书名	原著	文	图	封面	开本	版次印次	印数	定价（元）	书号	页数	出版社
1	怒斩关平		羡智	窦世魁 项维仁	项维仁	32	1983年1月第1版	无	0.38	8087·217	102	河北美术出版社
2	聪明的木娃		孙幼忱	毕树校		64	1983年1月第1版	1—112,000	0.08	8087·233	46	河北美术出版社
3	战国故事 上册（中国历史故事丛书）	林汉达 黄克 杨牧之	王玉良 戈兵	刘汉宗等	李文侠	64	1983年1月第1版	1—179,500	0.22	8087·226	156	河北美术出版社
	备注：本书包含《三家分晋》《知人善任》《河伯娶妇》《齐王纳谏》《商鞅变法》《合纵与连横》6个故事。											
4	战国故事 中册（中国历史故事丛书）	林汉达 黄克 杨牧之	戈兵	钱贵荪等	白更延	64	1983年1月第1版	1—179,500	0.21	8087·224	149	河北美术出版社
	备注：本书包含《屈原投江》《胡服骑射》《鸡鸣狗盗》《狡兔三窟》《火牛陷阵》5个故事。											
5	战国故事 下册（中国历史故事丛书）	林汉达 黄克 杨牧之	戈兵 永昌 富贵	赵东瑞 高志岳 李跃华 刘振源	杨淑涛	64	1983年1月第1版	1—179,500	0.21	8087·225	152	河北美术出版社
	备注：本书包含《范睢拜相》《坑杀赵卒》《毛遂自荐》《盗符救赵》《谋杀秦王》《统一中原》6个故事。											
6	九色鹿		冯健男	冯健男		40	1983年1月第1版	无	0.34	R8086·1694	42	河北人民出版社
	备注：本书获联合国教科文组织亚洲文化中心举办的第三届野间儿童图书插图比赛二等奖。											
7	女友		李新娟	查加伍	温海平	64	1983年1月第1版	1—195,800	0.14	8087·241	96	河北美术出版社
8	带角的老虎		鄢荣全 李月芳	缪印堂		64	1983年1月第1版	1—234,000	0.10	8087·246	62	河北美术出版社
9	怒斩关平		尚羡智	窦世魁 项维仁	项维仁	64	1983年1月第1版	1—474,200	0.19	8087·218	102	河北美术出版社
10	包公错断狄龙案		李新娟	白庚延	白庚延	64	1983年2月第1版	1—403,000	0.17	8087·235	118	河北美术出版社
11	亨利恩仇记		范若由	严启生 严启国	陈承其	64	1983年2月第1版	1—162,000	0.20	8087·243	150	河北美术出版社
12	孔雀公主（上）（儿童电影连环画15）		今朝 君羊	君羊 大矛		128	1983年2月第1版	1—141,200	0.07	R8086·1691	62	河北人民出版社
13	孔雀公主（下）（儿童电影连环画16）		今朝 君羊	君羊 大矛		128	1983年2月第1版	1—139,000	0.07	R8086·1692	62	河北人民出版社

（续表）

序号	书名	原著	文	图	封面	开本	版次印次	印数	定价（元）	书号	页数	出版社
14	机智的鸡兄弟		叶飞	叶飞		64	1983年2月第1版	1—113,800	0.15	8087·187	30	河北美术出版社
15	灵山参佛祖		王吉祥	张玉良	张玉良	64	1983年2月第1版	1—300,000	0.15	8087·236	101	河北美术出版社
	备注：本书为《西游记》之三十五，80年代新绘本之一。											
16	不讲理的客人	唐鲁峰	白雨	曾佑瑄		64	1983年2月第1版	1—133,600	0.14	8087·231	93	河北美术出版社
17	常打枪和龙女		张绍旻	何保全		64	1983年2月第1版	1—311,000	0.15	8087·242	102	河北美术出版社
18	“欢乐女神”	程乃珊	王瑞华	岑圣权	陈承齐	64	1983年2月第1版	1—289,100	0.11	8087·232	70	河北美术出版社
19	巧摆牛阵		许焕岗	范余增	龚定平	64	1983年2月第1版	1—304,400	0.12	8087·244	78	河北美术出版社
20	拔虎须	王云起	张汝川	施胜辰	施胜辰	64	1983年3月第1版	1—261,000	0.14	8087·245	94	河北美术出版社
21	好朋友		张光昌	夏静惠		48	1983年3月第1版	1—28,500	0.15	8087·256	20	河北美术出版社
22	蓓蓓和红花		张秋菊	张秋菊	谷守纲	48	1983年3月第1版	1—32,000	0.11	8087·247	16	河北美术出版社
23	园园和麻雀		张秋菊	谷守纲		48	1983年3月第1版	1—41,000	0.15	8087·257	22	河北美术出版社
24	独眼龙喋血面包岛（小精灵画传）		王培堃	王培堃	谷守纲	64	1983年4月第1版	1—81,608	0.10	8087·253	61	河北美术出版社
	备注：本书为《小精灵画传》之三。											
25	独眼龙喋血面包岛（小精灵画传）		王培堃	王培堃	谷守纲	32	1983年4月第1版	1—8,550	0.20	8087·254	61	河北美术出版社
	备注：本书为《小精灵画传》之三，开本不同。											
26	聪明的乌龟		谷岳	谷守纲		128	1983年4月第1版	1—60,500	0.07	8087·255	60	河北美术出版社
	备注：本书包含《聪明的乌龟》《爱吹牛的小花狗》《小燕子脸红了》3个故事。											
27	奇兵夺粮（《血溅津门》之二）	张孟良	孟良 飞雁	雷金池 陈继荣	魏魁仲	64	1983年4月第1版	1—265,000	0.17	8087·250	122	河北美术出版社
	备注：本书为《血溅津门》之二。											

（续表）

序号	书名	原著	文	图	封面	开本	版次印次	印数	定价（元）	书号	页数	出版社
28	母亲的雕像	孟伟哉	王良莹 陈锦富	崔建社	王顺兴	64	1983年4月第1版	1—78,500	0.14	8087·251	94	河北美术出版社
29	李大钊的故事		张建国	刘文甫 乔文科	刘文甫	64	1983年4月第1版	1—56,800	0.14	8087·252	93	河北美术出版社
30	齐会歼灭战		孙铁宝 王玉良	黄玉忠	黄玉忠	64	1983年5月第1版	1—356,000	0.18	8087·264	134	河北美术出版社
31	血染的红莲	京隆	谷祖永	姜雨	安跃华	64	1983年5月第1版	1—298,000	0.14	8087·258	94	河北美术出版社
32	杨七郎打擂（杨家将故事）	刘兰芳 王印权	曹治淮	刘汉宗 赵锡复 张大放 田威	尹庆芳 李文侠	64	1982年5月第1版1983年5月第2次印刷	745,000—1,058,000	0.15	8087·139	102	河北美术出版社
	备注：本书为《杨家将》之一，2印由河北人民出版社调整为河北美术出版社出版，书号不变，封面微调。											
33	金殿保本（杨家将故事）	刘兰芳 王印权	刘树强	刘汉宗 王学明	尹庆芳 李文侠	64	1983年5月第1版	1—390,000	0.18	8087·259	126	河北美术出版社
	备注：本书为《杨家将》之二。											
34	幽州解围（杨家将故事）	刘兰芳 王印权	万珍	刘汉宗 王树立	杨淑涛 郑庆衡	64	1983年5月第1版	1—390,000	0.18	8087·261	126	河北美术出版社
	备注：本书为《杨家将》之三。											
35	血战金沙滩（杨家将故事）	刘兰芳 王印权	李保柱	刘汉宗	杨淑涛 郑庆衡	64	1983年5月第1版	1—389,000	0.17	8087·262	118	河北美术出版社
	备注：本书为《杨家将》之四。											
36	两狼山（杨家将故事）	刘兰芳 王印权	曹治淮 李宝柱	刘汉宗	陈惠冠	64	1983年5月第1版	1—38,4000	0.18	8087·263	126	河北美术出版社
	备注：本书为《杨家将》之五。											
37	杨六郎告状（杨家将故事）	刘兰芳 王印权	树强 万珍	崔存忠	陈惠冠	64	1983年5月第1版	1—383,000	0.18	8087·260	126	河北美术出版社
	备注：本书为《杨家将》之六。											
38	年画上的牧童		张秋菊	寇锦	寇锦	48	1983年5月第1版	1—26,000	0.11	8087·266	15	河北美术出版社
39	大闹天宫（上集）（儿童电影连环画13）		唐澄	严定宪		128	1983年5月第1版	1—182,500	0.07	R8086·1689	62	河北人民出版社
40	大闹天宫（下集）（儿童电影连环画14）		唐澄	严定宪		128	1983年5月第1版	1—182,000	0.07	R8086·1690	62	河北人民出版社

（续表）

序号	书名	原著	文	图	封面	开本	版次印次	印数	定价（元）	书号	页数	出版社
41	骄傲的将军（儿童电影连环画17）		余又晨	杜春甫		128	1983年5月第1版	1—120,000	0.07	R8086·1695	62	河北人民出版社
42	谁唱得最好（儿童电影连环画18）		晓东	晓东		128	1983年5月第1版	1—111,000	0.07	R8086·1696	62	河北人民出版社
43	没头脑和不高兴（儿童电影连环画19）		小禾	熊南清 孙总青		128	1983年5月第1版	1—116,000	0.07	R8086·1697	62	河北人民出版社
44	我知道（儿童电影连环画20）		何玉门	何玉门 陆青		128	1983年5月第1版	1—106,500	0.07	R8086·1699	62	河北人民出版社
45	奇怪的病号（儿童电影连环画21）		京川	浦稼祥		128	1983年5月第1版	1—100,000	0.07	R8086·1698	62	河北人民出版社
46	黑水英魂	王练等	王良莹	阴衍江	赵贵德	64	1983年6月第1版	1—96,000	0.19	8087·268	142	河北美术出版社
47	张巡殉国		窦世杰	朱光玉	朱光玉	64	1983年6月第1版	1—184,000	0.13	8087·477	86	河北美术出版社
48	神斧		聪聪	辛国	吴绍人	64	1983年6月第1版	1—140,000	0.10	8087·469	62	河北美术出版社
49	太阳山		沙惠荣	尤先瑞		64	1983年6月第1版	1—129,000	0.10	8087·476	62	河北美术出版社
	备注：本书包含《太阳山》41页；《金瓜儿和银豆儿》21页，世芳编文，张锦绣绘画。											
50	葫芦宝参	张洪仁 杨万久	韩双东	谷爱平等	谢志高	64	1983年6月第1版	1—140,000	0.12	8087·471	81	河北美术出版社
	备注：本书包含《葫芦宝参》26页；《双胎参》55页，韩双东编文，李维康绘画。											
51	闪光的葫芦	张廷贵	张庚	张庚	张泽苾	64	1983年6月第1版	1—161,000	0.10	8087·472	62	河北美术出版社
52	在恐怖的森林里	李迪	希华 青青	朱维明	魏魁仲	64	1983年6月第1版	1—199,000	0.18	8087·473	134	河北美术出版社
53	野火春风斗古城 上	李英儒	戈兵	马廷奎 马铭	冯天中	64	1981年6月第1版1983年6月第2次印刷	610,000—750,000	0.22	8087·461	166	河北美术出版社
	备注：本书2印封面重绘。											
54	野火春风斗古城 下	李英儒	戈兵	马廷奎 马铭	冯天中	64	1983年6月第1版	1—150,000	0.26	8087·462	198	河北美术出版社

（续表）

序号	书名	原著	文	图	封面	开本	版次印次	印数	定价（元）	书号	页数	出版社
55	虎穴取枪		杨惠权 宋宏	张韫韬	魏魁仲	64	1983年6月第1版	1—316,000	0.10	8087·470	62	河北美术出版社
56	辛弃疾	常国武 程中原	张国信	吴泽浩	韩国榛	64	1983年6月第1版	1—35,000	0.20	8087·267	150	河北美术出版社
57	下边庭（杨家将故事）	刘兰芳 王印权	青野	董善明	陈惠冠	64	1983年6月第1版	1—386,000	0.15	8087·463	102	河北美术出版社
	备注：本书为《杨家将》之七。											
58	智断潘杨案（杨家将故事）	刘兰芳 王印权	飞雁	刘振源	陈惠冠	64	1983年6月第1版	1—383,000	0.19	8087·465	142	河北美术出版社
	备注：本书为《杨家将》之八。											
59	黑松林雪恨（杨家将故事）	刘兰芳 王印权	封秋昌	刘永义	杨德树	64	1983年6月第1版	1—390,000	0.17	8087·480	118	河北美术出版社
	备注：本书为《杨家将》之九。											
60	兵困黄土坡（杨家将故事）	刘兰芳 王印权	张绍旻	李耀华	陈惠冠	64	1983年6月第1版	1—390,000	0.18	8087·464	134	河北美术出版社
	备注：本书为《杨家将》之十。											
61	大战韩昌（杨家将故事）	刘兰芳 王印权	野雁 秋旻	段秀苍	杨德树	64	1983年6月第1版	1—390,000	0.18	8087·479	134	河北美术出版社
	备注：本书为《杨家将》之十一。											
62	悟空除三怪		曹治淮	郭占魁	陆福林	64	1983年6月第1版	1—220,000	0.18	8087·468	126	河北美术出版社
	备注：本书为《西游记》之十七，80年代新绘本之一。											
63	玄英洞		徐英杰	钟志宏	魏永利	64	1983年6月第1版	1—238,000	0.15	8087·467	102	河北美术出版社
	备注：本书为《西游记》之三十三，80年代新绘本之一。											
64	争夺新大陆（小精灵画传）		王培堃	王培堃	王培堃	64	1983年6月第1版	1—140,000	0.10	8087·504	63	河北美术出版社
	备注：本书为《小精灵画传》之四。											
65	争夺新大陆（小精灵画传）		王培堃	王培堃	王培堃	32	1983年6月第1版	1—4,500	0.20	8087·505	63	河北美术出版社
	备注：本书为《小精灵画传》之四，开本不同。											
66	小花和邻居		许焕岗 徐焕栋	姜成安		40	1983年6月第1版	1—3,5000	0.27	8087·265	40	河北美术出版社
67	不爱洗脸的小黑熊		嵇鸿	丁午		64	1983年6月第1版	1—89,000	0.15	8087·507	28	河北美术出版社
	备注：本书包含《不爱洗脸的小黑熊》《兔子偷萝卜》《猴子打扫屋子》《小猫钓鱼》4个故事。											

（续表）

序号	书名	原著	文	图	封面	开本	版次印次	印数	定价（元）	书号	页数	出版社
68	霍元甲传奇		皋汶	施明德 姜敏 王白水	韩喜增	64	1983年7月 第1版	1—51, 0000	0. 12	8087 • 494	78	河北美术 出版社
69	出卖心的人 （童话世界）	威・豪夫	张秋菊	胡震国 王守中	温海平	64	1983年7月 第1版	1—205, 000	0. 14	8087 • 492	92	河北美术 出版社
70	我们爱科学		董建民 东琦 董巍	董建民 东琦 董巍	陈军 董建民	64	1983年7月 第1版	1—18, 100	0. 14	8087 • 510	82	河北美术 出版社
71	孙悟空仗义 救鸳鸯		尚羡智	豁志		64	1983年7月 第1版	1—395, 000	0. 15	8087 • 943	102	河北美术 出版社
72	再捉盗贼（大盗贼第二集）	[德]奥特利特・普雷斯勒	郭明志	尤先瑞	尤先瑞	64	1983年7月 第1版	1—352, 500	0. 18	8087 • 515	133	河北美术 出版社
	备注：本书为《大盗贼》第二集。											
73	智捉盗贼（大盗贼第一集）	[德]奥特利特・普雷斯勒	亦宾	尤先瑞	尤先瑞	64	1983年8月 第1版	1—353, 500	0. 18	8087 • 514	120	河北美术 出版社
	备注：本书为《大盗贼》第一集。											
74	神笔张		谭元杰	谭元杰	吴绍人	64	1983年8月 第1版	1—67, 200	0. 14	8087 • 516	94	河北美术 出版社
75	特殊身分（份） 的警官 上	姚自豪 毛一昌	范永信	刘经 王博		64	1983年8月 第1版	1—181, 700	0. 18	8087 • 511	126	河北美术 出版社
76	特殊身分（份） 的警官 下	姚自豪 毛一昌	范自信	刘经 王博		64	1983年8月 第1版	1—179, 400	0. 16	8087 • 512	110	河北美术 出版社
77	两个小立立		张秋菊	胡永凯	胡永凯	48	1983年7月 第1版	1—30, 900	0. 10	8087 • 509	14	河北美术 出版社
78	美美		张光昌	尹家琅	尹家琅	48	1983年8月 第1版	1—66, 500	0. 15	8087 • 508	22	河北美术 出版社
79	小娇娇		张秋菊	冀维静	冀维静	48	1983年8月 第1版	1—56, 000	0. 15	8087 • 478	23	河北美术 出版社
80	云雨星的故事 （民间故事）	盛森	胡天启	双印	双印	64	1983年8月 新1版	1—97, 500	0. 08	8087 • 530	46	河北美术 出版社
	备注：本书换出版社，新书号，印量有变化。											
81	大战鸳鸯泺		李宝柱	孟喜元	孟喜元	64	1983年9月 新1版	1—348, 500	0. 13	8087 • 526	86	河北美术 出版社
	备注：本书换出版社，新书号，印量、定价有变化。											

（续表）

序号	书名	原著	文	图	封面	开本	版次印次	印数	定价（元）	书号	页数	出版社
82	司马迁		武锋 冯新广	陈冬至		64	1983年9月 新1版	1—22, 800	0. 16	8087・528	110	河北美术出版社
	备注：本书换出版社，新书号，印量有变化。											
83	解放石家庄	李丰祝	赵振录 李应奇	辛国	王怀骐	64	1983年9月 新1版	1—230, 500	0. 22	8087・525	162	河北美术出版社
	备注：本书换出版社，新书号，印量、定价有变化。											
84	望日莲	徐光耀	周贵良	张冰洁	张冰洁	64	1983年9月 新1版	1—225, 000	0. 10	8087・527	66	河北美术出版社
	备注：本书换出版社，新书号，印量、定价有变化。											
85	掏鼠洞	崔洪昌	李建新	崔建社	龚定平	64	1983年9月 新1版	1—269, 000	0. 11	8087・529	70	河北美术出版社
	备注：本书换出版社，新书号，印量、定价有变化。											
86	黄巾起义		尚羡智	黄大华 崔君沛	黄大华	64	1983年9月 第1版	1—45, 000	0. 16	8087・534	110	河北美术出版社
87	春秋故事 上册（中国历史故事丛书）	林汉达	菡原	李江鸿等	赵贵德	64	1983年9月 第1版	1—107, 000	0. 24	8087・522	169	河北美术出版社
	备注：本书包含《千金一笑》《兄弟相残》《暗箭伤人》《管鲍之交》《一鼓作气》《老马识途》《仙鹤坐车》《百里奚相秦》8个故事。											
88	春秋故事 中册（中国历史故事丛书）	林汉达	菡原 魏民	李林祥等	赵贵德	64	1983年9月 第1版	1—105, 800	0. 22	8087・523	155	河北美术出版社
	备注：本书包含《仁义大旗》《饱不忘饥》《退避三舍》《军救国》《放虎归山》《桃园打鸟》《一鸣惊人》7个故事。											
89	春秋故事 下册（中国历史故事丛书）	林汉达	梁占山	季源业等	赵贵德	64	1983年9月 第1版	1—105, 400	0. 22	8087・524	157	河北美术出版社
	备注：本书包含《搜孤救孤》《晏子使楚》《混出昭关》《鱼腹藏剑》《掘墓鞭尸》《吴越争雄》6个故事。											
90	贝叶闹海（民间故事）	宗璞	张东振 韩玉房	张秋菊	张秋菊	64	1983年9月 第1版	1—171, 000	0. 08	8087・518	46	河北美术出版社
91	真假马奇洋（《血溅津门》之三）	张孟良	孟良 飞雁	雷金池 陈继荣	王顺兴	64	1983年9月 第1版	1—370, 000	0. 20	8087・535	146	河北美术出版社
	备注：本书为《血溅津门》之三。											
92	黄头郎	王吉呈	鲁西	陈冬至	陈冬至	16	1983年9月 第1版	1—15, 000	0. 60	8087・521	46	河北美术出版社

（续表）

序号	书名	原著	文	图	封面	开本	版次印次	印数	定价（元）	书号	页数	出版社
93	宁宁		李建新	谷照恩 李玉春 张进军	安耀华	64	1983年9月第1版	1—50, 800	0. 11	8087 • 517	70	河北美术出版社
94	赌城奇遇（小精灵画传）		王培堃	王培堃	王培堃	64	1983年9月第1版	1—159, 500	0. 11	8087 • 519	72	河北美术出版社
	备注：本书为《小精灵画传》之五。											
95	赌城奇遇（小精灵画传）		王培堃	王培堃	王培堃	32	1983年9月第1版	1—14, 200	0. 22	8087 • 520	72	河北美术出版社
	备注：本书为《小精灵画传》之五，开本不同。											
96	斗杀西门庆（武松）		木柳	潘真	潘真	64	1983年9月第1版	1—447, 500	0. 16	8087 • 544	110	河北美术出版社
	备注：本书为《武松》之二。											
97	醉打蒋门神（武松）		木柳	赵贵德	赵贵德	64	1983年9月第1版	1—449, 500	0. 17	8087 • 548	118	河北美术出版社
	备注：本书为《武松》之三。											
98	景阳冈打虎（武松）		木柳	田茂怀	赵贵德	64	1983年10月第1版	1—449, 000	0. 16	8087 • 543	110	河北美术出版社
	备注：本书为《武松》之一。											
99	大闹飞云浦（武松）		木柳	张文学	张文学	64	1983年10月第1版	1—448, 500	0. 17	8087 • 549	118	河北美术出版社
	备注：本书为《武松》之四。											
100	血溅鸳鸯楼（武松）		木柳	辛鹤江	辛鹤江	64	1983年10月第1版	1—445, 500	0. 15	8087 • 545	102	河北美术出版社
	备注：本书为《武松》之五。											
101	智取二龙山（武松）		木柳	张冰洁	张冰洁	64	1983年10月第1版	1—446, 100	0. 15	8087 • 546	102	河北美术出版社
	备注：本书为《武松》之六。											
102	血涤鸳鸯剑		刘锐华 尚梦侨	许全群	胡勃	64	1983年10月第1版	1—167, 000	0. 16	8087 • 533	110	河北美术出版社
103	找月亮（儿童电影连环画22）		阳羊	伍仲文		128	1983年10月第1版	1—81, 500	0. 07	R8086 • 1701	62	河北人民出版社
104	黄鹤的故事（儿童电影连环画23）		阳羊	金诚		128	1983年10月第1版	1—77, 500	0. 07	R8086 • 1702	62	河北人民出版社
105	小象努努（儿童电影连环画24）		梁平	朱康林		128	1983年10月第1版	1—75, 000	0. 07	R8086 • 1703	62	河北人民出版社

（续表）

序号	书名	原著	文	图	封面	开本	版次印次	印数	定价（元）	书号	页数	出版社
106	魔棒（儿童电影连环画25）		冰子	严善春		128	1983年10月第1版	1—78, 500	0. 07	R8086 • 1704	62	河北人民出版社
107	鹦鹉（儿童电影连环画26）		冰夫	胡进庆 陆青		128	1983年10月第1版	1—75, 500	0. 07	R8086 • 1705	62	河北人民出版社
108	七色花（儿童电影连环画27）		宇平	薛梅君		128	1983年10月第1版	1—70, 500	0. 07	R8086 • 1706	62	河北人民出版社
109	小兔子和老妖婆		郑世芳	杜建国 陈光明	杜建国	64	1983年10月第1版	1—118, 800	0. 10	8087 • 538	62	河北美术出版社
	备注：本书包含《小兔子和老妖婆》31页；《小熊卜卜》31页，荆晶改编，陈光明绘画。											
110	一寸法师（童话世界）		李新娟	刘海志	刘海志	64	1983年11月第1版	1—398, 000	0. 10	8087 • 558	62	河北美术出版社
111	破窑记	王实甫	冯庚梓	李犁	李犁	48	1983年11月第1版	1—113, 000	0. 17	8087 • 541	86	河北美术出版社
112	玩具店里的战斗		张保国	金诚	金诚	64	1983年11月第1版	1—92, 200	0. 14	8087 • 547	93	河北美术出版社
113	海底奇观		徐英杰	王双贵	王永扬	64	1983年11月第1版	1—65, 000	0. 18	8087 • 550	134	河北美术出版社
114	一张赌据	尤凤伟	张丽英 李章庭	吴绍人	吴绍人	64	1983年11月第1版	1—110, 000	0. 14	8087 • 579	94	河北美术出版社
115	长发妹		张秋菊	包潮鸣 程延林	包潮鸣	48	1983年11月第1版	1—19, 800	0. 27	8087 • 536	46	河北美术出版社
	备注：本书获1984年联合国教科文组织亚洲文化中心第四届野间儿童图书插图比赛鼓励奖。											
116	姊妹易嫁		张强	赵栓皂 杜双银	杨淑涛	64	1983年11月第1版	1—77, 800	0. 12	8087 • 540	76	河北美术出版社
117	神奇的南瓜种子		莎慧	李丰田	王怀骐	64	1983年11月第1版	1—225, 000	0. 08	8087 • 559	41	河北美术出版社
118	金色的铃铛		李亮 朱月霞	林峥明 其丹	王怀骐	64	1983年11月第1版	1—207, 000	0. 10	8087 • 551	62	河北美术出版社
119	宫女图		甘作雨	甘作雨	安跃华	64	1983年11月第1版	1—392, 000	0. 11	8087 • 557	70	河北美术出版社
120	宝画		李亮	刘端 季酉辰		64	1983年11月第1版	1—138, 600	0. 10	8087 • 554	62	河北美术出版社
121	宝壶和宝棍（民间故事）		王志祥	雷金池 陈继荣	雷金池	64	1983年11月第1版	1—232, 000	0. 12	8087 • 552	78	河北美术出版社
122	达活泉的故事		王坚	张增木	吴绍人	64	1983年11月第1版	1—125, 500	0. 13	8087 • 553	86	河北美术出版社

（续表）

序号	书名	原著	文	图	封面	开本	版次印次	印数	定价（元）	书号	页数	出版社
123	“305”电波		杨鸿飞	赵东瑞 董庆科	龚定平	64	1983年11月第1版	1—544,000	0.12	8087·542	82	河北美术出版社
124	翠微亭		李遵义	施大畏 庞先健	施大畏	64	1983年11月第1版	1—226,800	0.13	8087·555	86	河北美术出版社
125	奇怪的动物医院		杨楠	毛用坤 毛小榆		64	1983年11月第1版	1—50,000	0.15	8087·537	32	河北美术出版社
126	雪花牌软糖的秘密		章绍岩 柏才兴	钟志宏	温海平	64	1983年12月第1版	1—287,000	0.12	8087·580	77	河北美术出版社
	备注：本书包含《九个戴大口罩的人》34页，贵良编文，志宏绘画。											
127	仙女峰	曹琼雪	张志勇 曹继铎	笑雨等	贾铭	64	1983年12月第1版	1—150,000	0.13	8087·581	84	河北美术出版社
	备注：本书包含《仙女峰》25页，刘启华绘画；《李官的传说》33页，笑雨绘画；《杜鹃的故事》26页，郑绍敏绘画。											
128	大闹汴梁（杨家将故事）	刘兰芳 王印权	戈兵	史惠芳	陈惠冠	64	1983年12月第1版	1—540,000	0.16	8087·564	110	河北美术出版社
	备注：本书为《杨家将》之十二。											
129	真假杨六郎（杨家将故事）	刘兰芳 王印权	戈兵	刘汉宗	陈惠冠	64	1983年12月第1版	1—540,000	0.20	8087·563	146	河北美术出版社
	备注：本书为《杨家将》之十三。											
130	兵困遂州（杨家将故事）	刘兰芳 王印权	戈兵	刘汉宗	宋丕胜	64	1983年12月第1版	1—540,000	0.18	8087·588	130	河北美术出版社
	备注：本书为《杨家将》之十四。											
131	大刀王兰英（杨家将故事）	刘兰芳 王印权	戈兵	刘振源	陈惠冠	64	1983年12月第1版	1—540,000	0.21	8087·587	158	河北美术出版社
	备注：本书为《杨家将》之十五。											
132	白马告状（杨家将故事）	刘兰芳 王印权	刘树强	董善明	陈惠冠	64	1983年12月第1版	1—540,000	0.19	8087·571	142	河北美术出版社
	备注：本书为《杨家将》之十六。											
133	孟良驯马（杨家将故事）	刘兰芳 王印权	张建	刘永义	陈惠冠	64	1983年12月第1版	1—540,000	0.17	8087·570	118	河北美术出版社
	备注：本书为《杨家将》之十七。											
134	穆柯寨（杨家将故事）	刘兰芳 王印权	张建	王树立	王树立	64	1983年12月第1版	1—540,000	0.18	8087·565	126	河北美术出版社
	备注：本书为《杨家将》之十八。											
135	三请穆桂英（杨家将故事）	刘兰芳 王印权	张建	崔存忠	陈惠冠	64	1983年12月第1版	1—540,000	0.17	8087·572	122	河北美术出版社
	备注：本书为《杨家将》之十九。											

（续表）

序号	书名	原著	文	图	封面	开本	版次印次	印数	定价（元）	书号	页数	出版社
136	挂帅出征（杨家将故事）	刘兰芳 王印权	张建	刘生展	仲阳	64	1983年12月第1版	1—540,000	0.20	8087·586	146	河北美术出版社
	备注：本书为《杨家将》之二十。											
137	大破天门阵（杨家将故事）	刘兰芳 王印权	张绍旻	李耀华	陈惠冠	64	1983年12月第1版	1—540,000	0.18	8087·589	126	河北美术出版社
	备注：本书为《杨家将》之二十一。											
138	秦西汉故事上册（中国历史故事丛书）	林汉达	张建辉	张玉良等	赵贵德	64	1983年12月第1版	1—133,000	0.20	8087·573	140	河北美术出版社
	备注：本书包含《统一中原》《张良拜师》《揭竿而起》《天下响应》《破釜沉舟》5个故事。											
139	秦西汉故事中册（中国历史故事丛书）	林汉达	张建辉	辛国等	潘真	64	1983年12月第1版	1—133,000	0.19	8087·574	132	河北美术出版社
	备注：本书包含《约法三章》《鸿门忍辱》《韩信拜将》《暗度陈仓》《鸿沟为界》《四面楚歌》6个故事。											
140	秦西汉故事下册（中国历史故事丛书）	林汉达	张建辉	季源业等	潘真	64	1983年12月第1版	1—133,000	0.20	8087·575	142	河北美术出版社
	备注：本书包含《开国之初》《文景之治》《武帝雄图》《苏武牧羊》《霍光辅政》《昭君出塞》《王莽称帝》7个故事。											
141	三国故事上册（中国历史故事丛书）	林汉达 边继石	雪岗	曾平 张晓飞	谢志高	64	1983年12月第1版	1—158,000	0.20	8087·576	143	河北美术出版社
	备注：本书包含《董卓专权》《定计除暴》《割发代首》《官渡之战》《孙刘联盟》《赤壁之战》6个故事。											
142	三国故事中册（中国历史故事丛书）	林汉达 边继石	雪岗	施大畏等	谢志高	64	1983年12月第1版	1—158,000	0.21	8087·577	151	河北美术出版社
	备注：本书包含《进踞益州》《空营之计》《偷袭荆州》《曹丕称帝》《火烧连营》《七擒孟获》6个故事。											
143	三国故事 下册（中国历史故事丛书）	林汉达 边继石	雪岗	郑庆衡等	谢志高	64	1983年12月第1版	1—157,800	0.21	8087·578	151	河北美术出版社
	备注：本书包含《街亭失守》《出师未捷》《装病夺权》《带酒进宫》《功成将死》《三分一统》6个故事。											

1984 年冀版连环画汇总

序号	书名	原著	文	图	封面	开本	版次印次	印数	定价（元）	书号	页数	出版社
1	石匠与美女	贺宜	纪元瑶	赵贵德	赵贵德	64	1984年1月第1版	1—275, 400	0. 12	8286·13	78	花山文艺出版社
2	沉默的持剑官	王咏虹 徐雅雅	宁宣成	刘海志	刘海志	64	1984年1月第1版	1—502, 000	0. 12	8286·14	78	花山文艺出版社
3	黑色的军用皮包	邬盛林	马保超	高鹏	穆玮东	64	1984年1月第1版	1—379, 000	0. 13	8286·15	86	花山文艺出版社
4	幼读古诗一百首		丁新彦 选注	牛双印 季酉辰 李丰田等	李文侠	40	1984年2月第1版	1—120, 800	0. 50	10286·100	200	花山文艺出版社
5	鲧和禹的故事	袁珂	文源	克仁 国瑞	李文侠	64	1984年2月第1版	1—74, 000	0. 15	8286·12	102	花山文艺出版社
6	小茶碗变成大脸盆（儿童电影连环画29）		顾汉昌	李荣中		128	1984年2月第1版	1—70, 000	0. 07	R8086·1707	62	河北人民出版社
7	萝卜回来了（儿童电影连环画28）		何郁文	林文霄		128	1984年3月第1版	1—78, 500	0. 07	R8086·1708	60	河北人民出版社
	备注：本书包含《萝卜回来了》30页；《过猴山》30页，戴铁良、范马迪绘画。											
8	淘气鬼王小椿		赵镇琬	赵镇琬	卞家华	64	1984年3月第1版	1—35, 000	0. 35	8086·1709	237	河北人民出版社
9	追鱼		程逸汝	韩伍 钱生发	韩伍	64	1984年4月第1版	1—235, 000	0. 13	8087·599	86	河北美术出版社
10	十二英烈		陈廷一	刘丰杰	刘丰杰	64	1984年4月第1版	1—556, 000	0. 15	8087·600	102	河北美术出版社
11	刑警队长	王亚平	孟阳 范永信	杜滋龄 季源业	赵贵德	64	1984年4月第1版	1—286, 000	0. 25	8087·598	190	河北美术出版社
12	哪吒出世	周楞伽	王计祥	张锦秀	马寒松	64	1984年5月第1版	1—203, 000	0. 11	8087·826	62	河北美术出版社
	备注：本书为《哪吒》之一。											
13	闹海惩凶	周楞伽	王计祥	李壮阁	马寒松	64	1984年5月第1版	1—203, 000	0. 13	8087·827	86	河北美术出版社
	备注：本书为《哪吒》之二。											
14	痛打龙王	周楞伽	王计祥	刘业通	马寒松	64	1984年5月第1版	1—203, 000	0. 14	8087·828	94	河北美术出版社
	备注：本书为《哪吒》之三。											

（续表）

序号	书名	原著	文	图	封面	开本	版次印次	印数	定价（元）	书号	页数	出版社
15	师徒除妖	周楞伽	青岚	苑成心	马寒松	64	1984年5月第1版	1—203, 000	0. 12	8087 • 829	78	河北美术出版社
	备注：本书为《哪吒》之四。											
16	大战四金刚	周楞伽	王计祥	叶洪峰	马寒松	64	1984年5月第1版	1—203, 000	0. 11	8087 • 830	62	河北美术出版社
	备注：本书为《哪吒》之五。											
17	智败二郎神	周楞伽	王计祥	赵金鸽	马寒松	64	1984年5月第1版	1—203, 000	0. 11	8087 • 831	62	河北美术出版社
	备注：本书为《哪吒》之六。											
18	水淹陈塘关	周楞伽	楚甸	陈洪亮	马寒松	64	1984年5月第1版	1—203, 000	0. 11	8087 • 832	62	河北美术出版社
	备注：本书为《哪吒》之七。											
19	取义断情	周楞伽	楚甸	卞家华 王树立	马寒松	64	1984年5月第1版	1—203, 000	0. 11	8087 • 833	70	河北美术出版社
	备注：本书为《哪吒》之八。											
20	检察官	罗华俊	王良莹	石恒谟	梁建君	64	1984年5月第1版	1—299, 000	0. 14	8087 • 742	94	河北美术出版社
21	沉绿湖上的英雄		张志勇	赵贵德 谷照恩 张玉良 潘真 张文学	赵贵德	64	1984年5月第1版	1—60, 000	0. 11	8087 • 872	62	河北美术出版社
22	改邪归正（大盗贼第三集）	[德]奥特利特·普雷斯勒	柳吟	尤先瑞	尤先瑞	64	1984年5月第1版	1—252, 000	0. 17	8087 • 743	118	河北美术出版社
	备注：本书为《大盗贼》第三集。											
23	毛毛和猫		张秋菊	谷守纲	谷守纲	48	1984年5月第1版	1—45, 000	0. 15	8087 • 834	24	河北美术出版社
24	瓜棚传奇	刘绍棠	浅草	魏魁仲	魏魁仲	64	1984年5月第1版	1—396, 000	0. 17	8087 • 740	122	河北美术出版社
25	葫芦娃	董均伦 江源	张庚	张庚	张庚	64	1984年5月第1版	1—300, 000	0. 11	8087 • 741	62	河北美术出版社
26	武林志		于兰			64	1984年6月第1版	1—320, 000	0. 30	8286 • 17	184	花山文艺出版社
	备注：本书为电影连环画。											
27	屈原的传说		封秋昌	张亚力	张亚力	64	1984年6月第1版	1—60, 000	0. 12	8087 • 846	69	河北美术出版社

（续表）

序号	书名	原著	文	图	封面	开本	版次印次	印数	定价（元）	书号	页数	出版社
28	周刚杀霸 上	李长华	王吉祥	鲁飒 英博	李泉淼	64	1984年6月第1版	1—1,121,200	0.16	8087·885	102	河北美术出版社
29	周刚杀霸 下	李长华	王吉祥	鲁飒 英博	李泉淼	64	1984年6月第1版	1—1,121,200	0.18	8087·886	118	河北美术出版社
30	回师大梁		刘志轩	白庚延	白庚延	64	1984年7月第1版	1—108,000	0.18	8087·850	126	河北美术出版社
31	雁毛扇	李满园	刘宗甫 范江	张秋菊	马寒松	64	1984年7月第1版	1—246,000	0.11	8087·856	70	河北美术出版社
32	绿色的钱包	刘厚明 肖尹宪	江澄	张键	王永扬	64	1984年7月第1版	1—68,000	0.18	8087·848	126	河北美术出版社
33	鹰拳	冯骥才	牛素琴 张驰	何保全		64	1984年7月第1版	1—1,020,000	0.13	8087·884	78	河北美术出版社
34	龙子太郎	松谷美代子	张宇平	陆新森 吕振敏	陆鑫	64	1984年7月第1版	1—232,000	0.19	8087·855	134	河北美术出版社
35	聪明的小白兔		韩艾青	庄敏瑾	庄敏瑾	64	1984年7月第1版	1—116,000	0.16	8087·857	83	河北美术出版社
	备注：本书包含《聪明的小白兔》30页；《淘气的小狐狸》31页，宋万存编文，刘凤展绘画；《团结果》22页，李辛然编文，叶淑兰绘画。											
36	窃国大盗	胡月伟 杨鑫基 阙文	贾秉恒	王征	王征	64	1984年7月第1版	1—213,000	0.24	8087·849	178	河北美术出版社
37	艺苑传奇	邓有梅	王启中	乔保华	吴绍人	64	1984年7月第1版	1—162,000	0.15	8087·847	102	河北美术出版社
38	铁甲英雄		晨光 王茹跃	牟健兵		64	1984年8月第1版	1—381,000	0.16	8087·869	94	河北美术出版社
39	高山下的花环	李存葆	于秀溪	王晋泰	穆玮东	64	1984年8月第1版	1—177,000	0.28	8087·870	186	河北美术出版社
40	除奸反特斗顽敌	程林亭	峻嵘 逢春	崔建社	陈承齐	64	1984年8月第1版	1—553,000	0.14	8087·871	75	河北美术出版社
41	王莽赶刘秀		洛康	解永钧 罗敬箴		64	1984年8月第1版	1—165,000	0.23	8087·867	158	河北美术出版社
42	贪泉		周成为	卢延光 蒙复旦		64	1984年8月第1版	1—135,000	0.15	8087·859	98	河北美术出版社
43	贪泉		周成为	卢延光 蒙复旦		32	1984年8月第1版	1—6,100	0.30	8087·860	98	河北美术出版社
44	长鼻子老大		颂民	梁洪德	吴绍人	64	1984年8月第1版	1—231,500	0.11	8087·866	62	河北美术出版社

（续表）

序号	书名	原著	文	图	封面	开本	版次印次	印数	定价（元）	书号	页数	出版社
45	珍珠绣花巾		敦谦	贾铭		64	1984年8月第1版	1—238,000	0.13	8087·865	74	河北美术出版社
46	喵呜收徒弟（儿童电影连环画30）		余又晨	金雪林		128	1984年8月第1版	1—92,600	0.07	R8086·1716	62	河北人民出版社
47	咕咚来了（儿童电影连环画31）		金音	朱行和 沈寿林		128	1984年8月第1版	1—87,950	0.07	R8086·1715	62	河北人民出版社
48	雷声阵阵		袁桂珍	贾忠合	王保进	64	1984年8月第1版	1—440,000	0.20	8087·858	126	河北美术出版社
49	魔海事件	林文烈 王要真	张光奎	刘文昌 刘世铎	刘世铎	64	1984年8月第1版	1—206,000	0.14	8087·868	94	河北美术出版社
50	遇险的女兵	邓友梅	李新娟	吴懋祥	张玉良	64	1984年9月第1版	1—336,000	0.24	8087·887	158	河北美术出版社
51	阿基米德的故事	赵学元	寄松	李乃蔚		64	1984年9月第1版	1—23,300	0.14	8087·882	82	河北美术出版社
52	阿基米德的故事	赵学元	寄松	李乃蔚		32	1984年9月第1版	1—3,100	0.30	8087·883	82	河北美术出版社
53	小精灵智斗总督（小精灵画传）		王培堃	王培堃	谷守纲	64	1982年9月第1版1984年9月第2次印刷	360,000—549,000	0.12	8087·194	52	河北美术出版社
	备注：本书为《小精灵画传》之一，2印封面重绘。本套书获1991年第四届全国连环画评奖优秀套书二等奖。											
54	小精灵大闹娃娃祭（小精灵画传）		王培堃	王培堃		64	1982年12月第1版1984年9月第2次印刷	203,300—391,300	0.12	8087·229	54	河北美术出版社
	备注：本书为《小精灵画传》之二，2印封面重绘。											
55	独眼龙喋血面包岛（小精灵画传）		王培堃	王培堃	谷守纲	64	1983年4月第1版1984年9月第2次印刷	81,600—279,000	0.13	8087·253	61	河北美术出版社
	备注：本书为《小精灵画传》之三，2印封面重绘。											
56	海底迷宫覆灭记（小精灵画传）		王培堃	王培堃	王培堃	64	1984年9月第1版	1—194,000	0.16	8087·897	79	河北美术出版社
	备注：本书为《小精灵画传》之六。											

（续表）

序号	书名	原著	文	图	封面	开本	版次印次	印数	定价（元）	书号	页数	出版社
57	奇怪的绵羊国（小精灵画传）		王培堃	王培堃	王培堃	64	1984年9月第1版	1—192, 100	0.16	8087·898	79	河北美术出版社
	备注：本书为《小精灵画传》之七。											
58	死里逃生（小精灵画传）		王培堃	王培堃	王培堃	64	1984年9月第1版	1—207, 100	0.16	8087·899	78	河北美术出版社
	备注：本书为《小精灵画传》之八。											
59	恶战太空城（小精灵画传）		王培堃	王培堃	王培堃	64	1984年9月第1版	1—198, 100	0.18	8087·900	94	河北美术出版社
	备注：本书为《小精灵画传》之九。											
60	秃鹫帝国的末日（小精灵画传）		王培堃	王培堃	王培堃	64	1984年9月第1版	1—190, 100	0.18	8087·901	94	河北美术出版社
	备注：本书为《小精灵画传》之十。											
61	李世民登基		李震川	晓飞 晓霞	刘国辉	64	1984年10月第1版	1—237, 000	0.23	8087·904	150	河北美术出版社
62	小安子伏法记	李乔	侯愚	杨德树		64	1984年10月第1版	1—334, 000	0.14	8087·905	78	河北美术出版社
63	太行小兵	李涌	韩永昌	崔建社	邱百平	64	1984年12月第1版	1—201, 000	0.19	8087·913	122	河北美术出版社
64	平原枪声1	李晓明 韩安庆	曹治淮	段秀苍	陈承齐	64	1984年12月第1版	1—240, 000	0.24	8087·908	158	河北美术出版社
65	平原枪声2	李晓明 韩安庆	曹治淮	施胜辰	陈承齐	64	1984年12月第1版	1—240, 000	0.24	8087·909	158	河北美术出版社
66	平原枪声3	李晓明 韩安庆	曹治淮	雷金池 陈继荣	陈承齐	64	1984年12月第1版	1—240, 000	0.26	8087·910	166	河北美术出版社
67	平原枪声4	李晓明 韩安庆	曹治淮	陈继荣 雷金池	陈承齐	64	1984年12月第1版	1—240, 000	0.26	8087·911	166	河北美术出版社
68	青春之歌 上	杨沫	庚西 戈兵	谢志高 华其敏	谢志高	64	1982年10月第1版 1984年12月第2次印刷	153, 300—296, 500	0.26	8087·204	174	河北美术出版社
	备注：本书2印封面为新绘。											
69	青春之歌 下	杨沫	庚西 戈兵	谢志高 宋雅丽	谢志高	64	1984年12月第1版	1—143, 000	0.25	8087·912	166	河北美术出版社

（续表）

序号	书名	原著	文	图	封面	开本	版次印次	印数	定价（元）	书号	页数	出版社
70	冰上歼敌	范法根	张汝川	谷中良	李全武	64	1984年12月第1版	1—568,000	0.18	8087·916	74	河北美术出版社
71	红兰姑娘		肖丁三	贺保银	徐文山	64	1984年12月第1版	1—275,000	0.18	8087·915	66	河北美术出版社
72	神奇的狗熊（儿童电影连环画32）		阳羊	薛梅君		128	1984年12月第1版	1—148,000	0.07	R8086·1717	62	河北人民出版社
73	人参姑娘（儿童电影连环画33）		羽川	李绍然		128	1984年12月第1版	1—141,000	0.07	R8086·1718	62	河北人民出版社
74	捉迷藏（儿童电影连环画34）		金音	葛桂荣 吴云初		128	1984年12月第1版	1—142,000	0.07	R8086·1719	62	河北人民出版社
75	烈火金钢（一）	刘流	竹石	马廷奎 马铭	邱百平	64	1984年12月第1版	1—235,000	0.27	8087·914	134	河北美术出版社

1985 年冀版连环画汇总

序号	书名	原著	文	图	封面	开本	版次印次	印数	定价（元）	书号	页数	出版社
1	智截军火车		张汝川	李景森	王顺兴	64	1985年1月第1版	1—553,000	0.20	8087·917	78	河北美术出版社
2	状元与乞丐		刘仲武 张梦亭	王学明	杨淑涛	64	1985年1月第1版	1—75,000	0.36	8087·918	142	河北美术出版社
3	迎春曲（儿童电影连环画35）		宇平	王荣 沈改良		128	1985年1月第1版	1—129,500	0.08	R8086·1720	62	河北人民出版社
4	蛋生平妖记（上）（儿童电影连环画38）		清韵	李荣中		128	1985年1月第1版	1—276,000	0.08	R8086·1723	62	河北人民出版社
5	蛋生平妖记（下）（儿童电影连环画39）		清韵	李荣中		128	1985年1月第1版	1—276,000	0.08	R8086·1724	62	河北人民出版社
6	长了腿的芒果（儿童电影连环画40）		余又晨	周克勤 攸扬 陆松茂		128	1985年1月第1版	1—141,000	0.08	R8086·1725	62	河北人民出版社
7	莲花王后（儿童电影连环画41）		馥耘	馥耘		128	1985年1月第1版	1—85,800	0.08	R8366·17	62	河北少年儿童出版社
8	赌据的风波	尤凤伟	张丽英 李章庭	吴绍人		64	1985年2月第1版	1—100,000	0.27	8087·1148	94	河北美术出版社
9	赌据的风波	尤凤伟	张丽英 李章庭	吴绍人		32	1985年2月第1版	1—5,600	0.62	8087·1149	94	河北美术出版社
	备注：本书获1986年第三届全国连环画评奖绘画创作二等奖。											
10	刀光虎影		童心	李乃宙	李乃宙	64	1985年2月第1版	1—615,000	0.40	8087·922	158	河北美术出版社
11	铁拐李和景州塔	郭华	李新娟	邓柯	邓柯	64	1985年3月第1版	1—350,000	0.17	8087·921	54	河北美术出版社
12	只有冬冬一个人（幼儿连环画丛书）		秋菊	卞家华		48	1985年4月第1版	1—85,500	0.16	8087·1143	15	河北美术出版社
13	好伙伴（幼儿连环画丛书）		吴珹	鲍潮鸣 程延林		48	1985年4月第1版	1—87,000	0.25	8087·1142	22	河北美术出版社
14	我爱林老师（幼儿连环画丛书）		张光昌	王信		48	1985年4月第1版	1—86,000	0.23	8087·1140	20	河北美术出版社
15	小丽丽（幼儿连环画丛书）		尹淑珍	白云乡 徐福厚		48	1985年4月第1版	1—86,000	0.25	8087·1139	23	河北美术出版社

（续表）

序号	书名	原著	文	图	封面	开本	版次印次	印数	定价（元）	书号	页数	出版社
16	小红花和大红花（幼儿连环画丛书）		吴瑊	孙家跃		48	1985年4月第1版	1—86, 000	0. 25	8087・1137	23	河北美术出版社
17	阿姨扮医生（幼儿连环画丛书）		晓园	潘小庆		48	1985年4月第1版	1—90, 000	0. 23	8087・1136	20	河北美术出版社
18	伟伟画画（幼儿连环画丛书）		秋菊	冀维静		48	1985年4月第1版	1—87, 000	0. 25	8087・1135	23	河北美术出版社
19	两撇小黑胡（幼儿连环画丛书）		赵英	安耀华 温海平 郝祥		48	1985年4月第1版	1—86, 000	0. 23	8087・1138	21	河北美术出版社
20	虎大胆（幼儿连环画丛书）		秋菊	龚定平		48	1985年4月第1版	1—89, 000	0. 25	8087・1134	23	河北美术出版社
21	大王（幼儿连环画丛书）		张光昌	安耀华 温海平 郝祥		48	1985年4月第1版	1—86, 000	0. 25	8087・1141	23	河北美术出版社
	备注：序号12—21为《好孩子故事幼儿连环画丛书》（第二辑），共10册。											
22	岳雷（岳家小将）		罗波	项维仁	项维仁	64	1985年4月第1版	1—346, 000	0. 34	8087・1150	126	河北美术出版社
23	岳云（岳家小将）		孙中晓	窦世魁 窦世伟	唐勇力	64	1985年4月第1版	1—373, 000	0. 34	8087・1151	126	河北美术出版社
24	莲花王后		曹丽华	钱欣		20	1985年4月第1版	1—63, 000	0. 60	R8366・1	22	河北少年儿童出版社
25	魔棒		冰子	阎善春	阎善春	40	1985年5月第1版	1—32, 600	0. 28	R8366・7	20	河北少年儿童出版社
26	猪八戒吃西瓜		包蕾	常保生 许小鸣	常保生 许小鸣	40	1985年5月第1版	1—32, 600	0. 28	R8366・8	20	河北少年儿童出版社
27	济公斗蟋蟀		伍仑	葛春学	卞家华	40	1985年5月第1版	1—32, 600	0. 28	R8366・9	20	河北少年儿童出版社
28	飞狗阿灵		宇平	方润南	方润南	40	1985年5月第1版	1—32, 600	0. 28	R8366・10	20	河北少年儿童出版社
29	钟爷爷讲的故事		云文	吴云初	卞家华	40	1985年5月第1版	1—32, 600	0. 28	R8366・11	20	河北少年儿童出版社

（续表）

序号	书名	原著	文	图	封面	开本	版次印次	印数	定价（元）	书号	页数	出版社
30	冰上遇险		冰子	张景源 余力	张景源 余力	40	1985年5月第1版	1—32,600	0.28	R8366·12	20	河北少年儿童出版社
31	骄傲的将军		余又晨	杜春甫 施有成	卞家华	40	1985年5月第1版	1—32,600	0.28	R8366·13	20	河北少年儿童出版社
32	我知道		何郁文	陆青	陆青	40	1985年5月第1版	1—32,600	0.28	R8366·14	20	河北少年儿童出版社
33	七色花		宇平	薛梅君	薛梅君	40	1985年5月第1版	1—32,600	0.28	R8366·15	20	河北少年儿童出版社
34	没头脑和不高兴		建子	熊南清	熊南清	40	1985年5月第1版	1—32,600	0.28	R8366·16	20	河北少年儿童出版社
	备注：序号25—34为《美术电影画库1》系列，共10册。											
35	诱敌记	祝凯	王瑞华	查加伍	王怀骐	64	1985年5月第1版	1—224,000	0.17	8087·1147	55	河北美术出版社
36	红河枪声		陈廷一	胡斌	乔宝华	64	1985年6月第1版	1—303,000	0.26	8087·1163	90	河北美术出版社
37	重造哪吒身	周楞伽	王计祥	赵金鸽	马寒松	64	1985年5月第1版	1—574,000	0.26	8087·1152	78	河北美术出版社
	备注：本书为《哪吒》之九。											
38	寻仇败李靖	周楞伽	王计祥	王树立	马寒松	64	1985年5月第1版	1—573,000	0.26	8087·1153	78	河北美术出版社
	备注：本书为《哪吒》之十。											
39	父子上天庭	周楞伽	王计祥	叶洪峰	马寒松	64	1985年5月第1版	1—574,000	0.25	8087·1154	70	河北美术出版社
	备注：本书为《哪吒》之十一。											
40	大战孙悟空	周楞伽	王计祥	苑诚心	马寒松	64	1985年5月第1版	1—576,000	0.30	8087·1155	94	河北美术出版社
	备注：本书为《哪吒》之十二。											
41	哪吒中妖法	周楞伽	王计祥	张锦秀	马寒松	64	1985年5月第1版	1—574,000	0.23	8087·1156	62	河北美术出版社
	备注：本书为《哪吒》之十三。											

（续表）

序号	书名	原著	文	图	封面	开本	版次印次	印数	定价（元）	书号	页数	出版社
42	智斗罗刹女	周楞伽	王计祥	刘业通	马寒松	64	1985年5月第1版	1—573,000	0.29	8087·1157	94	河北美术出版社
	备注：本书为《哪吒》之十四。											
43	惩妖报母仇	周楞伽	任达	陈洪亮	马寒松	64	1985年5月第1版	1—566,000	0.22	8087·1158	62	河北美术出版社
	备注：本书为《哪吒》之十五。											
44	救难赴长安	周楞伽	任达	李壮阁	马寒松	64	1985年5月第1版	1—573,000	0.22	8087·1159	62	河北美术出版社
	备注：本书为《哪吒》之十六。											
45	夺宝驱观音	周楞伽	荣学	崔爱民	马寒松	64	1985年5月第1版	1—573,000	0.22	8087·1160	62	河北美术出版社
	备注：本书为《哪吒》之十七。											
46	动物鞋店		杨楠	杜建国		40	1985年5月第1版	1—41,500	0.25	R8366·2	12	河北少年儿童出版社
47	聪明的小鸭		徐让	徐让		40	1985年5月第1版	1—62,000	0.25	R8366·3	17	河北少年儿童出版社
	备注：本书包含《兔子报仇》8页。											
48	小燕子学本领		李远杰	贾文涛		40	1985年5月第1版	1—55,000	0.20	R8366·4	16	河北少年儿童出版社
49	古代笑话选		穆莱	白庚延等		32	1985年5月新1版1印	1—34,200	0.85	10366·43	177	河北少年儿童出版社
	备注：本书换河北少年儿童出版社，上下合并出版。											
50	古都风云（上）	杨沫	刘绳	孟喜元	孟喜元 关巍	64	1985年6月第1版	1—431,000	0.28	8087·1161	102	河北美术出版社
51	古都风云（下）	杨沫	刘绳	孟喜元	孟喜元 关巍	64	1985年6月第1版	1—432,000	0.28	8087·1162	102	河北美术出版社
52	苏小三参军	胡正言	张晓鸥	杨春华	陈承齐	64	1985年6月第1版	1—182,800	0.30	8087·1189	110	河北美术出版社
53	女娲神和聚宝盆		李亮	张增木	吴绍人	64	1985年6月第1版	1—237,200	0.19	8087·1202	62	河北美术出版社
54	望星山寻宝		绍旻	田力	王悦民	64	1985年6月第1版	1—288,700	0.21	8087·1167	70	河北美术出版社

（续表）

序号	书名	原著	文	图	封面	开本	版次印次	印数	定价（元）	书号	页数	出版社
55	乔装打扮	叶永烈	贺忠信 马保超	宋珍妮	邱百平	64	1985年6月第1版	1—375,000	0.23	8087・1166	78	河北美术出版社
56	九颗夜明珠	金日平	王金中	孙永印	孙永印	64	1985年6月第1版	1—561,000	0.21	8087・1164	70	河北美术出版社
57	华佗与曹操	陶原 郁云	李新娟	费声福	唐勇力	64	1985年6月第1版	1—62,000	0.37	8087・1165	138	河北美术出版社
58	春天和夏天（娃娃爱科学第一辑1）		关陌	姜启才		40	1985年6月第1版	1—30,000			18	河北少年儿童出版社
59	秋天和冬天（娃娃爱科学第一辑2）		关陌	刘洛平		40	1985年6月第1版	1—30,000	1.60	R8366・19	18	河北少年儿童出版社
60	田里的战斗（娃娃爱科学第一辑3）		蔡字征	高宝生		40	1985年6月第1版	1—30,000			18	河北少年儿童出版社
61	长耳朵的新伙伴（娃娃爱科学第一辑4）		关陌	高宝生		40	1985年6月第1版	1—30,000			18	河北少年儿童出版社
62	水果药店（娃娃爱科学第一辑5）		王修文	胡基明		40	1985年6月第1版	1—30,000	1.60	R8366・19	18	河北少年儿童出版社
63	鸟儿回来了（娃娃爱科学第一辑6）		蔡字征	刘洛平		40	1985年6月第1版	1—30,000			18	河北少年儿童出版社
	备注：序号58—63为《娃娃爱科学》（第一辑），共6册。											
64	红旗谱（平装）	梁斌	尚羡智	王怀骐	王怀庆	32	1981年6月第1版1985年6月第3次印刷	1—6,000	1.00	8087・215	201	河北美术出版社
65	红旗谱（精装）	梁斌	尚羡智	王怀骐	王怀庆	32	1981年6月第1版1985年6月第3次印刷	无	2.00	8087・215	201	河北美术出版社
66	看看 答答 1		茅于燕	胡绍常		24	1985年7月第1版	1—135,900	0.45	R8366・23	20	河北少年儿童出版社
67	看看 答答 2		茅于燕	胡绍常		24	1985年7月第1版	1—134,900	0.45	R8366・24	20	河北少年儿童出版社

（续表）

序号	书名	原著	文	图	封面	开本	版次印次	印数	定价（元）	书号	页数	出版社
68	聪明的小母鸡		雷丹 译	谷照恩 谷静		40	1985年7月第1版	1—67,050	0.27	R8366・25	21	河北少年儿童出版社
69	小花狗找朋友		叶飞	叶飞		48	1985年7月第1版	1—68,000	0.46	8087・1125	42	河北美术出版社
70	双雄会（上）		王文杰		龚定平	64	1985年7月第1版	1—22,200	0.45	R8366・21	165	河北少年儿童出版社
	备注：本书为电影连环画。											
71	双雄会（下）		王文杰		龚定平	64	1985年7月第1版	1—22,200	0.47	R8366・22	174	河北少年儿童出版社
	备注：本书为电影连环画。											
72	金发艾斯南		张秋菊	韩伍 黄英洁	韩伍 黄英洁	64	1985年8月第1版	1—170,300	0.28	8087・1194	102	河北美术出版社
	备注：本书包含《年轻的巨人》37页。											
73	窦天佑打擂	静波	大民	谢立堂	谢立堂	64	1985年8月第1版	1—515,700	0.24	8087・1197	82	河北美术出版社
74	虎穴买药		李志寅	李丰田	王怀骐	64	1985年8月第1版	1—180,800	0.23	8087・1195	78	河北美术出版社
75	七星剑传奇	赵本夫	菡原	何国华	何国华	64	1985年8月第1版	1—432,700	0.28	8087・1206	102	河北美术出版社
76	银肖山擒特记		陈亚军	刘业通	刘业通	64	1985年8月第1版	1—220,000	0.28	8087・1199	102	河北美术出版社
77	除妖受骗记	周楞伽	敦篁	王永扬	王永扬	64	1985年8月第1版	1—289,500	0.19	8087・1203	62	河北美术出版社
78	挖参遇仙记	张士杰	智涌	李燕华 振鑫	李燕华	64	1985年8月第1版	1—152,500	0.34	8087・1186	124	河北美术出版社
	备注：本书包含《参童》61页，振鑫绘画。											
79	奇异的宝花	董均伦 江源	王瑞华	海君	海君	64	1985年8月第1版	1—201,200	0.23	8087・1188	78	河北美术出版社
80	宝扇		张汝川	张秋菊	马寒松	64	1985年8月第1版	1—172,100	0.27	8087・1200	94	河北美术出版社
81	文津阁传奇	陈继光	常星	李江鸿	李江鸿	64	1985年8月第1版	1—375,700	0.28	8087・1197	102	河北美术出版社

（续表）

序号	书名	原著	文	图	封面	开本	版次印次	印数	定价（元）	书号	页数	出版社
82	羊城平叛	沈默君	曹治淮	蚁美楷 蚁美玲	蚁美楷 蚁美玲	64	1985年8月第1版	1—133, 800	0. 40	8087・1196	150	河北美术出版社
83	哪吒闹海（上集）（儿童电影连环画36）		岱碧	黄炜 常光希		128	1985年9月第1版	1—255, 000	0. 08	R8086・1721	62	河北人民出版社
84	哪吒闹海（下集）（儿童电影连环画37）		岱碧	黄炜 常光希		128	1985年9月第1版	1—255, 000	0. 08	R8086・1722	62	河北人民出版社
85	清明案	朱红赤 傅军凯 张兴华	吴彤	勇力 广力	唐勇力	64	1985年9月第1版	1—11, 7500	0. 29	8087・1217	106	河北美术出版社
86	古代画家的故事		谢金生	贺友直等	谢志高	64	1985年9月第1版	1—61, 600	0. 38	8087・1201	143	河北美术出版社
	备注：本书包含《误笔成蝇》《巧捉水獭》《画龙点睛》等14个故事。											
87	解放仙阁岛（上）	克扬	柴茂荣 张林	李重新 柴茂荣	刘丰杰	64	1985年9月第1版	1—116, 400	0. 32	8087・1204	118	河北美术出版社
88	解放仙阁岛（下）	克扬	柴茂荣 张林	李重新 柴茂荣	刘丰杰	64	1985年9月第1版	1—124, 200	0. 32	8087・1205	118	河北美术出版社
89	黑猫警长		沙惠荣	马寒松	马寒松	64	1985年10月第1版	1—57, 700	0. 32	8087・1222	117	河北美术出版社
90	忠良蒙难（呼家将之一）		奚海	崔存忠	梁占岩	64	1985年10月第1版	1—108, 000	0. 38	8087・1243	129	河北美术出版社
91	肉丘坟祭祖（呼家将之二）		刘树强	刘业通	梁占岩	64	1985年10月第1版	1—108, 000	0. 39	8087・1244	142	河北美术出版社
92	呼延庆打擂（呼家将之三）		张建辉	张恩礼 姜凌涛	梁占岩	64	1985年10月第1版	1—108, 000	0. 38	8087・1245	126	河北美术出版社
93	汴京脱险（呼家将之四）		玉良	刘惠君	梁占岩	64	1985年10月第1版	1—108, 000	0. 38	8087・1246	126	河北美术出版社
94	大战齐平山（呼家将之五）		尚羡智	永钧 敬箴	梁占岩	64	1985年10月第1版	1—108, 000	0. 39	8087・1247	142	河北美术出版社
95	钢叉山除害（呼家将之六）		封秋昌	张洁	梁占岩	64	1985年10月第1版	1—108, 000	0. 34	8087・1248	110	河北美术出版社
96	截囚车（呼家将之七）		王计祥	史惠芳	梁占岩	64	1985年10月第1版	1—108, 000	0. 38	8087・1249	126	河北美术出版社
97	校场比武（呼家将之八）		谷岳	赵拴造	梁占岩	64	1985年10月第1版	1—108, 000	0. 38	8087・1250	126	河北美术出版社

（续表）

序号	书名	原著	文	图	封面	开本	版次印次	印数	定价（元）	书号	页数	出版社
98	刘玉萍夺帅印（呼家将之九）		刘仲武	王树立	梁占岩	64	1985年10月第1版	1—108，000	0.38	8087・1326	126	河北美术出版社
99	小将闹东京（呼家将之十）		冯宝秋	崔爱民	梁占岩	64	1985年10月第1版	1—108，000	0.38	8087・1327	126	河北美术出版社
100	彰德府诓兵（呼家将之十一）		曹治淮	赵金鸰	梁占岩	64	1985年10月第1版	1—108，000	0.37	8087・1328	126	河北美术出版社
101	幽州寻父（呼家将之十二）		李新娟	刘振源	梁占岩	64	1985年10月第1版	1—108，000	0.36	8087・1329	118	河北美术出版社
102	北国认亲（呼家将之十三）		张庆锟	夏连雨	梁占岩	64	1985年10月第1版	1—108，000	0.36	8087・1330	118	河北美术出版社
103	延平斗石虎（呼家将之十四）		张汝川	李耀华	梁占岩	64	1985年10月第1版	1—108，000	0.39	8087・1331	134	河北美术出版社
104	斗羊会激战（呼家将之十五）		李亮	陈洪亮	梁占岩	64	1985年10月第1版	1—108，000	0.38	8087・1332	126	河北美术出版社
105	大破连环阵（呼家将之十六）		万珍	郭富贵	梁占岩	64	1985年10月第1版	1—108，000	0.37	8087・1333	126	河北美术出版社
106	昭雪除奸（呼家将之十七）		张鸿林	张冰洁	梁占岩	64	1985年10月第1版	1—108，000	0.39	8087・1334	134	河北美术出版社
107	葫芦告状		克安	刘端 刘亚彪		64	1985年10月第1版	1—58，900	0.25	8087・1214	86	河北美术出版社
108	运河英豪	刘绍棠	张企荣	刘进安		64	1985年10月第1版	1—78，500	0.36	8087・1212	134	河北美术出版社
	备注：本书获1986年第三届全国连环画评奖绘画创作二等奖。											
109	大菩萨的传说	周哲民	白雨	晋泽	吴绍人	64	1985年11月第1版	1—55，900	0.23	8087・1223	78	河北美术出版社
110	姜女坟的传说（中国民间传说故事）		孙汝举	高同宝	李炎	64	1985年11月第1版	1—64，000	0.19	8087・1211	61	河北美术出版社
111	国宝奇遇	崔广鉴	郭华	郑绍敏	郑绍敏	64	1985年11月第1版	1—612，000	0.22	8087・1220	74	河北美术出版社

（续表）

序号	书名	原著	文	图	封面	开本	版次印次	印数	定价（元）	书号	页数	出版社
112	激战飞鹰岩（神力王之一）	汪佩琴 朱庆涛 吴谷辰	张国信	亦可 萌思	宋惠民	64	1985年11月第1版	1—151，000	0.37	8087·888	138	河北美术出版社
113	名山学艺（神力王之二）	汪佩琴 朱庆涛 吴谷辰	张国信	羊牧 元姝	宋惠民	64	1985年11月第1版	1—151，000	0.34	8087·889	126	河北美术出版社
114	苏州惩霸（神力王之三）	汪佩琴	平衡	溟均 岫雯	宋惠民	64	1985年11月第1版	1—151，000	0.36	8087·890	134	河北美术出版社
115	仇敌和情侣（神力王之四）	汪佩琴	平衡	秋枫 高鹏	宋惠民	64	1985年11月第1版	1—151，000	0.38	8087·891	142	河北美术出版社
116	擂台降五狂（神力王之五）	汪佩琴	陈忱	宝才 文倩	宋惠民	64	1985年11月第1版	1—149，000	0.38	8087·892	142	河北美术出版社
117	神州擂（上）	残墨	曹治淮	王学明	张韫韬	64	1985年11月第1版	1—56，000	0.42	8087·1346	162	河北美术出版社
118	神州擂（中）	残墨	曹治淮	田茂怀	张韫韬	64	1985年11月第1版	1—55，000	0.36	8087·1347	134	河北美术出版社
119	神州擂（下）	残墨	曹治淮	田茂怀	张韫韬	64	1985年11月第1版	1—55，000	0.40	8087·1348	150	河北美术出版社
120	钱塘血案		羡智	辛鹤江	辛鹤江	64	1985年12月第1版	1—83，000	0.32	8087·1343	118	河北美术出版社
121	巧施拖兵计	张学豹 于阿敏	张汝川	刘根涛	董永建	64	1985年12月第1版	1—38，800	0.26	8087·1345	90	河北美术出版社

1986 年冀版连环画汇总

序号	书名	原著	文	图	封面	开本	版次印次	印数	定价（元）	书号	页数	出版社
1	郭子仪打擂（《男女英雄会》之一）	郝艳霞 王润生	古风	朱振芳	李乃宙 姚小尧	64	1986年1月第1版	1—135,000	0.32	8366·35	126	河北少年儿童出版社
2	大闹百花楼（《男女英雄会》之三）	郝艳霞 王润生	古风	陈增哲	宁大明 赵增云	64	1986年1月第1版	1—130,000	0.30	8366·37	118	河北少年儿童出版社
3	私访独家城（《男女英雄会》之四）	郝艳霞 王润生	古风	韩东英	李乃宙 庄珠娣	64	1986年1月第1版	1—130,000	0.29	8366·38	110	河北少年儿童出版社
4	巧破聚宝楼（《男女英雄会》之七）	郝艳霞 王润生	古风	俎翠林	李乃宙 姚小尧	64	1986年1月第1版	1—134,600	0.30	8366·41	118	河北少年儿童出版社
5	五台山搬（班）师（《男女英雄会》之八）	郝艳霞 王润生	古风	申同景	李乃宙 姚小尧	64	1986年1月第1版	1—134,000	0.29	8366·42	110	河北少年儿童出版社
6	鞭打安禄山（《男女英雄会》之九）	郝艳霞 王润生	古风	李乃宙	李乃宙 姚小尧	64	1986年1月第1版	1—134,000	0.29	8366·43	110	河北少年儿童出版社
7	李太白闹殿（《男女英雄会》之二）	郝艳霞 王润生	古风	闰宝泉	宁大明 赵增云	64	1986年3月第1版	1—130,000	0.29	8366·36	110	河北少年儿童出版社
8	活擀黄官宝（《男女英雄会》之五）	郝艳霞 王润生	古风	吴月琴 安文生 宋源泉	李乃宙 赵增云	64	1986年3月第1版	1—130,000	0.28	8366·39	102	河北少年儿童出版社
9	罗少保招亲（《男女英雄会》之六）	郝艳霞 王润生	古风	石田 刘桂	李乃宙 姚小尧	64	1986年3月第1版	1—130,000	0.30	8366·40	118	河北少年儿童出版社
10	二探武家寨（《男女英雄会》之十）	郝艳霞 王润生	古风	李乃宙 李蓉	李乃宙 姚小尧	64	1986年3月第1版	1—130,000	0.30	8366·44	118	河北少年儿童出版社
11	走马擒三将（《男女英雄会》之十一）	郝艳霞 王润生	古风	郭付贵 肖杜	李乃宙 姚小尧	64	1986年3月第1版	1—130,000	0.28	8366·45	102	河北少年儿童出版社
12	五虎缚苍龙（《男女英雄会》之十二）	郝艳霞 王润生	古风	郭富贵	宁大明 姚小尧	64	1986年3月第1版	1—130,000	0.30	8366·46	118	河北少年儿童出版社
13	齐天大圣（西游记之三）	吴承恩	来诵芬	刘汉宗	胡若佛	64	1986年3月新1版	1—58,000	0.23	8087·1556	70	河北美术出版社
	备注：本书为86版《西游记》之三，更换出版社及书号。											

（续表）

序号	书名	原著	文	图	封面	开本	版次印次	印数	定价（元）	书号	页数	出版社
14	蟠桃宴（西游记之四）	吴承恩	尚美智	徐燕荪 金协中	王怀骐	64	1986年3月新1版	1—58, 000	0. 19	8087 • 1562	58	河北美术出版社
	备注：本书为86版《西游记》之四，更换出版社及书号。											
15	紧箍咒（西游记之五）	吴承恩	卢光照	盛锡珊	胡若佛	64	1986年3月新1版	1—58, 000	0. 23	8087 • 1557	70	河北美术出版社
	备注：本书为86版《西游记》之五，更换出版社及书号。											
16	收白龙马（西游记之六）	吴承恩	张帆	张鹿山	潘真	64	1982年3月1版1986年3月第3次印刷	750, 000—808, 000	0. 19	8087 • 137	54	河北美术出版社
	备注：本书为86版《西游记》之六，封面重绘，印数接82版，实为2印。											
17	黑风山（西游记之七）	吴承恩	来诵芬	张鹿山	潘真	64	1986年3月新1版	1—58, 000	0. 28	8087 • 1565	94	河北美术出版社
	备注：本书为86版《西游记》之七，封面重绘，更换出版社及书号。											
18	高老庄（西游记之八）	吴承恩	卢光照	陈缘督 朱丹枫		64	1986年3月新1版	1—58, 000	0. 19	8087 • 1566	54	河北美术出版社
	备注：本书为86版《西游记》之八，更换出版社及书号。											
19	黄风岭（西游记之九）	吴承恩	潘勤梦	池振亚		64	1986年3月新1版	1—58, 000	0. 24	8087 • 1555	78	河北美术出版社
	备注：本书为86版《西游记》之九，更换出版社及书号。											
20	流沙河（西游记之十）	吴承恩	石峰	高同宝	宋丕胜	64	1986年3月新1版	1—58, 000	0. 19	8087 • 1575	54	河北美术出版社
	备注：本书为86版《西游记》之十，封面重绘，更换出版社及书号。											
21	万年人参果（西游记之十一）	吴承恩	戈兵	乔庆余	李文侠	64	1982年5月1版1986年3月第2次印刷	570, 000—638, 000	0. 31	8087 • 148	110	河北美术出版社
	备注：本书为86版《西游记》之十一，封面重绘，印数接82版。											
22	平顶山（西游记之十三）	吴承恩	潘勤孟	池振亚	胡若佛	64	1986年3月新1版	1—58, 000	0. 28	8087 • 1560	98	河北美术出版社
	备注：本书为86版《西游记》之十三，更换出版社及书号。											
23	真假唐僧（西游记之十四）	吴承恩	潘勤孟	汪玉山 汪继远	胡若佛	64	1986年3月新1版	1—58, 000	0. 22	8087 • 1559	70	河北美术出版社
	备注：本书为86版《西游记》之十四，封面反转，更换出版社及书号。											

（续表）

序号	书名	原著	文	图	封面	开本	版次印次	印数	定价（元）	书号	页数	出版社
24	火云洞（西游记之十五）	吴承恩	李白英	池振亚	李文侠	64	1986年3月新1版	1—58,000	0.26	8087·1558	86	河北美术出版社
	备注：本书为86版《西游记》之十五，封面重绘，更换出版社及书号。											
25	除三怪（西游记之十七）	吴承恩	曹治淮	郭占魁	陆福林	64	1983年6月1版1986年3月第2次印刷	220,000—278,000	0.35	8087·468	126	河北美术出版社
	备注：本书为86版《西游记》之十七，书名改变，印数接83版。											
26	大闹通天河（西游记之十八）	吴承恩	郭烽明	刘凌沧	尹庆芳	64	1986年3月新1版	1—58,000	0.23	8087·1564	70	河北美术出版社
	备注：本书为86版《西游记》之十八，更换出版社及书号。											
27	金兜洞（西游记之十九）	吴承恩	李建新	刘海志	李文侠	64	1982年8月1版1986年3月第2次印刷	460,000—510,800	0.29	8087·166	94	河北美术出版社
	备注：本书为86版《西游记》之十九，书名改变，印数接82版。											
28	女儿国（西游记之二十）	吴承恩	陈平夫	钱笑呆 曹增潮		64	1986年3月新1版	1—58,000	0.30	8087·1567	106	河北美术出版社
	备注：本书为86版《西游记》之二十，更换出版社及书号。											
29	真假孙悟空（西游记之二十一）	吴承恩	陈平夫	宗静风 周静秋	胡若佛	64	1986年3月新1版	1—58,000	0.24	8087·1571	78	河北美术出版社
	备注：本书为86版《西游记》之二十一，更换出版社及书号。											
30	三盗芭蕉扇（西游记之二十二）	吴承恩	卢光照	任率英	王怀骐	64	1986年3月新1版	1—58,000	0.27	8087·1572	90	河北美术出版社
	备注：本书为86版《西游记》之二十二，更换出版社及书号。											
31	伏龙寺（西游记之二十三）	吴承恩	陈平夫	张鹿山		64	1986年3月新1版	1—58,000	0.21	8087·1573	62	河北美术出版社
	备注：本书为86版《西游记》之二十三，更换出版社及书号。											
32	小雷音寺（西游记之二十四）	吴承恩	路哥	陈云波		64	1986年3月新1版	1—58,000	0.21	8087·1570	62	河北美术出版社
	备注：本书为86版《西游记》之二十四，更换出版社及书号。											
33	七绝山（西游记之二十五）	吴承恩	陈平夫	池振亚	潘真	64	1986年3月新1版	1—58,000	0.20	8087·1563	58	河北美术出版社
	备注：本书为86版《西游记》之二十五，封面重绘，更换出版社及书号。											

（续表）

序号	书名	原著	文	图	封面	开本	版次印次	印数	定价（元）	书号	页数	出版社
34	计盗紫金铃（西游记之二十六）	吴承恩	陈平夫	池振亚	李文侠	64	1986年3月新1版	1—58,000	0.32	8087·1542	114	河北美术出版社
	备注：本书为86版《西游记》之二十六，封面重绘，更换出版社及书号。											
35	盘丝洞（西游记之二十七）	吴承恩	卢光照	胡若佛	李文章	64	1986年3月新1版	1—58,000	0.19	8087·1568	50	河北美术出版社
	备注：本书为86版《西游记》之二十七，封面重绘，更换出版社及书号。											
36	比丘国（西游记之二十九）	吴承恩	陈平夫	叶之浩 徐进	潘真	64	1986年3月新1版	1—58,000	0.20	8087·1574	58	河北美术出版社
	备注：本书为86版《西游记》之二十九，封面重绘，更换出版社及书号。											
37	无底洞（西游记之三十）	吴承恩	张绍旻	高同宝	王怀骐	64	1986年3月新1版	1—58,000	0.28	8087·1543	94	河北美术出版社
	备注：本书为86版《西游记》之三十，更换出版社及书号。											
38	连环洞（西游记之三十一）	吴承恩	陈平夫	宗静风 宗静草 周静秋		64	1986年3月新1版	1—58,000	0.23	8087·1569	69	河北美术出版社
	备注：本书为86版《西游记》之三十一，更换出版社及书号。											
39	玄英洞（西游记之三十三）	吴承恩	徐英杰	钟志宏	潘真	64	1983年6月1版1986年3月第2次印刷	238,000—296,000	0.29	8087·467	102	河北美术出版社
	备注：本书为86版《西游记》之三十三，封面重绘，印数接83版。											
40	天竺国（西游记之三十四）	吴承恩	陈平夫	彭国昌	胡若佛	64	1986年3月新1版	1—58,000	0.28	8087·1561	94	河北美术出版社
	备注：本书为86版《西游记》之三十四，内页新绘，更换出版社及书号。											
41	甜甜的桃子（幼儿连环画丛书）		秋菊	吴带生		48	1986年4月第1版	1—52,000	0.26	8087·1536	23	河北美术出版社
42	熊奶奶和小白兔（幼儿连环画丛书）		秋菊	姜成安		48	1986年4月第1版	1—54,000	0.26	8087·1535	23	河北美术出版社
43	懒猫不懒了（幼儿连环画丛书）		秋菊	刘积昆		48	1986年4月第1版	1—54,000	0.26	8087·1537	23	河北美术出版社
44	找幸福（幼儿连环画丛书）		秋菊	胡基明		48	1986年4月第1版	1—51,000	0.26	8087·1538	23	河北美术出版社

（续表）

序号	书名	原著	文	图	封面	开本	版次印次	印数	定价（元）	书号	页数	出版社
45	不识数的小熊（幼儿连环画丛书）		秋菊	姜渭渔		48	1986年4月第1版	1—54，000	0.26	8087・1539	23	河北美术出版社
	备注：序号41—45为《幼儿连环画丛书》（第三辑），共5册。											
46	大头托托奇遇记		孙泽良	孙泽良	马寒松	48	1986年4月第1版	无	0.32	8087・1665	71	河北美术出版社
47	雍正脑袋的传说		张孝文	马玉生 苑建中 王辰生	吴绍人	64	1986年4月第1版	1—16，500	0.23	8087・893	75	河北美术出版社
	备注：本书包含《雍正脑袋的传说》34页；《拍马屁的挨了刀》23页；《凤凰山和兔子窝》18页。											
48	第九个犯人	董治平	尚珩	吴成槐	陈承齐	64	1986年4月第1版	1—12，900	0.40	8087・1350	150	河北美术出版社
49	未结束的战斗	赵洪波	李新	肖玉磊	吴绍人	64	1986年4月第1版	1—28，000	0.34	8087・1181	126	河北美术出版社
50	十二属相的来历		里土	孙泽良		48	1986年4月第1版	无	0.16	8087・1666	24	河北美术出版社
51	佩剑将军	张笑天 石征先	祥文	梁占岩 纪京宁	王怀骐	64	1986年5月第1版	1—10，000	0.47	8087・1216	182	河北美术出版社
52	孙悟空的子孙	李楚城	竺乾华	黄雨金	黄雨金	64	1986年6月第1版	1—30，000	0.25	8087・1578	86	河北美术出版社
53	龙凤筵		光明 刘润	陈光明 黄英培		64	1986年6月第1版	1—10，000	0.19	8087・1577	62	河北美术出版社
54	火烧凌霄观（翡翠塔传奇之一）	残墨	启森 元瑶	刘端	孟庆江	64	1986年7月第1版	1—20，000	0.30	8087・1581	94	河北美术出版社
55	血洒北京城（翡翠塔传奇之二）	残墨	启森 元瑶	赵金鸰	孟庆江	64	1986年7月第1版	1—20，000	0.31	8087・1582	102	河北美术出版社
56	黑龙谷劫镖（翡翠塔传奇之三）	残墨	启森 元瑶	刘振源	孟庆江	64	1986年7月第1版	1—20，000	0.38	8087・1583	134	河北美术出版社
57	虎蹄涧情话（翡翠塔传奇之四）	残墨	启森 元瑶	张增木	孟庆江	64	1986年7月第1版	1—20，000	0.29	8087・1584	90	河北美术出版社
58	黑蜈蚣施奸（翡翠塔传奇之五）	残墨	启森 元瑶	崔爱民	孟庆江	64	1986年7月第1版	1—20，000	0.29	8087・1585	90	河北美术出版社

（续表）

序号	书名	原著	文	图	封面	开本	版次印次	印数	定价（元）	书号	页数	出版社
59	古源城闯险（翡翠塔传奇之六）	残墨	启森 元瑶	崔存忠	孟庆江	64	1986年7月第1版	1—20,000	0.35	8087·1586	118	河北美术出版社
60	群英闹擂场（翡翠塔传奇之七）	残墨	启森 元瑶	刘惠君	孟庆江	64	1986年7月第1版	1—20,000	0.30	8087·1587	94	河北美术出版社
61	众豪杰劫狱（翡翠塔传奇之八）	残墨	启森 元瑶	赵拴造	孟庆江	64	1986年7月第1版	1—20,000	0.34	8087·1588	114	河北美术出版社
62	奇袭十八涧（翡翠塔传奇之九）	残墨	启森 元瑶	刘业通	孟庆江	64	1986年7月第1版	1—20,000	0.33	8087·1589	110	河北美术出版社
63	浴血护国宝（翡翠塔传奇之十）	残墨	启森 元瑶	史惠芳	孟庆江	64	1986年7月第1版	1—20,000	0.36	8087·1590	122	河北美术出版社
64	宝船沉没的秘密	张安民 [埃及]马罕茂德·萨里姆	丁村	黄志民	龚定平	64	1986年7月第1版	1—12,000	0.36	8366·63	142	河北少年儿童出版社
65	唐老鸭奇遇记1（迪斯尼画库）		徐国常	谷静 谷岩		32	1986年7月第1版	1—15,000	0.45	R8366·5	76	河北少年儿童出版社
66	唐老鸭奇遇记2（迪斯尼画库）		徐国常	谷静 谷岩		32	1986年7月第1版	1—15,000	0.45	R8366·6	76	河北少年儿童出版社
	备注：序号65—66为《迪斯尼画库》系列。											
67	侦破死亡区	[埃及]马罕茂德·萨里姆	罗兰	高宝生	高宝生	64	1986年7月第1版	1—34,000	0.32	8366·60	126	河北少年儿童出版社
68	窃金奇案	[埃及]马罕茂德·萨里姆	罗兰	庚东海	龚定平	64	1986年7月第1版	1—30,000	0.32	8366·61	126	河北少年儿童出版社
69	小约翰的奇遇（1）		洛康	毕树校	龚定平	64	1986年8月第1版	1—10,000	0.28	8087·1579	101	河北美术出版社
70	小约翰的奇遇（2）		洛康	毕树校	龚定平	64	1986年8月第1版	1—10,000	0.24	8087·1580	82	河北美术出版社

（续表）

序号	书名	原著	文	图	封面	开本	版次印次	印数	定价（元）	书号	页数	出版社
71	百人手枪队	曹金铸 何德昌	赵建国	王建平 王建	王建	64	1986年9月第1版	1—25,300	0.23	8087·1650	79	河北美术出版社
72	上幼儿园（看图画 涂颜色）		秋菊	金木		48	1986年11月第1版	1—21,500	0.12	8087·1651	10	河北美术出版社
73	幼儿园好（看图画 涂颜色）		张秋菊	张秋菊		48	1986年11月第1版	1—21,500	0.12	8087·1652	10	河北美术出版社
74	到外婆家（看图画 涂颜色）		张秋菊	张秋菊		48	1986年11月第1版	1—21,500	0.12	8087·1653	10	河北美术出版社
75	动物园（看图画 涂颜色）		秋菊	金木		48	1986年11月第1版	1—21,500	0.12	8087·1654	10	河北美术出版社
	备注：序号72—75为《看图画 涂颜色》系列，共4册。											

1987 年冀版连环画汇总

序号	书名	原著	文	图	封面	开本	版次印次	印数	定价（元）	书号	页数	出版社
1	鼻子长长（儿歌“小百科”谜语儿歌）		吴珹	徐茂林		40	1987年1月第1版	1—50,000	0.20	R8366·80	20	河北少年儿童出版社
2	竹马谣（儿歌“小百科”传统儿歌）		吴珹	谷照恩		40	1987年1月第1版	1—50,000	0.20	R8366·81	20	河北少年儿童出版社
3	开火车（儿歌“小百科”游戏儿歌）		吴珹	吴吉仁		40	1987年1月第1版	1—50,000	0.20	R8366·82	20	河北少年儿童出版社
4	雪娃娃（儿歌“小百科”新儿歌）		吴珹	刘德璋		40	1987年1月第1版	1—50,000	0.20	R8366·83	20	河北少年儿童出版社
5	谁的耳朵（儿歌“小百科”知识儿歌）		吴珹	徐光立		40	1987年1月第1版	1—50,000	0.20	R8366·84	20	河北少年儿童出版社
6	虎和兔（儿歌“小百科”绕口令）		吴珹	赵镇琬		40	1987年1月第1版	1—50,000	0.20	R8366·85	20	河北少年儿童出版社
	备注：序号1—6为《儿歌小百科丛书》系列，共6册。											
7	幼读知识图画词典——生产交通工具		曹玉华	谷岩		40	1987年1月第1版	1—80,000	0.40	R8366·86	36	河北少年儿童出版社
8	幼读知识图画词典——社会生活		博其木勒	徐光立		40	1987年1月第1版	1—80,000	0.40	R8366·87	36	河北少年儿童出版社
9	幼读知识图画词典——汉语拼音速记法		李梦阳	卞家华		40	1987年1月第1版	1—80,000	0.40	R8366·88	36	河北少年儿童出版社
10	幼读知识图画词典——植物		曹玉华	白银录		40	1987年1月第1版	1—70,000	0.40	R8366·90	36	河北少年儿童出版社
11	幼读知识图画词典——自然现象		李梦阳	李玉春 李孟军		40	1987年1月第1版	1—70,000	0.40	R8366·91	36	河北少年儿童出版社
12	幼读知识图画词典——动物		李梦阳			40	1987年1月第1版	1—80,000	0.40	R8366·98	36	河北少年儿童出版社
	备注：序号7—12为《幼读知识丛书》系列，共6册。本套书获全国第二届幼儿图书鼓励奖。											

（续表）

序号	书名	原著	文	图	封面	开本	版次印次	印数	定价（元）	书号	页数	出版社
13	谁是乖孩子（2—3岁幼儿连环画丛书）		金育青	张汝为		48	1987年1月第1版	1—75, 000	0. 18	8087・1675	10	河北美术出版社
14	会走路的石头（2—3岁幼儿连环画丛书）		金育青	张汝为		48	1987年1月第1版	1—75, 000	0. 18	8087・1676	10	河北美术出版社
15	小熊看牙（2—3岁幼儿连环画丛书）		金育青	张汝为		48	1987年1月第1版	1—75, 000	0. 18	8087・1677	10	河北美术出版社
16	布老虎（2—3岁幼儿连环画丛书）		金育青	张汝为		48	1987年1月第1版	1—75, 000	0. 18	8087・1678	10	河北美术出版社
17	兔兔分苹果（3—4岁幼儿连环画丛书）		金育青	张汝为		48	1987年1月第1版	1—75, 000	0. 18	8087・1679	10	河北美术出版社
18	小猴骑车（3—4岁幼儿连环画丛书）		金育青	张汝为		48	1987年1月第1版	1—75, 000	0. 18	8087・1680	10	河北美术出版社
19	小刺猬的皮大衣（3—4岁幼儿连环画丛书）		金育青	张汝为		48	1987年1月第1版	1—75, 000	0. 18	8087・1681	10	河北美术出版社
20	大象不骄傲了（3—4岁幼儿连环画丛书）		金育青	张汝为		48	1987年1月第1版	1—75, 000	0. 18	8087・1682	10	河北美术出版社
	备注：序号13—20为《幼儿连环画丛书》（第四辑），共8册。											
21	洋娃娃笑了（2—3岁幼儿园图画故事）		徐让	徐让		48	1987年1月第1版	1—20, 000	0. 18	8087・1667	10	河北美术出版社
22	小兔吃萝卜（2—3岁幼儿园图画故事）		徐让	徐让		48	1987年1月第1版	1—20, 000	0. 18	8087・1668	10	河北美术出版社
23	拍皮球（2—3岁幼儿园图画故事）		徐让	徐让		48	1987年1月第1版	1—20, 000	0. 18	8087・1669	10	河北美术出版社
24	谁做的好事？（2—3岁幼儿园图画故事）		徐让	徐让		48	1987年1月第1版	1—20, 000	0. 18	8087・1670	10	河北美术出版社
	备注：序号21—24为《幼儿图画故事》系列，共4册。											

（续表）

序号	书名	原著	文	图	封面	开本	版次印次	印数	定价（元）	书号	页数	出版社
25	宝缸		重阳	文学		128	1987年2月第1版	无	0.14	8087·1922	62	河北美术出版社
	备注：本书包含《小水桶》38页，德璋绘画。											
26	老虎外婆		重阳	潘小庆		128	1987年2月第1版	无	0.14	8087·1923	60	河北美术出版社
	备注：本书包含《手捧空花盆的孩子》15页，宋丕胜绘画。											
27	聪明的阿凡提		重阳	刘端 潘真		128	1987年2月第1版	无	0.14	8087·1924	59	河北美术出版社
	备注：本书包含《智勇过人的巴拉甘仓》20页，潘真绘画；《半夜鸡叫》21页，增木绘画。											
28	金斧头		重阳	金木		128	1987年2月第1版	无	0.14	8087·1925	60	河北美术出版社
	备注：本书包含《差得多》27页，潘真绘画；《狼来了》11页，徐光立绘画。											
29	灰姑娘		重阳	冰雪		128	1987年2月第1版	无	0.14	8087·1926	62	河北美术出版社
30	幼读古典小说故事（幼读知识丛书）		失车	辛鹤江		24	1987年3月第1版	1—41,000	0.35	R8366·92	30	河北少年儿童出版社
31	幼读历史故事（幼读知识丛书）		邢威	谷照恩		24	1987年3月第1版	1—39,000	0.32	R8366·93	28	河北少年儿童出版社
32	幼读神话传说（幼读知识丛书）		肖文	李丰田		24	1987年3月第1版	1—47,000	0.38	R8366·94	28	河北少年儿童出版社
33	幼读古文片断（幼读知识丛书）		李远杰	赵贵德 张文学		24	1987年3月第1版	1—33,000	0.32	R8366·95	28	河北少年儿童出版社
34	幼读古诗词（幼读知识丛书）		彭功智 潘万辉	董庆科 孙进军		24	1987年3月第1版	1—69,000	0.48	R8366·96	48	河北少年儿童出版社
35	幼读寓言故事（幼读知识丛书）		李远杰	谷照恩 谷静		24	1987年3月第1版	1—52,000	0.48	R8366·70	48	河北少年儿童出版社
36	幼读世界之最（幼读知识丛书）		金峰	彭大立		24	1987年3月第1版	1—44,000	0.32	R8366·97	28	河北少年儿童出版社
37	小猪的故事（看图识字讲故事）		朱奎	曾佑玮 张广庆		42	1987年3月第1版	1—50,000	0.30	R8366·73	24	河北少年儿童出版社

（续表）

序号	书名	原著	文	图	封面	开本	版次印次	印数	定价（元）	书号	页数	出版社
38	小灰兔的木箱子（看图识字讲故事）		朱奎	石夫		42	1987年3月第1版	1—50,000	0.30	R8366・74	24	河北少年儿童出版社
39	过生日（看图识字讲故事）		朱奎	曾佑瑄		42	1987年3月第1版	1—50,000	0.30	R8366・75	24	河北少年儿童出版社
40	熊猫搬家（看图识字讲故事）		朱奎	曾佑玮 张广庆		42	1987年3月第1版	1—50,000	0.30	R8366・76	24	河北少年儿童出版社
41	聪明的熊妈妈（看图识字讲故事）		朱奎	寇锦		42	1987年3月第1版	1—50,000	0.30	R8366・77	24	河北少年儿童出版社
42	超人（童话世界画库1）		盈子、拉里编译	朱延令		40	1987年3月第1版	1—23,000	0.30	R8366・78	45	河北少年儿童出版社
43	大盗贼和手提箱（童话世界画库2）		欧翔	钱逸敏		40	1987年3月第1版	1—24,000	0.20	R8366・79	13	河北少年儿童出版社
44	蘑菇城		李文雁	陆汝浩		128	1987年4月第1版	无	0.12	8087・1914	14	河北美术出版社
45	懒黑熊		梁大明	吴带生		128	1987年4月第1版	无	0.12	8087・1915	14	河北美术出版社
46	聪明的小羊		晓兵	胡基明		128	1987年4月第1版	无	0.12	8087・1916	14	河北美术出版社
47	猫头鹰		安保华	刘吉昆		128	1987年4月第1版	无	0.12	8087・1917	14	河北美术出版社
48	小羊与小兔		媛洁	小卞		128	1987年4月第1版	无	0.12	8087・1918	14	河北美术出版社
49	骄傲的公鸡		孙日溪	刘文颉	刘吉昆	128	1987年4月第1版	无	0.12	8087・1919	14	河北美术出版社
50	小熊学骑车		王俊杰	叶淑兰 吕振敏		128	1987年4月第1版	无	0.12	8087・1920	14	河北美术出版社
51	迷路的小鸟		曾长清	赵雷		128	1987年4月第1版	无	0.12	8087・1921	14	河北美术出版社
	备注：序号44—51为《动物故事》系列，共8册。											
52	小白兔找朋友		辛文	卞家华		24	1987年4月第1版	1—66,000	0.59	8087・1940	24	河北美术出版社
	备注：本书包含《小喜鹊说得对》7页。编绘信息参考内页。1印未标注印量，印量参考2印。											

（续表）

序号	书名	原著	文	图	封面	开本	版次印次	印数	定价（元）	书号	页数	出版社
53	狗熊种瓜		辛文	鲍潮鸣		24	1987年4月第1版	1—55,000	0.59	8087·1939	24	河北美术出版社
	备注：本书包含《说大话的小黑鸡》13页。编绘信息参考内页。1印未标注印量，印量参考2印。											
54	鸭子国请警卫		王君 铁宝	姜成安		24	1987年4月第1版	1—35,000	0.22	8087·1671	19	河北美术出版社
55	米老鼠和唐老鸭（1）		邹绍平等	彭国良等复制		20	1987年4月第1版	1—95,000	1.00	8087·1959	38	河北美术出版社
	备注：本书编绘信息参考内页。1印未标注印量，印量参考2印。											
56	米老鼠和唐老鸭（2）		贺起龙等	姜渭渔 王小愚等复制		20	1987年4月第1版	1—95,000	1.00	8087·1960	38	河北美术出版社
	备注：本书编绘信息参考内页。1印未标注印量，印量参考2印。											
57	看图动脑筋（宝宝学知识画库）		金木	谷守纲	谷守纲	40	1987年4月第1版	1—45,000	0.30	8087·1927	8	河北美术出版社
58	看图比一比（宝宝学知识画库）		金木	金木	谷守纲	40	1987年4月第1版	1—45,000	0.30	8087·1928	8	河北美术出版社
59	看图学计算（宝宝学知识画库）		金木	寇锦章	谷守纲	40	1987年4月第1版	1—45,000	0.30	8087·1929	8	河北美术出版社
60	看图画动物（宝宝学知识画库）		金木	金木	谷守纲	40	1987年4月第1版	1—45,000	0.30	8087·1930	8	河北美术出版社
61	看图辨形状（宝宝学知识画库）		金木	谷守纲	谷守纲	40	1987年4月第1版	1—45,000	0.30	8087·1931	8	河北美术出版社
62	看图讲故事（宝宝学知识画库）		无	彭国良	谷守纲	40	1987年4月第1版	1—45,000	0.30	8087·1932	8	河北美术出版社
63	看图认四季（宝宝学知识画库）		刘毅	徐福厚 白云乡	谷守纲	40	1987年4月第1版	1—45,000	0.30	8087·1933	8	河北美术出版社
64	看图讲卫生（宝宝学知识画库）		王青	徐福厚 白云乡	谷守纲	40	1987年4月第1版	1—45,000	0.30	8087·1934	8	河北美术出版社
65	古诗配画1（幼儿知识画库丛书）			贺远征 梁占岩等		24	1987年4月第1版	1—80,000	0.59	8087·1941	24	河北美术出版社

（续表）

序号	书名	原著	文	图	封面	开本	版次印次	印数	定价（元）	书号	页数	出版社
66	古诗配画2（幼儿知识画库丛书）			辛鹤江 王生义等		24	1987年4月第1版	1—80, 000	0. 59	8087 • 1942	24	河北美术出版社
67	东游记1	刘钰民	新鑫	崔爱民 赵金鸽等	曹留夫	24	1987年5月第1版	1—70, 000	0. 47	8087 • 1948	48	河北美术出版社
68	东游记2	刘钰民	新鑫	庆云等	曹留夫	24	1987年5月第1版	1—70, 000	0. 47	8087 • 1949	48	河北美术出版社
69	东游记3	刘钰民	晨光	金木等	曹留夫	24	1987年5月第1版	1—70, 000	0. 47	8087 • 1950	48	河北美术出版社
70	东游记4	刘钰民	晨光	曹留夫等	曹留夫	24	1987年5月第1版	1—70, 000	0. 47	8087 • 1951	48	河北美术出版社
71	北游记1	余象斗	侯新书	潘真	曹留夫	24	1987年5月第1版	1—70, 000	0. 31	8087 • 1952	24	河北美术出版社
72	北游记2	余象斗	侯新书	苑诚心	曹留夫	24	1987年5月第1版	1—70, 000	0. 31	8087 • 1953	24	河北美术出版社
73	北游记3	余象斗	赵慧丽	刘端	曹留夫	24	1987年5月第1版	1—70, 000	0. 31	8087 • 1954	24	河北美术出版社
74	南游记1		郭明志	田力	曹留夫	24	1987年5月第1版	1—70, 000	0. 31	8087 • 1955	24	河北美术出版社
75	南游记2		郭明志	马寒松	曹留夫	24	1987年5月第1版	1—70, 000	0. 31	8087 • 1956	24	河北美术出版社
76	南游记3		郭明志	振森	曹留夫	24	1987年5月第1版	1—70, 000	0. 31	8087 • 1957	24	河北美术出版社
77	南游记4		郭明志	赵贵德	曹留夫	24	1987年5月第1版	1—70, 000	0. 31	8087 • 1958	24	河北美术出版社
78	西游记1		戈兵	尤先瑞	曹留夫	24	1987年5月第1版	1—70, 000	0. 31	8087 • 1986	24	河北美术出版社
79	西游记2		戈兵	辛鹤江	曹留夫	24	1987年5月第1版	1—70, 000	0. 31	8087 • 1987	24	河北美术出版社
80	西游记3		张健	张木	曹留夫	24	1987年5月第1版	1—70, 000	0. 31	8087 • 1988	24	河北美术出版社
81	西游记4		张健	秋菊	曹留夫	24	1987年5月第1版	1—70, 000	0. 31	8087 • 1989	24	河北美术出版社
	备注：序号67—81为《四游记》系列，共15册。											
82	到海边去（幼儿故事系列）		纪家秀	张健民		40	1987年11月第1版	1—32, 000	0. 20	R8366 • 113	18	河北少年儿童出版社

（续表）

序号	书名	原著	文	图	封面	开本	版次印次	印数	定价（元）	书号	页数	出版社
83	妈妈病啦（幼儿故事系列）		纪家秀	张健民		40	1987年11月第1版	1—32，000	0.20	R8366・114	18	河北少年儿童出版社
84	两个加加（幼儿故事系列）		纪家秀	张健民		40	1987年11月第1版	1—32，000	0.20	R8366・115	18	河北少年儿童出版社
85	春春家的母鸡（幼儿故事系列）		纪家秀	张健民		40	1987年11月第1版	1—32，000	0.20	R8366・116	18	河北少年儿童出版社
86	老山羊怕谁（3—4岁小童话）		方轶群	胡基明		40	1987年12月第1版	1—50，000	0.28	8366・108	18	河北少年儿童出版社
87	躲躲雨（3—4岁小童话）		方轶群	位丽		40	1987年12月第1版	1—50，000	0.28	8366・109	18	河北少年儿童出版社
88	猴子的西瓜（3—4岁小童话）		方轶群	黄志凯		40	1987年12月第1版	1—50，000	0.28	8366・110	18	河北少年儿童出版社
89	小的赢大的（3—4岁小童话）		方轶群	张跃		40	1987年12月第1版	1—50，000	0.28	8366・111	18	河北少年儿童出版社
90	聪明的小猪（3—4岁小童话）		方轶群	简毅		40	1987年12月第1版	1—50，000	0.28	8366・112	18	河北少年儿童出版社
91	欢欢历险记		亦宾	黄多玲 徐让		64	1987年12月第1版	1—30，000	0.50	8087・1683	157	河北美术出版社

1988 年冀版连环画汇总

序号	书名	原著	文	图	封面	开本	版次印次	印数	定价（元）	书号	页数	出版社
1	排难施妙术（济公故事连环画）		王维章	刘端	胡永凯	64	1988年1月第1版	1—60,000	0.26	ISBN7-5310-0069-5/J·70	70	河北美术出版社
2	审狐做月老（济公故事连环画）		王维章	振森	胡永凯	64	1988年1月第1版	1—59,440	0.30	ISBN7-5310-0070-9/J·71	86	河北美术出版社
3	惩恶戏宰相（济公故事连环画）		王维章	苑诚心	胡永凯	64	1988年1月第1版	1—59,570	0.34	ISBN7-5310-0071-7/J·72	102	河北美术出版社
4	捉贼破奇案（济公故事连环画）		王维章	胡永凯	胡永凯	64	1988年1月第1版	1—59,630	0.30	ISBN7-5310-0072-5/J·73	86	河北美术出版社
5	收雷鸣陈亮（济公故事连环画）		王维章	李壮阁	胡永凯	64	1988年1月第1版	1—59,530	0.34	ISBN7-5310-0073-3/J·74	102	河北美术出版社
6	捉拿华云龙（济公故事连环画）		重阳子	刘靖国	胡永凯	64	1988年1月第1版	1—59,520	0.26	ISBN7-5310-0074-1/J·75	70	河北美术出版社
7	三降玉面狐（济公故事连环画）		重阳子	张秋菊	胡永凯	64	1988年1月第1版	1—59,560	0.32	ISBN7-5310-0075-X/J·76	94	河北美术出版社
8	救难惩奸官（济公故事连环画）		重阳子	刘学民	胡永凯	64	1988年1月第1版	1—59,570	0.34	ISBN7-5310-0076-8/J·77	102	河北美术出版社
9	大战邵华风（济公故事连环画）		重阳子	张锦秀	胡永凯	64	1988年1月第1版	1—59,510	0.34	ISBN7-5310-0077-6/J·78	102	河北美术出版社
10	八魔炼济公（济公故事连环画）		重阳子	龚定平	胡永凯	64	1988年1月第1版	1—59,670	0.30	ISBN7-5310-0078-4/J·79	86	河北美术出版社
11	古宝盗窃案		李建新	李林祥 朱历怀 朱淑媛	辛宽良	64	1988年4月第1版	无	0.61	ISBN7-5310-0100-4/J·101	182	河北美术出版社
12	神灯	冯骥才	李遵义	晁锡弟 晓海	吴绍人	64	1988年4月第1版	无	0.56	ISBN7-5310-0102-0/J·103	166	河北美术出版社

（续表）

序号	书名	原著	文	图	封面	开本	版次印次	印数	定价（元）	书号	页数	出版社
13	九马疑踪		周光祖	谷中良		64	1988年4月第1版	无	0.46	ISBN7-5310-0099-7/J・100	134	河北美术出版社
14	引狼出穴	王颖	谷祖永	孙永印 周林林	孙家跃	64	1988年4月第1版	无	0.36	ISBN7-5310-0101-2/J・102	102	河北美术出版社
15	飞兵捣G城	可人	梦亭 仲武	崔建社 崔楠	乔保华	64	1988年4月第1版	无	0.44	ISBN7-5310-0098-9/J・99	126	河北美术出版社
16	智取松林寨	赵瑞轩等	马保超	张修竹	张修竹	64	1988年4月第1版	无	0.46	ISBN7-5310-0104-7/J・105	134	河北美术出版社
17	米老鼠和唐老鸭③		张存理	广友 严磊等	唐宇	20	1988年4月第1版	1—50,000	0.60	ISBN7-5310-0088-1/J・89	22	河北美术出版社
18	米老鼠和唐老鸭④		张存理	刘积昆	刘积昆	20	1988年4月第1版	1—50,000	0.60	ISBN7-5310-0089-X/J・90	22	河北美术出版社
19	米老鼠和唐老鸭⑤		张存理	张玉敏等	唐宇	20	1988年4月第1版	1—50,000	0.50	ISBN7-5310-0090-3/J・91	22	河北美术出版社
20	米老鼠和唐老鸭⑥		张存理	刘俊岩 李明等	蔡荣	20	1988年4月第1版	1—50,000	0.50	ISBN7-5310-0091-1/J・92	22	河北美术出版社
21	米老鼠和唐老鸭⑦		张存理	彭国良等	蔡荣	20	1988年4月第1版	1—50,000	0.50	ISBN7-5310-0092-X/J・93	22	河北美术出版社
22	米老鼠和唐老鸭⑧		张存理	彭国良等	唐宇	20	1988年4月第1版	1—50,000	0.50	ISBN7-5310-0093-8/J・94	22	河北美术出版社
23	智力大王（机智人物故事）		王计祥	马寒松等	马寒松	32	1988年7月第1版	1—75,000	0.28	ISBN7-5310-0162-4/J・163	32	河北美术出版社
24	上学好（《宝宝入学准备》家庭教材）		晨光	胡基明		24	1988年7月第1版	1—60,000	0.55	ISBN7-5310-0163-2/J・164	不详	河北美术出版社

（续表）

序号	书名	原著	文	图	封面	开本	版次印次	印数	定价（元）	书号	页数	出版社
25	唐老鸭·米老鼠①		徐国常	龚珠 肖炫 宁英 陈湛		16	1988年8月第1版	1—50,000	1.20	ISBN7-5376-0064-3/I·13	32	河北少年儿童出版社
26	唐老鸭·米老鼠②		徐国常	肖炫 龚珠 宁英 陈湛		16	1988年8月第1版	1—50,000	1.20	ISBN7-5376-0065-1/I·14	33	河北少年儿童出版社
27	动物世界 上		洛卡	胡基明	孙绍波	24	1988年8月第1版	1—60,000	0.50	ISBN7-5376-0083-X/G·67	20	河北少年儿童出版社
28	动物世界 下		陈苗海	冯念康	孙绍波	24	1988年8月第1版	1—60,000	0.50	ISBN7-5376-0084-8/G·68	20	河北少年儿童出版社
29	大猩猩过河（绿色知识童话丛书①）		刘业通	刘业通		48	1988年8月第1版	1—60,000	0.30	不详	21	河北美术出版社
30	小黑狗取经（绿色知识童话丛书②）		刘业通	宋虎立		48	1988年8月第1版	1—60,000	0.30		21	河北美术出版社
31	小猫养鱼（绿色知识童话丛书③）		刘业通	姬宝瑛		48	1988年8月第1版	1—60,000	0.30		21	河北美术出版社
32	小鸭鸭找妈妈（绿色知识童话丛书④）		刘业通	刘靖国		48	1988年8月第1版	1—60,000	0.30		21	河北美术出版社
33	狐狸的天书（绿色知识童话丛书⑤）		刘业通	刘业通		48	1988年8月第1版	1—60,000	0.30		21	河北美术出版社
34	小花兔捞钥匙（绿色知识童话丛书⑥）		刘业通	徐让		48	1988年8月第1版	1—60,000	0.30		22	河北美术出版社
35	小熊猫进城（绿色知识童话丛书⑦）		刘业通	马寒松		48	1988年8月第1版	1—60,000	0.30		22	河北美术出版社
36	贪睡的小熊（绿色知识童话丛书⑧）		刘业通	曾佑瑄		48	1988年8月第1版	1—60,000	0.30		21	河北美术出版社

（续表）

序号	书名	原著	文	图	封面	开本	版次印次	印数	定价（元）	书号	页数	出版社
37	小仙女巧遇孙悟空		秋菊 重阳子	秋菊 重阳子		24	1988年8月第1版	1—60,000	0.38	ISBN7-5376-0081-3/G·65	24	河北少年儿童出版社
38	小仙女大战风娘娘		秋菊 重阳子	秋菊 重阳子		24	1988年8月第1版	1—60,000	0.38	ISBN7-5376-0082-1/G·66	24	河北少年儿童出版社
	备注：序号37—38为《小仙女画传》系列，共2册。											
39	一休巧捉田鼠（好朋友卡通画库）		颜煦之	周翔		24	1988年9月第1版	1—80,000	0.55	ISBN7-5376-0150-X/G·130	21	河北少年儿童出版社
40	唐老鸭空中遇险（好朋友卡通画库）		颜煦之	洛卡		24	1988年9月第1版	1—80,000	0.55	ISBN7-5376-0151-8/G·131	21	河北少年儿童出版社
41	蓝精灵巨人（好朋友卡通画库）		颜煦之	王祖民		24	1988年9月第1版	1—80,000	0.55	ISBN7-5376-0152-6/G·132	21	河北少年儿童出版社
42	武松放虎（好朋友卡通画库）		文娟	尹其云		24	1988年9月第1版	1—80,000	0.55	ISBN7-5376-0153-4/G·133	21	河北少年儿童出版社
43	哪吒学艺（好朋友卡通画库）		颜煦之	姜启才		24	1988年9月第1版	1—80,000	0.55	ISBN7-5376-0154-2/G·134	21	河北少年儿童出版社
44	孙悟空巧除金刚箍（好朋友卡通画库）		颜煦之	潘小庆		24	1988年9月第1版	1—80,000	0.55	ISBN7-5376-0155-0/G·135	21	河北少年儿童出版社
45	小老虎（幼儿语言训练）		冯幽君	卞家华		24	1988年9月第1版	1—60,000	0.60	ISBN7-5376-0127-5/G·117	20	河北少年儿童出版社
46	骑鲤鱼（幼儿语言训练）		钱德慈	侯冠宾		24	1988年9月第1版	1—60,000	0.60	ISBN7-5376-0128-3/G·118	20	河北少年儿童出版社
47	花喜鹊		吴珹	颜志强		24	1988年9月第1版	1—60,000	0.70	ISBN7-5376-0224-7/G·173	21	河北少年儿童出版社
48	摘星星		吴珹	刘丽菲		24	1988年9月第1版	1—60,000	0.70	ISBN7-5376-0225-5/G·174	20	河北少年儿童出版社

（续表）

序号	书名	原著	文	图	封面	开本	版次印次	印数	定价（元）	书号	页数	出版社
49	幼背古诗三十首（学前知识读物丛书）		雷光照	照恩 同宝 高涛等	谷守纲	40	1988年9月第1版	1—100,000	0.40	ISBN7-5310-0171-3/J·172	60	河北美术出版社
50	小学生日常行为规范		无	无		64	1988年9月第1版	无	0.15	ISBN7-5310-0208-6/G·3	18	河北美术出版社
51	中学生日常行为规范		无	无		64	1988年9月第1版	无	0.25	ISBN7-5310-0209-4/G·4	40	河北美术出版社
52	外国新妖精童话集		王敏 代红等	郑绪良 王祖民等		24	1988年11月第1版	1—60,000	2.60	ISBN7-5376-0177-1/G·152	91	河北少年儿童出版社
53	中国历史人物百图		曹玉声	曹玉声		40	1988年11月第1版	1—25,000	0.75	ISBN7-5376-0025-2/I·3	100	河北少年儿童出版社
54	机器猫（世界最新卡通系列）		无	白雪	侯冠宾	16	1988年12月第1版	1—800,000	0.80		不详	河北少年儿童出版社
55	怪物（世界最新卡通系列）		无	无	侯冠宾	16	1988年12月第1版	1—800,000	0.80		12	河北少年儿童出版社
56	蓝精灵（世界最新卡通系列）		无	无	侯冠宾	16	1988年12月第1版	1—800,000	0.80	ISBN7-5376-0289-1/G·231	16	河北少年儿童出版社
57	魔法少女（世界最新卡通系列）		无	白雪	侯冠宾	16	1988年12月第1版	1—800,000	0.80		10	河北少年儿童出版社
58	阿童木（世界最新卡通系列）		无	白雪	侯冠宾	16	1988年12月第1版	1—800,000	0.80		11	河北少年儿童出版社
59	岳雷（岳家小将）		罗波	项维仁	项维仁	64	1985年4月第1版1988年12月第2次印刷	346,000—386,000	0.53	ISBN7-5310-0214-0/J·210	126	河北美术出版社
	备注：本书封面、书号改变。											
60	岳云（岳家小将）		孙中晓	窦世魁 窦世伟	唐勇力	64	1985年4月第1版1988年12月第2次印刷	373,000—413,000	0.53	ISBN7-5310-0213-2/J·209	126	河北美术出版社
	备注：本书封面、书号改变。											

1989 年冀版连环画汇总

序号	书名	原著	文	图	封面	开本	版次印次	印数	定价（元）	书号	页数	出版社
1	魔爪脱险记		张沛然	孙泽良 孙小良	马寒松	24	1989年2月第1版	1—50,000	2.40	ISBN7-5310-0221-3/J·217	26	河北美术出版社
2	智胜众恶怪		张沛然	段纪夫 王敏	马寒松	24	1989年2月第1版	1—50,000			26	河北美术出版社
3	无草国救生记		张沛然	曹留夫	马寒松	24	1989年2月第1版	1—50,000			26	河北美术出版社
4	活尸的秘密		张沛然	张伯元 张子亮	马寒松	24	1989年2月第1版	1—50,000			26	河北美术出版社
5	三献琥珀球		张沛然	郭占魁 郭非	马寒松	24	1989年2月第1版	1—50,000			26	河北美术出版社
6	海底觅仇记		张沛然	徐茂林 徐霖	马寒松	24	1989年2月第1版	1—50,000			26	河北美术出版社
	备注：序号1—6为套书《飞娃子系列童话》，共6册。											
7	老鼠第一（十二属相故事画库）		张秀霞	徐克仁		24	1989年3月第1版	1—80,000	4.25	ISBN7-5376-0408-8/I·117	24	河北少年儿童出版社
8	金色鼠（十二属相故事画库）		张秀霞	徐光立	徐光立	24	1989年3月第1版	1—80,000		ISBN7-5376-0409-6/I·118	24	河北少年儿童出版社
9	“没用的小老鼠”（十二属相故事画库）		张秀霞	田风		24	1989年3月第1版	1—80,000		ISBN7-5376-0410-X/I·119	24	河北少年儿童出版社
10	聪明的小灰鼠（十二属相故事画库）		张秀霞	庄敏瑾		24	1989年3月第1版	1—80,000		ISBN7-5376-0411-8/I·120	24	河北少年儿童出版社
11	老鼠的来历（十二属相故事画库）		张秀霞	刘泽岱 徐谷安 徐通潮		24	1989年3月第1版	1—80,000		ISBN7-5376-0412-6/I·121	24	河北少年儿童出版社
12	神牛（十二属相故事画库）		保超	张连瑞	卞疆	24	1989年3月第1版	1—80,000	6.00	ISBN7-5376-0312-X/I·60	24	河北少年儿童出版社
13	卧牛城的传说（十二属相故事画库）		保超	朱振芳等	朱振芳	24	1989年3月第1版	1—80,000		ISBN7-5376-0313-8/I·61	24	河北少年儿童出版社
14	牤牛和山笛（十二属相故事画库）		保超	贾文涛 贾寅	卞家华	24	1989年3月第1版	1—80,000		ISBN7-5376-0314-6/I·62	24	河北少年儿童出版社
15	金牛店（十二属相故事画库）		保超	王迪	卞家华	24	1989年3月第1版	1—80,000		ISBN7-5376-0315-4/I·63	24	河北少年儿童出版社

（续表）

序号	书名	原著	文	图	封面	开本	版次印次	印数	定价（元）	书号	页数	出版社
16	牛犊和白姑娘（十二属相故事画库）		保超	五福 肖锋	王峰	24	1989年3月第1版	1—80,000	6.00	ISBN7-5376-0316-2/I·64	24	河北少年儿童出版社
17	八百老虎闹东京（十二属相故事画库）		博其木勒	张维信 墨墨	王峰	24	1989年3月第1版	1—80,000	4.25	ISBN7-5376-0361-8/I·83	24	河北少年儿童出版社
18	猛虎报恩（十二属相故事画库）		郑永俊	卞家华	卞家华	24	1989年3月第1版	1—80,000		ISBN7-5376-0362-6/I·84	24	河北少年儿童出版社
19	虎头鞋（十二属相故事画库）		郑永俊	大武 三宝	卞家华	24	1989年3月第1版	1—80,000		ISBN7-5376-0363-4/I·85	24	河北少年儿童出版社
20	虎刨泉（十二属相故事画库）		博其木勒	李鸿飞 金子	王峰	24	1989年3月第1版	1—80,000		ISBN7-5376-0364-2/I·86	24	河北少年儿童出版社
21	老虎与孙真人（十二属相故事画库）		博其木勒	于大武等	王峰	24	1989年3月第1版	1—80,000		ISBN7-5376-0365-0/I·87	24	河北少年儿童出版社
22	小兔乖乖（十二属相故事画库）		白雨	冯聪英 洪涛	王峰	24	1989年3月第1版	1—80,000	6.00	ISBN7-5376-0397-9/I·106	24	河北少年儿童出版社
23	兔子和狼（十二属相故事画库）		白雨	季华 马玮征	卞锐	24	1989年3月第1版	1—80,000		ISBN7-5376-0398-7/I·107	24	河北少年儿童出版社
24	聪明的小兔子（十二属相故事画库）		白雨	傅晨曦	王峰	24	1989年3月第1版	1—80,000		ISBN7-5376-0399-5/I·108	24	河北少年儿童出版社
25	小白兔和狮子（十二属相故事画库）		白雨	裘兆明	王峰	24	1989年3月第1版	1—80,000		ISBN7-5376-0400-2/I·109	24	河北少年儿童出版社
26	玉兔姑娘（十二属相故事画库）		白雨	侯冠宾等	侯冠宾	24	1989年3月第1版	1—80,000		ISBN7-5376-0401-0/I·110	24	河北少年儿童出版社
27	秃尾巴青龙的故事（十二属相故事画库）		刘连源	侯冠宾	侯冠宾	24	1989年3月第1版	1—80,000	6.00	ISBN7-5376-0301-4/I·53	24	河北少年儿童出版社
28	火龙（十二属相故事画库）		博其木勒	曾佑瑄	曾佑瑄	24	1989年3月第1版	1—80,000		ISBN7-5376-0302-2/I·54	24	河北少年儿童出版社
29	红莲变龙（十二属相故事画库）		博其木勒	李玉春 李孟军		24	1989年3月第1版	1—80,000		ISBN7-5376-0303-0/I·55	24	河北少年儿童出版社

（续表）

序号	书名	原著	文	图	封面	开本	版次印次	印数	定价（元）	书号	页数	出版社
30	龙女巧夺赶山鞭（十二属相故事画库）		博其木勒	宁大明 张凤仪		24	1989年3月第1版	1—80,000	6.00	ISBN7-5376-0304-9/I·56	24	河北少年儿童出版社
31	龙女浴日（十二属相故事画库）		博其木勒	位丽	位丽	24	1989年3月第1版	1—80,000		ISBN7-5376-0305-7/I·57	24	河北少年儿童出版社
32	蛇郎（十二属相故事画库）		董侃	李午申	唐平	24	1989年3月第1版	1—80,000	6.00	ISBN7-5376-0343-X/I·72	24	河北少年儿童出版社
33	白蛇青蛇斗法海（十二属相故事画库）		马保超	董庆科	董庆科	24	1989年3月第1版	1—80,000		ISBN7-5376-0344-8/I·73	24	河北少年儿童出版社
34	蛇娘娘（十二属相故事画库）		马保超	谷照恩 谷静	谷照恩	24	1989年3月第1版	1—80,000	6.00	ISBN7-5376-0345-6/I·74	24	河北少年儿童出版社
35	蛇女（十二属相故事画库）		马保超	张玉良 王凤霞		24	1989年3月第1版	1—80,000		ISBN7-5376-0346-4/I·75	24	河北少年儿童出版社
36	蛇仔和阿宜（十二属相故事画库）		马保超	彭大立		24	1989年3月第1版	1—80,000		ISBN7-5376-0347-2/I·76	24	河北少年儿童出版社
37	宝马斗魔鬼（十二属相故事画库）		马保超	张洁 张少英		24	1989年3月第1版	1—80,000	6.00	ISBN7-5376-0377-4/I·91	24	河北少年儿童出版社
38	勇敢的云青马（十二属相故事画库）		马保超	梁建平 项春霞		24	1989年3月第1版	1—80,000		ISBN7-5376-0378-2/I·92	24	河北少年儿童出版社
39	白马告状（十二属相故事画库）		董侃	韩喜增		24	1989年3月第1版	1—80,000		ISBN7-5376-0379-0/I·93	24	河北少年儿童出版社
40	黑马除妖（十二属相故事画库）		董侃	张洁 张少英		24	1989年3月第1版	1—80,000		ISBN7-5376-0380-4/I·94	24	河北少年儿童出版社
41	草原上的金龙（十二属相故事画库）		马保超	韩壮		24	1989年3月第1版	1—80,000		ISBN7-5376-0381-2/I·95	24	河北少年儿童出版社
42	黑头羊（十二属相故事画库）		耿光	启才等	王峰	24	1989年3月第1版	1—80,000	4.25	ISBN7-5376-0392-8/I·101	24	河北少年儿童出版社
43	小羊和狼（十二属相故事画库）		耿光	胡宁娜 冯忆南	冯忆南	24	1989年3月第1版	1—80,000		ISBN7-5376-0393-6/I·102	24	河北少年儿童出版社

（续表）

序号	书名	原著	文	图	封面	开本	版次印次	印数	定价（元）	书号	页数	出版社
44	羊并不软弱（十二属相故事画库）		耿光	王祖民	王峰	24	1989年3月第1版	1—80,000	4.25	ISBN7-5376-0394-4/I·103	24	河北少年儿童出版社
45	盘羊的功劳（十二属相故事画库）		耿光	王晓宁	王峰	24	1989年3月第1版	1—80,000		ISBN7-5376-0395-2/I·104	24	河北少年儿童出版社
46	小山羊报仇（十二属相故事画库）		耿光	原小民	卞锐	24	1989年3月第1版	1—80,000		ISBN7-5376-0396-0/I·105	24	河北少年儿童出版社
47	猴子吃枣（十二属相故事画库）		幽君	赵东瑞	卞锐	24	1989年3月第1版	1—80,000	4.25	ISBN7-5376-0402-9/I·111	24	河北少年儿童出版社
48	小猴学本领（十二属相故事画库）		幽君	房永明	王峰	24	1989年3月第1版	1—80,000		ISBN7-5376-0403-7/I·112	24	河北少年儿童出版社
49	小猴卖桃（十二属相故事画库）		幽君	孙泽良	卞疆	24	1989年3月第1版	1—80,000		ISBN7-5376-0404-5/I·113	24	河北少年儿童出版社
50	错怪了小猴（十二属相故事画库）		幽君	吕莎	王峰	24	1989年3月第1版	1—80,000	4.25	ISBN7-5376-0405-3/I·114	24	河北少年儿童出版社
51	猴子裁判员（十二属相故事画库）		幽君	吴大宪	卞家华	24	1989年3月第1版	1—80,000		ISBN7-5376-0406-1/I·115	24	河北少年儿童出版社
52	鸡姑娘（十二属相故事画库）		保超	段海云	段海云	24	1989年3月第1版	1—80,000	6.00	ISBN7-5376-0317-0/I·65	24	河北少年儿童出版社
53	下金蛋的母鸡（十二属相故事画库）		焕才	鹿泉 王峰	王峰	24	1989年3月第1版	1—80,000		ISBN7-5376-0318-9/I·66	24	河北少年儿童出版社
54	阿南和二姐（十二属相故事画库）		焕才	张健民	王峰	24	1989年3月第1版	1—80,000		ISBN7-5376-0319-7/I·67	24	河北少年儿童出版社
55	金鸡（十二属相故事画库）		保超	冯贵才 英华	卞锐	24	1989年3月第1版	1—80,000		ISBN7-5376-0320-0/I·68	24	河北少年儿童出版社
56	小鸡救母（十二属相故事画库）		焕才	李绍然等	王峰	24	1989年3月第1版	1—80,000		ISBN7-5376-0321-9/I·69	24	河北少年儿童出版社
57	天狗咬日月（十二属相故事画库）		克安	刘端 刘亚彪	唐平	24	1989年3月第1版	1—80,000	4.25	ISBN7-5376-0387-1/I·96	24	河北少年儿童出版社

（续表）

序号	书名	原著	文	图	封面	开本	版次印次	印数	定价（元）	书号	页数	出版社
58	猫狗结仇（十二属相故事画库）		克安	穆玮东		24	1989年3月第1版	1—80,000	4.25	ISBN7-5376-0388-X/I·97	24	河北少年儿童出版社
59	黄狗缉盗（十二属相故事画库）		克安	谷岩 同济	唐平	24	1989年3月第1版	1—80,000		ISBN7-5376-0389-8/I·98	24	河北少年儿童出版社
60	红绿宝豆（十二属相故事画库）		克安	谷爱萍	谷爱萍	24	1989年3月第1版	1—80,000		ISBN7-5376-0390-1/I·99	24	河北少年儿童出版社
61	三百神狗闹县衙（十二属相故事画库）		克安	张进军	张进军	24	1989年3月第1版	1—80,000		ISBN7-5376-0391-X/I·100	24	河北少年儿童出版社
62	白猪娶妻（十二属相故事画库）		马保超	韩伍 王启帆	唐平	24	1989年3月第1版	1—80,000	4.25	ISBN7-5376-0413-4/I·122	24	河北少年儿童出版社
63	黑黑和花姑（十二属相故事画库）		马保超	李培荣 冯有康		24	1989年3月第1版	1—80,000		ISBN7-5376-0414-2/I·123	24	河北少年儿童出版社
64	黑猪战恶狼（十二属相故事画库）		颂民	殷奇美等		24	1989年3月第1版	1—80,000		ISBN7-5376-0415-0/I·124	24	河北少年儿童出版社
65	海猪（十二属相故事画库）		马保超	蒋松涛		24	1989年3月第1版	1—80,000		ISBN7-5376-0416-9/I·125	24	河北少年儿童出版社
66	金猪娃（十二属相故事画库）		颂民	金渭昌		24	1989年3月第1版	1—80,000	4.25	ISBN7-5376-0417-7/I·126	24	河北少年儿童出版社
	备注：序号7-66为丛书《十二属相故事画库》，共60册。本套书获中国图书奖二等奖、全国少儿读物优秀编辑奖。											
67	狐狸精作孽（中国著名神话故事）		王吉祥 张守勤	刘业通		24	1989年4月第1版	无	4.20	ISBN7-5310-0262-0/J·245	22	河北美术出版社
68	神哪吒惩凶（中国著名神话故事）		王吉祥 张守勤	刘靖国		24	1989年4月第1版	无			22	河北美术出版社
69	姜子牙拿妖（中国著名神话故事）		王吉祥 张守勤	赵金鸰		24	1989年4月第1版	无			22	河北美术出版社
70	西伯侯归国（中国著名神话故事）		王吉祥 张守勤	崔爱民		24	1989年4月第1版	无			22	河北美术出版社

（续表）

序号	书名	原著	文	图	封面	开本	版次印次	印数	定价（元）	书号	页数	出版社
71	黄飞虎反商（中国著名神话故事）		王吉祥 张守勤	周鹤龄		24	1989年4月第1版	无	4.20	ISBN7-5310-0262-0/J·245	22	河北美术出版社
72	杨二郎除魔（中国著名神话故事）		王吉祥 张守勤	苑诚心		24	1989年4月第1版	无			22	河北美术出版社
73	土行孙降周（中国著名神话故事）		王吉祥 张守勤	刘学民		24	1989年4月第1版	无			22	河北美术出版社
74	两王子丧命（中国著名神话故事）		王吉祥 张守勤	鑫森		24	1989年4月第1版	无			22	河北美术出版社
75	西岐兵东进（中国著名神话故事）		王吉祥 张守勤	徐光立		24	1989年4月第1版	无			22	河北美术出版社
76	商纣王自焚（中国著名神话故事）		王吉祥 张守勤	张冰洁		24	1989年4月第1版	无			22	河北美术出版社
	备注：序号67—76为套书《封神故事》，共10册。											
77	小熊进城（拼音童话）		李新娟 李新娟	贾德江		24	1989年4月第1版	1—50,000	0.85	ISBN7-5310-0266-3/J·249	24	河北美术出版社
78	黑猫抓小偷（拼音童话）		李新娟 李新娟	刘德璋		24	1989年4月第1版	1—50,000	0.80	ISBN7-5310-0239-6/J·232	24	河北美术出版社
79	小熊学艺（拼音童话）		李新娟	峰华		24	1989年4月第1版	1—50,000	0.85	ISBN7-5310-0226-4/J·221	24	河北美术出版社
80	智斗狐狸（拼音童话）		李新娟	金燕平		24	1989年4月第1版	1—50,000	0.85	ISBN7-5310-0225-6/J·220	24	河北美术出版社
81	小白兔请医生（拼音童话）		张汝川 辛鑫	贾文涛		24	1989年4月第1版	1—50,000	0.85	ISBN7-5310-0263-9/J·246	24	河北美术出版社
	备注：序号77—81为丛书《拼音童话》，共5册。其中《智斗狐狸》获首届冰心儿童图书奖。											
82	小坏（世界卡通大王1）		无	无		24	1989年4月第1版	1—400,000	0.80	ISBN7-5376-0310-3/I·59	22	河北少年儿童出版社
83	小不点（世界卡通大王1）		无	白雪		24	1989年4月第1版	1—400,000	0.80		22	河北少年儿童出版社

（续表）

序号	书名	原著	文	图	封面	开本	版次印次	印数	定价（元）	书号	页数	出版社
84	小武士（世界卡通大王1）		无	无		24	1989年4月第1版	1—400,000	0.80	ISBN7-5376-0310-3/I·59	22	河北少年儿童出版社
85	巴巴爸爸（世界卡通大王1）		无	无		24	1989年4月第1版	1—400,000	0.80		21	河北少年儿童出版社
	备注：序号82—85为套书《世界卡通大王1》，共4册。											
86	动物故事会		里土	孙泽良 孙小兵		24	1989年5月第1版	无	0.40	ISBN7-5310-0238-8/J·231	22	河北美术出版社
87	小怪物太空奇遇记 上		辛力	马义宾 吴宏珂	史斧振	16	1989年5月第1版	1—30,000	0.85	ISBN7-5310-0271-X/J·254	22	河北美术出版社
88	小怪物太空奇遇记 下		辛力	马义宾 吴宏珂	史斧振	16	1989年5月第1版	1—30,000	0.85		24	河北美术出版社
89	夜光杯奇案㊤（小精灵新传1）		王培堃	王培堃	王培堃	64	1989年5月第1版	无	3.10	ISBN7-5310-0255-8/J·241	43	河北美术出版社
90	夜光杯奇案㊦（小精灵新传2）		王培堃	王培堃	王培堃	64	1989年5月第1版	无			54	河北美术出版社
91	劫机阴谋㊤（小精灵新传3）		王培堃	王培堃	王培堃	64	1989年5月第1版	无			39	河北美术出版社
92	劫机阴谋㊦（小精灵新传4）		王培堃	王培堃	王培堃	64	1989年5月第1版	无			58	河北美术出版社
93	神秘的潜艇（小精灵新传5）		王培堃	王培堃	王培堃	64	1989年5月第1版	无			29	河北美术出版社
94	智擒海盗（小精灵新传6）		王培堃	王培堃	王培堃	64	1989年5月第1版	无			40	河北美术出版社
95	大闹“海上乐园”（小精灵新传7）		王培堃	王培堃	王培堃	64	1989年5月第1版	无			43	河北美术出版社
96	“鲨鱼号”走私船（小精灵新传8）		王培堃	王培堃	王培堃	64	1989年5月第1版	无			37	河北美术出版社
97	真假夜光杯（小精灵新传9）		王培堃	王培堃	王培堃	64	1989年5月第1版	无			35	河北美术出版社

（续表）

<table>
<tr><th>序号</th><th>书名</th><th>原著</th><th>文</th><th>图</th><th>封面</th><th>开本</th><th>版次印次</th><th>印数</th><th>定价（元）</th><th>书号</th><th>页数</th><th>出版社</th></tr>
<tr><td rowspan="2">98</td><td>“蜘蛛王国”的陷落（小精灵新传10）</td><td></td><td>王培堃</td><td>王培堃</td><td>王培堃</td><td>64</td><td>1989年5月第1版</td><td>无</td><td>3.10</td><td>ISBN7-5310-0255-8/J・241</td><td>41</td><td>河北美术出版社</td></tr>
<tr><td colspan="12">备注：序号89—98为套书《小精灵新传》，共10册。本套书获1991年第四届全国连环画评奖优秀套书二等奖。</td></tr>
<tr><td>99</td><td>奇方化良木（济公后传）</td><td></td><td>李欣</td><td>张平等</td><td>高中造</td><td>24</td><td>1989年5月第1版</td><td>1—50,000</td><td rowspan="5">3.70</td><td rowspan="5">ISBN7-5310-0251-5/J・237</td><td>24</td><td>河北美术出版社</td></tr>
<tr><td>100</td><td>夜半抓刺客（济公后传）</td><td></td><td>李欣</td><td>贾铭等</td><td>高中造</td><td>24</td><td>1989年5月第1版</td><td>1—50,000</td><td>24</td><td>河北美术出版社</td></tr>
<tr><td>101</td><td>除妖捉凶犯（济公后传）</td><td></td><td>侯新书等</td><td>曹宝泉等</td><td>高中造</td><td>24</td><td>1989年5月第1版</td><td>1—50,000</td><td>24</td><td>河北美术出版社</td></tr>
<tr><td>102</td><td>降妖抗金兵（济公后传）</td><td></td><td>姜明等</td><td>高同宝等</td><td>高中造</td><td>24</td><td>1989年5月第1版</td><td>1—50,000</td><td>24</td><td>河北美术出版社</td></tr>
<tr><td rowspan="2">103</td><td>托梦惩赃官（济公后传）</td><td></td><td>晨光</td><td>刘业通等</td><td>高中造</td><td>24</td><td>1989年5月第1版</td><td>1—50,000</td><td>24</td><td>河北美术出版社</td></tr>
<tr><td colspan="12">备注：序号99—103为套书《济公后传》，共5册。</td></tr>
<tr><td>104</td><td>我的小怪物（世界最新卡通大王）</td><td></td><td></td><td>赵磊</td><td>赵磊</td><td>24</td><td>1989年5月第1版</td><td>1—30,000</td><td>1.40</td><td>ISBN7-5375-0266-8/I・3</td><td>35</td><td>河北科学技术出版社</td></tr>
<tr><td>105</td><td>黑鼠王国覆灭记</td><td></td><td></td><td>贾文涛
王立生
谷溪
桂英</td><td>李志国</td><td>40</td><td>1989年5月第1版</td><td>无</td><td>0.50</td><td>ISBN7-5310-0267-1/J・250</td><td>60</td><td>河北美术出版社</td></tr>
<tr><td>106</td><td>机智的毛驴（拼音童话）</td><td></td><td>李新娟</td><td>陈淑霞</td><td></td><td>24</td><td>1989年5月第1版</td><td>1—50,000</td><td>0.85</td><td>ISBN7-5310-0233-7/J・226</td><td>22</td><td>河北美术出版社</td></tr>
<tr><td>107</td><td>没有尾巴的狼（幼儿寓言）</td><td></td><td>谢扬</td><td>沈苑苑等</td><td></td><td>24</td><td>1989年5月第1版</td><td>无</td><td>0.75</td><td>ISBN7-5310-0261-2/J・244</td><td>不详</td><td>河北美术出版社</td></tr>
<tr><td>108</td><td>狮子的诡计（幼儿寓言）</td><td></td><td>剑峰</td><td>张汝为等</td><td></td><td>24</td><td>1989年5月第1版</td><td>1—60,000</td><td>0.75</td><td>ISBN7-5310-0254-X/J・240</td><td>不详</td><td>河北美术出版社</td></tr>
<tr><td>109</td><td>米老鼠和黑骑士</td><td></td><td>贺起龙</td><td>方正等</td><td></td><td>24</td><td>1989年5月第1版</td><td>无</td><td>0.75</td><td>ISBN7-5310-0264-7/J・247</td><td>22</td><td>河北美术出版社</td></tr>
<tr><td>110</td><td>米老鼠勇斗大巫师</td><td></td><td>贺起龙</td><td>笑亭等</td><td></td><td>24</td><td>1989年5月第1版</td><td>无</td><td>0.75</td><td>ISBN7-5310-0265-5/J・248</td><td>22</td><td>河北美术出版社</td></tr>
</table>

（续表）

序号	书名	原著	文	图	封面	开本	版次印次	印数	定价（元）	书号	页数	出版社
111	悟空和八戒1大战黑风怪·悟空收八戒		李欣	孙平 孙绍波	刘泽岱	16	1989年5月第1版	1—50,000	0.85		19	河北美术出版社
112	悟空和八戒2降服黄风怪·大闹通天河		李欣	毛用坤 毛小榆	刘泽岱	16	1989年5月第1版	1—50,000	0.85		19	河北美术出版社
113	悟空和八戒3过河收沙僧·白骨精和黄袍怪		张键	吕平 吕岩	刘泽岱	16	1989年5月第1版	1—50,000	0.85		19	河北美术出版社
114	悟空和八戒4真假宝葫芦·假唐僧现形		张键	张玉良 晨虹	刘泽岱	16	1989年5月第1版	1—50,000	0.85	ISBN7-5310-0234-5/J·227	19	河北美术出版社
115	悟空和八戒5二僧战蟒精·智盗紫金铃		晨晨	张木 张敏	刘泽岱	16	1989年5月第1版	1—50,000	0.85		19	河北美术出版社
116	悟空和八戒6比丘国除怪·无底洞捉妖		晨晨	张秋菊 王丰	刘泽岱	16	1989年5月第1版	1—50,000	0.85		19	河北美术出版社
117	悟空和八戒7智降红孩妖·三借芭蕉扇		晨光	杜建国 小铮	刘泽岱	16	1989年5月第1版	1—50,000	0.85		19	河北美术出版社
118	悟空和八戒8悟空除三怪		陈国英	魏天定 魏达	刘泽岱	16	1989年5月第1版	1—50,000	0.85		19	河北美术出版社
	备注：序号111—118为套书《悟空和八戒》，共8册。											
119	两个小公主（世界著名童话）		孙庆国	高中造	高中造	40	1989年5月第1版	1—40,000	0.38		40	河北美术出版社
120	三件魔宝（世界著名童话）		李庚月	臧永洁	高中造	40	1989年5月第1版	1—40,000	0.38	ISBN7-5310-0257-4/J·243	40	河北美术出版社
121	森林里的奇遇（世界著名童话）		翟建文	张进军	高中造	40	1989年5月第1版	1—40,000	0.38		40	河北美术出版社

（续表）

序号	书名	原著	文	图	封面	开本	版次印次	印数	定价（元）	书号	页数	出版社
122	神奇的蔬菜（世界著名童话）		翟建文	郭富贵	高中造	40	1989年5月第1版	1—40,000	0.38	ISBN7-5310-0257-4/J·243	40	河北美术出版社
123	魔豆（世界著名童话）		孙庆国	彭国昌	高中造	40	1989年5月第1版	1—40,000	0.38		40	河北美术出版社
	备注：序号119—123为套书《世界著名童话选集》，共5册。											
124	牛郎织女（中国四大民间传说）		新姿	郭富贵		24	1989年5月第1版	1—50,000	1.40	ISBN7-5376-0323-5/I·71	42	河北少年儿童出版社
125	孟姜女的传说（中国四大民间传说）		华姿	杨永青		24	1989年5月第1版	1—50,000	1.40	ISBN7-5376-0143-7/I·17	42	河北少年儿童出版社
126	白蛇传（中国四大民间传说）		刘宁波	庄家汉		24	1989年5月第1版	1—50,000	1.40	ISBN7-5376-0286-7/I·49	42	河北少年儿童出版社
127	梁山伯与祝英台（中国四大民间传说）		刘宁波	杨永青		24	1989年5月第1版	1—50,000	1.40	ISBN7-5376-0193-3/I·27	42	河北少年儿童出版社
	备注：序号124—127为丛书《中国四大民间传说》，共4册。本套书获首届冰心儿童图书奖、全国少儿读物优秀编辑奖。											
128	中国四大民间传说		新姿等	郭富贵等		24	1989年5月第1版		7.30			河北少年儿童出版社
	备注：精装合并本。											
129	小河马——卡通系列1		安康	赵磊 赵红英		24	1989年5月第1版	1—100,000	3.00	ISBN7-202-00410-0/G·59	36	河北人民出版社
130	小河马——卡通系列2		安康	赵磊 赵红英		24	1989年5月第1版	1—100,000			36	河北人民出版社
131	小河马——卡通系列3		安康	赵磊 赵红英		24	1989年5月第1版	1—100,000			36	河北人民出版社
132	小河马——卡通系列4		安康	赵磊 赵红英		24	1989年5月第1版	1—100,000			36	河北人民出版社
	备注：序号129—132为套书《小河马》，共4册。											
133	我的小怪物（世界卡通）			王阳	王阳	24	1989年5月第1版	1—30,000	1.30	ISBN7-5375-0266-8/I·3	33	河北科学技术出版社
134	狼和七只小山羊（世界童话名著连环画丛书1）		张锡杰	王建华		48	1989年5月第1版	1—60,000	0.75	ISBN7-5376-0348-0/I·77	不详	河北少年儿童出版社
135	白雪公主（世界童话名著连环画丛书2）		张锡杰	王建华		48	1989年5月第1版	1—60,000	0.75		不详	河北少年儿童出版社

（续表）

序号	书名	原著	文	图	封面	开本	版次印次	印数	定价（元）	书号	页数	出版社
136	猴子和螃蟹的故事（世界童话名著连环画丛书3）		张锡杰	王建华		48	1989年5月第1版	1—60,000	0.75	ISBN7-5376-0348-0/I·77	不详	河北少年儿童出版社
137	聪明的一休（世界童话名著连环画丛书4）		张锡杰	王建华		48	1989年5月第1版	1—60,000	0.75	ISBN7-5376-0348-0/I·77	不详	河北少年儿童出版社
138	拇指姑娘（世界童话名著连环画丛书5）		张锡杰	王建华		48	1989年5月第1版	1—60,000	0.75	ISBN7-5376-0348-0/I·77	不详	河北少年儿童出版社
139	黑孩桑巴（世界童话名著连环画丛书6）		张锡杰	王建华		48	1989年5月第1版	1—60,000	0.75	ISBN7-5376-0348-0/I·77	不详	河北少年儿童出版社
	备注：序号134—139为套书《世界童话名著连环画》（第一辑），共6册。											
140	浦岛太郎（世界童话名著连环画丛书7）		张锡杰	王建华		48	1989年5月第1版	1—60,000	0.75	ISBN7-5376-0349-9I·78	不详	河北少年儿童出版社
141	三只小猪（世界童话名著连环画丛书8）		张锡杰	王建华		48	1989年5月第1版	1—60,000	0.75	ISBN7-5376-0349-9I·78	不详	河北少年儿童出版社
142	卖火柴的小女孩（世界童话名著连环画丛书9）		张锡杰	王建华		48	1989年5月第1版	1—60,000	0.75	ISBN7-5376-0349-9I·78	不详	河北少年儿童出版社
143	玛娅历险记（世界童话名著连环画丛书11）		张锡杰	王建华		48	1989年5月第1版	1—60,000	0.75	ISBN7-5376-0349-9I·78	不详	河北少年儿童出版社
144	灰姑娘（世界童话名著连环画丛书6）		张锡杰	王建华		48	1989年5月第1版	1—60,000	0.75	ISBN7-5376-0349-9I·78	不详	河北少年儿童出版社
145	草帽菩萨（世界童话名著连环画丛书12）		张锡杰	王建华		48	1989年5月第1版	1—60,000	0.75	ISBN7-5376-0349-9I·78	不详	河北少年儿童出版社
	备注：序号140—145为套书《世界童话名著连环画》（第二辑），共6册。											
146	幼读故事一百篇		迟秀 韩晶	季酉辰 辛鹤江 贺保银等		40	1989年6月第1版	1—24,500	1.70	ISBN7-80505-151-8/I·150	201	花山文艺出版社

（续表）

<table>
<tr><th>序号</th><th>书名</th><th>原著</th><th>文</th><th>图</th><th>封面</th><th>开本</th><th>版次印次</th><th>印数</th><th>定价（元）</th><th>书号</th><th>页数</th><th>出版社</th></tr>
<tr><td>147</td><td>机器猫画传第1辑</td><td></td><td>邢春玲</td><td>王峰等</td><td></td><td>16</td><td>1989年8月第1版</td><td>1—60,000</td><td>0.98</td><td rowspan="4">ISBN7-5376-0423-1/I·131</td><td>17</td><td>河北少年儿童出版社</td></tr>
<tr><td>148</td><td>机器猫画传第2辑</td><td></td><td>邢春玲</td><td>王峰等</td><td></td><td>16</td><td>1989年8月第1版</td><td>1—60,000</td><td>0.98</td><td>17</td><td>河北少年儿童出版社</td></tr>
<tr><td>149</td><td>机器猫画传第3辑</td><td></td><td>邢春玲</td><td>王峰等</td><td></td><td>16</td><td>1989年8月第1版</td><td>1—60,000</td><td>0.98</td><td>17</td><td>河北少年儿童出版社</td></tr>
<tr><td rowspan="2">150</td><td>机器猫画传第4辑</td><td></td><td>邢春玲</td><td>王峰等</td><td></td><td>16</td><td>1989年8月第1版</td><td>1—60,000</td><td>0.98</td><td>16</td><td>河北少年儿童出版社</td></tr>
<tr><td colspan="12">备注：序号147—150为套书《机器猫画传》，共4册。</td></tr>
<tr><td rowspan="2">151</td><td>猴王出世（西游记之一）</td><td>吴承恩</td><td>戈兵</td><td>王学明</td><td>王怀骐</td><td>64</td><td>1989年8月新1版</td><td>无</td><td rowspan="16">17.40</td><td rowspan="16">ISBN7-5310-0301-5/J·276</td><td>70</td><td>河北美术出版社</td></tr>
<tr><td colspan="8">备注：89版《西游记》，脚本内页重新编绘。</td><td colspan="2"></td></tr>
<tr><td rowspan="2">152</td><td>龙宫借宝（西游记之二）</td><td>吴承恩</td><td>尚羡智</td><td>高同宝</td><td>李文侠</td><td>64</td><td>1989年8月新1版</td><td>无</td><td>62</td><td>河北美术出版社</td></tr>
<tr><td colspan="8">备注：89版《西游记》，内页增加8页。</td><td colspan="2"></td></tr>
<tr><td rowspan="2">153</td><td>齐天大圣（西游记之三）</td><td>吴承恩</td><td>来诵芬</td><td>刘汉宗</td><td>胡若佛</td><td>64</td><td>1989年8月新1版</td><td>无</td><td>70</td><td>河北美术出版社</td></tr>
<tr><td colspan="8">备注：89版《西游记》。</td><td colspan="2"></td></tr>
<tr><td rowspan="2">154</td><td>蟠桃宴（西游记之四）</td><td>吴承恩</td><td>戈兵</td><td>辛鹤江</td><td>王怀骐</td><td>64</td><td>1989年8月新1版</td><td>无</td><td>86</td><td>河北美术出版社</td></tr>
<tr><td colspan="8">备注：89版《西游记》，脚本内页重新编绘。</td><td colspan="2"></td></tr>
<tr><td rowspan="2">155</td><td>寻访取经人（西游记之五）</td><td>吴承恩</td><td>戈兵</td><td>刘业通</td><td>王怀骐</td><td>64</td><td>1989年8月新1版</td><td>无</td><td>70</td><td>河北美术出版社</td></tr>
<tr><td colspan="8">备注：89版《西游记》，新增绘本。</td><td colspan="2"></td></tr>
<tr><td rowspan="2">156</td><td>紧箍咒（西游记之六）</td><td>吴承恩</td><td>戈兵</td><td>郭富贵</td><td>胡若佛</td><td>64</td><td>1989年8月新1版</td><td>无</td><td>70</td><td>河北美术出版社</td></tr>
<tr><td colspan="8">备注：89版《西游记》，脚本内页重新编绘。</td><td colspan="2"></td></tr>
<tr><td rowspan="2">157</td><td>收白龙马（西游记之七）</td><td>吴承恩</td><td>戈兵</td><td>牛双印
王悦民</td><td>李振球</td><td>64</td><td>1989年8月新1版</td><td>无</td><td>70</td><td>河北美术出版社</td></tr>
<tr><td colspan="8">备注：89版《西游记》，封面脚本内页全部重新编绘。</td><td colspan="2"></td></tr>
<tr><td rowspan="2">158</td><td>黑风山（西游记之八）</td><td>吴承恩</td><td>李新</td><td>潘真</td><td>魏为</td><td>64</td><td>1989年8月新1版</td><td>无</td><td>86</td><td>河北美术出版社</td></tr>
<tr><td colspan="8">备注：89版《西游记》，封面脚本内页全部重新编绘。</td><td colspan="2"></td></tr>
</table>

（续表）

序号	书名	原著	文	图	封面	开本	版次印次	印数	定价（元）	书号	页数	出版社
159	高老庄（西游记之九）	吴承恩	李新	张洁		64	1989年8月新1版	无	17.40	ISBN7-5310-0301-5/J·276	70	河北美术出版社
	备注：89版《西游记》，脚本内页重新编绘。											
160	黄风岭（西游记之十）	吴承恩	潘勤梦	池振亚		64	1989年8月新1版	无			78	河北美术出版社
	备注：89版《西游记》。											
161	流沙河（西游记之十一）	吴承恩	石峰	高同宝	李振球	64	1989年8月新1版	无			62	河北美术出版社
	备注：89版《西游记》，封面新绘，内页增加8页。											
162	万年人参果（西游记之十二）	吴承恩	戈兵	乔庆余	李文侠	64	1989年8月新1版	无			110	河北美术出版社
	备注：89版《西游记》。											
163	波月洞（西游记之十三）	吴承恩	郭烽明	刘汉宗	王怀骐	64	1989年8月新1版	无			86	河北美术出版社
	备注：89版《西游记》，内页减4页。											
164	平顶山（西游记之十四）	吴承恩	李新	刘端	胡若佛	64	1989年8月新1版	无			86	河北美术出版社
	备注：89版《西游记》，脚本内页重新编绘。											
165	真假唐僧（西游记之十五）	吴承恩	李新	李小柱 牛亚萍	胡若佛	64	1989年8月新1版	无			70	河北美术出版社
	备注：89版《西游记》，脚本内页重新编绘。											
166	火云洞（西游记之十六）	吴承恩	张建	张增木	李文侠	64	1989年8月新1版	无			86	河北美术出版社
	备注：89版《西游记》，脚本内页重新编绘。											
167	黑水河（西游记之十七）	吴承恩	李彦君	张冰洁	张冰洁	64	1989年8月新1版	无			62	河北美术出版社
	备注：89版《西游记》。											
168	除三怪（西游记之十八）	吴承恩	曹治淮	郭占魁	胡勃	64	1989年8月新1版	无			126	河北美术出版社
	备注：89版《西游记》，封面新绘。											
169	大闹通天河（西游记之十九）	吴承恩	郭烽明	刘凌沧	李文侠	64	1989年8月新1版	无			70	河北美术出版社
	备注：89版《西游记》，封面署名改变。											

（续表）

序号	书名	原著	文	图	封面	开本	版次印次	印数	定价（元）	书号	页数	出版社
170	金兜洞（西游记之二十）	吴承恩	李建新	刘海志	李文侠	64	1989年8月新1版	无	17.40	ISBN7-5310-0301-5/J·276	94	河北美术出版社
	备注：89版《西游记》。											
171	女儿国（西游记之二十一）	吴承恩	陈平夫	钱笑呆 曹增潮		64	1989年8月新1版	无			102	河北美术出版社
	备注：89版《西游记》，内页减4页。											
172	真假孙悟空（西游记之二十二）	吴承恩	张建	李振球	胡若佛	64	1989年8月新1版	无			86	河北美术出版社
	备注：89版《西游记》，脚本内页重新编绘。											
173	三盗芭蕉扇（西游记之二十三）	吴承恩	卢光照	任率英	王怀骐	64	1989年8月新1版	无			86	河北美术出版社
	备注：89版《西游记》，内页减4页。											
174	伏龙寺（西游记之二十四）	吴承恩	张建	谷中良		64	1989年8月新1版	无			86	河北美术出版社
	备注：89版《西游记》，脚本内页重新编绘。											
175	小雷音寺（西游记之二十五）	吴承恩	张建	史斧振		64	1989年8月新1版	无			78	河北美术出版社
	备注：89版《西游记》，脚本内页重新编绘。											
176	七绝山（西游记之二十六）	吴承恩	陈廷一	刘振源	胡勃	64	1989年8月新1版	无			62	河北美术出版社
	备注：89版《西游记》，封面脚本内页全部重新编绘。											
177	计盗紫金铃（西游记之二十七）	吴承恩	陈廷一	王树立	胡勃	64	1989年8月新1版	无			94	河北美术出版社
	备注：89版《西游记》，封面脚本内页全部重新编绘。											
178	盘丝洞（西游记之二十八）	吴承恩	陈廷一	张冰洁 吕平	胡勃	64	1989年8月新1版	无			70	河北美术出版社
	备注：89版《西游记》，封面脚本内页全部重新编绘。											
179	智战三魔（西游记之二十九）	吴承恩	张绍旻	张增木	胡勃	64	1989年8月新1版	无			118	河北美术出版社
	备注：89版《西游记》，封面新绘。											

（续表）

序号	书名	原著	文	图	封面	开本	版次印次	印数	定价（元）	书号	页数	出版社
180	比丘国（西游记之三十）	吴承恩	陈廷一	周鹤龄	李振球	64	1989年8月新1版	无	17.40	ISBN7-5310-0301-5/J・276	70	河北美术出版社
	备注：89版《西游记》，封面脚本内页全部重新编绘。											
181	无底洞（西游记之三十一）	吴承恩	张绍旻	高同宝	王怀骐	64	1989年8月新1版	无			94	河北美术出版社
	备注：89版《西游记》。											
182	连环洞（西游记之三十二）	吴承恩	陈平夫	宗静风 宗静草 周静秋		64	1989年8月新1版	无			70	河北美术出版社
	备注：89版《西游记》，内页增加1页，第48页。											
183	悟空斗狮精（西游记之三十三）	吴承恩	刘树强	陆新森 吕振敏	李文侠	64	1989年8月新1版	无			110	河北美术出版社
	备注：89版《西游记》，封面署名变为1人。											
184	玄英洞（西游记之三十四）	吴承恩	徐英杰	钟志宏	胡勃	64	1989年8月新1版	无			102	河北美术出版社
	备注：89版《西游记》，封面新绘。											
185	天竺国（西游记之三十五）	吴承恩	陈平夫	彭国昌	胡勃	64	1989年8月新1版	无			94	河北美术出版社
	备注：89版《西游记》，封面新绘。											
186	灵山参佛祖（西游记之三十六）	吴承恩	王计祥	张玉良	魏为	64	1989年8月新1版	无			102	河北美术出版社
	备注：89版《西游记》，封面新绘，内页增加1页。											
187	思想品德课辅助画册①		彭秋水等	徐占明等	杨沛	32	1989年8月第1版	无	1.00	ISBN7-5310-0276-0/G・19	38	河北美术出版社
188	思想品德课辅助画册③		刘瑾等	王学明等	杨沛	32	1989年8月第1版	无	1.00	ISBN7-5310-0275-2/G・18	38	河北美术出版社
189	思想品德课辅助画册④		何福魁等	施胜辰等	杨沛	32	1989年8月第1版	无	0.60	ISBN7-5310-0291-4/G・24	62	河北美术出版社
190	思想品德课辅助画册⑦		卢书静等	陈继荣等	杨沛	32	1989年8月第1版	无	0.67	ISBN7-5310-0291-4/G・24	70	河北美术出版社
191	思想品德课辅助画册⑨		赵秀娥等	段金鑫等	杨沛	32	1989年8月第1版	无	0.55	ISBN7-5310-0289-2/G・22	54	河北美术出版社

<table>
<tr><th>序号</th><th>书名</th><th>原著</th><th>文</th><th>图</th><th>封面</th><th>开本</th><th>版次印次</th><th>印数</th><th>定价（元）</th><th>书号</th><th>页数</th><th>出版社</th></tr>
<tr><td>192</td><td>思想品德课辅助画册⑪</td><td></td><td>封秋昌</td><td>崔爱民等</td><td>杨沛</td><td>32</td><td>1989年8月第1版</td><td>无</td><td>0.60</td><td>ISBN7-5310-0290-6/G・23</td><td>62</td><td>河北美术出版社</td></tr>
<tr><td>193</td><td>巴巴爸爸1（联邦德国动画系列故事）</td><td></td><td>罗申
争鸣
吕岩</td><td>罗申
争鸣
吕岩</td><td>金燕平</td><td>24</td><td>1989年10月第1版</td><td>1—20,000</td><td>0.90</td><td rowspan="4">ISBN7-5310-0300-7/I・275</td><td>22</td><td>河北美术出版社</td></tr>
<tr><td>194</td><td>巴巴爸爸2（联邦德国动画系列故事）</td><td></td><td>罗申
争鸣
吕岩</td><td>罗申
争鸣
吕岩</td><td>金燕平</td><td>24</td><td>1989年10月第1版</td><td>1—20,000</td><td>0.90</td><td>22</td><td>河北美术出版社</td></tr>
<tr><td>195</td><td>巴巴爸爸3（联邦德国动画系列故事）</td><td></td><td>晓园
高爽
园艺</td><td>晓园
高爽
园艺</td><td>金燕平</td><td>24</td><td>1989年10月第1版</td><td>1—20,000</td><td>0.90</td><td>22</td><td>河北美术出版社</td></tr>
<tr><td rowspan="2">196</td><td>巴巴爸爸4（联邦德国动画系列故事）</td><td></td><td>晓园
高爽
园艺</td><td>晓园
高爽
园艺</td><td>金燕平</td><td>24</td><td>1989年10月第1版</td><td>1—20,000</td><td>0.90</td><td>22</td><td>河北美术出版社</td></tr>
<tr><td colspan="12">备注：序号193—196为套书《巴巴爸爸》，共4册。</td></tr>
<tr><td>197</td><td>超级金刚①</td><td></td><td>林旬</td><td>伟芳等</td><td>贺凯</td><td>24</td><td>1989年10月第1版</td><td>1—30,000</td><td>1.20</td><td rowspan="3">ISBN7-5376-0375-8/I・89</td><td>26</td><td>河北少年儿童出版社</td></tr>
<tr><td>198</td><td>超级金刚②</td><td></td><td>林旬</td><td>伟芳等</td><td>贺凯</td><td>24</td><td>1989年10月第1版</td><td>1—30,000</td><td>1.20</td><td>26</td><td>河北少年儿童出版社</td></tr>
<tr><td rowspan="2">199</td><td>超级金刚③</td><td></td><td>林旬</td><td>伟芳等</td><td>贺凯</td><td>24</td><td>1989年10月第1版</td><td>1—30,000</td><td>1.20</td><td>26</td><td>河北少年儿童出版社</td></tr>
<tr><td colspan="12">备注：序号197—199为套书《超级金刚》，共3册。</td></tr>
<tr><td>200</td><td>“收费”做好事（系列动画故事画库）</td><td></td><td>晓园</td><td>诚心</td><td></td><td>64</td><td>1989年11月第1版</td><td>1—40,000</td><td rowspan="6">4.20</td><td rowspan="6">ISBN7-5310-0302-3/J・277</td><td>60</td><td>河北美术出版社</td></tr>
<tr><td>201</td><td>逃出怪物岛（系列动画故事画库）</td><td></td><td>诚心</td><td>鑫森</td><td></td><td>64</td><td>1989年11月第1版</td><td>1—40,000</td><td>65</td><td>河北美术出版社</td></tr>
<tr><td>202</td><td>吃馅饼比赛（系列动画故事画库）</td><td></td><td>晓园</td><td>刘业通</td><td></td><td>64</td><td>1989年11月第1版</td><td>1—40,000</td><td>70</td><td>河北美术出版社</td></tr>
<tr><td>203</td><td>谁捡谁要（系列动画故事画库）</td><td></td><td>晓园</td><td>双印</td><td></td><td>64</td><td>1989年11月第1版</td><td>1—40,000</td><td>92</td><td>河北美术出版社</td></tr>
<tr><td>204</td><td>小怪物上学（系列动画故事画库）</td><td></td><td>晓园</td><td>小明
小芸</td><td></td><td>64</td><td>1989年11月第1版</td><td>1—40,000</td><td>70</td><td>河北美术出版社</td></tr>
<tr><td>205</td><td>大脚小朋友（系列动画故事画库）</td><td></td><td>晓园</td><td>周鹤龄</td><td></td><td>64</td><td>1989年11月第1版</td><td>1—40,000</td><td>86</td><td>河北美术出版社</td></tr>
</table>

序号	书名	原著	文	图	封面	开本	版次印次	印数	定价（元）	书号	页数	出版社
206	小怪物的生日（系列动画故事画库）		晓园	崔爱民		64	1989年11月第1版	1—40,000	4.20	ISBN7-5310-0302-3/J·277	78	河北美术出版社
207	小怪物的心上人（系列动画故事画库）		晓园	赵金鸰		64	1989年11月第1版	1—40,000			78	河北美术出版社
208	冲浪冠军（系列动画故事画库）		晓园	刘靖国		64	1989年11月第1版	1—40,000			78	河北美术出版社
209	电视明星（系列动画故事画库）		晓园	刘学明		64	1989年11月第1版	1—40,000			62	河北美术出版社
	备注：序号200—209为套书《我的小怪物》，共10册。											
210	刀劈魏霸头（黑龙突击队之一）		晨光	马寒松	张杰	64	1989年12月第1版	1—30,000	3.80	ISBN7-5310-0285-X/J·265	62	河北美术出版社
211	家破投八路（黑龙突击队之二）		晨光	宋虎立	张杰	64	1989年12月第1版	1—30,000			62	河北美术出版社
212	机智救兰嫂（黑龙突击队之三）		晨光	秘景超	张杰	64	1989年12月第1版	1—30,000			61	河北美术出版社
213	苇塘巧周旋（黑龙突击队之四）		晨光	痴野	张杰	64	1989年12月第1版	1—30,000			62	河北美术出版社
214	巧除聂叛徒（黑龙突击队之五）		晨光	安文生	张杰	64	1989年12月第1版	1—30,000			62	河北美术出版社
215	狱中斗敌顽（黑龙突击队之六）		晨光	吕振敏	张杰	64	1989年12月第1版	1—30,000			62	河北美术出版社
216	智劫魔鬼狱（黑龙突击队之七）		晨光	徐光立	张杰	64	1989年12月第1版	1—30,000			61	河北美术出版社
217	魔穴攻坚战（黑龙突击队之八）		晨光	曹留夫	张杰	64	1989年12月第1版	1—30,000			62	河北美术出版社
218	飞马擒小野（黑龙突击队之九）		晨光	吴冰	张杰	64	1989年12月第1版	1—30,000			62	河北美术出版社
	备注：序号210—218为套书《黑龙突击队》，共9册。											

序号	书名	原著	文	图	封面	开本	版次印次	印数	定价（元）	书号	页数	出版社
219	小熊猫不哭了1（团结有爱的故事）		沛然	施蔚		48	1989年12月第1版	无	2.30	ISBN7-5310-0320-1/J·287	22	河北美术出版社
220	大家来扫雪2（助人为乐的故事）		沛然	冀维静		48	1989年12月第1版	无			22	河北美术出版社
221	两只小青鸟3（学有恒心的故事）		朴建忠	枫然		48	1989年12月第1版	无			22	河北美术出版社
222	美美与兰兰4（知错就改的故事）		梁大明	吴带生		48	1989年12月第1版	无			22	河北美术出版社
223	欢欢与慌慌5（诚实做人的故事）		梁大明	姜成安		48	1989年12月第1版	无			22	河北美术出版社
	备注：序号219—223为套书《品德教育童话集》，共5册。											
224	幼背唐诗百首		黄培需 傅开沛	郑庆衡 王学明 刘进安等		40	1989年12月第1版	1—30,000	1.70	ISBN7-5310-0319-9/J·286	107	河北美术出版社
225	幼读古词一百首		金健	龙振海 张亚力 董庆科 痴野		40	1989年12月第1版	1—19,000	1.80	ISBN7-5376-0459-2/I·135	210	河北少年儿童出版社

20世纪90年代

图说冀版连环画1950—2000

TUSHUO JIBAN LIANHUANHUA 1950—2000

1990年

河北美术出版社的《智斗狐狸》、河北少年儿童出版社的《中国四大民间传说》、河北教育出版社的《当代幼儿成才画库》分获首届冰心儿童图书奖。河北少年儿童出版社的《幼读知识图画词典》获全国第二届幼儿图书鼓励奖，《十二属相故事画库》获中国图书奖二等奖。

小猫咪画的（娃娃好品德丛书1）
李春晖等文
黄志凯等绘画
河北少年儿童出版社

格姆佩先生的汽车（娃娃好品德丛书2）
孙秀银等改编
周建明等绘画
河北少年儿童出版社

小熊找朋友（娃娃好品德丛书3）
严大椿等改编
徐光立绘画
河北少年儿童出版社

聪聪得奖了（娃娃好品德丛书4）
李春晖等文
覃黎东等绘画
河北少年儿童出版社

娜夏的老师（娃娃好品德丛书5）
铁军等文
黄志凯等绘画
河北少年儿童出版社

猎人与小红狐（娃娃好品德丛书6）
铁军等文
位丽等绘画
河北少年儿童出版社

巧捉小鱼（娃娃好品德丛书 7）
卞疆、卞家华编绘
河北少年儿童出版社

佐罗 ①
张岚、佘晓云、鲁丽、之力编文
颜景龙封面
河北少年儿童出版社

佐罗 ②
张岚、佘晓云、鲁丽、之力编文
王汉民封面
河北少年儿童出版社

佐罗 ③
张岚、佘晓云、鲁丽、之力编文　颜景龙封面
河北少年儿童出版社

佐罗 ④
张岚、佘晓云、鲁丽、小舟编文　江宏封面
河北少年儿童出版社

龙王的女婿
张树勤编文
龚定平、赵乐瑞绘画
河北少年儿童出版社

思想品德课辅助画册②
王文晔、王文晖编文
李红才、位丽等绘画
杨沛封面
河北美术出版社

思想品德课辅助画册④
刘瑾、李叔宝编文
张浩、周鹤龄等绘画　杨沛封面
河北美术出版社

思想品德课辅助画册⑥
何福魁、李从政、王爱君编文　董志中、宁大明等绘画
河北美术出版社

丹佛——最后的恐龙
①丹佛出世
刘国志、张景玉、李河少改编
黄志凯封面
河北少年儿童出版社

丹佛——最后的恐龙
②丹佛的遭遇
常文斌、柳全有、凤俊峰改编
黄志凯封面
河北少年儿童出版社

丹佛——最后的恐龙
③录像
穆永顺、黄桂芬、申明义改编
黄志凯封面
河北少年儿童出版社

丹佛——最后的恐龙
④湖怪
郭翠英、潘大山、李喜玲改编
黄志凯封面
河北少年儿童出版社

丹佛——最后的恐龙
⑤丹佛的成功
谷明远、郭书海、刘小明改编
黄志凯封面
河北少年儿童出版社

丹佛——最后的恐龙
⑥丹佛和马戏团
李振远、刘双杰、王道英改编
黄志凯封面
河北少年儿童出版社

丹佛——最后的恐龙
⑦一场误会
穆永杰、黄寿明、常文利、舒平改编
黄志凯封面
河北少年儿童出版社

丹佛——最后的恐龙
⑧狮子、老虎和恐龙
刘龙秀、李兰群、柳莉改编
黄志凯封面
河北少年儿童出版社

丹佛——最后的恐龙
⑨浪子回头
黄友善、常外兴、凤冲改编
黄志凯封面
河北少年儿童出版社

丹佛——最后的恐龙
⑩野马之争
刘家华、龚梅、李援声改编
黄志凯封面
河北少年儿童出版社

海陆空大战
冯贤、鞠珍编文
陆成法、徐雅娥、陆小弟、陆根法绘画
河北少年儿童出版社

代夫兰人的觉醒（系列动画故事库）
金育青改编
刘靖国绘画
河北美术出版社

大破水晶罩（系列动画故事画库）
金育青改编　李壮阁绘画
河北美术出版社

耳语丛林的危险（系列动画故事画库）
金育青改编　刘业通绘画
河北美术出版社

野兽岛的囚犯们（系列动画故事画库）
金育青改编　牛双印绘画
河北美术出版社

失去的声音（系列动画故事画库）
金育青改编　陆丁绘画
河北美术出版社

海鹰（系列动画故事画库）
金育青改编　周鹤龄绘画
河北美术出版社

友谊（系列动画故事画库）
金育青改编　崔爱民绘画
河北美术出版社

月亮镜（系列动画故事画库）
金育青改编　刘学民绘画
河北美术出版社

红衣骑士（系列动画故事画库）
金育青改编　赵金鸽绘画
河北美术出版社

失踪的斧子（系列动画故事画库）
金育青改编　燕明绘画
河北美术出版社

胆小的大龙（非凡的公主——希瑞）
晓园改编　四化绘画
周鹤龄封面
河北美术出版社

剑中的宝石（非凡的公主——希瑞）
李新娟改编　刘靖国绘画
刘靖国封面
河北美术出版社

真正的朋友（非凡的公主——希瑞）
李新娟改编　刘学民绘画
周鹤龄封面
河北美术出版社

拯救孩子们（非凡的公主——希瑞）
李新娟改编　苑诚心绘画
周鹤龄封面
河北美术出版社

水晶城堡（非凡的公主——希瑞）
李新娟改编　潘燕明绘画
周鹤龄封面
河北美术出版社

飞马岛（非凡的公主——希瑞）
李新娟改编　崔爱民绘画
周鹤龄封面
河北美术出版社

魔法之战（非凡的公主——希瑞）
李新娟改编　赵金鸰绘画
周鹤龄封面
河北美术出版社

巨人之梦（非凡的公主——希瑞）
李新娟改编　李小柱绘画
周鹤龄封面
河北美术出版社

三颗勇敢的心（非凡的公主——希瑞）
李新娟改编　周鹤龄绘画
周鹤龄封面
河北美术出版社

营救顺风马（非凡的公主——希瑞）
李新娟改编　刘业通绘画
周鹤龄封面
河北美术出版社

老虎和青蛙
鲍光满改编
姜成安绘画
河北美术出版社

小刺猬盖新房
丁宇真改编
梁培龙绘画
河北美术出版社

雄鸡大叔
林颂英改编
梁培龙绘画
河北美术出版社

小狗熊认错
林颂英改编
励国仪绘画
河北美术出版社

稻草人看瓜
林颂英编文
王铁成绘画
河北美术出版社

骄傲的小花猫
耿耿改编
姜成安、吴带生绘画
河北美术出版社

会唱歌的布娃娃
常瑞编文
尚士永绘画
河北美术出版社

水獭和蛤蟆
詹同编绘
河北美术出版社

自私的蜗牛
詹同编绘
河北美术出版社

美丽的空想家
耿耿改编
姜成安、吴带生绘画
河北美术出版社

鸟儿的家
菊子改编
吴带生绘画
河北美术出版社

三座房子（科学童话）
林颂英编文
林琬崔、张光尹绘画
河北美术出版社

种子旅行家（科学童话）
林颂英编文
姜一鸣绘画
河北美术出版社

哪吒三兄弟（一）
王吉祥改编　曹留夫、张蓉绘画　马寒松封面
河北美术出版社

哪吒三兄弟（二）
王吉祥改编　冯贵才绘画
马寒松封面
河北美术出版社

哪吒三兄弟（三）
王吉祥改编　李振山、李小山绘画　马寒松封面
河北美术出版社

哪吒三兄弟（四）
王吉祥改编　孙泽良、孙铁绘画　马寒松封面
河北美术出版社

星球大战 1
王平改编
学军、晋泽绘画
河北美术出版社

星球大战 2
王平改编　王玉柱、金燕平绘画
河北美术出版社

星球大战 3
邵青改编
荣力绘画
河北美术出版社

星球大战 4
李忻改编
彭大立、刘娅、杨文绘画
河北美术出版社

星球大战 5
王平改编
晋泽绘画
河北美术出版社

星球大战 6
李忻改编
玉春、孟军绘画
河北美术出版社

星球大战 7
李忻改编
谷岩绘画
河北美术出版社

星球大战 8
邵青改编
李午申绘画
河北美术出版社

星球大战 9
李忻改编
彭大立、刘娅绘画
河北美术出版社

星球大战 10
邵青改编
穆玮东绘画
河北美术出版社

昆仑山学道（大型系列动画故事 姜子牙）
庄宏安编文
刘端、贾铭等绘画
河北美术出版社

火烧琵琶精（大型系列动画故事 姜子牙）
庄宏安编文
高中造、高辛等绘画
河北美术出版社

周文王拜相（大型系列动画故事 姜子牙）
庄宏安编文
李文章等绘画
河北美术出版社

大败闻太师（大型系列动画故事 姜子牙）
庄宏安编文
雷金池等绘画
河北美术出版社

挥师进朝歌（大型系列动画故事 姜子牙）
庄宏安编文
陈继荣、陈平安等绘画
河北美术出版社

聪明的一休（续集之一）
佘晓云改编　朱墨、钟鸣绘画
张进军、金燕平封面
河北美术出版社

聪明的一休（续集之二）
佘晓云改编　贡小明、玉青绘画
张进军、金燕平封面
河北美术出版社

聪明的一休（续集之三）
佘晓云改编　云霞、苏志新绘画
张进军、金燕平封面
河北美术出版社

聪明的一休（续集之四）
张玉勉改编　枫然、晓玮绘画
张进军、金燕平封面
河北美术出版社

聪明的一休（续集之五）
张玉勉改编　小雨、李新绘画
张进军、金燕平封面
河北美术出版社

聪明的一休（续集之六）
张玉勉改编　吴绍人绘画
张进军、金燕平封面
河北美术出版社

聪明的一休（续集之七）
任萍改编　刘亚彪、沙苗绘画
张进军、金燕平封面
河北美术出版社

聪明的一休（续集之八）
任萍改编　建民、晓林绘画
张进军、金燕平封面
河北美术出版社

聪明的一休（续集之九）
任萍改编　田力、肖雅绘画
张进军、金燕平封面
河北美术出版社

聪明的一休（续集之十）
任萍改编　董巍、东岐绘画
张进军、金燕平封面
河北美术出版社

牧童除妖
赤月改编　张冰洁绘画
河北美术出版社

上元姑娘
赤月改编　吴绍人绘画
河北美术出版社

阿西和龙女
赤月改编　石光绘画
河北美术出版社

大冬瓜和小铜锣
张志勇改编
张鹏怀绘画
河北美术出版社

一块仙巾（上）
赤月改编　吴冰绘画
河北美术出版社

一块仙巾（下）
赤月改编　吴冰绘画
河北美术出版社

高亮桥
金受申原著
赤月改编　安文生绘画
河北美术出版社

千里寻智星
张志勇改编　晁锡弟绘画
河北美术出版社

摇钱树
张志勇改编　陈继荣绘画
河北美术出版社

刘家五兄弟
赤月改编　段明绘画
河北美术出版社

石马变真马
赤月改编
李玉春绘画
河北美术出版社

神奇的宝缸
张志勇改编
谷中良绘画
河北美术出版社

如意神珠
张志勇改编
施胜辰绘画
河北美术出版社

智慧泉（少儿成才画库 1）
郭若呐、苏惠民选编
刘端绘画
河北美术出版社

数字之谜（少儿成才画库 2）
李忠军、傅星选编
焦英隆绘画
河北美术出版社

明镜（少儿成才画库 3）
赵志鹏选编
海天绘画
河北美术出版社

奇妙的世界（少儿成才画库 4）
刘仲春选编
徐光立绘画
河北美术出版社

奥秘（少儿成才画库 5）
杨洋、沈树志、杨彦芳选编
张秋菊绘画
河北美术出版社

生物奇观（少儿成才画库 6）
陈惠云、沈金海选编
王治华绘画
河北美术出版社

认识自己（少儿成才画库 7）
漳河、流云选编
张健民、时罗夫绘画
河北美术出版社

走遍天下（少儿成才画库8）
马桂英、李永存、张新南选编　毛卓亮校译
谷照恩、谷静绘画
河北美术出版社

侦探大王（小机灵智力丛书）
袁凤英、商晓帆编
鲍忠恩绘画
河北科学技术出版社

游戏大王（小机灵智力丛书）
袁凤英、商晓帆编
鲍忠恩绘画
河北科学技术出版社

数字大王（小机灵智力丛书）
袁凤英、商晓帆编
鲍忠恩绘画
河北科学技术出版社

魔术大王（小机灵智力丛书）
袁凤英、商晓帆编
鲍忠恩绘画
河北科学技术出版社

猜谜大王（小机灵智力丛书）
袁凤英、商晓帆编
鲍忠恩绘画
河北科学技术出版社

小丁当（世界卡通大王2）
冰山编译
神风、大漠描画
河北少年儿童出版社

小怪物（世界卡通大王2）
冰山编译
陈大凤、孙建功、王月明描画
河北少年儿童出版社

小武侠（世界卡通大王2）
冰山编译
黑雪、冬雨、夏冰描画
河北少年儿童出版社

新阿童木（世界卡通大王2）
冰山编译
肖兰、赵鸣、张富描画
河北少年儿童出版社

格林童话精选画册
邓清华等编文
温泉源等绘画
河北少年儿童出版社

安徒生童话精选画册
徐兴华等编文
王烈等绘画
河北少年儿童出版社

从马里城来的小动物第1辑
孟玮译写　晓峰改画
河北少年儿童出版社

从马里城来的小动物
第 2 辑
孟玮译写　文甫改画
河北少年儿童出版社

从马里城来的小动物
第 3 辑
孟玮译写　鹿泉改画
河北少年儿童出版社

从马里城来的小动物
第 4 辑
孟玮译写　锐锐改画
河北少年儿童出版社

孙悟空游大人国
（孙悟空新游记）
邓柯等编绘
河北美术出版社

孙悟空游小人国
（孙悟空新游记）
邓柯等编绘
河北美术出版社

孙悟空游假话国
（孙悟空新游记）
邓柯等编绘
河北美术出版社

孙悟空巧戏笨皇帝
（孙悟空新游记）
邓柯等编绘
河北美术出版社

孙悟空智斗胖司令
（孙悟空新游记）
邓柯等编绘
河北美术出版社

美日德卡通明星大会串 1
小峰、史源等编文
张伍、陈泉等绘画
韩伍、方关通封面
河北少年儿童出版社

当代幼儿成才画库
德·智·体·美·劳
1 第一辑（1—2 岁）
皓皓、晓霞等编文
金渭昌、张中良等
绘画
河北教育出版社

当代幼儿成才画库
德·智·体·美·劳
2 第一辑（1—2 岁）
皓皓、晓霞等编文
金渭昌、张中良等
绘画
河北教育出版社

当代幼儿成才画库
德·智·体·美·劳
3 第一辑（1—2 岁）
皓皓、晓霞等编文
金渭昌、张中良等
绘画
河北教育出版社

当代幼儿成才画库
德·智·体·美·劳
4 第一辑（1—2 岁）
皓皓、晓霞等编文
金渭昌、张中良等
绘画
河北教育出版社

当代幼儿成才画库
德·智·体·美·劳
5 第一辑（1—2 岁）
皓皓、晓霞等编文
金渭昌、张中良等
绘画
河北教育出版社

当代幼儿成才画库
德·智·体·美·劳
6 第一辑（1—2 岁）
皓皓、晓霞等编文
金渭昌、张中良等绘画
河北教育出版社

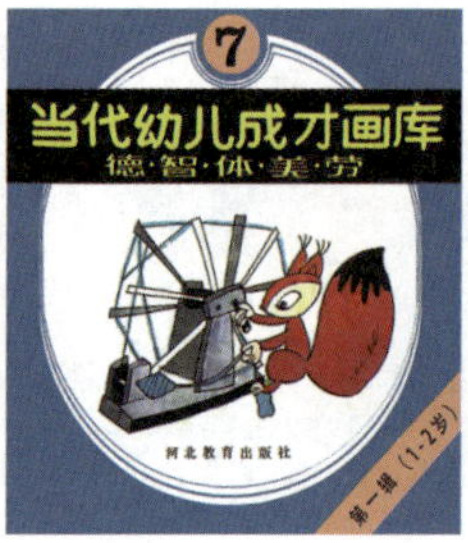

当代幼儿成才画库
德·智·体·美·劳
7 第一辑（1—2 岁）
皓皓、晓霞等编文
金渭昌、张中良等绘画
河北教育出版社

当代幼儿成才画库
德·智·体·美·劳
8 第一辑（1—2 岁）
皓皓、晓霞等编文
金渭昌、张中良等绘画
河北教育出版社

当代幼儿成才画库
德·智·体·美·劳
9 第一辑（1—2 岁）
皓皓、晓霞等编文
金渭昌、张中良等绘画
河北教育出版社

当代幼儿成才画库
德·智·体·美·劳
10 第一辑（1—2 岁）
皓皓、晓霞等编文
金渭昌、张中良等绘画
河北教育出版社

当代幼儿成才画库
德·智·体·美·劳
1 第二辑（3—4 岁）
皓皓、晓霞等编文
陈幕水、高峰等绘画
河北教育出版社

当代幼儿成才画库
德·智·体·美·劳
2 第二辑（3—4 岁）
皓皓、晓霞等编文
陈幕水、高峰等绘画
河北教育出版社

当代幼儿成才画库
德·智·体·美·劳
3 第二辑（3—4 岁）
皓皓、晓霞等编文
陈幕水、高峰等绘画
河北教育出版社

当代幼儿成才画库
德·智·体·美·劳
4 第二辑（3—4 岁）
皓皓、晓霞等编文
陈幕水、高峰等绘画
河北教育出版社

当代幼儿成才画库
德·智·体·美·劳
5 第二辑（3—4 岁）
皓皓、晓霞等编文
陈幕水、高峰等绘画
河北教育出版社

当代幼儿成才画库
德·智·体·美·劳
6 第二辑（3—4 岁）
皓皓、晓霞等编文
陈幕水、高峰等绘画
河北教育出版社

当代幼儿成才画库
德·智·体·美·劳
7 第二辑（3—4 岁）
皓皓、晓霞等编文
陈幕水、高峰等绘画
河北教育出版社

当代幼儿成才画库
德·智·体·美·劳
8 第二辑（3—4 岁）
皓皓、晓霞等编文
陈幕水、高峰等绘画
河北教育出版社

当代幼儿成才画库
德·智·体·美·劳
9 第二辑（3—4 岁）
皓皓、晓霞等编文
陈幕水、高峰等绘画
河北教育出版社

当代幼儿成才画库
德·智·体·美·劳
10 第二辑(3—4 岁)
皓皓、晓霞等编文
陈幕水、高峰等绘画
河北教育出版社

当代幼儿成才画库
德·智·体·美·劳
1 第三辑（5—6 岁）
蔡林兴、吴月琴编文
杨秋宝、张中良等绘画
河北教育出版社

当代幼儿成才画库
德·智·体·美·劳
2 第三辑（5—6 岁）
蔡林兴、吴月琴编文
杨秋宝、张中良等绘画
河北教育出版社

当代幼儿成才画库
德·智·体·美·劳
3 第三辑（5—6 岁）
蔡林兴、吴月琴编文
杨秋宝、张中良等绘画
河北教育出版社

当代幼儿成才画库
德·智·体·美·劳
4 第三辑（5—6 岁）
蔡林兴、吴月琴编文
杨秋宝、张中良等绘画
河北教育出版社

当代幼儿成才画库
德·智·体·美·劳
5 第三辑（5—6 岁）
蔡林兴、吴月琴编文
杨秋宝、张中良等绘画
河北教育出版社

当代幼儿成才画库
德·智·体·美·劳
6 第三辑（5—6 岁）
蔡林兴、吴月琴编文
杨秋宝、张中良等绘画
河北教育出版社

当代幼儿成才画库
德·智·体·美·劳
7 第三辑（5—6 岁）
蔡林兴、吴月琴编文
杨秋宝、张中良等绘画
河北教育出版社

当代幼儿成才画库
德·智·体·美·劳
8 第三辑（5—6 岁）
蔡林兴、吴月琴编文
杨秋宝、张中良等绘画
河北教育出版社

当代幼儿成才画库
德·智·体·美·劳
9 第三辑（5—6 岁）
蔡林兴、吴月琴编文
杨秋宝、张中良等绘画
河北教育出版社

当代幼儿成才画库
德·智·体·美·劳
10 第三辑（5—6 岁）
蔡林兴、吴月琴编文
杨秋宝、张中良等绘画
河北教育出版社

幼读童话一百篇
何岩、荣光编文
曾佑瑄绘画
花山文艺出版社

幼读笑话一百篇
何岩、荣光编文
庚子、刘端、赵贵德
等绘画
花山文艺出版社

幼读寓言一百篇
保超、润花编文
牛双印、曹宝全等绘画
花山文艺出版社

聪明的小猪（拼音童话）
康继云改编
辛鑫注音
吴带生绘画
河北美术出版社

大象请客
林颂英编文
姜成安绘画
河北美术出版社

闪光的智慧
文林改编　张煜绘画
金彦平封面
河北美术出版社

林中趣话
文林改编　张煜绘画
金彦平封面
河北美术出版社

看谁最聪明
文林改编　赵金鸰绘画
金彦平封面
河北美术出版社

助人解难
文林改编　齐河绘画
金彦平封面
河北美术出版社

动物运动会
文林改编　崔爱民绘画
金彦平封面
河北美术出版社

森林漫游
文林改编　刘桥绘画
金彦平封面
河北美术出版社

猎人兄弟
尚琪编文　李忻注音　刘端绘画
河北美术出版社

快乐的动物园
常瑞编文　吴带生绘画
河北教育出版社

动物破案记（看图识字讲故事）
朱奎文　吴大宪绘画
河北少年儿童出版社

森林里的小房子（看图识字讲故事）
朱奎文　曾佑瑄、石夫绘画
河北少年儿童出版社

捉迷藏（看图识字讲故事）
朱奎文　卞家华绘画
河北少年儿童出版社

在狐狸家里做客（世界著名童话）
李庚月改编　贾文涛绘画
河北美术出版社

白雪公主（世界著名童话）
李庚月改编
高中造绘画
河北美术出版社

丑小鸭（世界著名童话）
李庚月编文
房永明绘画
河北美术出版社

国王的新衣（世界著名童话）
李庚月改编
臧永洁绘画
河北美术出版社

神秘的城堡（世界著名童话）
李庚月改编
臧永洁绘画
河北美术出版社

生之谜——讲给孩子听的故事
盖春瑞、王素贞译
张中良绘画
河北少年儿童出版社

本年共出版连环画 182 种，其中河北美术出版社 105 种，河北少年儿童出版社 38 种，河北教育出版社 31 种，河北科学技术出版社 5 种，花山文艺出版社 3 种。

1991年

河北美术出版社的《红旗谱》《少儿成才画库》获1991年全国美术图书评奖铜奖，《小精灵画传》《小精灵新传》获第四届全国连环画评奖优秀套书二等奖，《猎人兄弟》获第四届全国连环画评奖绘画创作三等奖。河北少年儿童出版社的《中国民俗故事连环画册》获第二届冰心儿童图书奖特别奖，《十二属相故事画库》《中国四大民间传说》获全国少儿读物优秀编辑奖。河北美术出版社的牛双印、张洪林、张增木3人获1991年全国连环画工作荣誉奖。

宋庆龄和她的姊妹们1（根据电视连续剧改编）
博木齐乐改编
郑宏宇摄影
河北少年儿童出版社

宋庆龄和她的姊妹们2（根据电视连续剧改编）
博木齐乐改编
郑宏宇摄影
河北少年儿童出版社

宋庆龄和她的姊妹们3（根据电视连续剧改编）
博木齐乐改编
郑宏宇摄影
河北少年儿童出版社

宋庆龄和她的姊妹们4（根据电视连续剧改编）
博木齐乐改编
郑宏宇摄影
河北少年儿童出版社

宋庆龄和她的姊妹们5（根据电视连续剧改编）
博木齐乐改编
郑宏宇摄影
河北少年儿童出版社

宋庆龄和她的姊妹们6（根据电视连续剧改编）
博木齐乐改编
郑宏宇摄影
河北少年儿童出版社

八仙过海（八仙的传说之一）
孟寅、董侃编文
马寒松、王凤桐绘画
河北少年儿童出版社

钟离岩（八仙的传说之二）
孟寅、董侃编文
谷照恩绘画
河北少年儿童出版社

铁拐李卖油（八仙的传说之三）
孟寅、董侃编文
龙振海绘画
河北少年儿童出版社

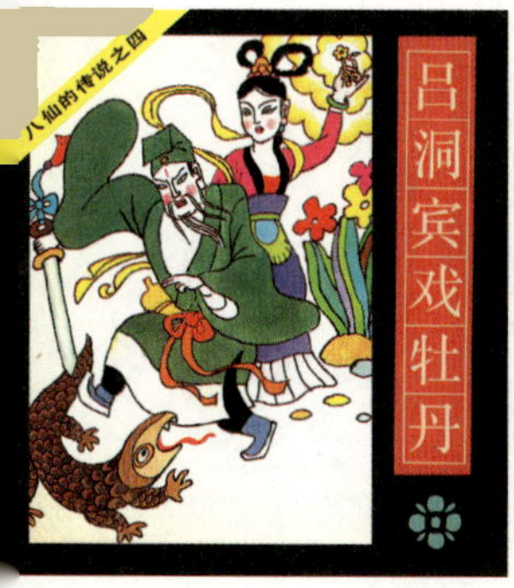

吕洞宾戏牡丹（八仙的传说之四）
孟寅、董侃编文
姜晓春、姜启才绘画
河北少年儿童出版社

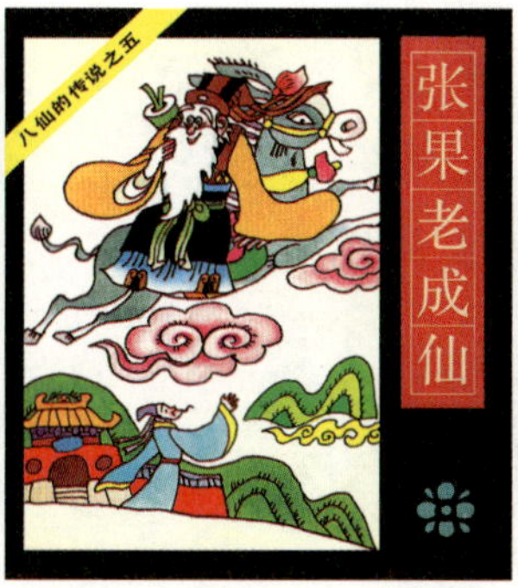

张果老成仙（八仙的传说之五）
孟寅、董侃编文
光立、岚云绘画
河北少年儿童出版社

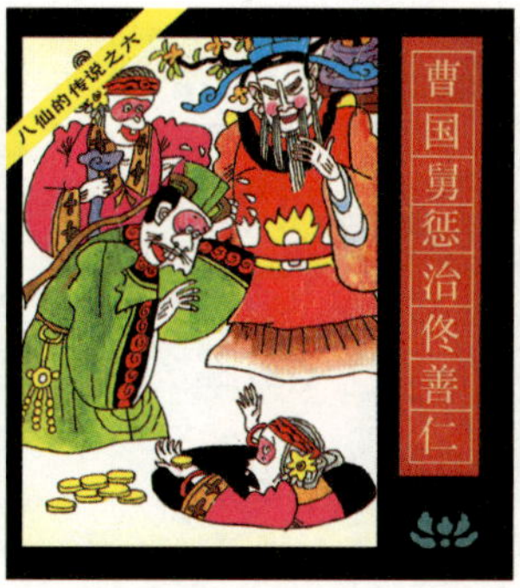

曹国舅惩治佟善仁（八仙的传说之六）
孟寅、董侃编文
孙泽良、孙轶绘画
河北少年儿童出版社

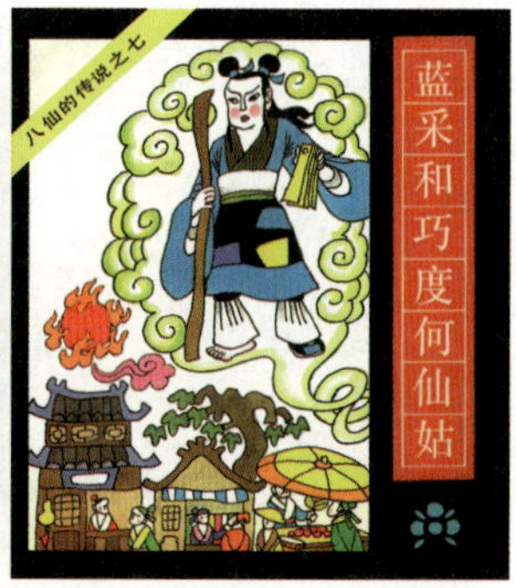

蓝采和巧度何仙姑（八仙的传说之七）
孟寅、董侃编文
岚云、鲁青、肖海航绘画
河北少年儿童出版社

何仙姑抗旨（八仙的传说之八）
孟寅、董侃编文
川石、小英、木风绘画
河北少年儿童出版社

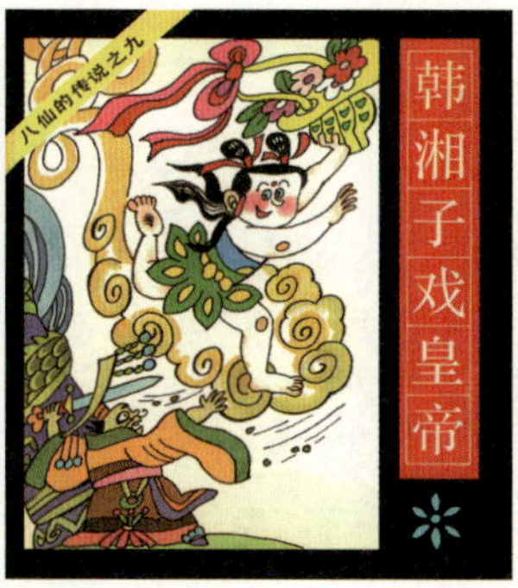

韩湘子戏皇帝（八仙的传说之九）
孟寅、董侃编文
张建民、时罗夫、阿毛绘画
河北少年儿童出版社

嫦娥转世（中国神话故事新编 嫦娥后羿画传之一）
陈廷一编文 马寒松、马陶、张洁绘画 马寒松封面
河北少年儿童出版社

十日并出（中国神话故事新编 嫦娥后羿画传之二）
纪温编文 曹留夫、晓蓉、大朋绘画 马寒松封面
河北少年儿童出版社

后羿射日（中国神话故事新编 嫦娥后羿画传之三）
纪温编文 孙泽良、孙轶、刘秀虹绘画 马寒松封面
河北少年儿童出版社

勇斗群魔（中国神话故事新编 嫦娥后羿画传之四）
纪温编文 刘振亭、刘湘、王君绘画 马寒松封面
河北少年儿童出版社

婚姻风波（中国神话故事新编 嫦娥后羿画传之五）
纪温编文 曹留夫、晓蓉、大朋绘画 马寒松封面
河北少年儿童出版社

西见王母（中国神话故事新编 嫦娥后羿画传之六）
陈廷一编文 徐茂林、徐春洋、徐岳绘画 马寒松封面
河北少年儿童出版社

嫦娥奔月（中国神话故事新编 嫦娥后羿画传之七）
陈廷一编文 王凤桐、马寒松、张浩绘画
马寒松封面
河北少年儿童出版社

密林暗箭（中国神话故事新编 嫦娥后羿画传之八）
陈廷一编文 张弘明、张媛、刘惠君绘画
马寒松封面
河北少年儿童出版社

中国民间故事连环画 第 1 辑
张玉培改编
阎善春、常光希等绘画
河北少年儿童出版社

中国民间故事连环画 第 2 辑
张玉培改编
刻人、张亦浩等绘画
河北少年儿童出版社

中国民间故事连环画 第 3 辑
张玉培改编
李玉杰、李老十等绘画
河北少年儿童出版社

中国民间故事连环画 第 4 辑
张玉培改编
王水泊、黄碧霞等绘画
河北少年儿童出版社

中国民间故事连环画 第 5 辑
白雨、李梦阳改编
张健民、时罗夫、刘业通等绘画
河北少年儿童出版社

中国民间故事连环画 第 6 辑
白雨、李梦阳改编
马唯驰等绘画
河北少年儿童出版社

中国民间故事连环画 第 7 辑
白雨、李梦阳改编
李文侠等绘画
河北少年儿童出版社

中国民间故事连环画 第 8 辑
白雨、李梦阳改编
王焕青、周准、王翟等绘画
河北少年儿童出版社

中国鬼神故事 ①
古风、神笛改编
郑绪良、孙泽良等绘画
河北少年儿童出版社

中国鬼神故事 ②
古风、神笛改编
贠冬鸣、王焕青等绘画
河北少年儿童出版社

中国鬼神故事 ③
古风、神笛改编
张世明、郭富贵等绘画
河北少年儿童出版社

中国鬼神故事 ④
古风、神笛改编
贾文涛、贾寅等绘画
河北少年儿童出版社

中国鬼神故事 ⑤
古风等改编
侯冠宾、赵红瑶等绘画
河北少年儿童出版社

中国鬼神故事 ⑥
刘悦等改编
袁耀敏、徐光立等绘画
河北少年儿童出版社

中国鬼神故事 ⑦
铁锋等改编
刘业通、肖海航等绘画
河北少年儿童出版社

中国鬼神故事 ⑧
神英等改编
马唯驰、徐光立等绘画
河北少年儿童出版社

婚丧祭祀传说（中国民俗故事连环画册）
邢威、南辉编文
王怀骐、田黎明等绘画
河北少年儿童出版社

吃喝饮食传说（中国民俗故事连环画册）
邢威、南辉编文
赵贵德、唐勇力等绘画
河北少年儿童出版社

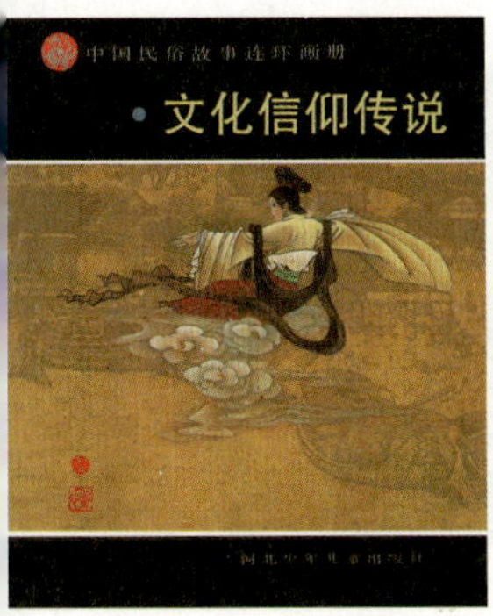

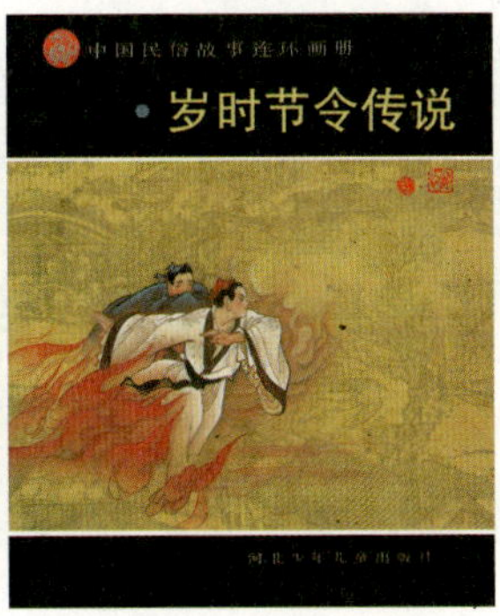

文化信仰传说（中国民俗故事连环画册）
邢威、南辉编文
宁大明、谷照恩等绘画
河北少年儿童出版社

衣住生产传说（中国民俗故事连环画册）
邢威、南辉编文
阎珍、张洁等绘画
河北少年儿童出版社

岁时节令传说（中国民俗故事连环画册）
邢威、南辉编文
辛鹤江、李乃宙等绘画
河北少年儿童出版社

童探贝克
冉杰、冉正编绘
河北美术出版社

奇游记① 漫游童话国
王绍基、王喆编绘
河北美术出版社

奇游记② 史前游记
王绍基、王喆编绘
河北美术出版社

奇游记③ 魔笛和神针
王绍基、王喆编绘
河北美术出版社

奇游记④ 太空大帝
王绍基、王喆编绘
河北美术出版社

奇游记⑤ 黑谷历险
王绍基、王喆编绘
河北美术出版社

奇游记⑥ 咚咚大侦探
王绍基、王喆编绘
河北美术出版社

奇游记⑦ 神盒的秘密
王绍基、王喆编绘
河北美术出版社

奇游记⑧ 奇异的水珠
王绍基、王喆编绘
河北美术出版社

最新黑猫警长① 追捕“独眼龙”
褚志祥编文
陆汝浩、蒋松涛等绘画
河北美术出版社

最新黑猫警长② 绝密行动
褚志祥编文
陆汝浩、蒋松涛等绘画
河北美术出版社

最新黑猫警长③ 癞蛤蟆告状
褚志祥编文
陆汝浩、蒋松涛等绘画
河北美术出版社

最新黑猫警长④ 奇怪的投毒案
褚志祥编文
陆汝浩、蒋松涛等绘画
河北美术出版社

最新黑猫警长⑤ 激战在黄昏
褚志祥编文
陆汝浩、蒋松涛等绘画
河北美术出版社

猴子捞月亮（拼音寓言）
李忻改编
贡小秋绘画
河北美术出版社

公鸡与狐狸（拼音寓言）
晓杨改编
张进军绘画
河北美术出版社

幼读唐诗一百首
以石选注
花山文艺出版社

幼读神话一百篇
龙文编文
花山文艺出版社

神龟出世
晓园改编　增木绘画
河北美术出版社

真假神龟
晓园改编　小秋绘画
河北美术出版社

外星植物
李欣改编　小辉绘画
河北美术出版社

魔眼毁灭
李欣改编　王林绘画
河北美术出版社

植物武器
李欣改编　秋菊、王丰绘画
河北美术出版社

重现人形
李伟改编　同宝绘画
河北美术出版社

猎犬兄弟（拼音童话）
张建辉编文　王丰绘画
河北美术出版社

小花猫学艺（拼音童话）
张汝川编文注音　张秋菊绘画
河北美术出版社

神奇的飞飞（拼音童话）
李新娟编文　祝琪绘画
河北美术出版社

黄狗上当（拼音寓言）
邵青改编　刘业通绘画
河北美术出版社

白兔的妙计（拼音童话）
李新娟编文　金燕平绘画
河北美术出版社

吹笛子的狼（拼音寓言）
晓杨改编　刘业通绘画
河北美术出版社

找错了老师（拼音寓言）
李忻改编
祝琪绘画
河北美术出版社

幼读古曲一百首
童友选注
花山文艺出版社

中国幽默故事（幽默故事画库 1）
萧潇改编　关守信、刘德璋、鲁阳绘画
马寒松封面
河北少年儿童出版社

外国幽默故事（幽默故事画库 2）
李梦阳、柳敏改编
龙振海、孙泽良、郭富贵绘画
马寒松封面
河北少年儿童出版社

儿童幽默故事（幽默故事画库 3）
秦平改编　华克齐、徐茂林、谷照恩绘画
马寒松封面
河北少年儿童出版社

动物幽默故事（幽默故事画库 4）
李远杰、郭荣敏改编
马寒松封面
徐光立、陆成法、侯冠宾、祝琪绘画
河北少年儿童出版社

中国百年史连环画
第 1 卷
中国革命博物馆中国百年史连环画编写组编文　刘进安、高月冬等绘画
河北少年儿童出版社

中国百年史连环画
第 2 卷
中国革命博物馆中国百年史连环画编写组编文　李华佑、仇占国等绘画
河北少年儿童出版社

中国百年史连环画
第 3 卷
中国革命博物馆中国百年史连环画编写组编文　雷金池、毕继民等绘画
河北少年儿童出版社

中国百年史连环画
第 4 卷
中国革命博物馆中国百年史连环画编写组编文　陈继荣、梁占岩等绘画
河北少年儿童出版社

学字学画讲故事 1
王桂巧文　刘玉辉绘画
河北少年儿童出版社

学字学画讲故事 2
唐风朝文　位丽绘画
河北少年儿童出版社

学字学画讲故事 3
唐风朝文　位丽绘画
河北少年儿童出版社

学字学画讲故事 4
王桂巧文　位丽绘画
河北少年儿童出版社

学字学画讲故事 5
冰玉文
刘玉辉绘画
河北少年儿童出版社

孤岛野人
熊世琦原著
邹庆波、张延编文
赵锡复、刘汉宗绘画
河北美术出版社

自己做立体书——巴巴爸爸
闫文英文
祝琪绘画
河北少年儿童出版社

野火春风斗古城 下
李英儒原著　戈兵编文
张义春封面
马廷奎、马铭绘画
河北美术出版社

运河英豪
刘绍棠原著　张企荣改编
刘进安绘画　曹保全封面
河北美术出版社

两个小八路
李心田原著　赵春堂改编
赵春堂、季源业绘画
河北美术出版社

儿童知识图解——认识动物
陈伟新等编写　陆汝浩绘画
河北美术出版社

小刺猬的一天
王明明文
吴带生、杜风绘画
河北少年儿童出版社

小猴开店
黄建祖文
唐宇绘画
河北少年儿童出版社

蘑菇奶奶
王明明文
李涛绘画
河北少年儿童出版社

大鼻子先生
史俊编绘
河北少年儿童出版社

抗奸邪金殿自刎（《钟馗》之一）
宋孟寅、董侃编文　曹留夫、金荣绘画　金燕平封面
河北少年儿童出版社

钟馗嫁妹（《钟馗》之二）
宋孟寅、董侃编文　鲁青、岚云绘画　金燕平封面
河北少年儿童出版社

唐玄宗病中梦钟馗（《钟馗》之三）
宋孟寅、董侃编文　谷照恩、谷岩绘画　金燕平封面
河北少年儿童出版社

曲阳驱瘟鬼（《钟馗》之四）
宋孟寅、董侃编文　刘学民绘画
金燕平封面
河北少年儿童出版社

度朔山收神荼郁垒（《钟馗》之五）
宋孟寅、董侃编文　金张健民、
张昱喆绘画　燕平封面
河北少年儿童出版社

阴阳伞（《钟馗》之六）
宋孟寅、董侃编文　孙泽良、孙
轶绘画　金燕平封面
河北少年儿童出版社

智取摩天岭（《钟馗》之七）
宋孟寅、董侃编文
罗枫、川石、南为绘画
金燕平封面
河北少年儿童出版社

五鬼闹钟馗（《钟馗》之八）
宋孟寅、董侃编文
徐光立、国强绘画
金燕平封面
河北少年儿童出版社

半小时科学漫游
曾佑伟编绘
黄志凯封面
河北少年儿童出版社

儿童大世界连环画精选
齐观彪、董乃德等编文
王金泰、吴大宪等绘画
河北少年儿童出版社

本年共出版连环画 109 种，其中河北少年儿童出版社 72 种，河北美术出版社 34 种，花山文艺出版社 3 种。

1992 年

河北美术出版社的《三十六计连环画》获第三届冰心儿童图书奖，河北少年儿童出版社的《中国百年史连环画》获全国少儿读物优秀编辑奖。

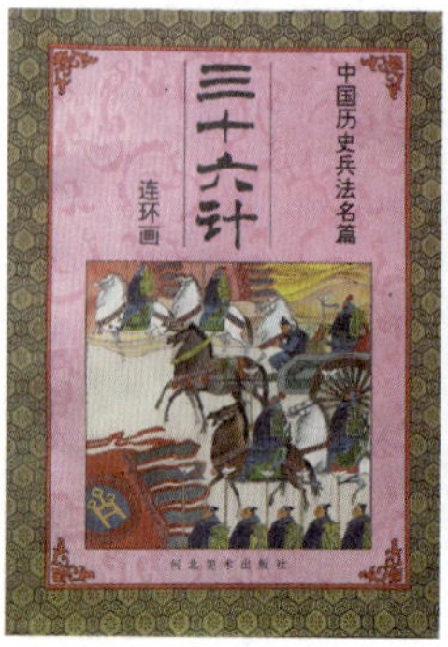

三十六计连环画（中国历史兵法名篇）
吴梅编文
姜巍、徐德元、姜成安绘画
河北美术出版社

三十六计连环画（中国历史兵法名篇）
严秋白编文
徐德元、姜成安、姜巍绘画
河北美术出版社

三十六计连环画（中国历史兵法名篇）
姜巍编文
姜成安、姜巍、徐德元绘画
河北美术出版社

三十六计连环画（中国历史兵法名篇）
任杰编文
姜巍、徐德元、姜成安绘画
河北美术出版社

三十六计连环画（中国历史兵法名篇）
梅竹编文
姜成安、徐德元、姜巍绘画
河北美术出版社

三十六计连环画（中国历史兵法名篇）
蔺传新编文　高造、张卫、戎隶绘画
河北美术出版社

幼读古文一百篇
童友编文
牛双印、赵东瑞、董庆科绘画
花山文艺出版社

白兔的秘方（拼音童话）
李忻改编
臧永洁绘画
河北美术出版社

松鼠和袋鼠（拼音童话）
李新娟著文
周世忠绘画
河北美术出版社

三个好朋友（拼音童话）
李学编文
祝琪绘画
河北美术出版社

崩山神雷（拼音童话）
张建辉著文
刘峰绘画
河北美术出版社

飞碟战死神（我和外星人 1）
毛立人编文
赵金鸽、崔爱民绘画
赵金鸽封面
河北美术出版社

小山神（木偶彩色动画片）
张林、李振忠编文
任国兴摄影
河北美术出版社

新编小精灵画传
1 智斗总督
王培堃编绘
河北美术出版社

新编小精灵画传
2 坏蛋巫师和糊涂国王
王培堃编绘
河北美术出版社

新编小精灵画传
3 面包岛奇遇
王培堃编绘
河北美术出版社

新编小精灵画传
4 金元王国和银元王国
王培堃编绘
河北美术出版社

新编小精灵画传
5 赌城历险
王培堃编绘
河北美术出版社

海外笑话大观
马保超、魏秋星选编
马寒松、马陶等绘画
河北美术出版社

世界大探险
程明、杨大威编译
河北科学技术出版社

小老鼠和鸡蛋（小老鼠系列婴儿画册）
黄安琪编文
吴银妮绘画
河北少年儿童出版社

一根羽毛（小老鼠系列婴儿画册）
潘卫编文
房永明绘画
河北少年儿童出版社

挠痒痒（小老鼠系列婴儿画册）
潘卫编文
冯伟绘画
河北少年儿童出版社

下雨了（小老鼠系列婴儿画册）
陶红编文
房永明、朱梅林绘画
河北少年儿童出版社

找不到拖鞋了（小老鼠系列婴儿画册）
潘卫编文
陈昌和绘画
河北少年儿童出版社

刮大风（小老鼠系列婴儿画册）
潘卫编文
房永明绘画
河北少年儿童出版社

大肚皮（小老鼠系列婴儿画册）
潘卫编文
吴砚芳绘画
河北少年儿童出版社

大大泡泡（小老鼠系列婴儿画册）
潘卫编文
陈昌和绘画
河北少年儿童出版社

小老鼠看病人（小老鼠系列婴儿画册）
黄安琪编文
吴银妮绘画
河北少年儿童出版社

小老鼠的花环（小老鼠系列婴儿画册）
陶红编文
朱梅林绘画
河北少年儿童出版社

蓝鸟（世界童话名著连环画丛书 13）
苏国纪译
河北少年儿童出版社

人鱼公主（世界童话名著连环画丛书 14）
苏国纪译
河北少年儿童出版社

小公主（世界童话名著连环画丛书 15）
苏国纪译
河北少年儿童出版社

罗茜的旅行（世界童话名著连环画丛书 16）
苏国纪译
河北少年儿童出版社

穿长靴的猫（世界童话名著连环画丛书 17）
苏国纪译
河北少年儿童出版社

桃太郎（世界童话名著连环画丛书 18）
苏国纪译
河北少年儿童出版社

竹子小姐（世界童话名著连环画丛书 19）
苏国纪译
河北少年儿童出版社

名犬拉西（世界童话名著连环画丛书 20）
苏国纪译
河北少年儿童出版社

金太郎（世界童话名著连环画丛书 21）
苏国纪译
河北少年儿童出版社

艾丽丝梦游奇怪王国（世界童话名著连环画丛书 22）
苏国纪译
河北少年儿童出版社

一根稻秸（世界童话名著连环画丛书 23）
苏国纪译
河北少年儿童出版社

快乐的波利安娜（世界童话名著连环画丛书 24）
苏国纪译
河北少年儿童出版社

儿童知识图解（植物）
陈伟新等编文
陆汝浩绘画
河北美术出版社

幼读史话一百篇
健丽编著
贠东鸣绘画
花山文艺出版社

亡羊补牢（拼音成语故事）
李新娟编文
安德春绘画
河北美术出版社

磨杵成针（拼音成语故事）
剑峰改编
戎隶绘画
河北美术出版社

黔驴技穷（拼音成语故事）
李忻改编
高中造绘画
河北美术出版社

守株待兔（拼音成语故事）
剑峰改编
刘业通绘画
河北美术出版社

猫医生改行（拼音童话）
秋菊编文
秋菊、王丰绘画
河北美术出版社

好朋友（拼音童话）
张秋菊改编　李忻注音
张秋菊绘画
河北美术出版社

引狼入室（拼音童话）
张秋菊改编　李忻注音
张秋菊绘画
河北美术出版社

花咪遇险（拼音童话）
张秋菊改编　李忻注音
张秋菊绘画
河北美术出版社

小猴种树（拼音童话）
秋菊编文　李忻注音
王丰绘画
河北美术出版社

三戏老狼（拼音童话）
李新娟著文
刘业通绘画
河北美术出版社

美丽的天鹅（拼音童话）
马玉芝编文
刘业通绘画
河北美术出版社

小象和小猪（拼音童话）
晨光改编　李忻注音
宋丕胜、吴亚男绘画
河北美术出版社

长犄角的马（拼音童话）
郗吉堂编文
高宝绘画
河北美术出版社

白兔和狐狸（拼音童话）
晓杨编文　李忻注音
臧永洁绘画
河北美术出版社

世界神奇故事
马丽霞封面
赵红瑶、覃黎东等绘画
河北少年儿童出版社

朝霞姐姐（拼音童话）
张林编文
张汝为绘画
河北美术出版社

小熊的新车（拼音童话）
梅迎春编文
张福龙绘画
河北美术出版社

一袋苹果（拼音童话）
张庆锟、赵文辉翻译改编
张福龙、王思雨绘画
河北美术出版社

小白兔借尾巴（拼音知识童话）
董洪芳文
杨沛绘画
河北美术出版社

小猫钓鱼（拼音童话）
王燕峰改编注音
晓月、董娟绘画
河北美术出版社

拼音儿歌（拼音儿歌）
马玉芝著
黄志凯、张煜、马宁、张云绘画
河北美术出版社

狐狸上当（拼音童话）
梁惊哲编文
李忻注音
孟祥斌、张建民绘画
河北美术出版社

小虎进山（拼音童话）
梁陆涛编文
李忻注音
郭振山绘画
河北美术出版社

本年共出版连环画 67 种，其中河北美术出版社 41 种，河北少年儿童出版社 23 种，花山文艺出版社 2 种，河北科学技术出版社 1 种。

1993 年

河北美术出版社的《画说世界五千年连环画》获第四届冰心儿童图书奖。

画说世界五千年连环画 1 卷
段万翰、顾汉松、陈必祥原著　杜富山、张建辉、林文编文
柏芳景、颜宝榛等绘画
河北美术出版社

画说世界五千年连环画 2 卷
段万翰、顾汉松、陈必祥原著　林文、孙庆国、韩晓春编文
陈九如、季世成等绘画
河北美术出版社

画说世界五千年连环画 3 卷
段万翰、顾汉松、陈必祥原著　李新娟、王吉祥编文
林百石、王法明等绘画
河北美术出版社

画说世界五千年连环画 4 卷
段万翰、顾汉松、陈必祥原著　李长青、姜清沂、晨熙编文
谢舒戈、朱兴华等绘画
河北美术出版社

画说世界五千年连环画 5 卷
段万翰、顾汉松、陈必祥原著　成少安、尧山壁、郑振卿编文
肖玉田、李春等绘画
河北美术出版社

画说世界五千年连环画 6 卷
段万翰、顾汉松、陈必祥原著　郑振卿、姜明、侯新书编文
黄鑫德、张平等绘画
河北美术出版社

画说世界五千年连环画 7 卷
段万翰、顾汉松、陈必祥原著　张阵容、梁秀臣、刘毅、傅开沛编文
陆小弟、王文成等绘画
河北美术出版社

画说世界五千年连环画 8 卷
段万翰、顾汉松、陈必祥原著　曹广志、张志勇、里士编文
刘世铎、张秉钧等绘画
河北美术出版社

熊王杰克（动物故事丛书）
[加]欧纳斯·汤姆逊·西顿原著
王东译　张界凡、张界臣、张界泉绘画
花山文艺出版社

甘达峰的羊大王（动物故事丛书）
[加] 欧纳斯・汤姆逊・西顿原著　王东译　张界凡、张界臣、张界泉绘画
花山文艺出版社

破耳兔（动物故事丛书）
[加] 欧纳斯・汤姆逊・西顿原著　王东译　张界凡、张界臣、张界泉绘画
花山文艺出版社

伤面狐一家（动物故事丛书）
[加] 欧纳斯・汤姆逊・西顿原著　王东译　张界凡、张界臣、张界泉绘画
花山文艺出版社

野猪历险记（动物故事丛书）
[加] 欧纳斯・汤姆逊・西顿原著　王东译　张界凡、张界臣、张界泉绘画
花山文艺出版社

狼王罗坡（动物故事丛书）
[加] 欧纳斯・汤姆逊・西顿原著　王东译　张界凡、张界臣、张界泉绘画
花山文艺出版社

十二属相的来历
里土编文
刘燕君注音
祝琪、安德春绘画
河北美术出版社

盘古开天（拼音中国神话）
王列改编
韩朝、韩丽绘画
河北美术出版社

愚公移山（拼音中国神话）
王列改编
张洁绘画
河北美术出版社

夸父追日（拼音中国神话）
王列改编
王悦民绘画
河北美术出版社

女娲补天（拼音中国神话）
王列改编
田力、悦民绘画
河北美术出版社

神农鞭药（拼音中国神话）
王列改编
吴绍人绘画
河北美术出版社

嫦娥奔月（拼音中国神话）
王列改编
谢海洋绘画
河北美术出版社

鲧禹治水（拼音中国神话）
王列改编
高中造绘画
河北美术出版社

羿射太阳（拼音中国神话）
王列改编
陈亚飞绘画
河北美术出版社

机器猫出世（新编神奇机器猫小叮当①）
[日]藤子不二雄原著
花山文艺出版社

阿福的屁股（新编神奇机器猫小叮当②）
[日]藤子不二雄原著
花山文艺出版社

大雄长跑记（新编神奇机器猫小叮当③）
[日]藤子不二雄原著
花山文艺出版社

技安的生日（新编神奇机器猫小叮当④）
[日]藤子不二雄原著
花山文艺出版社

推理放大镜（新编神奇机器猫小叮当⑤）
[日]藤子不二雄原著
花山文艺出版社

漫画的续集（新编神奇机器猫小叮当⑥）
[日]藤子不二雄原著
花山文艺出版社

神奇变身液（新编神奇机器猫小叮当⑦）
[日]藤子不二雄原著
花山文艺出版社

恐惧症印章（新编神奇机器猫小叮当⑧）
[日]藤子不二雄原著
花山文艺出版社

拍马屁口红（新编神奇机器猫小叮当⑨）
[日]藤子不二雄原著
花山文艺出版社

肚脐加油器（新编神奇机器猫小叮当⑩）
[日]藤子不二雄原著
花山文艺出版社

恶魔通行证（新编神奇机器猫小叮当①）
[日]藤子不二雄原著
花山文艺出版社

钓失物的池（新编神奇机器猫小叮当②）
[日]藤子不二雄原著
花山文艺出版社

幸运扑克牌（新编神奇机器猫小叮当③）
[日]藤子不二雄原著
花山文艺出版社

抓鬼的电话（新编神奇机器猫小叮当④）
[日] 藤子不二雄原著
花山文艺出版社

四度空间袋（新编神奇机器猫小叮当⑤）
[日] 藤子不二雄原著
花山文艺出版社

幽灵水果糖（新编神奇机器猫小叮当⑥）
[日] 藤子不二雄原著
花山文艺出版社

在时光隧道（新编神奇机器猫小叮当⑦）
[日] 藤子不二雄原著
花山文艺出版社

玩具机器人（新编神奇机器猫小叮当⑧）
[日] 藤子不二雄原著
花山文艺出版社

三倍时间表（新编神奇机器猫小叮当⑨）
[日] 藤子不二雄原著
花山文艺出版社

打喷嚏病毒（新编神奇机器猫小叮当⑩）
[日] 藤子不二雄原著
花山文艺出版社

人体液化剂（新编神奇机器猫小叮当①）
[日] 藤子不二雄原著
花山文艺出版社

人体影印机（新编神奇机器猫小叮当②）
[日] 藤子不二雄原著
花山文艺出版社

戴眼镜幻想（新编神奇机器猫小叮当③）
[日] 藤子不二雄原著
花山文艺出版社

催眠的枕头（新编神奇机器猫小叮当④）
[日] 藤子不二雄原著
花山文艺出版社

狮子面具人（新编神奇机器猫小叮当⑤）
[日] 藤子不二雄原著
花山文艺出版社

梦游症患者（新编神奇机器猫小叮当⑥）
[日] 藤子不二雄原著
花山文艺出版社

巨人出现了（新编神奇机器猫小叮当⑦）
[日] 藤子不二雄原著
花山文艺出版社

希望预测机（新编神奇机器猫小叮当⑧）
[日] 藤子不二雄原著
花山文艺出版社

吸人的磁铁（新编神奇机器猫小叮当⑨）
[日]藤子不二雄原著
花山文艺出版社

地瓜音乐屁（新编神奇机器猫小叮当⑩）
[日]藤子不二雄原著
花山文艺出版社

大熊的翅膀（新编神奇机器猫小叮当①）
[日]藤子不二雄原著
花山文艺出版社

梦中的风铃（新编神奇机器猫小叮当②）
[日]藤子不二雄原著
花山文艺出版社

重力调节器（新编神奇机器猫小叮当③）
[日]藤子不二雄原著
花山文艺出版社

吹牛的祖先（新编神奇机器猫小叮当④）
[日]藤子不二雄原著
花山文艺出版社

技安的歌声（新编神奇机器猫小叮当⑤）
[日]藤子不二雄原著
花山文艺出版社

小叮当国王（新编神奇机器猫小叮当⑥）
[日]藤子不二雄原著
花山文艺出版社

怕老鼠的猫（新编神奇机器猫小叮当⑦）
[日]藤子不二雄原著
花山文艺出版社

折纸大暴动（新编神奇机器猫小叮当⑧）
[日]藤子不二雄原著
花山文艺出版社

狼面美容霜（新编神奇机器猫小叮当⑨）
[日]藤子不二雄原著
花山文艺出版社

阿福的舰队（新编神奇机器猫小叮当⑩）
[日]藤子不二雄原著
花山文艺出版社

雪人的副业（新编神奇机器猫小叮当①）
[日]藤子不二雄原著
花山文艺出版社

阿福的考卷（新编神奇机器猫小叮当②）
[日]藤子不二雄原著
花山文艺出版社

做英雄也难（新编神奇机器猫小叮当③）
[日]藤子不二雄原著
花山文艺出版社

技安是气球（新编神奇机器猫小叮当④）
[日]藤子不二雄原著
花山文艺出版社

电视台老板（新编神奇机器猫小叮当⑤）
[日]藤子不二雄原著
花山文艺出版社

研究地球人（新编神奇机器猫小叮当⑥）
[日]藤子不二雄原著
花山文艺出版社

实践口香糖（新编神奇机器猫小叮当⑦）
[日]藤子不二雄原著
花山文艺出版社

个性颠倒剂（新编神奇机器猫小叮当⑧）
[日]藤子不二雄原著
花山文艺出版社

淘气屋的饼（新编神奇机器猫小叮当⑨）
[日]藤子不二雄原著
花山文艺出版社

告别小叮当（新编神奇机器猫小叮当⑩）
[日]藤子不二雄原著
花山文艺出版社

惩治老虎（拼音童话）
张秋菊著文　李忻注音
刘德璋绘画
河北美术出版社

金鹿斗虎（拼音童话）
张建辉编文
联晟、亦卿绘画
河北美术出版社

做贼心虚（拼音童话）
李新娟著文
家华、高微绘画
河北美术出版社

迷路的小羊（拼音童话）
李新娟著文
高造、韩丽绘画
河北美术出版社

白熊造屋（拼音童话）
张建辉编文　李忻注音
金燕平绘画
河北美术出版社

小猴过桥（拼音童话）
马玉芝编文
高山、寒潮绘画
河北美术出版社

儿童知识图解——认识物理 陈伟新等编文 陆汝浩绘画 河北美术出版社	毛泽东画传（领袖画传丛书） 王吉祥编文 贺敏忠绘画 河北美术出版社	少儿成语画典 陆静、海红等编文 周长民、朱兴华等绘画 河北教育出版社	小神童（开发儿童智力画册） 戈兵编文　张秉钧、刘世铎、刘桥等绘画 贡小秋封面 河北美术出版社

本年共出版连环画 83 种，其中花山文艺出版社 56 种，河北美术出版社 26 种，河北教育出版社 1 种。

1994 年

河北美术出版社的《三十六计连环画》获第七届全国图书“金钥匙”奖优胜奖。

蘑菇房子（红狐狸童话丛书 国际流行开本 婴儿画册）
赵冰波编文
高微、卞锐绘画
河北少年儿童出版社

星星掉下来了（红狐狸童话丛书 国际流行开本 婴儿画册）
赵冰波编文
钱继伟绘画
河北少年儿童出版社

挖陷阱（红狐狸童话丛书 国际流行开本 婴儿画册）
赵冰波编文
江健文绘画
河北少年儿童出版社

奇怪的舅舅（红狐狸童话丛书 国际流行开本 婴儿画册）
赵冰波编文
铁牛、朱瑶绘画
河北少年儿童出版社

奇妙的音乐会（红狐狸童话丛书 国际流行开本 婴儿画册）
赵冰波编文
铁牛、朱瑶绘画
河北少年儿童出版社

特大泡泡糖（红狐狸童话丛书 国际流行开本 婴儿画册）
赵冰波编文
陶文杰、陶敬国绘画
河北少年儿童出版社

来了一个大怪物（红狐狸童话丛书 国际流行开本 婴儿画册）
赵冰波编文
铁牛、朱瑶绘画
河北少年儿童出版社

大西瓜（红狐狸童话丛书 国际流行开本 婴儿画册）
赵冰波编文
李全华绘画
河北少年儿童出版社

太阳烤面包（红狐狸童话丛书 国际流行开本 婴儿画册）
赵冰波编文 李全华绘画
河北少年儿童出版社

乱长的牵牛花（红狐狸童话丛书 国际流行开本 婴儿画册）
赵冰波编文 钱继伟绘画
河北少年儿童出版社

长长的小花蛇（好娃娃童话丛书 国际流行开本 婴儿画册）
陆弘编文 吕鸿群绘画
河北少年儿童出版社

好保姆（好娃娃童话丛书 国际流行开本 婴儿画册）
龚文编文 蔡宏绘画
河北少年儿童出版社

亲亲好妈妈（好娃娃童话丛书 国际流行开本 婴儿画册）
金捷编文 祝琪绘画
河北少年儿童出版社

大公鸡喔喔喔（好娃娃童话丛书 国际流行开本 婴儿画册）
金捷编文 高微、卞锐绘画
河北少年儿童出版社

丫丫的钥匙（好娃娃童话丛书 国际流行开本 婴儿画册）
朱丽蓉编文 孟雨秋绘画
河北少年儿童出版社

圈圈车（好娃娃童话丛书 国际流行开本 婴儿画册）
朱丽蓉编文 洪涛绘画
河北少年儿童出版社

佳佳和丫丫（好娃娃童话丛书 国际流行开本 婴儿画册）
朱丽蓉编文 谢永康绘画
河北少年儿童出版社

老虎医生（好娃娃童话丛书 国际流行开本 婴儿画册）
陆弘编文 于昆绘画
河北少年儿童出版社

小被子盖盖好（好娃娃童话丛书 国际流行开本 婴儿画册）
陆弘编文 蒋松涛绘画
河北少年儿童出版社

小木娃（好娃娃童话丛书 国际流行开本 婴儿画册）
朱丽蓉编文 程思新绘画
河北少年儿童出版社

葫芦金刚大战陆海空 1
谭松文字
张志印、辛文钢绘画
陈雷封面
河北人民出版社

葫芦金刚大战陆海空 2
谭松文字
张志印、辛文钢绘画
陈雷封面
河北人民出版社

葫芦金刚大战陆海空 3
谭松文字
张志印、辛文钢绘画
陈雷封面
河北人民出版社

葫芦金刚大战陆海空 4
谭松文字
张志印、辛文钢绘画
陈雷封面
河北人民出版社

葫芦金刚大战陆海空 5
谭松文字　陈雷封面
张志印、辛文钢绘画
河北人民出版社

葫芦金刚大战陆海空 6
谭松文字　陈雷封面
张志印、辛文钢绘画
河北人民出版社

幼读宋词一百首
陆风、晓峰选注
高适、常人、吟春、
笑冬绘画
花山文艺出版社

幼读成语一百篇
陆风、小崴选注
高月冬、常思、祝平安、
任意绘画
花山文艺出版社

幼读歌谣一百首
鲁吉冀、杨中树选注
刘业通、刘克美、华民、
唯美绘画
花山文艺出版社

古诗配画 3（幼儿知识画库丛书 拼音古诗配画）
曹仁奇、任义勇、赵素怀编文　辛鹤江绘画
河北美术出版社

古诗配画 4（幼儿知识画库丛书 拼音古诗配画）
曹仁奇、任义勇、赵素怀编文　雷金池绘画
河北美术出版社

古诗配画 5（幼儿知识画库丛书 拼音古诗配画）
曹仁奇、任义勇、赵素怀编文　雷金池绘画
河北美术出版社

葫芦兄妹和小白蛇
小星、墨犊编文
庆云绘画
河北人民出版社

野猫学长寿（拼音童话）
贺宜原著 文娟编文
刘燕君注音 卞家华绘画
河北美术出版社

老松树和小松鼠（拼音知识童话）
王明明文
张健民、张昱喆绘画
河北美术出版社

动物故事大王 A
晓凡绘画
花山文艺出版社

动物故事大王 B
晓凡绘画
花山文艺出版社

彩图科学知识启蒙故事
100 篇——红树集
许悦、沙孝惠等编文
邹越非、关嵋化等绘画
河北教育出版社

彩图科学知识启蒙故事
100 篇——黄树集
许悦、沙孝惠等编文
邹越非、关嵋化等绘画
河北教育出版社

彩图科学知识启蒙故事
100 篇——蓝树集
许悦、沙孝惠等编文
邹越非、关嵋化等绘画
河北教育出版社

彩图科学知识启蒙故事 100 篇——绿树集
许悦、沙孝惠等编文
邹越非、关嵋化等绘画
河北教育出版社

中国漫画书系——
张仃卷
张仃绘画
河北教育出版社

中国漫画书系——
詹同卷
詹同绘画
河北教育出版社

中国漫画书系——
苗地卷
苗地绘画
河北教育出版社

中国漫画书系——方唐卷
方唐绘画
河北教育出版社

中国漫画书系——江帆卷
江帆绘画
河北教育出版社

中国漫画书系——米谷卷
米谷绘画
河北教育出版社

中国漫画书系——方成卷
方成绘画
河北教育出版社

中国漫画书系——丁聪卷
丁聪绘画
河北教育出版社

中国漫画书系——韩羽卷
韩羽绘画
河北教育出版社

中国漫画书系——张光宇卷
张光宇绘画
河北教育出版社

中国漫画书系——于化鲤卷
于化鲤绘画
河北教育出版社

中国漫画书系——叶浅予卷
叶浅予绘画
河北教育出版社

中国漫画书系——廖冰兄卷
廖冰兄绘画
河北教育出版社

中国漫画书系——张乐平卷
张乐平绘画
河北教育出版社

中国漫画书系——韦启美卷
韦启美绘画
河北教育出版社

中国漫画书系——
丰子恺卷
丰子恺绘画
河北教育出版社

中国漫画书系——
华君武卷
华君武绘画
河北教育出版社

中国漫画书系——
王复羊卷
王复羊绘画
河北教育出版社

精编一天一个好故事彩色连环画 1
陆弘、朱丽蓉等编文
祝琪、吕鸿群等绘画
河北少年儿童出版社

精编一天一个好故事
彩色连环画 2
陆弘、朱丽蓉等编文
臧永杰等绘画
河北少年儿童出版社

精编一天一个好故事
彩色连环画 3
陆弘、朱丽蓉等编文
位丽、玉辉等绘画
河北少年儿童出版社

精编一天一个好故事
彩色连环画 4
陆弘、朱丽蓉等编文
杨沛、张智等绘画
河北少年儿童出版社

年节故事大观
（绘画本）
艾钟华文
孙炳明、侯凤翔
等绘画
河北美术出版社

古诗配画 6（幼儿知识画
库丛书 拼音古诗配画）
王惠、章林选译　阮观东、
杜炳申、韩丽莎绘画
河北美术出版社

古诗配画 7（幼儿知识画
库丛书 拼音古诗配画）
王惠、章林选译
王悦民、田力绘画
河北美术出版社

古诗配画 8（幼儿知识画
库丛书 拼音古诗配画）
王惠、章林选译
刘克仁、杜炳申绘画
河北美术出版社

古诗配画 9（幼儿知识画
库丛书 拼音古诗配画）
王惠、章林选译
张志宏、高山绘画
河北美术出版社

古诗配画 10（幼儿知识画
库丛书 拼音古诗配画）
王惠、章林选译
杜炳申、阮观东绘画
河北美术出版社

非凡的善良公主（儿童故事霸王）
松言主编
河北人民出版社

遥远的神话传说（儿童故事霸王）
松言主编
河北人民出版社

开心的幽默大师（儿童故事霸王）
松言主编
河北人民出版社

蓝色的童话王国（儿童故事霸王）
松言主编
河北人民出版社

传奇的民间故事（儿童故事霸王）
松言主编
河北人民出版社

小狐狸认图形学拼音（小狐狸丛书）
王丰、钱丽丽编绘
河北人民出版社

小狐狸填图补色（小狐狸丛书）
王丰、钱丽丽编绘
河北人民出版社

小狐狸教儿歌（小狐狸丛书）
王丰、钱丽丽编绘
河北人民出版社

小狐狸画简笔画（小狐狸丛书）
王丰、钱丽丽编绘
河北人民出版社

小狐狸 de 画谜（小狐狸丛书）
王丰、钱丽丽编绘
河北人民出版社

小狐狸游智慧宫（小狐狸丛书）
不详编文　不详绘画
河北人民出版社

本年共出版连环画 80 种，其中河北少年儿童出版社 24 种，河北教育出版社 22 种，河北人民出版社 18 种，河北美术出版社 11 种，花山文艺出版社 5 种。

1995 年

河北教育出版社的《中国漫画书系》获第二届国家图书奖提名奖、第九届中国图书奖，《彩图科学知识启蒙故事 100 篇》获第四届全国教育出版社小学优秀图书奖。

动物之谜（科学家的摇篮系列知识画丛）
秋菊著文　秋菊绘画
河北科学技术出版社

气象万千（科学家的摇篮系列知识画丛）
秋菊著文　钱丽丽绘画
河北科学技术出版社

海底奇观（科学家的摇篮系列知识画丛）
秋菊著文　不详绘画
河北科学技术出版社

小岛探秘（科学家的摇篮系列知识画丛）
秋菊著文　毛立人绘画
河北科学技术出版社

奇异的植物（科学家的摇篮系列知识画丛）
秋菊著文
重阳子绘画
河北科学技术出版社

水浒传（中国大卡通）
徐来、黄飞珏、邹昌政、顾学文编文
黄大华、刘泽岱、邹越非、季平、钱定华绘画
河北科学技术出版社

红楼梦（中国大卡通）
徐来、黄飞珏、邹昌政、顾学文编文
黄大华、刘泽岱、邹越非、季平、钱定华绘画
河北科学技术出版社

西游记（中国大卡通）
徐来、黄飞珏、邹昌政、顾学文编文
黄大华、刘泽岱、邹越非、季平、钱定华绘画
河北科学技术出版社

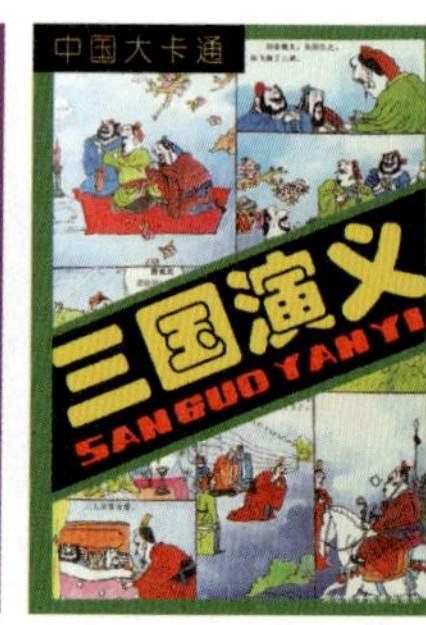

三国演义（中国大卡通）
徐来、黄飞珏、邹昌政、顾学文编文
黄大华、刘泽岱、邹越非、季平、钱定华绘画
河北科学技术出版社

漫画汉书 ①
李敬泽、阎明魁主编
李敬泽撰文　王增弟、钟小季等绘画
河北教育出版社

漫画汉书 ②
李敬泽、阎明魁主编
李敬泽撰文　王增弟、钟小季等绘画
河北教育出版社

漫画汉书 ③
李敬泽、阎明魁主编
李敬泽撰文　王增弟、钟小季等绘画
河北教育出版社

漫画汉书 ④
李敬泽、阎明魁主编
李敬泽撰文　王增弟、钟小季等绘画
河北教育出版社

漫画史记 ①
魏连科、王惠琴、众辛主编
张文、张明信、魏连科撰文
刘进安、蒋世国等绘画
河北教育出版社

漫画史记 ②
魏连科、王惠琴、众辛主编
张文、张明信、魏连科撰文
刘进安、蒋世国等绘画
河北教育出版社

漫画史记 ③
魏连科、王惠琴、众辛主编
张文、张明信、魏连科撰文
刘进安、蒋世国等绘画
河北教育出版社

漫画史记 ④
魏连科、王惠琴、众辛主编
张文、张明信、魏连科撰文
刘进安、蒋世国等绘画
河北教育出版社

漫画史记 ⑤
魏连科、王惠琴、众辛主编
张文、张明信、魏连科撰文
刘进安、蒋世国等绘画
河北教育出版社

封神榜（中国大卡通）
晓珏、费杰、邹昌政、王建华编文
杨震、永康、莫其、康夫绘画
河北科学技术出版社

长颈鹿和小羊（拼音童话）
张汝川编文
高山、晓蕾绘画
河北美术出版社

新编三字经
本书编写组编文
滔涛执笔　辛力注释
河北少年儿童出版社

儿童保健歌谣（一）
董洪芳编文　痴枫绘画
刘燕君注音
河北美术出版社

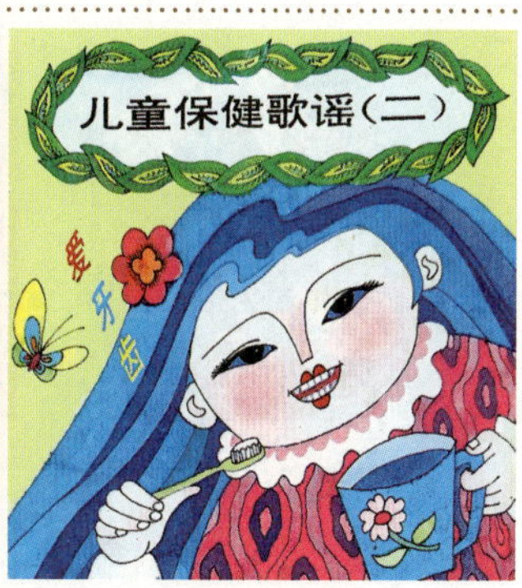

儿童保健歌谣（二）
杨群超、刘玉祥编文　霞光绘画
刘燕君注音
河北美术出版社

电视动画 胖胖钓鱼（拼音电视动画系列）
张林编文
李莘绘画
河北美术出版社

电视动画 胖胖学飞（拼音电视动画系列）
张林编文
李莘绘画
河北美术出版社

抗日斗争故事（爱国主义教育连环画库㊤）
曹治淮改编
段秀仓、施胜辰、雷金池、陈继荣绘画
河北美术出版社

抗日斗争故事（爱国主义教育连环画库㊥）
孙铁宝、王玉良等编文
黄玉忠、辛鹤江、刘汉宗绘画
河北美术出版社

抗日斗争故事（爱国主义教育连环画库㊦）
刘树强等编文
夏连雨、陈洪亮、吴懋祥绘画
河北美术出版社

新编弟子规（精装）
河北省教育委员会、河北少年儿童出版社编写
河北少年儿童出版社

幼儿三字经
本书创作组编文　本书创作组绘画　位丽封面
河北少年儿童出版社

邯郸成语典故（绘画本）
韩荔、赵宜忠编文
辛鹤江译文　朱振芳等绘画　墨轩封面
河北美术出版社

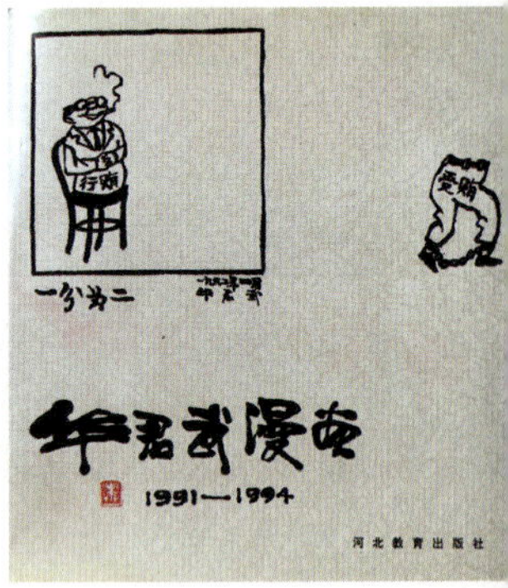

华君武漫画 1991—1994
华君武绘画
河北教育出版社

十二英烈（爱国教育连环画丛书 抗日战争故事）
陈廷一改编　刘丰杰绘画
梁惠统封面
河北美术出版社与广西美术出版社合作出版

沙河破击战（爱国教育连环画丛书 抗日战争故事）
闫涛改编　刘端、李玉文等绘画　梁惠统封面
河北美术出版社与广西美术出版社合作出版

大战鸳鸯泺（爱国教育连环画丛书 抗日战争故事）
李宝柱改编　孟喜元绘画
梁惠统封面
河北美术出版社与广西美术出版社合作出版

新儿女英雄传（上集）（爱国教育连环画丛书 抗日战争故事）
李大振改编　辛鹤江绘画
梁惠统封面
河北美术出版社与广西美术出版社合作出版

新儿女英雄传（中集）（爱国教育连环画丛书 抗日战争故事）
李大振改编 辛鹤江绘画
梁惠统封面
河北美术出版社与广西美术出版社合作出版

新儿女英雄传（下集）（爱国教育连环画丛书 抗日战争故事）
李大振改编 辛鹤江绘画
梁惠统封面
河北美术出版社与广西美术出版社合作出版

小英雄王璞（爱国教育连环画丛书 抗日战争故事）
赵建国改编 刘根涛、赵建国绘画 梁惠统封面
河北美术出版社与广西美术出版社合作出版

节振国（爱国教育连环画丛书 抗日战争故事）
王瑞改编 刘汉宗绘画
梁惠统封面
河北美术出版社与广西美术出版社合作出版

水娃的故事（爱国教育连环画丛书 抗日战争故事）
曹治淮编文 刘业通绘画
梁惠统封面
河北美术出版社与广西美术出版社合作出版

齐会歼灭战（爱国教育连环画丛书 抗日战争故事）
孙铁宝、王玉良编文
黄玉忠绘画 梁惠统封面
河北美术出版社与广西美术出版社合作出版

旗开得胜（爱国教育连环画丛书 抗日战争故事）
李应改编 刘端绘画
梁惠统封面
河北美术出版社与广西美术出版社合作出版

巧取军火船（爱国教育连环画丛书 抗日战争故事）
刘树强改编 辛鹤江绘画
梁惠统封面
河北美术出版社与广西美术出版社合作出版

离间计（打仗的故事）
郑军编文 彭国昌绘画
河北少年儿童出版社

巨鹿大战（打仗的故事）
韩菩编文 曹卫红、杨怀武绘画
河北少年儿童出版社

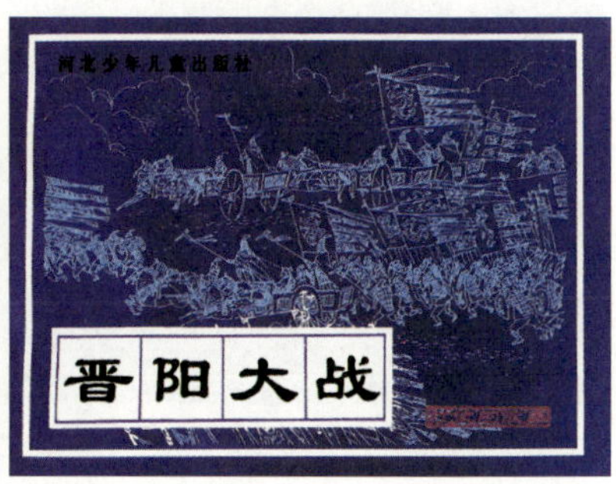

晋阳大战（打仗的故事）
刘文编文 张冰洁绘画
河北少年儿童出版社

孤胆赴敌营（打仗的故事）
关健编文
高中造、张书华、张丽绘画
河北少年儿童出版社

洛阳大战（打仗的故事）
韩文编文　黄志平绘画
河北少年儿童出版社

空城计（打仗的故事）
张霞编文　彭国昌绘画
河北少年儿童出版社

马陵大战（打仗的故事）
关健编文
高中造、张书华、张丽绘画
河北少年儿童出版社

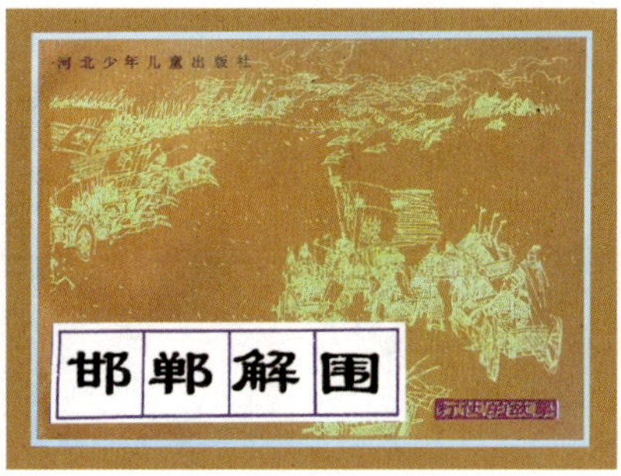

邯郸解围（打仗的故事）
李勤编文
张冰洁、张书华、高中造绘画
河北少年儿童出版社

淝水大战（打仗的故事）
常文斌编文
朱兴华、刘程锦、朱玉珉绘画
河北少年儿童出版社

智勇平叛（打仗的故事）
忠义编文
朱兴华、刘程锦、朱玉珉绘画
河北少年儿童出版社

本年共出版连环画 54 种，其中河北美术出版社 21 种，河北少年儿童出版社 13 种，河北科学技术出版社 10 种，河北教育出版社 10 种。

1996 年

河北少年儿童出版社的《中国古代经典精华彩绘本》和河北教育出版社的《彩图科学知识启蒙故事 100 篇》分获第七届冰心儿童图书奖。

小笨熊①（0—3 岁婴儿画册）
不详编文
不详绘画
河北少年儿童出版社

小笨熊②（0—3 岁婴儿画册）
黄安琪等编文
李黎等绘画
河北少年儿童出版社

故事大世界 上
辛琪、李琦、向辉编文
苑诚心、晓园绘画
河北科学技术出版社

故事大世界 中
辛琪编文
曹宝泉绘画
河北科学技术出版社

故事大世界 下
辛琪、李丽娟编文
苑诚心、晓园绘画
河北科学技术出版社

儿童品德漫画故事（开心果丛书 1 全国著名儿童漫画家作品精选）
朱森林、孙泽良、
姜启才等绘画
河北少年儿童出版社

儿童机智漫画故事（开心果丛书 2 全国著名儿童漫画家作品精选）
毛用坤、彭国良、
徐光立等绘画
河北少年儿童出版社

儿童学习漫画故事（开心果丛书 3 全国著名儿童漫画家作品精选）
缪印堂、段纪夫、
陆汝浩等绘画
河北少年儿童出版社

孟子（中国古代经典精华彩绘本）
郝志达选译
赵任年、黄其昌绘画
河北少年儿童出版社

论语（中国古代经典精华彩绘本）
王延海选译
吟春等绘画
河北少年儿童出版社

宋词（中国古代经典精华彩绘本）
唐鲁峰选译
高适绘画
河北少年儿童出版社

唐诗（中国古代经典精华彩绘本）
郭跃丽选译
高适绘画
河北少年儿童出版社

太行小兵（爱国主义教育连环画丛书抗日战争故事）
韩永昌、刘彤改编　梁惠统封面
崔建社绘画
河北美术出版社与广西美术出版社合作出版

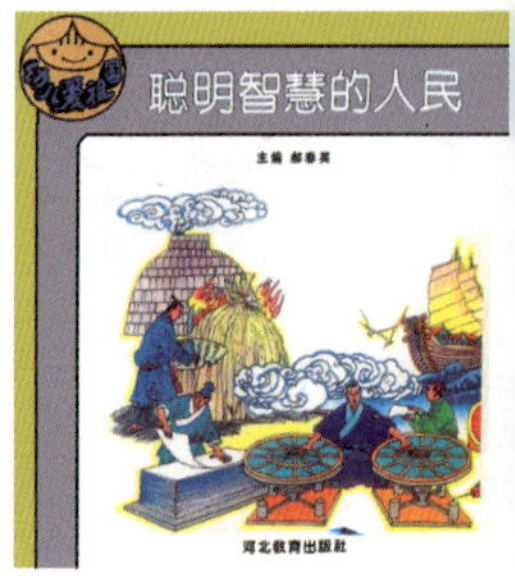

草原铁骑（爱国主义教育连环画丛书抗日战争故事）
李宝柱编文　刘生展绘画
梁惠统封面
河北美术出版社与广西美术出版社合作出版

瘸腿狐狸和独眼狼（数学知识童话）
李毓佩编文
贡小秋封面
高山、高朝等绘画
河北美术出版社

可爱的首都北京
张艳彤主编
朱兴华、魏青河、方鸣绘画
方鸣封面
河北教育出版社

聪明智慧的人民
郝春英主编
方鸣封面
朱兴华、魏青河、方鸣绘画
河北教育出版社

祖国风光
范增国主编
方鸣封面　朱兴华、魏青河、方鸣绘画
河北教育出版社

英雄故事
刘国英主编
方鸣封面　朱兴华、魏青河、方鸣绘画
河北教育出版社

富饶的祖国
邱慧芳主编
方鸣封面　朱兴华、魏青河、方鸣绘画
河北教育出版社

快乐的节日
冯金娥主编
方鸣封面　朱兴华、魏青河、方鸣绘画
河北教育出版社

珍稀动植物
于红卫主编
方鸣封面　朱兴华、魏青河、方鸣绘画
河北教育出版社

民族大家庭
刘宝云主编
方鸣封面　朱兴华、魏青河、方鸣绘画
河北教育出版社

独具风格的建筑
孔令芝主编
方鸣封面　朱兴华、魏青河、方鸣绘画
河北教育出版社

可爱的家乡河北
安兵欣主编
方鸣封面　朱兴华、魏青河、方鸣绘画
河北教育出版社

小乖乖知识套餐
童同、刘军编文
侯冠宾绘画
河北美术出版社

漫画三国志 1
王明信、张文等撰文
蒋世国、孙纲等绘画
河北教育出版社

漫画三国志 2
王明信、张文等撰文
蒋世国、孙纲等绘画
河北教育出版社

漫画三国志 3
王明信、张文等撰文
蒋世国、孙纲等绘画
河北教育出版社

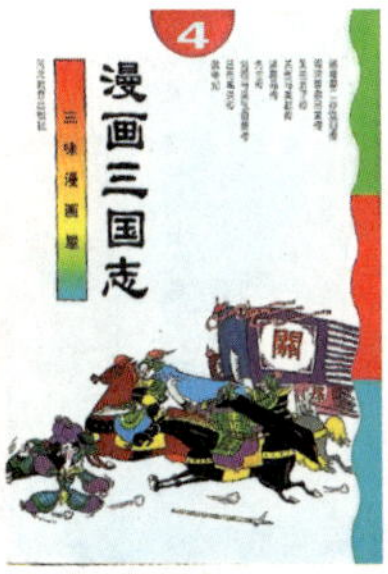

漫画三国志 4
王明信、张文等撰文
蒋世国、孙纲等绘画
河北教育出版社

漫画三国志 5
王明信、张文等撰文
蒋世国、孙纲等绘画
河北教育出版社

孔子圣迹图
河北美术出版社

世界著名历险故事连环画
李可、商磊、张卫等编绘
河北少年儿童出版社

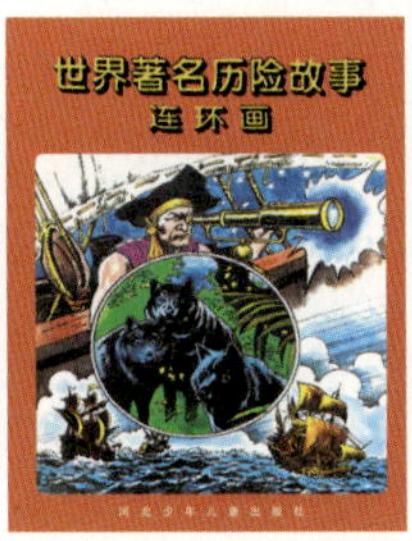

世界著名历险故事连环画
晓羽、骆继光、段秀仓等编绘
河北少年儿童出版社

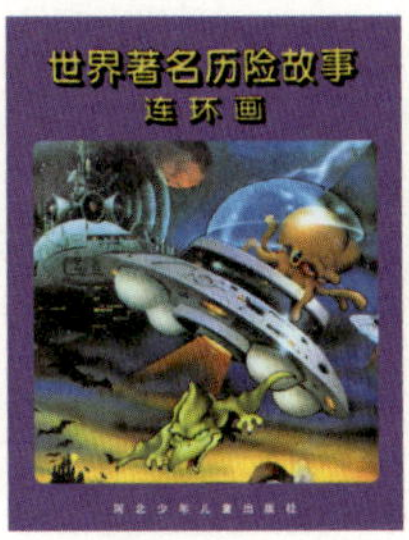

世界著名历险故事连环画
金波、丁宇等编绘
河北少年儿童出版社

爱国人物故事 100 篇（上）
孙殿武、李丽芳原著
花山文艺出版社

爱国人物故事 100 篇（中）
孙殿武、李丽芳原著
花山文艺出版社

爱国人物故事
100 篇（下）
孙殿武、李丽芳原著
花山文艺出版社

漫画鲁迅小说——彷徨
鲁迅原著　石伟改编
左川、朱森林、曹开祥绘画
河北人民出版社

漫画鲁迅小说——故事新编
鲁迅原著　芦金改编
赵文彬绘画
河北人民出版社

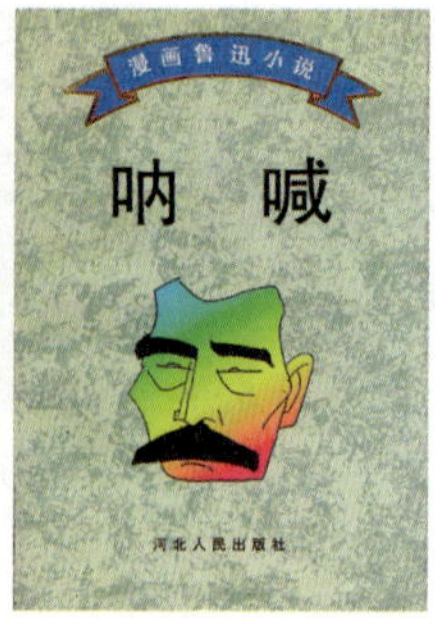

漫画鲁迅小说——呐喊
鲁迅原著
马光复改编
曹开祥、朱森林绘画
河北人民出版社

漫画后汉书 1
李秀民、王小牛主编
钟俊清、朱世滋改编
高晓云、章同、马洁等绘画
河北教育出版社

漫画后汉书 2
李秀民、王小牛主编
钟俊清、朱世滋改编
高晓云、章同、马洁等绘画
河北教育出版社

漫画后汉书 3
李秀民、王小牛主编
钟俊清、朱世滋改编
高晓云、章同、马洁等绘画
河北教育出版社

漫画后汉书 4
李秀民、王小牛主编
钟俊清、朱世滋改编
高晓云、章同、马洁等绘画
河北教育出版社

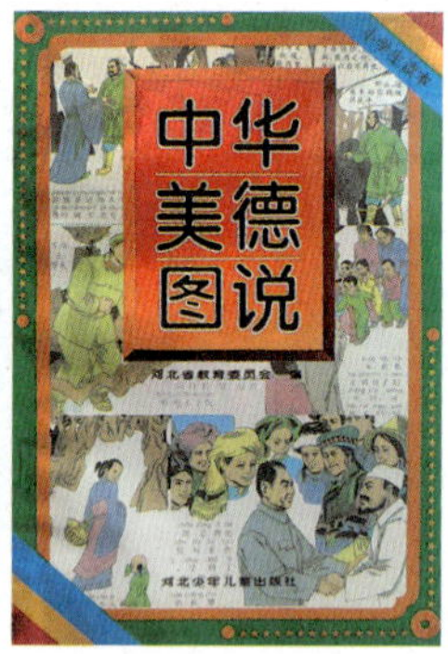

中华美德图说
河北省教育委员会编
河北少年儿童出版社

本年共出版连环画 46 种，其中河北教育出版社 19 种，河北少年儿童出版社 13 种，河北美术出版社 5 种，河北人民出版社 3 种，花山文艺出版社 3 种，河北科学技术出版社 3 种。

1997 年

河北教育出版社的《漫画后汉书》《漫画三国志》获第八届冰心儿童图书奖。

小偷罢工（童话万花筒·幽默童话）
武玉桂原著
史琼文编文
高燕绘画
河北少年儿童出版社

吉米的魔水（童话万花筒·幽默童话）
葛冰原著　曾琪编文
刘洛平、关妮绘画
河北少年儿童出版社

好主意商店（童话万花筒·幽默童话）
刘丙钧原著
邱丽珍编文
赵隆义绘画
河北少年儿童出版社

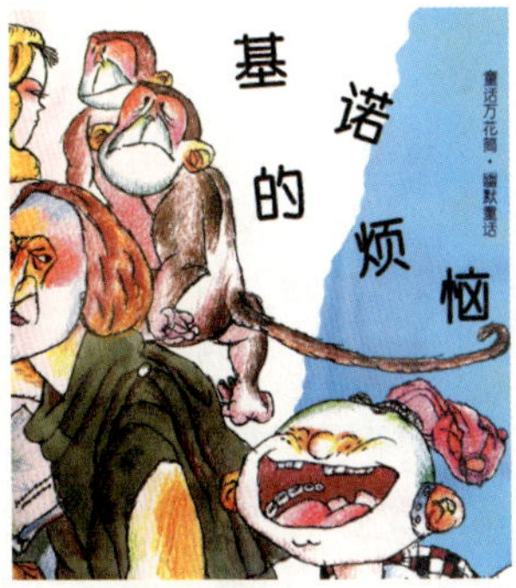

基诺的烦恼（童话万花筒·幽默童话）
白冰原著
史琼文编文
张梅梅绘画
河北少年儿童出版社

喷嚏英雄（童话万花筒·幽默童话）
冰波原著
王金芬编文
姜渭渔绘画
河北少年儿童出版社

笨小熊趣事（童话万花筒·幽默童话）
刘丙钧原著
熊美如编文
缪惟、吕雷绘画
河北少年儿童出版社

调色盘市长（童话万花筒·幽默童话）
葛冰原著
陈秋萍编文
王玉群绘画
河北少年儿童出版社

大头兔子的发明（童话万花筒·幽默童话）
葛冰原著
熊美如编文
唐伟杰绘画
河北少年儿童出版社

圆脸猪王（童话万花筒·幽默童话）
刘丙钧原著　康杏如编文
王仿溪绘画
河北少年儿童出版社

傻袋鼠杰克（童话万花筒·幽默童话）
葛冰原著　史琼文编文
李恒辰绘画
河北少年儿童出版社

神笔马良（小不点动画城）
洪汛涛原著
恬然编文　曹留夫绘画
河北少年儿童出版社

丑小鸭（小不点动画城）
[丹]安徒生原著
恬然编文　陈永镇绘画
河北少年儿童出版社

雪孩子（小不点动画城）
嵇鸿原著　恬然编文
张健民、昱喆、昱天绘画
河北少年儿童出版社

皇帝的新衣(小不点动画城）
[丹]安徒生原著　恬然编文
光立、国强绘画
河北少年儿童出版社

饼干树（小不点动画城）
恬然编文
季红跃绘画
河北少年儿童出版社

愿望（小不点动画城）
闫宝华编文
唐云辉绘画
河北少年儿童出版社

强盗和妖怪（小不点动画城）
闫宝华编文　唐云辉绘画
河北少年儿童出版社

礼貌盒子(小不点动画城）
闫宝华编文　徐滨绘画
河北少年儿童出版社

一只新鞋落下河（小不点动画城）
马玉芝编文　吴鑫华绘画
河北少年儿童出版社

香味大灰狼（小不点动画城）
马玉芝编文　毛小榆绘画
河北少年儿童出版社

三国志（中国古代经典精华彩绘本）
叶振华选译
赵仁年绘画
河北少年儿童出版社

孙子兵法（中国古代经典精华彩绘本）
宋孟寅选译
杨志刚绘画
河北少年儿童出版社

诗经（中国古代经典精华彩绘本）
廖群选译
韩伍绘画
河北少年儿童出版社

漫画猪八戒
华君武绘画
河北教育出版社

本年共出版连环画 24 种，其中河北少年儿童出版社 23 种，河北教育出版社 1 种。

1998 年

河北美术出版社的《红鹦鹉丛书》《烽火少年系列丛书》获第九届冰心儿童图书奖。

乡下老鼠与城市老鼠（幼儿文学经典名著 画说外国寓言）
张青史改写 秀银、艳梅、金平拼音
王烈、李璋、武凯军、高晴、时已平绘画
河北少年儿童出版社

龟兔赛跑（幼儿文学经典名著 画说外国寓言）
张青史改写 秀银、艳梅、金平拼音
王烈、李璋、武凯军、高晴、时已平绘画
河北少年儿童出版社

国王的新衣（幼儿文学经典名著 画说外国寓言）
张青史改写 秀银、艳梅、金平拼音
王烈、李璋、武凯军、高晴、时已平绘画
河北少年儿童出版社

北风和太阳（幼儿文学经典名著 画说外国寓言）
张青史改写 秀银、艳梅、金平拼音
王烈、李璋、武凯军、高晴、时已平绘画
河北少年儿童出版社

画蛇添足（幼儿文学经典名著 画说中国寓言）
张青史改写
秀银、艳梅、金平拼音
王烈、李璋、武凯军、高晴、时已平绘画
河北少年儿童出版社

狐假虎威（幼儿文学经典名著 画说中国寓言）
张青史改写
秀银、艳梅、金平拼音
王烈、李璋、武凯军、高晴、时已平绘画
河北少年儿童出版社

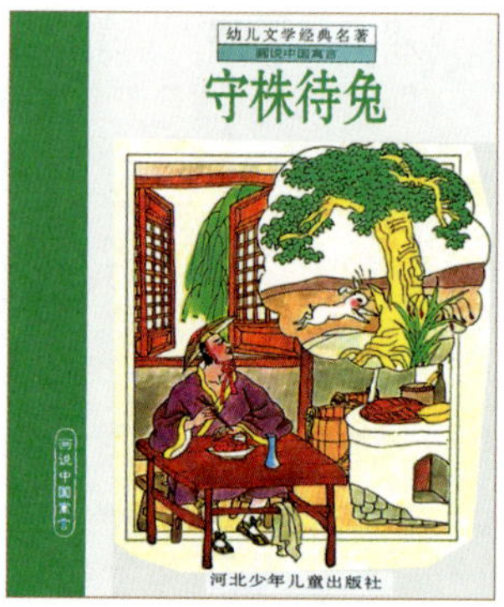

守株待兔（幼儿文学经典名著 画说中国寓言）
张青史改写
秀银、艳梅、金平拼音
王烈、李璋、武凯军、高晴、时已平绘画
河北少年儿童出版社

塞翁失马（幼儿文学经典名著 画说中国寓言）
张青史改写
秀银、艳梅、金平拼音
王烈、李璋、武凯军、高晴、时已平绘画
河北少年儿童出版社

尧的故事（幼儿文学经典名著 画说中国童话）
张青史改写 秀银、艳梅、金平拼音
王烈、李璋、武凯军、高晴、时已平绘画
河北少年儿童出版社

舜的故事（幼儿文学经典名著 画说中国童话）
张青史改写 秀银、艳梅、金平拼音
王烈、李璋、武凯军、高晴、时已平绘画
河北少年儿童出版社

愚公移山（幼儿文学经典名著 画说中国童话）
张青史改写 秀银、艳梅、金平拼音
王烈、李璋、武凯军、高晴、时已平绘画
河北少年儿童出版社

县官审石头（幼儿文学经典名著 画说中国童话）
张青史改写 秀银、艳梅、金平拼音
王烈、李璋、武凯军、高晴、时已平绘画
河北少年儿童出版社

老鞋匠与小矮人（幼儿文学经典名著 画说外国童话）
张青史改写 秀银、艳梅、金平拼音
王烈、李璋、武凯军、高晴、时已平绘画
河北少年儿童出版社

白雪公主（幼儿文学经典名著 画说外国童话）
张青史改写 秀银、艳梅、金平拼音
王烈、李璋、武凯军、高晴、时已平绘画
河北少年儿童出版社

灰姑娘（幼儿文学经典名著 画说外国童话）
张青史改写 秀银、艳梅、金平拼音
王烈、李璋、武凯军、高晴、时已平绘画
河北少年儿童出版社

老鼠嫁女儿（幼儿文学经典名著 画说外国童话）
张青史改写 秀银、艳梅、金平拼音
王烈、李璋、武凯军、高晴、时已平绘画
河北少年儿童出版社

金斧头与银斧头（幼儿文学经典名著 画说外国童话）
张青史改写 秀银、艳梅、金平拼音
王烈、李璋、武凯军、高晴、时已平绘画
河北少年儿童出版社

长靴猫（幼儿文学经典名著 画说外国童话）
张青史改写 秀银、艳梅、金平拼音
王烈、李璋、武凯军、高晴、时已平绘画
河北少年儿童出版社

杰克与魔豆（幼儿文学经典名著 画说外国童话）
张青史改写 秀银、艳梅、金平拼音
王烈、李璋、武凯军、高晴、时已平绘画
河北少年儿童出版社

小人国游记（幼儿文学经典名著 画说外国童话）
张青史改写 秀银、艳梅、金平拼音
王烈、李璋、武凯军、高晴、时已平绘画
河北少年儿童出版社

齐天大圣孙悟空（幼儿文学经典名著 画说西游记）
张青史改写 秀银、艳梅、金平拼音
王烈、李璋、武凯军、高晴、时已平绘画
河北少年儿童出版社

唐三藏收徒弟（幼儿文学经典名著 画说西游记）
张青史改写 秀银、艳梅、金平拼音
王烈、李璋、武凯军、高晴、时已平绘画
河北少年儿童出版社

孙悟空三借芭蕉扇（幼儿文学经典名著 画说西游记）
张青史改写 秀银、艳梅、金平拼音
王烈、李璋、武凯军、高晴、时已平绘画
河北少年儿童出版社

唐三藏取经成功（幼儿文学经典名著 画说西游记）
张青史改写　秀银、艳梅、金平拼音　王烈、李璋、武凯军、高晴、时已平绘画
河北少年儿童出版社

丑小鸭
马海霞译
金英奎编绘
河北少年儿童出版社

小红帽
马海霞译
本书编写组编绘
河北少年儿童出版社

仙女和樵夫
马海霞译
本书编写组编绘
河北少年儿童出版社

太阳和风
马海霞译
本书编写组编绘
河北少年儿童出版社

两只老鼠
马海霞译
本书编写组编绘
河北少年儿童出版社

杰克和豆蔓
马海霞译
本书编写组编绘
河北少年儿童出版社

拇指姑娘
马海霞译
本书编写组编绘
河北少年儿童出版社

白雪公主
马海霞译　黄美雅编绘
河北少年儿童出版社

龟兔赛跑
马海霞译　郑士朗编绘
河北少年儿童出版社

蚂蚁和蚂蚱
马海霞译　金蕙兰编绘
河北少年儿童出版社

狐狸和仙鹤
马海霞译　本书编写组编绘
河北少年儿童出版社

狮子和老鼠
马海霞译　本书编写组编绘
河北少年儿童出版社

三只小猪
马海霞译　金英奎编绘
河北少年儿童出版社

皇帝的新装
马海霞译　郑士朗编绘
河北少年儿童出版社

两个旅行者
马海霞译　黄明姬编绘
河北少年儿童出版社

小狗和驴子
马海霞译
本书编写组编绘
河北少年儿童出版社

可爱的弟弟出生了——生命的诞生（趣味自然科学童话）
金英兰译　李贵姬文
尹会秀绘画
河北少年儿童出版社

我们家的宝物——电脑的世界（趣味自然科学童话）
金英兰译　郑英爱文
安银珠绘画
河北少年儿童出版社

在哪里安家——环境污染（趣味自然科学童话）
金英兰译　李贵姬文
漫画小组绘画
河北少年儿童出版社

桶桶和他的朋友——机器人的世界（趣味自然科学童话）
金英兰译　苏重爱文
漫画小组绘画
河北少年儿童出版社

来电了——电的世界
金英兰译（趣味自然科学童话）
金英姬文
李启真绘画
河北少年儿童出版社

小狐狸的醒悟——磁石的世界（趣味自然科学童话）
金英兰译　郑英爱文
方英玉绘画
河北少年儿童出版社

凤仙花种子——食物链（趣味自然科学童话）
金英兰译　李京文
漫画小组绘画
河北少年儿童出版社

小蚂蚁毛毛——杠杆的原理（趣味自然科学童话）
金英兰译　郑英爱文
漫画小组绘画
河北少年儿童出版社

珊珊与光线——光的性质（趣味自然科学童话）
金英兰译　苏重爱文
漫画小组绘画
河北少年儿童出版社

小海棠花的梦——四季的故事（趣味自然科学童话）
金英兰译　金宗尚文
漫画小组绘画
河北少年儿童出版社

小水珠的环球旅行——水的循环（趣味自然科学童话）
金英兰译　李京文
漫画小组绘画
河北少年儿童出版社

狮子星座——星座的故事（趣味自然科学童话）
金英兰译　郑英爱文
李顺玉绘画
河北少年儿童出版社

幸运蓝星——地球的故事（趣味自然科学童话）
金英兰译　苏重爱文
漫画小组绘画
河北少年儿童出版社

淘气鬼飕飕——风的作用（趣味自然科学童话）
金英兰译　李喜甲文
赵成德绘画
河北少年儿童出版社

咦，月亮怎么碎了——月亮的故事（趣味自然科学童话）
金英兰译　李东烈文
方英玉绘画
河北少年儿童出版社

刺猬的故事
［朝］孙昌鹤绘画
河北少年儿童出版社

幼儿新童话 1（红鹦鹉丛书）
葛翠琳主编
张秋生等编文
高山、晓蕾、丽娜等绘画
河北美术出版社

幼儿新童话 2（红鹦鹉丛书）
葛翠琳主编
葛翠琳等编文
安德春、祝琪等绘画
河北美术出版社

火娃（烽火少年系列丛书）
柳阁改编
河北美术出版社

报童（烽火少年系列丛书）
晓刚改编
河北美术出版社

刘胡兰（烽火少年系列丛书）
甘默改编
河北美术出版社

苏小三（烽火少年系列丛书）
日子改编
河北美术出版社

鸡毛信（烽火少年系列丛书）
范立辉改编
河北美术出版社

小兵张嘎（烽火少年系列丛书）
国强改编
河北美术出版社

烽火少年（烽火少年系列丛书）
小妍改编
河北美术出版社

二小放牛郎（烽火少年系列丛书）
晓刚改编
河北美术出版社

两个小伙伴（烽火少年系列丛书）
李新章改编
河北美术出版社

三毛从军记（烽火少年系列丛书）
罗泓改编
河北美术出版社

开启智慧之门——世界发明故事
荆明编文　毛用坤等绘画
河北少年儿童出版社

本书暂未找到封面图片

海的女儿（少儿手工系列丛书 1）
不详编文　不详绘画
河北美术出版社

木偶奇遇记自制立体童话书（少儿手工系列丛书 2）
金佩英改编
荣景牲设计绘制　王扬封面
河北美术出版社

奇探阿朋（系列卡通故事 1）
晓纪、屹立编写
阿朋创作组绘画
河北少年儿童出版社

奇探阿朋（系列卡通故事 2）
晓纪、屹立编写
阿朋创作组绘画
河北少年儿童出版社

奇探阿朋（系列卡通故事 3）
晓纪、屹立编写
阿朋创作组绘画
河北少年儿童出版社

本年共出版连环画 74 种，其中河北少年儿童出版社 60 种，河北美术出版社 14 种。

1999 年

河北少年儿童出版社的《漫画中国科技史》和河北教育出版社的《漫画庄子》《漫画资治通鉴》分获第十届冰心儿童图书奖。

漫画中国科技史（古代部分）
星河编文
徐锡林绘画
河北少年儿童出版社

漫画中国科技史（近代部分）
星河编文
徐锡林绘画
河北少年儿童出版社

漫画老子 三味漫画书
魏志刚、陈国英主编
陈元宁、林珂等撰文
曹锡合、曹辉等绘画
河北教育出版社

戏画老安——张乃成连环漫画
张乃成编绘
河北少年儿童出版社

曹冲称象（智慧传承文化丛书 附汉语拼音）
每真文
王赞绘画
河北少年儿童出版社

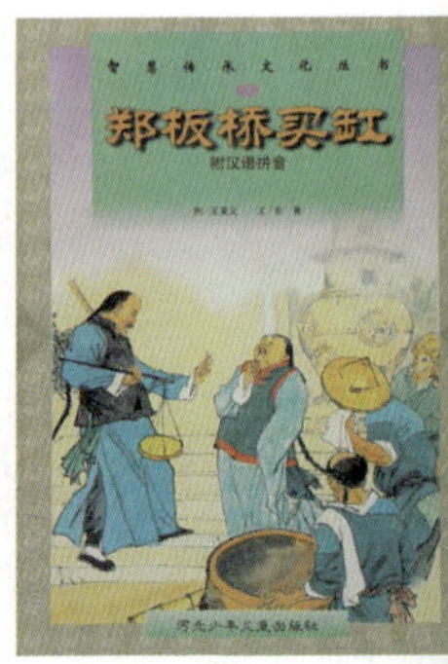

司马光砸缸（智慧传承文化丛书 附汉语拼音）
王蔚文
刘娟绘画
河北少年儿童出版社

文彦博取球（智慧传承文化丛书 附汉语拼音）
每真文
顾域树绘画
河北少年儿童出版社

缇萦救父（智慧传承文化丛书 附汉语拼音）
每真文
玳珊绘画
河北少年儿童出版社

孔子六十拜师（智慧传承文化丛书 附汉语拼音）
每真文
杨杰绘画
河北少年儿童出版社

郑板桥买缸（智慧传承文化丛书 附汉语拼音）
金菁文
王重义绘画
河北少年儿童出版社

花木兰（智慧传承文化丛书 附汉语拼音）
李想文 张禾绘画
河北少年儿童出版社

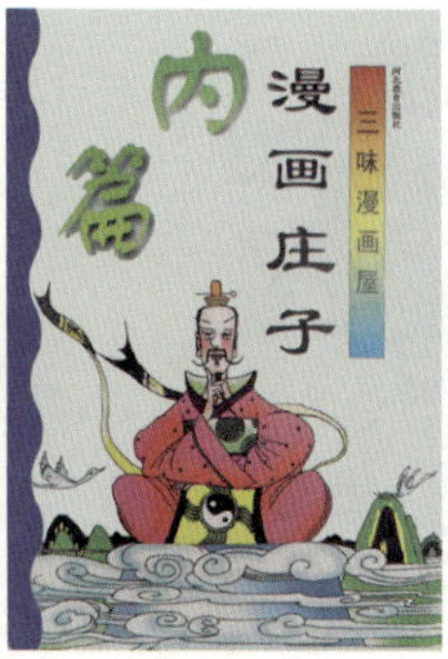

漫画庄子内篇（三味漫画屋）
魏志刚、陈国英主编
小戈、龚翔等撰文
魏志刚、王玉珂等绘画
河北教育出版社

漫画庄子外篇（三味漫画屋）
魏志刚、陈国英主编
陈小燕、龚翔等撰文
张婧、李震山等绘画
河北教育出版社

漫画庄子杂篇（三味漫画屋）
魏志刚、陈国英主编
王吉思、筱竹等撰文
曹留夫、章亦等绘画
河北教育出版社

漫画资治通鉴 一册
周传家、高荣斌等主编
朱世滋、胜斯美等撰文
谷爱萍等绘画
河北教育出版社

漫画资治通鉴 二册
周传家、高荣斌等主编
朱世滋、胜斯美等撰文
谷爱萍等绘画
河北教育出版社

漫画资治通鉴 三册
周传家、高荣斌等主编
朱世滋、胜斯美等撰文
谷爱萍等绘画
河北教育出版社

漫画资治通鉴 四册
周传家、高荣斌等主编
朱世滋、胜斯美等撰文
谷爱萍等绘画
河北教育出版社

漫画资治通鉴 五册
周传家、高荣斌等主编
朱世滋、胜斯美等撰文
谷爱萍等绘画
河北教育出版社

漫画资治通鉴 六册
周传家、高荣斌等主编
朱世滋、胜斯美等撰文
谷爱萍等绘画
河北教育出版社

宝莲灯 ㊤
季一德编文 陆小弟、王万春等绘画
河北少年儿童出版社

宝莲灯 ㊦
季一德编文 陈运星、徐亦君等绘画
河北少年儿童出版社

忠魂铁血一（纪念李大钊同志诞辰 110 周年 1989—1999 连环画）
杜士林编文 李星男、李文斗等绘画
河北少年儿童出版社

忠魂铁血二（纪念李大钊同志诞辰 110 周年 1989—1999 连环画）
杜士林编文 李星男、李文斗等绘画
河北少年儿童出版社

忠魂铁血三（纪念李大钊同志诞辰 110 周年 1989—1999 连环画）
杜士林编文 李星男、李文斗等绘画
河北少年儿童出版社

忠魂铁血四（纪念李大钊同志诞辰 110 周年 1989—1999 连环画）
杜士林编文　李星男、李文斗等绘画
河北少年儿童出版社

月亮街 ①
江俊峰、江燕原著
邸萌、郝建国改编
中央电视台动画部编绘
河北教育出版社

月亮街 ②
江俊峰、江燕原著
邸萌、郝建国改编
中央电视台动画部编绘
河北教育出版社

月亮街 ③
江俊峰、江燕原著
邸萌、郝建国改编
中央电视台动画部编绘
河北教育出版社

本年共出版连环画 29 种，其中河北少年儿童出版社 16 种，河北教育出版社 13 种。

1990 年—1999 年冀版连环画汇总

1990 年冀版连环画汇总

序号	书名	原著	文	图	封面	开本	版次印次	印数	定价（元）	书号	页数	出版社
1	小猫咪画的（娃娃好品德丛书1）		李春晖等	黄志凯等		24	1990年1月第1版	1—50,000	0.80	ISBN7-5376-0460-6/I·136	20	河北少年儿童出版社
2	格姆佩先生的汽车（娃娃好品德丛书2）		孙秀银等	周建明等		24	1990年1月第1版	1—50,000	0.80	ISBN7-5376-0461-4/I·137	21	河北少年儿童出版社
3	小熊找朋友（娃娃好品德丛书3）		严大椿等	徐光立		24	1990年1月第1版	1—50,000	0.80	ISBN7-5376-0462-2/I·138	20	河北少年儿童出版社
4	聪聪得奖了（娃娃好品德丛书4）		李春晖等	覃黎东等		24	1990年1月第1版	1—50,000	0.80	ISBN7-5376-0463-0/I·139	20	河北少年儿童出版社
5	娜夏的老师（娃娃好品德丛书5）		铁军等	黄志凯等		24	1990年1月第1版	1—50,000	0.80	ISBN7-5376-0464-9/I·140	21	河北少年儿童出版社
6	猎人与小红狐（娃娃好品德丛书6）		铁军等	位丽等		24	1990年1月第1版	1—50,000	0.80	ISBN7-5376-0465-7/I·141	20	河北少年儿童出版社
7	巧捉小鱼（娃娃好品德丛书7）		卞疆 卞家华	卞疆 卞家华		24	1990年1月第1版	1—50,000	1.35	ISBN7-5376-0465-5/I·142	36	河北少年儿童出版社
	备注：序号1—7为丛书《娃娃好品德丛书》，共7册。											
8	佐罗 ①		张岚 余晓云 鲁丽 之力		颜景龙	24	1990年1月第1版	1—40,000	0.90	ISBN7-5376-4668-1/I·143	21	河北少年儿童出版社
9	佐罗 ②		张岚 余晓云 鲁丽 之力		王汉民	24	1990年1月第1版	1—40,000	0.90		22	河北少年儿童出版社
10	佐罗 ③		张岚 余晓云 鲁丽 之力		颜景龙	24	1990年1月第1版	1—40,000	0.90		22	河北少年儿童出版社
11	佐罗 ④		张岚 余晓云 鲁丽 小舟		江宏	24	1990年1月第1版	1—40,000	0.90		13	河北少年儿童出版社
	备注：序号8—11为套书《佐罗》，共4册。											
12	龙王的女婿		张树勤	龚定平 赵乐瑞		24	1990年1月第1版	1—3,000	0.80	ISBN7-5376-0473-8/I·146	20	河北少年儿童出版社
13	思想品德课辅助画册②		王文晔 王文晖	李红才 位丽等	杨沛	32	1990年1月第1版	无	1.00	ISBN7-5310-0308-2/G·26	30	河北美术出版社
14	思想品德课辅助画册④		刘瑾 李叔宝	张洁 周鹤龄等	杨沛	32	1990年1月第1版	无	1.15	ISBN7-5310-0309-0/G·27	38	河北美术出版社

（续表）

序号	书名	原著	文	图	封面	开本	版次印次	印数	定价（元）	书号	页数	出版社
15	思想品德课 辅助画册⑥		何福魁 李从政 王爱君	董志中 宁大明等		32	1990年1月 第1版	无	0.70	ISBN7-5310- 0310-4/G·28	54	河北美术 出版社
	备注：序号13—15为丛书《思想品德课辅助画册》，共4册。											
16	丹佛——最后的恐龙 ①丹佛出世		刘国志 张景玉 李河少		黄志凯	24	1990年2月 第1版	1— 60,000	0.98		22	河北少年 儿童出版社
17	丹佛——最后的恐龙 ②丹佛的遭遇		常文斌 柳全有 凤俊峰		黄志凯	24	1990年2月 第1版	1— 60,000	0.98		22	河北少年 儿童出版社
18	丹佛——最后的恐龙 ③录像		穆永顺 黄桂芬 申明义		黄志凯	24	1990年2月 第1版	1— 60,000	0.98		22	河北少年 儿童出版社
19	丹佛——最后的恐龙 ④湖怪		郭翠英 潘大山 李喜玲		黄志凯	24	1990年2月 第1版	1— 60,000	0.98		22	河北少年 儿童出版社
20	丹佛——最后的恐龙 ⑤丹佛的成功		谷明远 郭书海 刘小明		黄志凯	24	1990年2月 第1版	1— 60,000	0.98	ISBN7-5376- 0490-8/I·148	22	河北少年 儿童出版社
21	丹佛——最后的恐龙 ⑥丹佛和马戏团		李振远 刘双杰 王道英		黄志凯	24	1990年2月 第1版	1— 60,000	0.98		22	河北少年 儿童出版社
22	丹佛——最后的恐龙 ⑦一场误会		穆永杰 黄寿明 常文利 舒平		黄志凯	24	1990年2月 第1版	1— 60,000	0.98		22	河北少年 儿童出版社
23	丹佛——最后的恐龙 ⑧狮子、老虎和恐龙		刘龙秀 李兰群 柳莉		黄志凯	24	1990年2月 第1版	1— 60,000	0.98		22	河北少年 儿童出版社
24	丹佛——最后的恐龙 ⑨浪子回头		黄友善 常外兴 凤冲		黄志凯	24	1990年2月 第1版	1— 60,000	0.98		22	河北少年 儿童出版社
25	丹佛——最后的恐龙 ⑩野马之争		刘家华 龚梅 李援声		黄志凯	24	1990年2月 第1版	1— 60,000	0.98	ISBN7-5376- 0490-8/I·148	22	河北少年 儿童出版社
	备注：序号16—25为套书《丹佛——最后的恐龙》，共10册。											
26	海陆空大战		冯贤 鞠珍	陆成法 徐雅娥 陆小弟 陆根法		24	1990年2月 第1版	1— 16,400	1.55	ISBN7-5376- 0519-X/I·159	82	河北少年 儿童出版社

（续表）

序号	书名	原著	文	图	封面	开本	版次印次	印数	定价（元）	书号	页数	出版社
27	代夫兰人的觉醒（系列动画故事库）		金育青	刘靖国		64	1990年3月第1版	1—10,000	4.20	ISBN7-5310-0315-5/J·284	70	河北美术出版社
28	大破水晶罩（系列动画故事画库）		金育青	李壮阁		64	1990年3月第1版	1—10,000			70	河北美术出版社
29	耳语丛林的危险（系列动画故事画库）		金育青	刘业通		64	1990年3月第1版	1—10,000			70	河北美术出版社
30	野兽岛的囚犯们（系列动画故事画库）		金育青	牛双印		64	1990年3月第1版	1—10,000			78	河北美术出版社
31	失去的声音（系列动画故事画库）		金育青	陆丁		64	1990年3月第1版	1—10,000			70	河北美术出版社
32	海鹰（系列动画故事画库）		金育青	周鹤龄		64	1990年3月第1版	1—10,000			70	河北美术出版社
33	友谊（系列动画故事画库）		金育青	崔爱民		64	1990年3月第1版	1—10,000			70	河北美术出版社
34	月亮镜（系列动画故事画库）		金育青	刘学民		64	1990年3月第1版	1—10,000			70	河北美术出版社
35	红衣骑士（系列动画故事画库）		金育青	赵金鸰		64	1990年3月第1版	1—10,000			78	河北美术出版社
36	失踪的斧子（系列动画故事画库）		金育青	燕明		64	1990年3月第1版	1—10,000			70	河北美术出版社
	备注：序号27—36为套书《系列动画故事画库》（第1辑），共10册。											
37	胆小的大龙（非凡的公主——希瑞）		晓园	四化	周鹤龄	64	1990年3月第1版	1—10,000	4.20	ISBN7-5310-0316-3/J·285	70	河北美术出版社
38	剑中的宝石（非凡的公主——希瑞）		李新娟	刘靖国	周鹤龄	64	1990年3月第1版	1—10,000			70	河北美术出版社
39	真正的朋友（非凡的公主——希瑞）		李新娟	刘学民	周鹤龄	64	1990年3月第1版	1—10,000			70	河北美术出版社
40	拯救孩子们（非凡的公主——希瑞）		李新娟	苑诚心	周鹤龄	64	1990年3月第1版	1—10,000			78	河北美术出版社
41	水晶城堡（非凡的公主——希瑞）		李新娟	潘燕明	周鹤龄	64	1990年3月第1版	1—10,000			78	河北美术出版社
42	飞马岛（非凡的公主——希瑞）		李新娟	崔爱民	周鹤龄	64	1990年3月第1版	1—10,000			70	河北美术出版社
43	魔法之战（非凡的公主——希瑞）		李新娟	赵金鸰	周鹤龄	64	1990年3月第1版	1—10,000			70	河北美术出版社
44	巨人之梦（非凡的公主——希瑞）		李新娟	李小柱	周鹤龄	64	1990年3月第1版	1—10,000			70	河北美术出版社

（续表）

序号	书名	原著	文	图	封面	开本	版次印次	印数	定价（元）	书号	页数	出版社
45	三颗勇敢的心（非凡的公主——希瑞）		李新娟	周鹤龄	周鹤龄	64	1990年3月第1版	1—10,000	4.20	ISBN7-5310-0316-3/J·285	70	河北美术出版社
46	营救顺风马（非凡的公主——希瑞）		李新娟	刘业通	周鹤龄	64	1990年3月第1版	1—10,000			78	河北美术出版社
	备注：序号37—46为套书《非凡的公主——希瑞》（第2辑），共10册。											
47	老虎和青蛙		鲍光满	姜成安		20	1990年3月第1版	1—10,000	0.85	7-5310-0323-6/J·290	18	河北美术出版社
48	小刺猬盖新房		丁宇真	梁培龙		20	1990年3月第1版	1—10,000	0.85	7-5310-0324-4/J·291	18	河北美术出版社
49	雄鸡大叔		林颂英	梁培龙		20	1990年3月第1版	1—10,000	1.70	7-5310-0325-2/J·292	37	河北美术出版社
50	小狗熊认错		林颂英	励国仪		20	1990年3月第1版	1—10,000	0.85	7-5310-0326-0/J·293	18	河北美术出版社
51	稻草人看瓜		林颂英	王铁成		20	1990年3月第1版	1—10,000	0.85	7-5310-0327-9/J·294	18	河北美术出版社
52	骄傲的小花猫		耿耿	姜成安 吴带生		20	1990年3月第1版	1—20,000	1.70	7-5310-0328-7/J·295	38	河北美术出版社
53	会唱歌的布娃娃		常瑞	尚士永		16	1990年3月第1版	1—10,000	1.30	7-5310-0329-5/J·296	22	河北美术出版社
54	水獭和蛤蟆		詹同	詹同		20	1990年3月第1版	1—10,000	0.85	7-5310-0330-9/J·297	20	河北美术出版社
55	自私的蜗牛		詹同	詹同		20	1990年3月第1版	1—10,000	0.85	7-5310-0333-3/J·300	19	河北美术出版社
56	美丽的空想家		耿耿	姜成安 吴带生		20	1990年3月第1版	1—10,000	1.70	7-5310-0335-X/J·302	38	河北美术出版社
57	鸟儿的家		菊子	吴带生		20	1990年3月第1版	1—20,000	1.70	7-5310-0336-8/J·303	36	河北美术出版社
58	三座房子（科学童话）		林颂英	林琬崔 张光尹		20	1990年3月第1版	1—10,000	0.85	7-5310-0337-6/J·304	18	河北美术出版社
59	种子旅行家（科学童话）		林颂英	姜一鸣		20	1990年3月第1版	1—10,000	0.85	7-5310-0338-4/J·305	18	河北美术出版社
	备注：本书与海豚出版社联合出版。											
60	哪吒三兄弟（一）		王吉祥	曹留夫 张蓉	马寒松	24	1990年4月第1版	1—20,000	0.85	ISBN7-5310-0314-7/J·283	23	河北美术出版社
61	哪吒三兄弟（二）		王吉祥	冯贵才	马寒松	24	1990年4月第1版	1—20,000	0.85		23	河北美术出版社

（续表）

序号	书名	原著	文	图	封面	开本	版次印次	印数	定价（元）	书号	页数	出版社
62	哪吒三兄弟（三）		王吉祥	李振山 李小山	马寒松	24	1990年4月 第1版	1— 20,000	0.85	ISBN7-5310-0314-7/J·283	23	河北美术出版社
63	哪吒三兄弟（四）		王吉祥	孙泽良 孙铁	马寒松	24	1990年4月 第1版	1— 20,000	0.85	ISBN7-5310-0314-7/J·283	23	河北美术出版社
	备注：序号60—63为套书《哪吒三兄弟》，共4册。											
64	星球大战 1		王平	学军 晋泽		40	1990年4月 第1版	1— 60,000	4.50	ISBN7-5310-0345-7/J·312	40	河北美术出版社
65	星球大战 2		王平	王玉柱 金燕平		40	1990年4月 第1版	1— 60,000	4.50	ISBN7-5310-0345-7/J·312	40	河北美术出版社
66	星球大战 3		邵青	荣力		40	1990年4月 第1版	1— 60,000	4.50	ISBN7-5310-0345-7/J·312	40	河北美术出版社
67	星球大战 4		李忻	彭大立 刘娅 杨文		40	1990年4月 第1版	1— 60,000	4.50	ISBN7-5310-0345-7/J·312	40	河北美术出版社
68	星球大战 5		王平	晋泽		40	1990年4月 第1版	1— 60,000	4.50	ISBN7-5310-0345-7/J·312	40	河北美术出版社
69	星球大战 6		李忻	玉春 孟军		40	1990年4月 第1版	1— 60,000	4.50	ISBN7-5310-0345-7/J·312	40	河北美术出版社
70	星球大战 7		李忻	谷岩		40	1990年4月 第1版	1— 60,000	4.50	ISBN7-5310-0345-7/J·312	40	河北美术出版社
71	星球大战 8		邵青	李午申		40	1990年4月 第1版	1— 60,000	4.50	ISBN7-5310-0345-7/J·312	40	河北美术出版社
72	星球大战 9		李忻	彭大立 刘娅		40	1990年4月 第1版	1— 60,000	4.50	ISBN7-5310-0345-7/J·312	40	河北美术出版社
73	星球大战 10		邵青	穆玮东		40	1990年4月 第1版	1— 60,000	4.50	ISBN7-5310-0345-7/J·312	40	河北美术出版社
	备注：序号64—73为套书《星球大战》，共10册。											
74	昆仑山学道（大型系列动画故事 姜子牙）		庄宏安	刘端 贾铭等		24	1990年4月 第1版	1— 20,000	3.90	ISBN7-5310-0357-0/J·324	不详	河北美术出版社
75	火烧琵琶精（大型系列动画故事 姜子牙）		庄宏安	高中造 高辛等		24	1990年4月 第1版	1— 20,000	3.90	ISBN7-5310-0357-0/J·324	不详	河北美术出版社
76	周文王拜相（大型系列动画故事 姜子牙）		庄宏安	李文章等		24	1990年4月 第1版	1— 20,000	3.90	ISBN7-5310-0357-0/J·324	不详	河北美术出版社

（续表）

序号	书名	原著	文	图	封面	开本	版次印次	印数	定价（元）	书号	页数	出版社
77	大败闻太师（大型系列动画故事 姜子牙）		庄宏安	雷金池等		24	1990年4月第1版	1—20,000	3.90	ISBN7-5310-0357-0/J·324	不详	河北美术出版社
78	挥师进朝歌（大型系列动画故事 姜子牙）		庄宏安	陈继荣 陈平安等		24	1990年4月第1版	1—20,000			不详	河北美术出版社
	备注：序号74—78为套书《大型系列动画故事 姜子牙》，共5册。											
79	聪明的一休（续集之一）		佘晓云	朱墨 钟鸣	张进军 金燕平	64	1990年4月第1版	1—20,000	5.30	ISBN7-5310-0358-9/J·325	不详	河北美术出版社
80	聪明的一休（续集之二）		佘晓云	贡小明 玉青	张进军 金燕平	64	1990年4月第1版	1—20,000			不详	河北美术出版社
81	聪明的一休（续集之三）		佘晓云	云霞 苏志新	张进军 金燕平	64	1990年4月第1版	1—20,000			不详	河北美术出版社
82	聪明的一休（续集之四）		张玉勉	枫然 晓玮	张进军 金燕平	64	1990年4月第1版	1—20,000			不详	河北美术出版社
83	聪明的一休（续集之五）		张玉勉	小雨 李新	张进军 金燕平	64	1990年4月第1版	1—20,000			不详	河北美术出版社
84	聪明的一休（续集之六）		张玉勉	吴绍人	张进军 金燕平	64	1990年4月第1版	1—20,000			不详	河北美术出版社
85	聪明的一休（续集之七）		任萍	刘亚彪 沙苗	张进军 金燕平	64	1990年4月第1版	1—20,000			不详	河北美术出版社
86	聪明的一休（续集之八）		任萍	建民 晓林	张进军 金燕平	64	1990年4月第1版	1—20,000			不详	河北美术出版社
87	聪明的一休（续集之九）		任萍	田力 肖雅	张进军 金燕平	64	1990年4月第1版	1—20,000			不详	河北美术出版社
88	聪明的一休（续集之十）		任萍	董巍 东岐	张进军 金燕平	64	1990年4月第1版	1—20,000			不详	河北美术出版社
	备注：序号79—88为套书《聪明的一休》（续集），共10册。											
89	牧童除妖		赤月	张冰洁		96	1990年4月第1版	1—20,000	3.80	7-5310-0361-9/J·328	92	河北美术出版社
90	上元姑娘		赤月	吴绍人		96	1990年4月第1版	1—20,000			44	河北美术出版社
91	阿西和龙女		赤月	石光		96	1990年4月第1版	1—20,000			84	河北美术出版社
92	大冬瓜和小铜锣		张志勇	张鹏怀		96	1990年4月第1版	1—20,000			44	河北美术出版社

（续表）

序号	书名	原著	文	图	封面	开本	版次印次	印数	定价（元）	书号	页数	出版社
93	一块仙巾（上）		赤月	吴冰		96	1990年4月第1版	1—20,000	3.80	7-5310-0361-9/J·328	96	河北美术出版社
94	一块仙巾（下）		赤月	吴冰		96	1990年4月第1版	1—20,000			86	河北美术出版社
95	高亮桥	金受申	赤月	安文生		96	1990年4月第1版	1—20,000			60	河北美术出版社
96	千里寻智星		张志勇	晁锡弟		96	1990年4月第1版	1—20,000			48	河北美术出版社
97	摇钱树		张志勇	陈继荣		96	1990年4月第1版	1—20,000			44	河北美术出版社
98	刘家五兄弟		赤月	段明		96	1990年4月第1版	1—20,000			46	河北美术出版社
99	石马变真马		赤月	李玉春		96	1990年4月第1版	1—20,000			44	河北美术出版社
100	神奇的宝缸		张志勇	谷中良		96	1990年4月第1版	1—20,000			44	河北美术出版社
101	如意神珠		张志勇	施胜辰		96	1990年4月第1版	1—20,000			72	河北美术出版社
	备注：序号89—101为套书《迷人的神话》，共13册。											
102	智慧泉（少儿成才画库1）		郭若呐 苏惠民	刘端		32	1990年4月第1版	1—2,0000	8.50	ISBN7-5310-0364-3/J·331	75	河北美术出版社
103	数字之谜（少儿成才画库2）		李忠军 傅星	焦英隆		32	1990年4月第1版	1—2,0000			75	河北美术出版社
104	明镜（少儿成才画库3）		赵志鹏	海天		32	1990年4月第1版	1—2,0000			75	河北美术出版社
105	奇妙的世界（少儿成才画库4）		刘仲春	徐光立		32	1990年4月第1版	1—2,0000			75	河北美术出版社
106	奥秘（少儿成才画库5）		杨洋 沈树志 杨彦芳	张秋菊		32	1990年4月第1版	1—2,0000			75	河北美术出版社
107	生物奇观（少儿成才画库6）		陈惠云 沈金海	王治华		32	1990年4月第1版	1—2,0000			75	河北美术出版社
108	认识自己（少儿成才画库7）		漳河 流云	张健民 时罗夫		32	1990年4月第1版	1—2,0000			75	河北美术出版社

（续表）

序号	书名	原著	文	图	封面	开本	版次印次	印数	定价（元）	书号	页数	出版社
109	走遍天下（少儿成才画库8）		马桂英 李永存 张新南 毛卓亮	谷照恩 谷静		32	1990年4月第1版	1—2,0000	8.50	ISBN7-5310-0364-3/J·331	75	河北美术出版社
	备注：序号102—109为套书《少儿成才画库》，共8册。本套书获1991年全国美术图书评奖铜奖。											
110	侦探大王（小机灵智力丛书）		袁凤英 商晓帆	鲍忠恩		32	1990年4月第1版	1—50,000	1.45	ISBN7-5375-0491-1/N·8	80	河北科学技术出版社
111	游戏大王（小机灵智力丛书）		袁凤英 商晓帆	鲍忠恩		32	1990年4月第1版	1—50,000	1.45	ISBN7-5375-0492-X/N·9	80	河北科学技术出版社
112	数字大王（小机灵智力丛书）		袁凤英 商晓帆	鲍忠恩		32	1990年4月第1版	1—50,000	1.45	ISBN7-5375-0494-6/N·10	80	河北科学技术出版社
113	魔术大王（小机灵智力丛书）		袁凤英 商晓帆	鲍忠恩		32	1990年4月第1版	1—50,000	1.45	ISBN7-5375-0495-4/N·11	80	河北科学技术出版社
114	猜谜大王（小机灵智力丛书）		袁凤英 商晓帆	鲍忠恩		32	1990年4月第1版	1—50,000	1.45	ISBN7-5375-0503-9/N·12	80	河北科学技术出版社
	备注：序号110—114为丛书《小机灵智力丛书》，共5册。											
115	小丁当（世界卡通大王2）		冰山	神风 大漠		24	1990年4月第1版	1—12,000	1.00	ISBN7-5376-0524-6/I·163	不详	河北少年儿童出版社
116	小怪物（世界卡通大王2）		冰山	陈大风 孙建功 王月明		24	1990年4月第1版	1—12,000	0.85	ISBN7-5376-0525-4/I·164	21	河北少年儿童出版社
117	小武侠（世界卡通大王2）		冰山	黑雪 冬雨 夏冰		24	1990年4月第1版	1—12,000	0.85	ISBN7-5376-0526-2/I·165	21	河北少年儿童出版社
118	新阿童木（世界卡通大王2）		冰山	肖兰 赵鸣 张富		24	1990年4月第1版	1—12,000	1.30	ISBN7-5376-0527-0/I·166	29	河北少年儿童出版社
	备注：序号115—118为丛书《世界卡通大王2》，共4册。											
119	格林童话精选画册		邓清华等	温泉源等		24	1990年4月第1版	1—20,000	4.50	ISBN7-5376-0529-7/I·168	109	河北少年儿童出版社
120	安徒生童话精选画册		徐兴华等	王烈等		24	1990年4月第1版	1—20,000	4.50	ISBN7-5376-0530-0/I·169	110	河北少年儿童出版社

（续表）

序号	书名	原著	文	图	封面	开本	版次印次	印数	定价（元）	书号	页数	出版社
121	从马里城来的小动物 第1辑		孟玮译写	晓峰		16	1990年5月第1版	1—12,000	0.98	ISBN7-5376-0528-9/I·167	16	河北少年儿童出版社
122	从马里城来的小动物 第2辑		孟玮译写	文甫		16	1990年5月第1版	1—12,000	0.98		16	河北少年儿童出版社
123	从马里城来的小动物 第3辑		孟玮译写	鹿泉		16	1990年5月第1版	1—12,000	0.98	ISBN7-5376-0528-9/I·167	16	河北少年儿童出版社
124	从马里城来的小动物 第4辑		孟玮译写	锐锐		16	1990年5月第1版	1—12,000	0.98		16	河北少年儿童出版社
	备注：序号121—124为丛书《从马里城来的小动物》，共4册。											
125	孙悟空游大人国（孙悟空新游记）		邓柯等	邓柯等		24	1990年5月第1版	1—30,000			46	河北美术出版社
126	孙悟空游小人国（孙悟空新游记）		邓柯等	邓柯等		24	1990年5月第1版	1—30,000			46	河北美术出版社
127	孙悟空游假话国（孙悟空新游记）		邓柯等	邓柯等		24	1990年5月第1版	1—30,000	3.90	ISBN7-5310-0351-1/J·318	46	河北美术出版社
128	孙悟空巧戏笨皇帝（孙悟空新游记）		邓柯等	邓柯等		24	1990年5月第1版	1—30,000			46	河北美术出版社
129	孙悟空智斗胖司令（孙悟空新游记）		邓柯等	邓柯等		24	1990年5月第1版	1—30,000			46	河北美术出版社
	备注：序号125—129为套书《孙悟空新游记》，共5册。											
130	美日德卡通明星大会串1		小峰 史源等	张伍 陈泉等	韩伍 方关通	16	1990年6月第1版	1—2,300	2.80	ISBN7-5376-0552-1/I·176	48	河北少年儿童出版社
131	当代幼儿成才画库 德·智·体·美·劳 1 第一辑（1—2岁）		皓皓 晓霞等	金渭昌 张中良等		24	1990年6月第1版	1—30,000			22	河北教育出版社
132	当代幼儿成才画库 德·智·体·美·劳 2 第一辑（1—2岁）		皓皓 晓霞等	金渭昌 张中良等		24	1990年6月第1版	1—30,000			22	河北教育出版社
133	当代幼儿成才画库 德·智·体·美·劳 3 第一辑（1—2岁）		皓皓 晓霞等	金渭昌 张中良等		24	1990年6月第1版	1—30,000	9.00	ISBN7-5434-0772-8/G·618	22	河北教育出版社
134	当代幼儿成才画库 德·智·体·美·劳 4 第一辑（1—2岁）		皓皓 晓霞等	金渭昌 张中良等		24	1990年6月第1版	1—30,000			22	河北教育出版社
135	当代幼儿成才画库 德·智·体·美·劳 5 第一辑（1—2岁）		皓皓 晓霞等	金渭昌 张中良等		24	1990年6月第1版	1—30,000			22	河北教育出版社

（续表）

序号	书名	原著	文	图	封面	开本	版次印次	印数	定价（元）	书号	页数	出版社
136	当代幼儿成才画库 德·智·体·美·劳 6 第一辑（1—2岁）		皓皓 晓霞等	金渭昌 张中良等		24	1990年6月 第1版	1—30,000	9.00	ISBN7-5434-0772-8/G·618	22	河北教育出版社
137	当代幼儿成才画库 德·智·体·美·劳 7 第一辑（1—2岁）		皓皓 晓霞等	金渭昌 张中良等		24	1990年6月 第1版	1—30,000			22	河北教育出版社
138	当代幼儿成才画库 德·智·体·美·劳 8 第一辑（1—2岁）		皓皓 晓霞等	金渭昌 张中良等		24	1990年6月 第1版	1—30,000			22	河北教育出版社
139	当代幼儿成才画库 德·智·体·美·劳 9 第一辑（1—2岁）		皓皓 晓霞等	金渭昌 张中良等		24	1990年6月 第1版	1—30,000			22	河北教育出版社
140	当代幼儿成才画库 德·智·体·美·劳 10 第一辑（1—2岁）		皓皓 晓霞等	金渭昌 张中良等		24	1990年6月 第1版	1—30,000			22	河北教育出版社
	备注：序号131—140为套书《当代幼儿成才画库》第一辑，共10册。本套书获首届冰心儿童图书奖。											
141	当代幼儿成才画库 德·智·体·美·劳 1 第二辑（3—4岁）		皓皓 晓霞等	陈幕水 高峰等		24	1990年6月 第1版	1—30,000	9.00	ISBN7-5434-0773-6/G·619	22	河北教育出版社
142	当代幼儿成才画库 德·智·体·美·劳 2 第二辑（3—4岁）		皓皓 晓霞等	陈幕水 高峰等		24	1990年6月 第1版	1—30,000			22	河北教育出版社
143	当代幼儿成才画库 德·智·体·美·劳 3 第二辑（3—4岁）		皓皓 晓霞等	陈幕水 高峰等		24	1990年6月 第1版	1—30,000			22	河北教育出版社
144	当代幼儿成才画库 德·智·体·美·劳 4 第二辑（3—4岁）		皓皓 晓霞等	陈幕水 高峰等		24	1990年6月 第1版	1—30,000			22	河北教育出版社
145	当代幼儿成才画库 德·智·体·美·劳 5 第二辑（3—4岁）		皓皓 晓霞等	陈幕水 高峰等		24	1990年6月 第1版	1—30,000			22	河北教育出版社
146	当代幼儿成才画库 德·智·体·美·劳 6 第二辑（3—4岁）		皓皓 晓霞等	陈幕水 高峰等		24	1990年6月 第1版	1—30,000			22	河北教育出版社
147	当代幼儿成才画库 德·智·体·美·劳 7 第二辑（3—4岁）		皓皓 晓霞等	陈幕水 高峰等		24	1990年6月 第1版	1—30,000			22	河北教育出版社
148	当代幼儿成才画库 德·智·体·美·劳 8 第二辑（3—4岁）		皓皓 晓霞等	陈幕水 高峰等		24	1990年6月 第1版	1—30,000			22	河北教育出版社

（续表）

序号	书名	原著	文	图	封面	开本	版次印次	印数	定价（元）	书号	页数	出版社
149	当代幼儿成才画库 德·智·体·美·劳 9 第二辑（3—4岁）		皓皓 晓霞等	陈幕水 高峰等		24	1990年6月 第1版	1—30,000	9.00	ISBN7-5434-0773-6/G·619	22	河北教育出版社
150	当代幼儿成才画库 德·智·体·美·劳 10 第二辑（3—4岁）		皓皓 晓霞等	陈幕水 高峰等		24	1990年6月 第1版	1—30,000			22	河北教育出版社
	备注：序号141—150为套书《当代幼儿成才画库》第二辑，共10册。本套书获首届冰心儿童图书奖。											
151	当代幼儿成才画库 德·智·体·美·劳 1 第三辑（5—6岁）		蔡林兴 吴月琴	杨秋宝 张中良等		24	1990年6月 第1版	1—30,000	9.00	ISBN7-5434-0774-4/G·620	22	河北教育出版社
152	当代幼儿成才画库 德·智·体·美·劳 2 第三辑（5—6岁）		蔡林兴 吴月琴	杨秋宝 张中良等		24	1990年6月 第1版	1—30,000			22	河北教育出版社
153	当代幼儿成才画库 德·智·体·美·劳 3 第三辑（5—6岁）		蔡林兴 吴月琴	杨秋宝 张中良等		24	1990年6月 第1版	1—30,000			22	河北教育出版社
154	当代幼儿成才画库 德·智·体·美·劳 4 第三辑（5—6岁）		蔡林兴 吴月琴	杨秋宝 张中良等		24	1990年6月 第1版	1—30,000			22	河北教育出版社
155	当代幼儿成才画库 德·智·体·美·劳 5 第三辑（5—6岁）		蔡林兴 吴月琴	杨秋宝 张中良等		24	1990年6月 第1版	1—30,000			22	河北教育出版社
156	当代幼儿成才画库 德·智·体·美·劳 6 第三辑（5—6岁）		蔡林兴 吴月琴	杨秋宝 张中良等		24	1990年6月 第1版	1—30,000	9.00	ISBN7-5434-0774-4/G·620	22	河北教育出版社
157	当代幼儿成才画库 德·智·体·美·劳 7 第三辑（5—6岁）		蔡林兴 吴月琴	杨秋宝 张中良等		24	1990年6月 第1版	1—30,000			22	河北教育出版社
158	当代幼儿成才画库 德·智·体·美·劳 8 第三辑（5—6岁）		蔡林兴 吴月琴	杨秋宝 张中良等		24	1990年6月 第1版	1—30,000			22	河北教育出版社
159	当代幼儿成才画库 德·智·体·美·劳 9 第三辑（5—6岁）		蔡林兴 吴月琴	杨秋宝 张中良等		24	1990年6月 第1版	1—30,000			22	河北教育出版社
160	当代幼儿成才画库 德·智·体·美·劳 10 第三辑（5—6岁）		蔡林兴 吴月琴	杨秋宝 张中良等		24	1990年6月 第1版	1—30,000			22	河北教育出版社
	备注：序号151—160为套书《当代幼儿成才画库》第三辑，共10册。本套书获首届冰心儿童图书奖。											

（续表）

序号	书名	原著	文	图	封面	开本	版次印次	印数	定价（元）	书号	页数	出版社
161	幼读童话一百篇		何岩 荣光	曾佑瑄		40	1990年6月 第1版	1— 32,000	1.95	ISBN7-80505- 304-9/I·283	201	花山文艺 出版社
162	幼读笑话一百篇		何岩 荣光	庚子 刘端 赵贵德等		40	1990年7月 第1版	1— 31,200	1.95	ISBN7-80505- 302-2/I·281	201	花山文艺 出版社
163	幼读寓言一百篇		保超 润花	牛双印 曹宝全等		40	1990年7月 第1版	1— 32,000	1.95	ISBN7-80505- 303-0/I·282	201	花山文艺 出版社
164	聪明的小猪 （拼音童话）		康继云 辛鑫	吴带生		24	1990年8月 第1版	1— 10,000	0.85	ISBN7-5310- 0334-1/J·301	24	河北美术 出版社
165	大象请客		林颂英	姜成安		20	1990年8月 第1版	不详	不详	不详	18	河北美术 出版社
166	闪光的智慧		文林	张煜	金彦平	64	1990年9月 第1版	1— 30,000	2.80	ISBN7-5310- 0376-7/J·342	70	河北美术 出版社
167	林中趣话		文林	张煜	金彦平	64	1990年9月 第1版	1— 30,000			70	河北美术 出版社
168	看谁最聪明		文林	赵金鸰	金彦平	64	1990年9月 第1版	1— 30,000			70	河北美术 出版社
169	助人解难		文林	齐河	金彦平	64	1990年9月 第1版	1— 30,000			78	河北美术 出版社
170	动物运动会		文林	崔爱民	金彦平	64	1990年9月 第1版	1— 30,000			70	河北美术 出版社
171	森林漫游		文林	刘桥	金彦平	64	1990年9月 第1版	1— 30,000			78	河北美术 出版社
	备注：序号166—171为套书《小神童》，共6册。											
172	猎人兄弟		尚琪 李忻	刘端		24	1990年9月 第1版	1— 10,000	1.70	ISBN7-5310- 0331-7/J·298	46	河北美术 出版社
	备注：本书获第四届全国连环画评奖绘画创作三等奖。											
173	快乐的动物园		常瑞	吴带生		24	1990年10月 第1版	1— 7,250	0.80	ISBN7-5434- 0798-1/I·43	19	河北教育出 版社
174	动物破案记 （看图识字讲故事）		朱奎	吴大宪		42	1990年11月 第1版	1— 30,000	0.50	ISBN7-5376- 0604-8/G·382	24	河北少年 儿童出版社
175	森林里的小房子 （看图识字讲故事）		朱奎	曾佑瑄 石夫		42	1990年11月 第1版	1— 30,000	0.50		24	河北少年 儿童出版社
176	捉迷藏 （看图识字讲故事）		朱奎	卞家华		42	1990年11月 第1版	1— 30,000	0.50		24	河北少年 儿童出版社
	备注：序号174—176为套书《看图识字讲故事》，共3册。											

（续表）

序号	书名	原著	文	图	封面	开本	版次印次	印数	定价（元）	书号	页数	出版社
177	在狐狸家里做客（世界著名童话）		李庚月	贾文涛		40	1990年11月第1版	1—2,0000	2.10	ISBN7-5310-0371-6/J·337	40	河北美术出版社
178	白雪公主（世界著名童话）		李庚月	高中造		40	1990年11月第1版	1—2,0000			40	河北美术出版社
179	丑小鸭（世界著名童话）		李庚月	房永明		40	1990年11月第1版	1—2,0000			40	河北美术出版社
180	国王的新衣（世界著名童话）		李庚月	臧永洁		40	1990年11月第1版	1—2,0000			40	河北美术出版社
181	神秘的城堡（世界著名童话）		李庚月	臧永洁		40	1990年11月第1版	1—2,0000			40	河北美术出版社
	备注：序号177—181为套书《世界著名童话》，共5册。本套书共计10册，前5册1989年已出版，此次出版二印不再统计。											
182	生之谜——讲给孩子听的故事		盖春瑞 王素贞	张中良		24	1990年12月第1版	1—7,700	0.65	ISBN7-5376-0619-6/I·209	不详	河北少年儿童出版社

1991年冀版连环画汇总

序号	书名	原著	文	图	封面	开本	版次印次	印数	定价（元）	书号	页数	出版社
1	宋庆龄和她的姊妹们1（根据电视连续剧改编）		博木齐乐	郑宏宇		16	1991年2月第1版	1—10,000	0.90	ISBN7-5376-0628-5/I·212	不详	河北少年儿童出版社
2	宋庆龄和她的姊妹们2（根据电视连续剧改编）		博木齐乐	郑宏宇		16	1991年2月第1版	1—10,000	0.90		不详	河北少年儿童出版社
3	宋庆龄和她的姊妹们3（根据电视连续剧改编）		博木齐乐	郑宏宇		16	1991年2月第1版	1—10,000	0.90		不详	河北少年儿童出版社
4	宋庆龄和她的姊妹们4（根据电视连续剧改编）		博木齐乐	郑宏宇		16	1991年2月第1版	1—10,000	0.90		不详	河北少年儿童出版社
5	宋庆龄和她的姊妹们5（根据电视连续剧改编）		博木齐乐	郑宏宇		16	1991年2月第1版	1—10,000	0.90		不详	河北少年儿童出版社
6	宋庆龄和她的姊妹们6（根据电视连续剧改编）		博木齐乐	郑宏宇		16	1991年2月第1版	1—10,000	0.90		不详	河北少年儿童出版社
	备注：序号1—6为套书《宋庆龄和她的姊妹们》，共6册。											
7	八仙过海（八仙的传说之一）		孟寅 董侃	马寒松 王凤桐		20	1991年3月第1版	1—20,000	1.10	ISBN7-5376-0638-2/I·216	20	河北少年儿童出版社
8	钟离岩（八仙的传说之二）		孟寅 董侃	谷照恩		20	1991年3月第1版	1—20,000	1.10	ISBN7-5376-0639-0/I·217	20	河北少年儿童出版社
9	铁拐李卖油（八仙的传说之三）		孟寅 董侃	龙振海		20	1991年3月第1版	1—20,000	1.10	ISBN7-5376-0640-4/I·218	20	河北少年儿童出版社
10	吕洞宾戏牡丹（八仙的传说之四）		孟寅 董侃	姜晓春 姜启才		20	1991年3月第1版	1—20,000	1.10	ISBN7-5376-0641-2/I·219	20	河北少年儿童出版社
11	张果老成仙（八仙的传说之五）		孟寅 董侃	光立 岚云		20	1991年3月第1版	1—20,000	1.10	ISBN7-5376-0642-0/I·220	20	河北少年儿童出版社
12	曹国舅惩治佟善仁（八仙的传说之六）		孟寅 董侃	孙泽良 孙轶		20	1991年3月第1版	1—20,000	1.10	ISBN7-5376-0643-9/I·221	20	河北少年儿童出版社
13	蓝采和巧度何仙姑（八仙的传说之七）		孟寅 董侃	岚云 鲁青 肖海航		20	1991年3月第1版	1—20,000	1.10	ISBN7-5376-0644-7/I·222	20	河北少年儿童出版社
14	何仙姑抗旨（八仙的传说之八）		孟寅 董侃	川石 小英 木风		20	1991年3月第1版	1—20,000	1.10	ISBN7-5376-0645-5/I·223	20	河北少年儿童出版社

（续表）

<table>
<tr><th>序号</th><th>书名</th><th>原著</th><th>文</th><th>图</th><th>封面</th><th>开本</th><th>版次印次</th><th>印数</th><th>定价（元）</th><th>书号</th><th>页数</th><th>出版社</th></tr>
<tr><td rowspan="2">15</td><td>韩湘子戏皇帝（八仙的传说之九）</td><td></td><td>孟寅
董侃</td><td>张建民
时罗夫
阿毛</td><td></td><td>20</td><td>1991年3月第1版</td><td>1—20,000</td><td>1.10</td><td>ISBN7-5376-0646-3/I·224</td><td>20</td><td>河北少年儿童出版社</td></tr>
<tr><td colspan="12">备注：序号7—15为丛书《八仙的传说》，共9册。</td></tr>
<tr><td>16</td><td>嫦娥转世（中国神话故事新编 嫦娥后羿画传之一）</td><td></td><td>陈廷一</td><td>马寒松
马陶
张洁</td><td>马寒松</td><td>24</td><td>1991年3月第1版</td><td>1—10,000</td><td rowspan="8">8.00</td><td rowspan="8">ISBN7-5376-0647-1/I·225</td><td>22</td><td>河北少年儿童出版社</td></tr>
<tr><td>17</td><td>十日并出（中国神话故事新编 嫦娥后羿画传之二）</td><td></td><td>纪温</td><td>曹留夫
晓蓉
大朋</td><td>马寒松</td><td>24</td><td>1991年3月第1版</td><td>1—10,000</td><td>22</td><td>河北少年儿童出版社</td></tr>
<tr><td>18</td><td>后羿射日（中国神话故事新编 嫦娥后羿画传之三）</td><td></td><td>纪温</td><td>孙泽良
孙铁
刘秀虹</td><td>马寒松</td><td>24</td><td>1991年3月第1版</td><td>1—10,000</td><td>22</td><td>河北少年儿童出版社</td></tr>
<tr><td>19</td><td>勇斗群魔（中国神话故事新编 嫦娥后羿画传之四）</td><td></td><td>纪温</td><td>刘振亭
刘湘
王君</td><td>马寒松</td><td>24</td><td>1991年3月第1版</td><td>1—10,000</td><td>22</td><td>河北少年儿童出版社</td></tr>
<tr><td>20</td><td>婚姻风波（中国神话故事新编 嫦娥后羿画传之五）</td><td></td><td>纪温</td><td>曹留夫
晓蓉
大朋</td><td>马寒松</td><td>24</td><td>1991年3月第1版</td><td>1—10,000</td><td>22</td><td>河北少年儿童出版社</td></tr>
<tr><td>21</td><td>西见王母（中国神话故事新编 嫦娥后羿画传之六）</td><td></td><td>陈廷一</td><td>徐茂林
徐春洋
徐岳</td><td>马寒松</td><td>24</td><td>1991年3月第1版</td><td>1—10,000</td><td>22</td><td>河北少年儿童出版社</td></tr>
<tr><td>22</td><td>嫦娥奔月（中国神话故事新编 嫦娥后羿画传之七）</td><td></td><td>陈廷一</td><td>王凤桐
马寒松
张洁</td><td>马寒松</td><td>24</td><td>1991年3月第1版</td><td>1—10,000</td><td>22</td><td>河北少年儿童出版社</td></tr>
<tr><td rowspan="2">23</td><td>密林暗箭（中国神话故事新编 嫦娥后羿画传之八）</td><td></td><td>陈廷一</td><td>张弘明
张媛
刘惠君</td><td>马寒松</td><td>24</td><td>1991年3月第1版</td><td>1—10,000</td><td>22</td><td>河北少年儿童出版社</td></tr>
<tr><td colspan="12">备注：序号16—23为套书《中国神话故事新编 嫦娥后羿画传》，共8册。</td></tr>
<tr><td>24</td><td>中国民间故事连环画 第1辑</td><td></td><td>张玉培</td><td>阎善春
常光希等</td><td></td><td>24</td><td>1991年3月第1版</td><td>1—20,000</td><td>2.10</td><td>ISBN7-5376-0648-X/I·226</td><td>48</td><td>河北少年儿童出版社</td></tr>
</table>

（续表）

序号	书名	原著	文	图	封面	开本	版次印次	印数	定价（元）	书号	页数	出版社
25	中国民间故事连环画 第2辑		张玉培	剡人 张亦浩等		24	1991年3月第1版	1—20,000	2.10	ISBN7-5376-0649-8/I·227	48	河北少年儿童出版社
26	中国民间故事连环画 第3辑		张玉培	李玉杰 李老十等		24	1991年3月第1版	1—20,000	2.10	ISBN7-5376-0650-1/I·228	48	河北少年儿童出版社
27	中国民间故事连环画 第4辑		张玉培	王水泊 黄碧霞等		24	1991年3月第1版	1—20,000	2.10	ISBN7-5376-0651-8/I·229	48	河北少年儿童出版社
28	中国民间故事连环画 第5辑		白雨 李梦阳	张健民 时罗夫 刘业通等		24	1991年3月第1版	1—20,000	2.10	ISBN7-5376-0652-8/I·230	48	河北少年儿童出版社
29	中国民间故事连环画 第6辑		白雨 李梦阳	马唯驰等		24	1991年3月第1版	1—20,000	2.10	ISBN7-5376-0653-6/I·231	48	河北少年儿童出版社
30	中国民间故事连环画 第7辑		白雨 李梦阳	李文侠等		24	1991年3月第1版	1—20,000	2.10	ISBN7-5376-0654-4/I·232	48	河北少年儿童出版社
31	中国民间故事连环画 第8辑		白雨 李梦阳	王焕青 周准 王翟等		24	1991年3月第1版	1—20,000	2.10	ISBN7-5376-0655-2/I·233	48	河北少年儿童出版社
	备注：序号24—31为丛书《中国民间故事连环画》，共8册。											
32	中国鬼神故事 ①		古风 神笛	郑绪良 孙泽良等		24	1991年3月第1版	1—10,000	2.10	ISBN7-5376-0656-0/I·234	46	河北少年儿童出版社
33	中国鬼神故事 ②		古风 神笛	贠冬鸣 王焕青等		24	1991年3月第1版	1—10,000	2.10	ISBN7-5376-0657-9/I·235	46	河北少年儿童出版社
34	中国鬼神故事 ③		古风 神笛	张世明 郭富贵等		24	1991年3月第1版	1—10,000	2.10	ISBN7-5376-0658-7/I·236	46	河北少年儿童出版社
35	中国鬼神故事 ④		古风 神笛	贾文涛 贾寅等		24	1991年3月第1版	1—10,000	2.10	ISBN7-5376-0659-5/I·237	46	河北少年儿童出版社
36	中国鬼神故事 ⑤		古风等	侯冠宾 赵红瑶等		24	1991年3月第1版	1—10,000	2.10	ISBN7-5376-0660-9/I·238	46	河北少年儿童出版社
37	中国鬼神故事 ⑥		刘悦等	袁耀敏 徐光立等		24	1991年3月第1版	1—10,000	2.10	ISBN7-5376-0661-7/I·239	46	河北少年儿童出版社
38	中国鬼神故事 ⑦		铁锋等	刘业通 肖海航等		24	1991年3月第1版	1—10,000	2.10	ISBN7-5376-0662-5/I·240	46	河北少年儿童出版社
39	中国鬼神故事 ⑧		神英等	马唯驰 徐光立等		24	1991年3月第1版	1—10,000	2.10	ISBN7-5376-0663-3/I·241	46	河北少年儿童出版社
	备注：序号32—39为丛书《中国鬼神故事》，共8册。											
40	婚丧祭祀传说（中国民俗故事连环画册）		邢威 南辉	王怀骐 田黎明等		15	1991年3月第1版	1—2,500	7.50	ISBN7-5376-0664-1/I·242	58	河北少年儿童出版社

（续表）

序号	书名	原著	文	图	封面	开本	版次印次	印数	定价（元）	书号	页数	出版社
41	吃喝饮食传说（中国民俗故事连环画册）		邢威 南辉	赵贵德 唐勇力等		15	1991年3月第1版	1—2,500	7.50	ISBN7-5376-0665-X/I·243	58	河北少年儿童出版社
42	文化信仰传说（中国民俗故事连环画册）		邢威 南辉	宁大明 谷照恩等		15	1991年3月第1版	1—2,500	7.50	ISBN7-5376-0666-8/I·244	58	河北少年儿童出版社
43	衣住生产传说（中国民俗故事连环画册）		邢威 南辉	阎珍 张洁等		15	1991年3月第1版	1—2,500	7.50	ISBN7-5376-0667-6/I·245	58	河北少年儿童出版社
44	岁时节令传说（中国民俗故事连环画册）		邢威 南辉	辛鹤江 李乃宙等		15	1991年3月第1版	1—2,500	7.50	ISBN7-5376-0668-4/I·246	58	河北少年儿童出版社
	备注：序号40—44为丛书《中国民俗故事连环画册》，共5册。本套书获第二届冰心儿童图书奖特别奖。											
45	童探贝克		冉杰 冉正	冉杰 冉正		24	1991年4月第1版	1—20,000	1.90	ISBN7-5310-0384-8/J·350	145	河北美术出版社
46	奇游记① 漫游童话国		王绍基 王喆	王绍基 王喆		24	1991年4月第1版	1—20,000	6.80	ISBN7-5310-0385-6/J·351	21	河北美术出版社
47	奇游记② 史前游记		王绍基 王喆	王绍基 王喆		24	1991年4月第1版	1—20,000			21	河北美术出版社
48	奇游记③ 魔笛和神针		王绍基 王喆	王绍基 王喆		24	1991年4月第1版	1—20,000			21	河北美术出版社
49	奇游记④ 太空大帝		王绍基 王喆	王绍基 王喆		24	1991年4月第1版	1—20,000			21	河北美术出版社
50	奇游记⑤ 黑谷历险		王绍基 王喆	王绍基 王喆		24	1991年4月第1版	1—20,000			21	河北美术出版社
51	奇游记⑥ 咚咚大侦探		王绍基 王喆	王绍基 王喆		24	1991年4月第1版	1—20,000			21	河北美术出版社
52	奇游记⑦ 神盒的秘密		王绍基 王喆	王绍基 王喆		24	1991年4月第1版	1—20,000			21	河北美术出版社
53	奇游记⑧ 奇异的水珠		王绍基 王喆	王绍基 王喆		24	1991年4月第1版	1—20,000			21	河北美术出版社
	备注：序号46—53为套书《奇游记》，共8册。											
54	最新黑猫警长① 追捕“独眼龙”		褚志祥	陆汝浩 蒋松涛等		24	1991年4月第1版	1—20,000	4.20	ISBN7-5310-0398-8/J·364	22	河北美术出版社
55	最新黑猫警长② 绝密行动		褚志祥	陆汝浩 蒋松涛等		24	1991年4月第1版	1—20,000			22	河北美术出版社

（续表）

序号	书名	原著	文	图	封面	开本	版次印次	印数	定价（元）	书号	页数	出版社
56	最新黑猫警长③ 癞蛤蟆告状		褚志祥	陆汝浩 蒋松涛等		24	1991年4月 第1版	1—20,000	4.20	ISBN7-5310-0398-8/J·364	22	河北美术出版社
57	最新黑猫警长④ 奇怪的投毒案		褚志祥	陆汝浩 蒋松涛等		24	1991年4月 第1版	1—20,000			22	河北美术出版社
58	最新黑猫警长⑤ 激战在黄昏		褚志祥	陆汝浩 蒋松涛等		24	1991年4月 第1版	1—20,000			22	河北美术出版社
	备注：序号54—58为套书《最新黑猫警长》，共5册。											
59	猴子捞月亮 （拼音寓言）		李忻	贡小秋		24	1991年4月 第1版	1—30,000	0.95	ISBN7-5310-0408-9/J·374	24	河北美术出版社
60	公鸡与狐狸 （拼音寓言）		晓杨	张进军		24	1991年4月 第1版	1—30,000	0.95	ISBN7-5310-0409-7/J·375	24	河北美术出版社
61	幼读唐诗一百首		以石			40	1991年4月 第1版	1—38,200	1.95	ISBN7-80505-439-8/I·409	201	花山文艺出版社
62	幼读神话一百篇		龙文			40	1991年4月 第1版	1—36,000	1.95	ISBN7-80505-438-X/I·408	201	花山文艺出版社
63	神龟出世		晓园	增木		64	1991年5月 第1版	1—30,000	4.20	ISBN7-5310-0412-7/J·378	62	河北美术出版社
64	真假神龟		晓园	小秋		64	1991年5月 第1版	1—30,000			62	河北美术出版社
65	外星植物		李欣	小辉		64	1991年5月 第1版	1—30,000			62	河北美术出版社
66	魔眼毁灭		李欣	王林		64	1991年5月 第1版	1—30,000			62	河北美术出版社
67	植物武器		李欣	秋菊 王丰		64	1991年5月 第1版	1—30,000			62	河北美术出版社
68	重现人形		李伟	同宝		64	1991年5月 第1版	1—30,000			62	河北美术出版社
	备注：序号63—68为套书《忍者神龟》，共6册。											
69	猎犬兄弟 （拼音童话）		张建辉	王丰		24	1991年5月 第1版	1—30,000	0.95	ISBN7-5310-0405-4/J·371	23	河北美术出版社
70	小花猫学艺 （拼音童话）		张汝川	张秋菊		24	1991年5月 第1版	1—30,000	0.95	ISBN7-5310-0406-2/J·372	23	河北美术出版社
71	神奇的飞飞 （拼音童话）		李新娟	祝琪		24	1991年5月 第1版	1—30,000	0.95	ISBN7-5310-0407-0/J·373	23	河北美术出版社
72	黄狗上当 （拼音寓言）		邵青	刘业通		24	1991年5月 第1版	1—30,000	0.95	ISBN7-5310-0410-0/J·376	24	河北美术出版社

（续表）

序号	书名	原著	文	图	封面	开本	版次印次	印数	定价（元）	书号	页数	出版社
73	白兔的妙计（拼音童话）		李新娟	金燕平		24	1991年5月第1版	1—30,000	0.95	ISBN7-5310-0411-9/J·377	24	河北美术出版社
74	吹笛子的狼（拼音寓言）		晓杨	刘业通		24	1991年5月第1版	1—30,000	0.95	ISBN7-5310-0413-5/J·379	24	河北美术出版社
75	找错了老师（拼音寓言）		李忻	祝琪		24	1991年5月第1版	1—30,000	0.95	ISBN7-5310-0414-3/J·380	24	河北美术出版社
76	幼读古曲一百首		童友			40	1991年5月第1版	1—20,000	1.95	ISBN7-80505-448-7/I·418	201	花山文艺出版社
77	中国幽默故事（幽默故事画库1）		萧潇	关守信 刘德璋 鲁阳	马寒松	32	1991年5月第1版	1—3,700	2.80	ISBN7-5376-0687-0/I·256	不详	河北少年儿童出版社
78	外国幽默故事（幽默故事画库2）		李梦阳 柳敏	龙振海 孙泽良 郭富贵	马寒松	32	1991年5月第1版	1—3,700			不详	河北少年儿童出版社
79	儿童幽默故事（幽默故事画库3）		秦平	华克齐 徐茂林 谷照恩	马寒松	32	1991年5月第1版	1—3,700	2.80	ISBN7-5376-0687-0/I·256	不详	河北少年儿童出版社
80	动物幽默故事（幽默故事画库4）		李远杰 郭荣敏	徐光立 陆成法 侯冠宾 祝琪	马寒松	32	1991年5月第1版	1—3,700			不详	河北少年儿童出版社
	备注：序号77—80为套书《幽默故事画库》，共4册。											
81	中国百年史连环画 第1卷		朱兴华	刘进安 高月冬等		32	1991年6月第1版	1—5,000	4.20	ISBN7-5376-0689-7/I·257	284	河北少年儿童出版社
82	中国百年史连环画 第2卷		朱兴华	李华佑 仇占国等		32	1991年6月第1版	1—5,000	4.85	ISBN7-5376-0690-0/I·258	340	河北少年儿童出版社
83	中国百年史连环画 第3卷		朱兴华	雷金池 毕继民等		32	1991年6月第1版	1—5,000	4.70	ISBN7-5376-0691-9/I·259	330	河北少年儿童出版社
84	中国百年史连环画 第4卷		朱兴华 崔建社	陈继荣 梁占岩等		32	1991年6月第1版	1—5,000	5.10	ISBN7-5376-0692-7/I·260	360	河北少年儿童出版社
	备注：序号81—84为丛书《中国百年史连环画》，共4册。本套书获全国少儿读物优秀编辑奖。											
85	学字学画讲故事1		王桂巧	刘玉辉		24	1991年8月第1版	1—7,000	0.70	ISBN7-5376-0878-4I·284	不详	河北少年儿童出版社
86	学字学画讲故事2		唐风朝	位丽		24	1991年8月第1版	1—7,000	0.70		不详	河北少年儿童出版社
87	学字学画讲故事3		唐风朝	位丽		24	1991年8月第1版	1—7,000	0.70		不详	河北少年儿童出版社

（续表）

序号	书名	原著	文	图	封面	开本	版次印次	印数	定价（元）	书号	页数	出版社
88	学字学画讲故事4		王桂巧	位丽		24	1991年8月第1版	1—7,000	0.70	ISBN7-5376-0878-4I·284	不详	河北少年儿童出版社
89	学字学画讲故事5		冰玉	刘玉辉		24	1991年8月第1版	1—7,000	0.70		不详	河北少年儿童出版社
	备注：序号85—89为套书《学字学画讲故事》，共5册。											
90	孤岛野人	熊世琦	邹庆波 张延	赵锡复 刘汉宗		32	1991年8月第1版	1—30,000	1.50	ISBN7-5310-0432-1/J·393	92	河北美术出版社
91	自己做立体书——巴巴爸爸		闫文英	祝琪		16	1991年8月第1版	1—1,000	1.50	ISBN7-5376-0892-X/I·285	9	河北少年儿童出版社
92	野火春风斗古城 下	李英儒	戈兵	马廷奎 马铭	张义春	64	1983年6月第1版1991年9月第2次印刷	150,001—175,000	1.20	ISBN7-5310-0445-3/J·406	198	河北美术出版社
	备注：本书封面重绘。											
93	运河英豪	刘绍棠	张企荣	刘进安	曹保全	64	1985年10月第1版1991年10月第2次印刷	78,501—98,500	0.84	ISBN7-5310-0446-1/J·407	134	河北美术出版社
	备注：本书封面重绘。											
94	两个小八路	李心田	赵春堂	赵春堂 季源业		64	1980年8月第1版1991年9月第2次印刷	600,001—630,000	0.76	ISBN7-5310-0447-X/J·408	118	河北美术出版社
	备注：本书封面重绘。											
95	儿童知识图解——认识动物		陈伟新等	陆汝浩		24	1991年10月第1版	1—20,000	4.50	ISBN7-5310-0428-3/J·389	91	河北美术出版社
96	小刺猬的一天		王明明	吴带生 杜风		24	1991年11月第1版	1—1,500	1.00	ISBN7-5376-0707-9/I·298	20	河北少年儿童出版社
97	小猴开店		黄建祖	唐宇		24	1991年11月第1版	1—1,500	1.00		20	河北少年儿童出版社
98	蘑菇奶奶		王明明	李涛		24	1991年11月第1版	1—1,500	1.00		20	河北少年儿童出版社
	备注：序号96—98为套书《多能知识童话丛书》，共3册。											
99	大鼻子先生		史俊	史俊		24	1991年12月第1版	1—1,500	1.00	ISBN7-5376-0731-1/I·311	46	河北少年儿童出版社

（续表）

序号	书名	原著	文	图	封面	开本	版次印次	印数	定价（元）	书号	页数	出版社
100	抗奸邪金殿自刎（《钟馗》之一）		宋孟寅 董侃	曹留夫 金荣	金燕平	64	1991年12月 第1版	1—2,000	0.60	ISBN7-5376-0739-7/I・316	62	河北少年 儿童出版社
101	钟馗嫁妹（《钟馗》之二）		宋孟寅 董侃	鲁青 岚云	金燕平	64	1991年12月 第1版	1—2,000	0.60		62	河北少年 儿童出版社
102	唐玄宗病中梦钟馗（《钟馗》之三）		宋孟寅 董侃	谷照恩 谷岩	金燕平	64	1991年12月 第1版	1—2,000	0.60		62	河北少年 儿童出版社
103	曲阳驱瘟鬼（《钟馗》之四）		宋孟寅 董侃	刘学民	金燕平	64	1991年12月 第1版	1—2,000	0.60		62	河北少年 儿童出版社
104	度朔山收神荼郁垒（《钟馗》之五）		宋孟寅 董侃	张健民 张昱喆	金燕平	64	1991年12月 第1版	1—2,000	0.60		62	河北少年 儿童出版社
105	阴阳伞（《钟馗》之六）		宋孟寅 董侃	孙泽良 孙轶	金燕平	64	1991年12月 第1版	1—2,000	0.60		62	河北少年 儿童出版社
106	智取摩天岭（《钟馗》之七）		宋孟寅 董侃	罗枫 川石 南为	金燕平	64	1991年12月 第1版	1—2,000	0.60		62	河北少年 儿童出版社
107	五鬼闹钟馗（《钟馗》之八）		宋孟寅 董侃	徐光立 国强	金燕平	64	1991年12月 第1版	1—2,000	0.60	ISBN7-5376-0739-7/I・316	62	河北少年 儿童出版社
	备注：序号100—107为套书《钟馗》，共8册。											
108	半小时科学漫游			曾佑伟	黄志凯	24	1991年12月 第1版	1—500	1.00	ISBN7-5376-0736-2/I・315	22	河北少年 儿童出版社
109	儿童大世界连环画精选		齐观彪 董乃德等	王金泰 吴大宪等		16	1991年12月 第1版	1—1,500	6.50	ISBN7-5376-0758-3/I・331	227	河北少年 儿童出版社

1992年冀版连环画汇总

序号	书名	原著	文	图	封面	开本	版次印次	印数	定价（元）	书号	页数	出版社
1	三十六计连环画（中国历史兵法名篇）		吴梅	姜巍 徐德元 姜成安		16	1992年1月第1版	1—20,000	7.00	ISBN7-5310-0453-4/J·414	102	河北美术出版社
2	三十六计连环画（中国历史兵法名篇）		严秋白	徐德元 姜成安 姜巍		16	1992年1月第1版	1—20,000	7.00	ISBN7-5310-0454-2/J·415	102	河北美术出版社
3	三十六计连环画（中国历史兵法名篇）		姜巍	姜成安 姜巍 徐德元		16	1992年1月第1版	1—20,000	7.00	ISBN7-5310-0455-0/J·416	102	河北美术出版社
4	三十六计连环画（中国历史兵法名篇）		任杰	姜巍 徐德元 姜成安		16	1992年1月第1版	1—20,000	7.00	ISBN7-5310-0456-9/J·417	102	河北美术出版社
5	三十六计连环画（中国历史兵法名篇）		梅竹	姜成安 徐德元 姜巍		16	1992年1月第1版	1—20,000	7.00	ISBN7-5310-0457-7/J·418	102	河北美术出版社
6	三十六计连环画（中国历史兵法名篇）		蔺传新	高造 张卫 戎隶		16	1992年1月第1版	1—20,000	7.00	ISBN7-5310-0458-5/J·419	102	河北美术出版社
	备注：序号1—6为丛书《三十六计连环画》，共6册。本套书获第三届冰心儿童图书奖、第七届全国图书“金钥匙”奖优胜奖。											
7	幼读古文一百篇		童友	牛双印 赵东瑞 董庆科		40	1992年2月第1版	1—26,000	2.40	ISBN7-80505-610-2/I·553	240	花山文艺出版社
8	白兔的秘方（拼音童话）		李忻	臧永洁		24	1992年3月第1版	1—2,5000	1.10	ISBN7-5310-0467-4/J·428	24	河北美术出版社
9	松鼠和袋鼠（拼音童话）		李新娟	周世忠		24	1992年4月第1版	1—2,5000	1.10	ISBN7-5310-0476-3/J·436	23	河北美术出版社
10	三个好朋友（拼音童话）		李学	祝琪		24	1992年4月第1版	1—2,5000	1.10	ISBN7-5310-0477-1/J·437	23	河北美术出版社
11	崩山神雷（拼音童话）		张建辉	刘峰		24	1992年4月第1版	1—20,000	1.10	ISBN7-5310-0475-5/J·435	23	河北美术出版社
12	飞碟战死神（我和外星人1）		毛立人	赵金鸰 崔爱民	赵金鸰	24	1992年4月第1版	1—15,000	1.20	ISBN7-5310-0465-8/J·426	24	河北美术出版社
	备注：序号8—12为丛书《拼音童话》，共5册。											

（续表）

序号	书名	原著	文	图	封面	开本	版次印次	印数	定价（元）	书号	页数	出版社
13	小山神（木偶彩色动画片）		张林 李振忠	任国兴		32	1992年4月第1版	1—10,000	2.90	ISBN7-5310-0466-6/J·427	78	河北美术出版社
	备注：本书为彩色木偶动画连环画。											
14	新编小精灵画传 1智斗总督			王培堃		24	1992年4月第1版	1—10,000	1.90	ISBN7-5310-0341-4/J·308	32	河北美术出版社
15	新编小精灵画传 2坏蛋巫师和糊涂国王			王培堃		24	1992年4月第1版	1—10,000	1.90		32	河北美术出版社
16	新编小精灵画传 3面包岛奇遇			王培堃		24	1992年4月第1版	1—10,000	2.40		44	河北美术出版社
17	新编小精灵画传 4金元王国和银元王国			王培堃		24	1992年4月第1版	1—10,000	2.40		44	河北美术出版社
18	新编小精灵画传 5赌城历险			王培堃		24	1992年4月第1版	1—10,000	2.40		44	河北美术出版社
	备注：序号14—18为套书《新编小精灵画传》，共5册。											
19	海外笑话大观		马保超 魏秋星	马寒松 马陶等		40	1992年4月第1版	无	2.10	ISBN7-5310-0472-9/J·433	201	河北美术出版社
20	世界大探险		程明 杨大威 编译			32	1992年4月第1版	1—50,000	4.50	ISBN7-5375-0808-9/N·17	183	河北科学技术出版社
21	小老鼠和鸡蛋（小老鼠系列婴儿画册）		黄安琪	吴银妮		20	1992年5月第1版	1—30,000	0.65	ISBN7-5376-0771-0/I·338	12	河北少年儿童出版社
22	一根羽毛（小老鼠系列婴儿画册）		潘卫	房永明		20	1992年5月第1版	1—30,000	0.65		10	河北少年儿童出版社
23	挠痒痒（小老鼠系列婴儿画册）		潘卫	冯伟		20	1992年5月第1版	1—30,000	0.65		12	河北少年儿童出版社
24	下雨了（小老鼠系列婴儿画册）		陶红	房永明 朱梅林		20	1992年5月第1版	1—30,000	0.65		11	河北少年儿童出版社
25	找不到拖鞋了（小老鼠系列婴儿画册）		潘卫	陈昌和		20	1992年5月第1版	1—30,000	0.65		12	河北少年儿童出版社
26	刮大风（小老鼠系列婴儿画册）		潘卫	房永明		20	1992年5月第1版	1—30,000	0.65		12	河北少年儿童出版社
27	大肚皮（小老鼠系列婴儿画册）		潘卫	吴砚芳		20	1992年5月第1版	1—30,000	0.65		12	河北少年儿童出版社

（续表）

序号	书名	原著	文	图	封面	开本	版次印次	印数	定价（元）	书号	页数	出版社
28	大大泡泡（小老鼠系列婴儿画册）		潘卫	陈昌和		20	1992年5月第1版	1—30,000	0.65	ISBN7-5376-0771-0/I·338	12	河北少年儿童出版社
29	小老鼠看病人（小老鼠系列婴儿画册）		黄安琪	吴银妮		20	1992年5月第1版	1—30,000	0.65		12	河北少年儿童出版社
30	小老鼠的花环（小老鼠系列婴儿画册）		陶红	朱梅林		20	1992年5月第1版	1—30,000	0.65		10	河北少年儿童出版社
	备注：序号21—30为套书《小老鼠系列婴儿画册》，共10册。											
31	蓝鸟（世界童话名著连环画丛书13）		苏国纪			48	1992年5月第1版	1—10,000	4.50	ISBN7-5376-0782-6/I·349	45	河北少年儿童出版社
32	人鱼公主（世界童话名著连环画丛书14）		苏国纪			48	1992年5月第1版	1—10,000			45	河北少年儿童出版社
33	小公主（世界童话名著连环画丛书15）		苏国纪			48	1992年5月第1版	1—10,000			45	河北少年儿童出版社
34	罗茜的旅行（世界童话名著连环画丛书16）		苏国纪			48	1992年5月第1版	1—10,000			45	河北少年儿童出版社
35	穿长靴的猫（世界童话名著连环画丛书17）		苏国纪			48	1992年5月第1版	1—10,000			45	河北少年儿童出版社
36	桃太郎（世界童话名著连环画丛书18）		苏国纪			48	1992年5月第1版	1—10,000			45	河北少年儿童出版社
	备注：序号31—36为套书《世界童话名著连环画》（第三辑），共6册。											
37	竹子小姐（世界童话名著连环画丛书19）		苏国纪			48	1992年5月第1版	1—10,000	4.50	ISBN7-5376-0784-2/I·350	47	河北少年儿童出版社
38	名犬拉西（世界童话名著连环画丛书20）		苏国纪			48	1992年5月第1版	1—10,000			47	河北少年儿童出版社
39	金太郎（世界童话名著连环画丛书21）		苏国纪			48	1992年5月第1版	1—10,000			47	河北少年儿童出版社
40	艾丽丝梦游奇怪王国（世界童话名著连环画丛书22）		苏国纪			48	1992年5月第1版	1—10,000			47	河北少年儿童出版社
41	一根稻秸（世界童话名著连环画丛书23）		苏国纪			48	1992年5月第1版	1—10,000			47	河北少年儿童出版社
42	快乐的波利安娜（世界童话名著连环画丛书24）		苏国纪			48	1992年5月第1版	1—10,000			47	河北少年儿童出版社
	备注：序号为套书37—42《世界童话名著连环画》（第四辑），共6册。											

（续表）

序号	书名	原著	文	图	封面	开本	版次印次	印数	定价（元）	书号	页数	出版社
43	儿童知识图解（植物）		陈伟新等	陆汝浩		24	1992年5月第1版	1—20,000	5.50	ISBN7-5310-0484-4/J·445	103	河北美术出版社
44	幼读史话一百篇		健丽	贠东鸣		40	1992年5月第1版	1—25,000	1.95	ISBN7-80505-552-1/I·513	205	花山文艺出版社
45	亡羊补牢（拼音成语故事）		李新娟	安德春		24	1992年6月第1版	1—20,000	1.20	ISBN7-5310-0489-5/J·450	23	河北美术出版社
46	磨杵成针（拼音成语故事）		剑峰	戎隶		24	1992年6月第1版	1—20,000	1.20		23	河北美术出版社
47	黔驴技穷（拼音成语故事）		李忻	高中造		24	1992年6月第1版	1—20,000	1.20		23	河北美术出版社
48	守株待兔（拼音成语故事）		剑峰	刘业通		24	1992年6月第1版	1—20,000	1.20		23	河北美术出版社
	备注：序号45—48为套书《拼音成语故事》，共4册。											
49	猫医生改行（拼音童话）		秋菊	秋菊 王丰		24	1992年6月第1版	1—20,000	1.20	ISBN7-5310-0490-9/J·451	23	河北美术出版社
50	好朋友（拼音童话）		张秋菊 李忻	张秋菊		24	1992年6月第1版	1—20,000	1.20		23	河北美术出版社
51	引狼入室（拼音童话）		张秋菊 李忻	张秋菊		24	1992年6月第1版	1—20,000	1.20		23	河北美术出版社
52	花咪遇险（拼音童话）		张秋菊 李忻	张秋菊		24	1992年6月第1版	1—20,000	1.20		23	河北美术出版社
53	小猴种树（拼音童话）		秋菊 李忻	王丰		24	1992年6月第1版	1—20,000	1.20		23	河北美术出版社
	备注：序号49—53为套书《拼音童话》，共5册。											
54	三戏老狼（拼音童话）		李新娟	刘业通		24	1992年6月第1版	1—30,000	1.20	ISBN7-5310-0488-7/J·449	23	河北美术出版社
55	美丽的天鹅（拼音童话）		马玉芝	刘业通		24	1992年6月第1版	1—30,000	1.20	ISBN7-5310-0487-9/J·448	23	河北美术出版社
56	小象和小猪（拼音童话）		晨光 李忻	宋丕胜 吴亚男		24	1992年6月第1版	1—30,000	1.20	ISBN7-5310-0491-7/J·452	24	河北美术出版社
57	长犄角的马（拼音童话）		郗吉堂	高宝		24	1992年6月第1版	1—30,000	1.20	ISBN7-5310-0492-5/J·453	23	河北美术出版社

（续表）

序号	书名	原著	文	图	封面	开本	版次印次	印数	定价（元）	书号	页数	出版社
58	白兔和狐狸（拼音童话）		晓杨 李忻	臧永洁		24	1992年6月第1版	1—30,000	1.20	ISBN7-5310-0493-3/J·454	23	河北美术出版社
59	世界神奇故事			赵红瑶 覃黎东等	马丽霞	24	1992年8月第1版	1—2,000	3.00	ISBN7-5376-0821-0/I·374	156	河北少年儿童出版社
60	朝霞姐姐（拼音童话）		张林	张汝为		24	1992年8月第1版	1—20,000	1.10	ISBN7-5310-0496-8/J·457	21	河北美术出版社
61	小熊的新车（拼音童话）		梅迎春	张福龙		24	1992年8月第1版	1—20,000	1.20	ISBN7-5310-0514-X/J·477	23	河北美术出版社
62	一袋苹果（拼音童话）		张庆锟 赵文辉	张福龙 王思雨		24	1992年8月第1版	1—25,000	1.20	ISBN7-5310-0515-8/J·478	22	河北美术出版社
63	小白兔借尾巴（拼音知识童话）		董洪芳	杨沛		24	1992年10月第1版	1—20,000	1.20	ISBN7-5310-0495-X/J·456	24	河北美术出版社
64	小猫钓鱼（拼音童话）		王燕峰	晓月 董娟		24	1992年10月第1版	1—30,000	1.20	ISBN7-5310-0497-6/J·458	23	河北美术出版社
65	拼音儿歌（拼音儿歌）		马玉芝	黄志凯 张煜 马宁 张云		24	1992年10月第1版	1—20,000	2.30	ISBN7-5310-0502-6/J·463	47	河北美术出版社
66	狐狸上当（拼音童话）		梁惊哲	孟祥斌 张建民		24	1992年10月第1版	1—30,000	1.20	ISBN7-5310-0523-3/J·486	23	河北美术出版社
67	小虎进山（拼音童话）		梁陆涛	郭振山		24	1992年10月第1版	1—30,000	1.20	ISBN7-5310-0524-7/J·487	24	河北美术出版社

1993 年冀版连环画汇总

序号	书名	原著	文	图	封面	开本	版次印次	印数	定价（元）	书号	页数	出版社
1	画说世界五千年连环画1卷	段万翰 顾汉松 陈必祥	杜富山 张建辉 林文	柏芳景 颜宝榛等		32	1993年1月第1版	1—5,000	99.00	ISBN7-5310-0506-9/J・469	312	河北美术出版社
2	画说世界五千年连环画2卷	段万翰 顾汉松 陈必祥	林文 孙庆国 韩晓春	陈九如 季世成等		32	1993年1月第1版	1—5,000			312	河北美术出版社
3	画说世界五千年连环画3卷	段万翰 顾汉松 陈必祥	李新娟 王吉祥	林百石 王法明等		32	1993年1月第1版	1—5,000			312	河北美术出版社
4	画说世界五千年连环画4卷	段万翰 顾汉松 陈必祥	李长青 姜清沂 晨熙	谢舒戈 朱兴华等		32	1993年1月第1版	1—5,000			312	河北美术出版社
5	画说世界五千年连环画5卷	段万翰 顾汉松 陈必祥	成少安 尧山壁 郑振卿	肖玉田 李春等		32	1993年1月第1版	1—5,000			312	河北美术出版社
6	画说世界五千年连环画6卷	段万翰 顾汉松 陈必祥	郑振卿 姜明 侯新书	黄鑫德 张平等		32	1993年1月第1版	1—5,000			312	河北美术出版社
7	画说世界五千年连环画7卷	段万翰 顾汉松 陈必祥	张阵容 梁秀臣 刘毅 傅开沛	陆小弟 王文成等		32	1993年1月第1版	1—5,000			312	河北美术出版社
8	画说世界五千年连环画8卷	段万翰 顾汉松 陈必祥	曹广志 张志勇 里土	刘世铎 张秉钧等		32	1993年1月第1版	1—5,000			312	河北美术出版社
	备注：序号1—8为套书《画说世界五千年连环画》，共8册。本套书获第四届冰心儿童图书奖。											
9	熊王杰克（动物故事丛书）	[加]欧纳斯・汤姆逊・西顿	王东	张界凡 张界臣 张界泉		24	1993年3月第1版	1—20,000	2.50	ISBN7-80505-695-1/I・634	112	花山文艺出版社
10	甘达峰的羊大王（动物故事丛书）	[加]欧纳斯・汤姆逊・西顿	王东	张界凡 张界臣 张界泉		24	1993年3月第1版	1—20,000	2.30	ISBN7-80505-696-X/I・635	84	花山文艺出版社
11	破耳兔（动物故事丛书）	[加]欧纳斯・汤姆逊・西顿	王东	张界凡 张界臣 张界泉		24	1993年3月第1版	1—20,000	1.90	ISBN7-80505-697-8/I・636	67	花山文艺出版社
12	伤面狐一家（动物故事丛书）	[加]欧纳斯・汤姆逊・西顿	王东	张界凡 张界臣 张界泉		24	1993年3月第1版	1—20,000	1.50	ISBN7-80505-698-6/I・637	56	花山文艺出版社

（续表）

序号	书名	原著	文	图	封面	开本	版次印次	印数	定价（元）	书号	页数	出版社
13	野猪历险记（动物故事丛书）	[加]欧纳斯·汤姆逊·西顿	王东	张界凡 张界臣 张界泉		24	1993年3月第1版	1—20,000	2.20	ISBN7-80505-699-4/I·638	77	花山文艺出版社
14	狼王罗坡（动物故事丛书）	[加]欧纳斯·汤姆逊·西顿	王东	张界凡 张界臣 张界泉		24	1993年3月第1版	1—20,000	1.95	ISBN7-80505-700-1/I·639	65	花山文艺出版社
	备注：序号9—14为丛书《动物故事丛书》，共6册。											
15	十二属相的来历		里土	祝琪 安德春		24	1993年3月第1版	1—20,000	3.80	ISBN7-5310-0534-4/J·496	70	河北美术出版社
16	盘古开天（拼音中国神话）		王列	韩朝 韩丽		24	1993年5月第1版	1—20,000	1.40	ISBN7-5310-0552-2/J·514	23	河北美术出版社
17	愚公移山（拼音中国神话）		王列	张洁		24	1993年5月第1版	1—20,000	1.40	ISBN7-5310-0553-0/J·515	23	河北美术出版社
18	夸父追日（拼音中国神话）		王列	王悦民		24	1993年5月第1版	1—20,000	1.40	ISBN7-5310-0554-9/J·516	23	河北美术出版社
19	女娲补天（拼音中国神话）		王列	田力 悦民		24	1993年5月第1版	1—20,000	1.40	ISBN7-5310-0555-7/J·517	23	河北美术出版社
20	神农鞭药（拼音中国神话）		王列	吴绍人		24	1993年5月第1版	1—20,000	1.40	ISBN7-5310-0556-5/J·518	23	河北美术出版社
21	嫦娥奔月（拼音中国神话）		王列	谢海洋		24	1993年5月第1版	1—20,000	1.40	ISBN7-5310-0557-3/J·519	23	河北美术出版社
22	鲧禹治水（拼音中国神话）		王列	高中造		24	1993年5月第1版	1—20,000	1.40	ISBN7-5310-0558-1/J·520	23	河北美术出版社
23	羿射太阳（拼音中国神话）		王列	陈亚飞		24	1993年5月第1版	1—20,000	1.40	ISBN7-5310-0559-X/J·521	23	河北美术出版社
	备注：序号16—23为丛书《拼音中国神话》，共8册。											
24	机器猫出世（新编神奇机器猫小叮当①）	[日]藤子不二雄				32	1993年5月第1版	1—5,000	2.40	ISBN7-80505-769-9/J.35	112	花山文艺出版社
25	阿福的屁股（新编神奇机器猫小叮当②）	[日]藤子不二雄				32	1993年5月第1版	1—5,000	2.40		112	花山文艺出版社
26	大雄长跑记（新编神奇机器猫小叮当③）	[日]藤子不二雄				32	1993年5月第1版	1—5,000	2.40		112	花山文艺出版社
27	技安的生日（新编神奇机器猫小叮当④）	[日]藤子不二雄				32	1993年5月第1版	1—5,000	2.40		112	花山文艺出版社

（续表）

序号	书名	原著	文	图	封面	开本	版次印次	印数	定价（元）	书号	页数	出版社
28	推理放大镜（新编神奇机器猫小叮当⑤）	[日]藤子不二雄				32	1993年5月第1版	1—5,000	2.40	ISBN7-80505-769-9/J.35	112	花山文艺出版社
29	漫画的续集（新编神奇机器猫小叮当⑥）	[日]藤子不二雄				32	1993年5月第1版	1—5,000	2.40		112	花山文艺出版社
30	神奇变身液（新编神奇机器猫小叮当⑦）	[日]藤子不二雄				32	1993年5月第1版	1—5,000	2.40		112	花山文艺出版社
31	恐惧症印章（新编神奇机器猫小叮当⑧）	[日]藤子不二雄				32	1993年5月第1版	1—5,000	2.40		112	花山文艺出版社
32	拍马屁口红（新编神奇机器猫小叮当⑨）	[日]藤子不二雄				32	1993年5月第1版	1—5,000	2.40		112	花山文艺出版社
33	肚脐加油器（新编神奇机器猫小叮当⑩）	[日]藤子不二雄				32	1993年5月第1版	1—5,000	2.40		112	花山文艺出版社
	备注：序号24—33为套书《新编神奇机器猫小叮当》（第一卷），共10册。											
34	恶魔通行证（新编神奇机器猫小叮当①）	[日]藤子不二雄				32	1993年5月第1版	1—5,000	2.40	ISBN 7-80505-770-2/J.36	112	花山文艺出版社
35	钓失物的池（新编神奇机器猫小叮当②）	[日]藤子不二雄				32	1993年5月第1版	1—5,000	2.40		112	花山文艺出版社
36	幸运扑克牌（新编神奇机器猫小叮当③）	[日]藤子不二雄				32	1993年5月第1版	1—5,000	2.40		112	花山文艺出版社
37	抓鬼的电话（新编神奇机器猫小叮当④）	[日]藤子不二雄				32	1993年5月第1版	1—5,000	2.40		112	花山文艺出版社
38	四度空间袋（新编神奇机器猫小叮当⑤）	[日]藤子不二雄				32	1993年5月第1版	1—5,000	2.40		112	花山文艺出版社
39	幽灵水果糖（新编神奇机器猫小叮当⑥）	[日]藤子不二雄				32	1993年5月第1版	1—5,000	2.40		112	花山文艺出版社
40	在时光隧道（新编神奇机器猫小叮当⑦）	[日]藤子不二雄				32	1993年5月第1版	1—5,000	2.40		112	花山文艺出版社

（续表）

序号	书名	原著	文	图	封面	开本	版次印次	印数	定价（元）	书号	页数	出版社
41	玩具机器人（新编神奇机器猫小叮当⑧）	[日]藤子不二雄				32	1993年5月第1版	1—5,000	2.40		112	花山文艺出版社
42	三倍时间表（新编神奇机器猫小叮当⑨）	[日]藤子不二雄				32	1993年5月第1版	1—5,000	2.40	ISBN 7-80505-770-2/J.36	112	花山文艺出版社
43	打喷嚏病毒（新编神奇机器猫小叮当⑩）	[日]藤子不二雄				32	1993年5月第1版	1—5,000	2.40		112	花山文艺出版社
	备注：序号34—43为套书《新编神奇机器猫小叮当》（第二卷），共10册。											
44	人体液化剂（新编神奇机器猫小叮当①）	[日]藤子不二雄				32	1993年5月第1版	1—5,000	2.40		112	花山文艺出版社
45	人体影印机（新编神奇机器猫小叮当②）	[日]藤子不二雄				32	1993年5月第1版	1—5,000	2.40		112	花山文艺出版社
46	戴眼镜幻想（新编神奇机器猫小叮当③）	[日]藤子不二雄				32	1993年5月第1版	1—5,000	2.40		112	花山文艺出版社
47	催眠的枕头（新编神奇机器猫小叮当④）	[日]藤子不二雄				32	1993年5月第1版	1—5,000	2.40		112	花山文艺出版社
48	狮子面具人（新编神奇机器猫小叮当⑤）	[日]藤子不二雄				32	1993年5月第1版	1—5,000	2.40	ISBN 7-80505-771-0/J.37	112	花山文艺出版社
49	梦游症患者（新编神奇机器猫小叮当⑥）	[日]藤子不二雄				32	1993年5月第1版	1—5,000	2.40		112	花山文艺出版社
50	巨人出现了（新编神奇机器猫小叮当⑦）	[日]藤子不二雄				32	1993年5月第1版	1—5,000	2.40		112	花山文艺出版社
51	希望预测机（新编神奇机器猫小叮当⑧）	[日]藤子不二雄				32	1993年5月第1版	1—5,000	2.40		112	花山文艺出版社
52	吸人的磁铁（新编神奇机器猫小叮当⑨）	[日]藤子不二雄				32	1993年5月第1版	1—5,000	2.40		112	花山文艺出版社

（续表）

序号	书名	原著	文	图	封面	开本	版次印次	印数	定价（元）	书号	页数	出版社
53	地瓜音乐屁（新编神奇机器猫小叮当⑩）	[日]藤子不二雄				32	1993年5月第1版	1—5,000	2.40	ISBN 7-80505-771-0/J.37	112	花山文艺出版社
	备注：序号44—53为套书《新编神奇机器猫小叮当》（第三卷），共10册。											
54	大熊的翅膀（新编神奇机器猫小叮当①）	[日]藤子不二雄				32	1993年5月第1版	1—5,000	2.40	ISBN 7-80505-772-9/J.38	112	花山文艺出版社
55	梦中的风铃（新编神奇机器猫小叮当②）	[日]藤子不二雄				32	1993年5月第1版	1—5,000	2.40	ISBN 7-80505-772-9/J.38	112	花山文艺出版社
56	重力调节器（新编神奇机器猫小叮当③）	[日]藤子不二雄				32	1993年5月第1版	1—5,000	2.40	ISBN 7-80505-772-9/J.38	112	花山文艺出版社
57	吹牛的祖先（新编神奇机器猫小叮当④）	[日]藤子不二雄				32	1993年5月第1版	1—5,000	2.40	ISBN 7-80505-772-9/J.38	112	花山文艺出版社
58	技安的歌声（新编神奇机器猫小叮当⑤）	[日]藤子不二雄				32	1993年5月第1版	1—5,000	2.40	ISBN 7-80505-772-9/J.38	112	花山文艺出版社
59	小叮当国王（新编神奇机器猫小叮当⑥）	[日]藤子不二雄				32	1993年5月第1版	1—5,000	2.40	ISBN 7-80505-772-9/J.38	112	花山文艺出版社
60	怕老鼠的猫（新编神奇机器猫小叮当⑦）	[日]藤子不二雄				32	1993年5月第1版	1—5,000	2.40	ISBN 7-80505-772-9/J.38	112	花山文艺出版社
61	折纸大暴动（新编神奇机器猫小叮当⑧）	[日]藤子不二雄				32	1993年5月第1版	1—5,000	2.40	ISBN 7-80505-772-9/J.38	112	花山文艺出版社
62	狼面美容霜（新编神奇机器猫小叮当⑨）	[日]藤子不二雄				32	1993年5月第1版	1—5,000	2.40	ISBN 7-80505-772-9/J.38	112	花山文艺出版社
63	阿福的舰队（新编神奇机器猫小叮当⑩）	[日]藤子不二雄				32	1993年5月第1版	1—5,000	2.40	ISBN 7-80505-772-9/J.38	112	花山文艺出版社
	备注：序号54—63为套书《新编神奇机器猫小叮当》（第四卷），共10册。											
64	雪人的副业（新编神奇机器猫小叮当①）	[日]藤子不二雄				32	1993年5月第1版	1—5,000	2.40	ISBN 7-80505-773-7/J.39	112	花山文艺出版社

（续表）

序号	书名	原著	文	图	封面	开本	版次印次	印数	定价（元）	书号	页数	出版社
65	阿福的考卷（新编神奇机器猫小叮当②）	[日]藤子不二雄				32	1993年5月第1版	1—5,000	2.40	ISBN 7-80505-773-7/J.39	112	花山文艺出版社
66	做英雄也难（新编神奇机器猫小叮当③）	[日]藤子不二雄				32	1993年5月第1版	1—5,000	2.40		112	花山文艺出版社
67	技安是气球（新编神奇机器猫小叮当④）	[日]藤子不二雄				32	1993年5月第1版	1—5,000	2.40		112	花山文艺出版社
68	电视台老板（新编神奇机器猫小叮当⑤）	[日]藤子不二雄				32	1993年5月第1版	1—5,000	2.40		112	花山文艺出版社
69	研究地球人（新编神奇机器猫小叮当⑥）	[日]藤子不二雄				32	1993年5月第1版	1—5,000	2.40		112	花山文艺出版社
70	实践口香糖（新编神奇机器猫小叮当⑦）	[日]藤子不二雄				32	1993年5月第1版	1—5,000	2.40		112	花山文艺出版社
71	个性颠倒剂（新编神奇机器猫小叮当⑧）	[日]藤子不二雄				32	1993年5月第1版	1—5,000	2.40		112	花山文艺出版社
72	淘气屋的饼（新编神奇机器猫小叮当⑨）	[日]藤子不二雄				32	1993年5月第1版	1—5,000	2.40		112	花山文艺出版社
73	告别小叮当（新编神奇机器猫小叮当⑩）	[日]藤子不二雄				32	1993年5月第1版	1—5,000	2.40		112	花山文艺出版社
	备注：序号64—73为套书《新编神奇机器猫小叮当》（第五卷），共10册。											
74	惩治老虎（拼音童话）		张秋菊 李忻	刘德璋		24	1993年7月第1版	1—20,000	1.40	ISBN7-5310-0544-1/J·506	23	河北美术出版社
75	金鹿斗虎（拼音童话）		张建辉	联晟 亦卿		24	1993年7月第1版	1—20,000	1.40	ISBN7-5310-0545-X/J·507	23	河北美术出版社
76	做贼心虚（拼音童话）		李新娟	家华 高微		24	1993年7月第1版	1—20,000	1.40	ISBN7-5310-0546-6/J·508	23	河北美术出版社
77	迷路的小羊（拼音童话）		李新娟	高造 韩丽		24	1993年7月第1版	1—20,000	1.40	ISBN7-5310-0547-6/J·509	23	河北美术出版社
78	白熊造屋（拼音童话）		张建辉 李忻	金燕平		24	1993年7月第1版	1—20,000	1.40	ISBN7-5310-0548-4/J·510	23	河北美术出版社

（续表）

序号	书名	原著	文	图	封面	开本	版次印次	印数	定价（元）	书号	页数	出版社
79	小猴过桥（拼音童话）		马玉芝	高山 寒潮		24	1993年7月第1版	1—20,000	1.40	ISBN7-5310-0549-2/J·511	23	河北美术出版社
	备注：序号74—79为丛书《拼音童话》，共6册。											
80	儿童知识图解——认识物理		陈伟新等	陆汝浩		24	1993年10月第1版	1—20,000	5.00	ISBN7-5310-0513-1/J·476	82	河北美术出版社
81	毛泽东画传（领袖画传丛书）		王吉祥	贺敏忠		32	1993年11月第1版	1—10,000	8.50	ISBN7-5310-0511-5/J·474	204	河北美术出版社
82	少儿成语画典		陆静 海红等	周长民 朱兴华等		24	1993年12月第1版	1—5,000	17.80	ISBN7-5434-1139-3/G·933	357	河北教育出版社
83	小神童（开发儿童智力画册）		戈兵	张秉钧 刘世铎 刘桥等	贡小秋	32	1993年12月第1版	1—10,000	4.20	ISBN7-5310-0512-3/J·475	235	河北美术出版社

1994年冀版连环画汇总

<table>
<tr><th>序号</th><th>书名</th><th>原著</th><th>文</th><th>图</th><th>封面</th><th>开本</th><th>版次印次</th><th>印数</th><th>定价（元）</th><th>书号</th><th>页数</th><th>出版社</th></tr>
<tr><td>1</td><td>蘑菇房子（红狐狸童话丛书 国际流行开本 婴儿画册）</td><td></td><td>赵冰波</td><td>高微
卞锐</td><td></td><td>20</td><td>1994年1月第1版</td><td>1—10, 000</td><td>1. 50</td><td rowspan="10">ISBN7-5376-1143-2/Ⅰ·464</td><td>20</td><td>河北少年儿童出版社</td></tr>
<tr><td>2</td><td>星星掉下来了（红狐狸童话丛书 国际流行开本 婴儿画册）</td><td></td><td>赵冰波</td><td>钱继伟</td><td></td><td>20</td><td>1994年1月第1版</td><td>1—10, 000</td><td>1. 50</td><td>20</td><td>河北少年儿童出版社</td></tr>
<tr><td>3</td><td>挖陷阱（红狐狸童话丛书 国际流行开本 婴儿画册）</td><td></td><td>赵冰波</td><td>江健文</td><td></td><td>20</td><td>1994年1月第1版</td><td>1—10, 000</td><td>1. 50</td><td>20</td><td>河北少年儿童出版社</td></tr>
<tr><td>4</td><td>奇怪的舅舅（红狐狸童话丛书 国际流行开本 婴儿画册）</td><td></td><td>赵冰波</td><td>铁牛
朱瑶</td><td></td><td>20</td><td>1994年1月第1版</td><td>1—10, 000</td><td>1. 50</td><td>20</td><td>河北少年儿童出版社</td></tr>
<tr><td>5</td><td>奇妙的音乐会（红狐狸童话丛书 国际流行开本 婴儿画册）</td><td></td><td>赵冰波</td><td>铁牛
朱瑶</td><td></td><td>20</td><td>1994年1月第1版</td><td>1—10, 000</td><td>1. 50</td><td>20</td><td>河北少年儿童出版社</td></tr>
<tr><td>6</td><td>特大泡泡糖（红狐狸童话丛书 国际流行开本 婴儿画册）</td><td></td><td>赵冰波</td><td>陶文杰
陶敬国</td><td></td><td>20</td><td>1994年1月第1版</td><td>1—10, 000</td><td>1. 50</td><td>20</td><td>河北少年儿童出版社</td></tr>
<tr><td>7</td><td>来了一个大怪物（红狐狸童话丛书 国际流行开本 婴儿画册）</td><td></td><td>赵冰波</td><td>铁牛
朱瑶</td><td></td><td>20</td><td>1994年1月第1版</td><td>1—10, 000</td><td>1. 50</td><td>20</td><td>河北少年儿童出版社</td></tr>
<tr><td>8</td><td>大西瓜（红狐狸童话丛书 国际流行开本 婴儿画册）</td><td></td><td>赵冰波</td><td>李全华</td><td></td><td>20</td><td>1994年1月第1版</td><td>1—10, 000</td><td>1. 50</td><td>20</td><td>河北少年儿童出版社</td></tr>
<tr><td>9</td><td>太阳烤面包（红狐狸童话丛书 国际流行开本 婴儿画册）</td><td></td><td>赵冰波</td><td>李全华</td><td></td><td>20</td><td>1994年1月第1版</td><td>1—10, 000</td><td>1. 50</td><td>20</td><td>河北少年儿童出版社</td></tr>
<tr><td rowspan="2">10</td><td>乱长的牵牛花（红狐狸童话丛书 国际流行开本 婴儿画册）</td><td></td><td>赵冰波</td><td>钱继伟</td><td></td><td>20</td><td>1994年1月第1版</td><td>1—10, 000</td><td>1. 50</td><td>20</td><td>河北少年儿童出版社</td></tr>
<tr><td colspan="12">备注：序号1—10为套书《红狐狸童话丛书》，共10册。</td></tr>
<tr><td>11</td><td>长长的小花蛇（好娃娃童话丛书 国际流行开本 婴儿画册）</td><td></td><td>陆弘</td><td>吕鸿群</td><td></td><td>20</td><td>1994年1月第1版</td><td>1—10, 000</td><td rowspan="2">15. 00</td><td rowspan="2">ISBN7-5376-1144-0/Ⅰ·465</td><td>20</td><td>河北少年儿童出版社</td></tr>
<tr><td>12</td><td>好保姆（好娃娃童话丛书 国际流行开本 婴儿画册）</td><td></td><td>龚文</td><td>蔡宏</td><td></td><td>20</td><td>1994年1月第1版</td><td>1—10, 000</td><td>20</td><td>河北少年儿童出版社</td></tr>
</table>

（续表）

序号	书名	原著	文	图	封面	开本	版次印次	印数	定价（元）	书号	页数	出版社
13	亲亲好妈妈（好娃娃童话丛书 国际流行开本 婴儿画册）		金捷	祝琪		20	1994年1月第1版	1—10,000	15.00	ISBN7-5376-1144-0/I·465	20	河北少年儿童出版社
14	大公鸡喔喔喔（好娃娃童话丛书 国际流行开本 婴儿画册）		金捷	高微 卞锐		20	1994年1月第1版	1—10,000			20	河北少年儿童出版社
15	丫丫的钥匙（好娃娃童话丛书 国际流行开本 婴儿画册）		朱丽蓉	孟雨秋		20	1994年1月第1版	1—10,000			20	河北少年儿童出版社
16	圈圈车（好娃娃童话丛书 国际流行开本 婴儿画册）		朱丽蓉	洪涛		20	1994年1月第1版	1—10,000			20	河北少年儿童出版社
17	佳佳和丫丫（好娃娃童话丛书 国际流行开本 婴儿画册）		朱丽蓉	谢永康		20	1994年1月第1版	1—10,000			20	河北少年儿童出版社
18	老虎医生（好娃娃童话丛书 国际流行开本 婴儿画册）		陆弘	于昆		20	1994年1月第1版	1—10,000			20	河北少年儿童出版社
19	小被子盖盖好（好娃娃童话丛书 国际流行开本 婴儿画册）		陆弘	蒋松涛		20	1994年1月第1版	1—10,000			20	河北少年儿童出版社
20	小木娃（好娃娃童话丛书 国际流行开本 婴儿画册）		朱丽蓉	程思新		20	1994年1月第1版	1—10,000			20	河北少年儿童出版社
	备注：序号11—20为套书《好娃娃童话丛书》，共10册。											
21	葫芦金刚大战陆海空1		谭松	张志印 辛文钢	陈雷	24	1994年1月第1版	1—10,000	16.20	ISBN7-202-01458-0/G·152	48	河北人民出版社
22	葫芦金刚大战陆海空2		谭松	张志印 辛文钢	陈雷	24	1994年1月第1版	1—10,000			48	河北人民出版社
23	葫芦金刚大战陆海空3		谭松	张志印 辛文钢	陈雷	24	1994年1月第1版	1—10,000			48	河北人民出版社
24	葫芦金刚大战陆海空4		谭松	张志印 辛文钢	陈雷	24	1994年1月第1版	1—10,000			48	河北人民出版社
25	葫芦金刚大战陆海空5		谭松	张志印 辛文钢	陈雷	24	1994年1月第1版	1—10,000			48	河北人民出版社
26	葫芦金刚大战陆海空6		谭松	张志印 辛文钢	陈雷	24	1994年1月第1版	1—10,000			48	河北人民出版社
	备注：序号21—26为套书《葫芦金刚大战海陆空》，共6册。											

（续表）

<table>
<tr><th>序号</th><th>书名</th><th>原著</th><th>文</th><th>图</th><th>封面</th><th>开本</th><th>版次印次</th><th>印数</th><th>定价（元）</th><th>书号</th><th>页数</th><th>出版社</th></tr>
<tr><td>27</td><td>幼读宋词一百首</td><td></td><td>陆风
晓峰</td><td>高适
常人
吟春
笑冬</td><td></td><td>40</td><td>1994年1月第1版</td><td>1—20, 000</td><td>2. 50</td><td>ISBN7-80611-006-2/I·895</td><td>202</td><td>花山文艺出版社</td></tr>
<tr><td>28</td><td>幼读成语一百篇</td><td></td><td>陆风
小崴</td><td>高月冬
常思
祝平安
任意</td><td></td><td>40</td><td>1994年1月第1版</td><td>1—20, 000</td><td>2. 50</td><td>ISBN7-80611-008-9/I·897</td><td>201</td><td>花山文艺出版社</td></tr>
<tr><td>29</td><td>幼读歌谣一百首</td><td></td><td>鲁吉冀
杨中树</td><td>刘业通
刘克美
华民
唯美</td><td></td><td>40</td><td>1994年1月第1版</td><td>1—20, 000</td><td>2. 50</td><td>ISBN7-80611-007-0/I·896</td><td>201</td><td>花山文艺出版社</td></tr>
<tr><td>30</td><td>古诗配画3（幼儿知识画库丛书 拼音古诗配画）</td><td></td><td>曹仁奇
任义勇
赵素怀</td><td>辛鹤江</td><td></td><td>24</td><td>1994年2月第1版</td><td>1—10, 000</td><td>1. 90</td><td>ISBN7-5310-0507-7/J·470</td><td>24</td><td>河北美术出版社</td></tr>
<tr><td>31</td><td>古诗配画4（幼儿知识画库丛书 拼音古诗配画）</td><td></td><td>曹仁奇
任义勇
赵素怀</td><td>雷金池</td><td></td><td>24</td><td>1994年2月第1版</td><td>1—10, 000</td><td>1. 90</td><td>ISBN7-5310-0508-5/J·471</td><td>24</td><td>河北美术出版社</td></tr>
<tr><td rowspan="2">32</td><td>古诗配画5（幼儿知识画库丛书 拼音古诗配画）</td><td></td><td>曹仁奇
任义勇
赵素怀</td><td>雷金池</td><td></td><td>24</td><td>1994年2月第1版</td><td>1—10, 000</td><td>1. 90</td><td>ISBN7-5310-0509-3/J·472</td><td>24</td><td>河北美术出版社</td></tr>
<tr><td colspan="12">备注：序号30—32为丛书《幼儿知识画库丛书 拼音古诗配画》，共3册。</td></tr>
<tr><td>33</td><td>葫芦兄弟和小白蛇</td><td></td><td>小星
墨犊</td><td>庆云</td><td></td><td>24</td><td>1994年5月第1版</td><td>1—50, 000</td><td>9. 80</td><td>ISBN7-202-01539-0/J·47</td><td>120</td><td>河北人民出版社</td></tr>
<tr><td>34</td><td>野猫学长寿（拼音童话）</td><td>贺宜</td><td>文娟
刘燕君</td><td>卞家华</td><td></td><td>24</td><td>1994年6月第1版</td><td>1—10, 000</td><td>1. 90</td><td>ISBN7-5310-0613-8/J·575</td><td>24</td><td>河北美术出版社</td></tr>
<tr><td>35</td><td>老松树和小松鼠</td><td></td><td>王明明</td><td>张健民
张昱喆</td><td></td><td>24</td><td>1994年6月第1版</td><td>1—10, 000</td><td>1. 90</td><td>ISBN7-5310-0612-X/J·574</td><td>23</td><td>河北美术出版社</td></tr>
<tr><td>36</td><td>动物故事大王（A）</td><td></td><td></td><td>晓凡</td><td></td><td>24</td><td>1994年6月第1版</td><td>1—10, 000</td><td rowspan="2">2. 90</td><td rowspan="2">ISBN7-80611-162-X/I·137</td><td>47</td><td>花山文艺出版社</td></tr>
<tr><td>37</td><td>动物故事大王（B）</td><td></td><td></td><td>晓凡</td><td></td><td>24</td><td>1994年6月第1版</td><td>1—10, 000</td><td>47</td><td>花山文艺出版社</td></tr>
<tr><td>38</td><td>彩图科学知识启蒙故事100篇——红树集</td><td></td><td>许悦
沙孝惠等</td><td>邹越非
关帼化等</td><td></td><td>20</td><td>1994年7月第1版</td><td>1—1, 000</td><td rowspan="2">112. 00</td><td rowspan="2">ISBN7-5434-2250-6/G·1872</td><td>100</td><td>河北教育出版社</td></tr>
<tr><td>39</td><td>彩图科学知识启蒙故事100篇——黄树集</td><td></td><td>许悦
沙孝惠等</td><td>邹越非
关帼化等</td><td></td><td>20</td><td>1994年7月第1版</td><td>1—1, 000</td><td>100</td><td>河北教育出版社</td></tr>
</table>

（续表）

序号	书名	原著	文	图	封面	开本	版次印次	印数	定价（元）	书号	页数	出版社
40	彩图科学知识启蒙故事100篇——蓝树集		许悦 沙孝惠等	邹越非 关嵋化等		20	1994年7月 第1版	1—1,000	112.00	ISBN7-5434-2250-6/G·1872	100	河北教育出版社
41	彩图科学知识启蒙故事100篇——绿树集		许悦 沙孝惠等	邹越非 关嵋化等		20	1994年7月 第1版	1—1,000			100	河北教育出版社
	备注：序号38—41为套书《彩图科学知识启蒙故事100篇》，共4册。本套书获第四届全国教育出版社小学优秀图书奖、第七届冰心儿童图书奖。											
42	中国漫画书系——张仃卷			张仃		12	1994年8月 第1版	1—5,000	55.00	ISBN7-5434-2248-4/J·15	112	河北教育出版社
43	中国漫画书系——詹同卷			詹同		12	1994年8月 第1版	1—5,000	60.00		144	河北教育出版社
44	中国漫画书系——苗地卷			苗地		12	1994年8月 第1版	1—5,000	55.00		119	河北教育出版社
45	中国漫画书系——方唐卷			方唐		12	1994年8月 第1版	1—5,000	55.00		142	河北教育出版社
46	中国漫画书系——江帆卷			江帆		12	1994年8月 第1版	1—5,000	55.00		131	河北教育出版社
47	中国漫画书系——米谷卷			米谷		12	1994年8月 第1版	1—5,000	55.00		126	河北教育出版社
48	中国漫画书系——方成卷			方成		12	1994年8月 第1版	1—5,000	55.00		137	河北教育出版社
49	中国漫画书系——丁聪卷			丁聪		12	1994年8月 第1版	1—5,000	55.00		109	河北教育出版社
50	中国漫画书系——韩羽卷			韩羽		12	1994年8月 第1版	1—5,000	55.00		121	河北教育出版社
51	中国漫画书系——张光宇卷			张光宇		12	1994年8月 第1版	1—5,000	60.00		159	河北教育出版社
52	中国漫画书系——于化鲤卷			于化鲤		12	1994年8月 第1版	1—5,000	55.00		144	河北教育出版社
53	中国漫画书系——叶浅予卷			叶浅予		12	1994年8月 第1版	1—5,000	50.00		164	河北教育出版社
54	中国漫画书系——廖冰兄卷			廖冰兄		12	1994年8月 第1版	1—5,000	60.00		131	河北教育出版社
55	中国漫画书系——张乐平卷			张乐平		12	1994年8月 第1版	1—5,000	55.00		148	河北教育出版社
56	中国漫画书系——韦启美卷			韦启美		12	1994年8月 第1版	1—5,000	55.00		136	河北教育出版社
57	中国漫画书系——丰子恺卷			丰子恺		12	1994年8月 第1版	1—5,000	55.00		128	河北教育出版社

（续表）

序号	书名	原著	文	图	封面	开本	版次印次	印数	定价（元）	书号	页数	出版社
58	中国漫画书系——华君武卷			华君武		12	1994年8月第1版	1—5,000	50.00	ISBN7-5434-2248-4/J·15	156	河北教育出版社
59	中国漫画书系——王复羊卷			王复羊		12	1994年8月第1版	1—5,000	55.00		150	河北教育出版社
	备注：序号42—59为套书《中国漫画书系》，共18册。本套书获第二届国家图书奖提名奖、第九届中国图书奖。											
60	精编一天一个好故事彩色连环画1		陆弘 朱丽蓉等	祝琪 吕鸿群等		16	1994年8月第1版	1—30,000	6.20	ISBN7-5376-0946-2/G·431	78	河北少年儿童出版社
61	精编一天一个好故事彩色连环画2		陆弘 朱丽蓉等	臧永杰等		16	1994年8月第1版	1—30,000	6.20		78	河北少年儿童出版社
62	精编一天一个好故事彩色连环画3		陆弘 朱丽蓉等	位丽 玉辉等		16	1994年8月第1版	1—30,000	6.20		78	河北少年儿童出版社
63	精编一天一个好故事彩色连环画4		陆弘 朱丽蓉等	杨沛 张智等		16	1994年8月第1版	1—30,000	6.20	ISBN7-5376-0946-2/G·431	78	河北少年儿童出版社
	备注：序号60—63为套书《精编一天一个好故事彩色连环画》，共4册。											
64	年节故事大观		艾钟华	孙炳明 侯凤翔等		32	1994年10月第1版	1—5,000	19.80	ISBN7-5310-0650-2/J·593	583	河北美术出版社
65	古诗配画6（幼儿知识画库丛书 拼音古诗配画）		王惠 章林	阮观东 杜炳申 韩丽莎		24	1994年10月第1版	1—15,000	15.00	ISBN7-5310-0695-2/J·620	24	河北美术出版社
66	古诗配画7（幼儿知识画库丛书 拼音古诗配画）		王惠 章林	王悦民 田力		24	1994年10月第1版	1—15,000			24	河北美术出版社
67	古诗配画8（幼儿知识画库丛书 拼音古诗配画）		王惠 章林	刘克仁 杜炳申		24	1994年10月第1版	1—15,000			24	河北美术出版社
68	古诗配画9（幼儿知识画库丛书 拼音古诗配画）		王惠 章林	张志宏 高山		24	1994年10月第1版	1—15,000			24	河北美术出版社
69	古诗配画10（幼儿知识画库丛书 拼音古诗配画）		王惠 章林	杜炳申 阮观东		24	1994年10月第1版	1—15,000			24	河北美术出版社
	备注：序号65—69为套书《幼儿知识画库丛书 拼音古诗配画》，共5册。											
70	非凡的善良公主（儿童故事霸王）		松言			24	1994年12月第1版	1—6,000	13.20	ISBN7-202-01630-3/G·199	36	河北人民出版社

（续表）

序号	书名	原著	文	图	封面	开本	版次印次	印数	定价（元）	书号	页数	出版社
71	遥远的神话传说（儿童故事霸王）		松言			24	1994年12月第1版	1—6,000	13.20	ISBN7-202-01630-3/G·199	36	河北人民出版社
72	开心的幽默大师（儿童故事霸王）		松言			24	1994年12月第1版	1—6,000			36	河北人民出版社
73	蓝色的童话王国（儿童故事霸王）		松言			24	1994年12月第1版	1—6,000			36	河北人民出版社
74	传奇的民间故事（儿童故事霸王）		松言			24	1994年12月第1版	1—6,000			36	河北人民出版社
	备注：序号70—74为套书《儿童故事霸王》，共5册。											
75	小狐狸认图形学拼音（小狐狸丛书）		南山	秋莉		24	1994年12月第1版	1—10,000	7.50	ISBN7-202-01679-6/G·209	24	河北人民出版社
76	小狐狸填图补色（小狐狸丛书）		王丰 钱丽丽	王丰 钱丽丽		24	1994年12月第1版	1—10,000			24	河北人民出版社
77	小狐狸教儿歌（小狐狸丛书）		王丰 钱丽丽	王丰 钱丽丽		24	1994年12月第1版	1—10,000			24	河北人民出版社
78	小狐狸画简笔画（小狐狸丛书）		王丰 钱丽丽	王丰 钱丽丽		24	1994年12月第1版	1—10,000	7.50	ISBN7-202-01679-6/G·209	24	河北人民出版社
79	小狐狸de画谜（小狐狸丛书）		王丰 钱丽丽	王丰 钱丽丽		24	1994年12月第1版	1—10,000			24	河北人民出版社
80	小狐狸游智慧宫（小狐狸丛书）		不详	不详		24	1994年12月第1版	1—10,000			24	河北人民出版社
	备注：序号75—80为套书《小狐狸丛书》，共6册。											

1995年冀版连环画汇总

序号	书名	原著	文	图	封面	开本	版次印次	印数	定价（元）	书号	页数	出版社
1	动物之谜（科学家的摇篮系列知识画丛）		秋菊	秋菊		24	1995年1月第1版	1—20,000	15.00	ISBN7-5375-1394-5/N·21	35	河北科学技术出版社
2	气象万千（科学家的摇篮系列知识画丛）		秋菊	钱丽丽		24	1995年1月第1版	1—20,000			35	河北科学技术出版社
3	海底奇观（科学家的摇篮系列知识画丛）		秋菊	不详		24	1995年1月第1版	1—20,000			35	河北科学技术出版社
4	小岛探秘（科学家的摇篮系列知识画丛）		秋菊	毛立人		24	1995年1月第1版	1—20,000			35	河北科学技术出版社
5	奇异的植物（科学家的摇篮系列知识画丛）		秋菊	重阳子		24	1995年1月第1版	1—20,000			35	河北科学技术出版社
	备注：序号1—5为套书《科学家的摇篮系列知识画丛》，共5册。											
6	水浒传（中国大卡通）		徐来 黄飞珏 邹昌政 顾学文	黄大华 刘泽岱 邹越非 季平 钱定华		16	1995年1月第1版	1—20,000	8.00	ISBN7-5375-1399-6/J·12	62	河北科学技术出版社
7	红楼梦（中国大卡通）		徐来 黄飞珏 邹昌政 顾学文	黄大华 刘泽岱 邹越非 季平 钱定华		16	1995年1月第1版	1—20,000	8.00	ISBN7-5375-1404-6/J·16	62	河北科学技术出版社
8	西游记（中国大卡通）		徐来 黄飞珏 邹昌政 顾学文	黄大华 刘泽岱 邹越非 季平 钱定华		16	1995年1月第1版	1—20,000	8.00	ISBN7-5375-1405-4/J·17	62	河北科学技术出版社
9	三国演义（中国大卡通）		徐来 黄飞珏 邹昌政 顾学文	黄大华 刘泽岱 邹越非 季平 钱定华		16	1995年1月第1版	1—20,000	8.00	ISBN7-5375-1406-2/J·18	62	河北科学技术出版社
	备注：序号6—9为丛书《中国大卡通》，共4册。											
10	漫画汉书 ①		李敬泽 阎明魁	王增弟 钟小季等		16	1995年2月第1版	1—3,000	110.00	ISBN7-5434-2360-X/G·1948	348	河北教育出版社
11	漫画汉书 ②		李敬泽 阎明魁	王增弟 钟小季等		16	1995年2月第1版	1—3,000			360	河北教育出版社
12	漫画汉书 ③		李敬泽 阎明魁	王增弟 钟小季等		16	1995年2月第1版	1—3,000			424	河北教育出版社

（续表）

序号	书名	原著	文	图	封面	开本	版次印次	印数	定价（元）	书号	页数	出版社
13	漫画汉书 ④		李敬泽 阎明魁	王增弟 钟小季等		16	1995年2月 第1版	1— 3,000	110.00	ISBN7-5434- 2360-X/ G·1948	371	河北教育出版社
	备注：序号10—13为套书《漫画汉书》，共4册。											
14	漫画史记 ①		张文 张明信 魏连科	刘进安 蒋世国等		16	1995年2月 第1版	1— 3,000	120.00	ISBN7-5434- 2358-8/ G·1946	330	河北教育出版社
15	漫画史记 ②		张文 张明信 魏连科	刘进安 蒋世国等		16	1995年2月 第1版	1— 3,000			346	河北教育出版社
16	漫画史记 ③		张文 张明信 魏连科	刘进安 蒋世国等		16	1995年2月 第1版	1— 3,000			349	河北教育出版社
17	漫画史记 ④		张文 张明信 魏连科	刘进安 蒋世国等		16	1995年2月 第1版	1— 3,000			349	河北教育出版社
18	漫画史记 ⑤		张文 张明信 魏连科	刘进安 蒋世国等		16	1995年2月 第1版	1— 3,000			323	河北教育出版社
	备注：序号14—18为套书《漫画史记》，共5册。											
19	封神榜（中国大卡通）		晓珏 费杰 邹昌政 王建华	杨震 永康 莫其 康夫		16	1995年3月 第1版	1— 20,000	10.00	ISBN7-5375- 1410-7/ J·20	78	河北科学技术出版社
	备注：《中国大卡通丛书》。											
20	长颈鹿和小羊 （拼音童话）		张汝川	高山 晓蕾		24	1995年4月 第1版	1— 15,000	2.95	ISBN7-5310- 0691-X/ J·616	23	河北美术出版社
21	新编三字经		辛力 本书编 写组 滔涛			32	1995年4月 第1版	1— 200,000	3.30	ISBN7-5376- 1302-8/ G·767	89	河北少年儿童出版社
22	儿童保健歌谣（一）		董洪芳	痴枫		24	1995年4月 第1版	1— 10,000	7.30	ISBN7-5310- 0517-4/ J·480	24	河北美术出版社
23	儿童保健歌谣（二）		杨群超 刘玉祥	霞光		24	1995年4月 第1版	1— 10,000			24	河北美术出版社
	备注：序号22—23为套书《儿童保健歌谣》，共2册。											

（续表）

序号	书名	原著	文	图	封面	开本	版次印次	印数	定价（元）	书号	页数	出版社
24	电视动画 胖胖钓鱼（拼音电视动画系列）		张林	李莘		24	1995年5月第1版	1—15,000	6.30	ISBN7-5310-0711-8/J·636		河北美术出版社
25	电视动画 胖胖学飞（拼音电视动画系列）		张林	李莘		24	1995年5月第1版	1—15,000				河北美术出版社
	备注：序号24—25为套书《电视动画 胖胖》，共2册。											
26	抗日斗争故事（爱国主义教育连环画库㊤）		曹治淮	段秀仓 施胜辰 雷金池 陈继荣		32	1995年5月第1版	1—20,000	36.00	ISBN7-5310-0696-0/J·621	325	河北美术出版社
27	抗日斗争故事（爱国主义教育连环画库㊥）		孙铁宝 王玉良 等	黄玉忠 辛鹤江 刘汉宗		32	1995年5月第1版	1—20,000			327	河北美术出版社
28	抗日斗争故事（爱国主义教育连环画库㊦）		刘树强 等	夏连雨 陈洪亮 吴懋祥		32	1995年5月第1版	1—20,000			360	河北美术出版社
	备注：序号26—28为套书《爱国主义教育连环画库》，共3册。											
29	新编弟子规（精装）		河北省教育委员会		墨轩	32	1995年5月第1版	1—200,000	3.30	ISBN7-5376-1303-6/G·772	85	河北少年儿童出版社
30	幼儿三字经		本书创作组	本书创作组	位丽	24	1995年5月第1版	1—100,000	3.00	ISBN7-5376-1304-4/G·773	48	河北少年儿童出版社
31	邯郸成语典故（绘画本）		韩荔 赵宜忠 辛鹤江	朱振芳等	墨轩	32	1995年9月第1版	1—10,000	18.00	ISBN7-5310-0726-6/J·651	386	河北美术出版社
32	华君武漫画			华君武		20	1995年11月第1版	无	19.50	ISBN7-5434-2523-8/J·20	198	河北教育出版社
33	十二英烈（爱国教育连环画丛书 抗日战争故事）		陈廷一	刘丰杰	梁惠统	64	1995年12月第1版	无	1.95	ISBN7-80582-986-1/J·/715	102	河北美术出版社与广西美术出版社合作出版（封面新绘，只有广西书号）
34	沙河破击战（爱国教育连环画丛书 抗日战争故事）		闫涛	刘端 李玉文等	梁惠统	60	1995年12月第1版	无	2.30	ISBN7-80582-985-3/J·/714	118	河北美术出版社与广西美术出版社合作出版（封面新绘，只有广西书号）
35	大战鸳鸯泺（爱国教育连环画丛书 抗日战争故事）		李宝柱	孟喜元	梁惠统	64	1995年12月第1版	无	1.70	ISBN7-80582-991-8/J·/720	86	河北美术出版社与广西美术出版社合作出版（封面新绘，只有广西书号）

（续表）

序号	书名	原著	文	图	封面	开本	版次印次	印数	定价（元）	书号	页数	出版社
36	新儿女英雄传（上集）（爱国教育连环画丛书 抗日战争故事）		李大振	辛鹤江	梁惠统	64	1995年12月第1版	无	6.60	ISBN7-80582-973-X/J·/702	125	河北美术出版社与广西美术出版社合作出版（封面新绘，只有广西书号）
37	新儿女英雄传（中集）（爱国教育连环画丛书 抗日战争故事）		李大振	辛鹤江	梁惠统	64	1995年12月第1版	无			93	河北美术出版社与广西美术出版社合作出版，封面新绘，只有广西书号
38	新儿女英雄传（下集）（爱国教育连环画丛书 抗日战争故事）		李大振	辛鹤江	梁惠统	64	1995年12月第1版	无			126	河北美术出版社与广西美术出版社合作出版（封面新绘，只有广西书号）
39	小英雄王璞（爱国教育连环画丛书 抗日战争故事）		赵建国	刘根涛 赵建国	梁惠统	64	1995年12月第1版	无	2.25	ISBN7-80582-979-9/J·/708	118	河北美术出版社与广西美术出版社合作出版（封面新绘，只有广西书号）
40	节振国（爱国教育连环画丛书 抗日战争故事）		王瑞	刘汉宗	梁惠统	64	1995年12月第1版	无	3.25	ISBN7-80582-981-0/J·/710	169	河北美术出版社与广西美术出版社合作出版（封面新绘，只有广西书号）
41	水娃的故事（爱国教育连环画丛书 抗日战争故事）		曹治淮	刘业通	梁惠统	64	1995年12月第1版	无	1.95	ISBN7-80582-978-0/J·/707	102	河北美术出版社与广西美术出版社合作出版（封面新绘，只有广西书号）
42	齐会歼灭战（爱国教育连环画丛书 抗日战争故事）		孙铁宝 王玉良	黄玉忠	梁惠统	64	1995年12月第1版	无	2.60	ISBN7-80582-990-X/J·/719	134	河北美术出版社与广西美术出版社合作出版（封面新绘，只有广西书号）
43	旗开得胜（爱国教育连环画丛书 抗日战争故事）		李应	刘端	梁惠统	64	1995年12月第1版	无	1.10	ISBN7-80582-980-2/J·/709	54	河北美术出版社与广西美术出版社合作出版（封面新绘，只有广西书号）
44	巧取军火船（爱国教育连环画丛书 抗日战争故事）		刘树强	辛鹤江	梁惠统	64	1995年12月第1版	无	1.65	ISBN7-80582-983-7/J·/712	86	河北美术出版社与广西美术出版社合作出版（封面新绘，只有广西书号）
	备注：序号33—44为丛书《爱国主义教育连环画丛书　抗日战争故事》，共12册。											
45	离间计（打仗的故事）		郑军	彭国昌		64	1995年12月第1版	1—10,000	11.50	ISBN7-5376-1329-X/I·530	62	河北少年儿童出版社

（续表）

序号	书名	原著	文	图	封面	开本	版次印次	印数	定价（元）	书号	页数	出版社
46	巨鹿大战（打仗的故事）		韩菩	曹卫红 杨怀武		64	1995年12月第1版	1—10,000	11.50	ISBN7-5376-1329-X/I·530	63	河北少年儿童出版社
47	晋阳大战（打仗的故事）		刘文	张冰洁		64	1995年12月第1版	1—10,000			62	河北少年儿童出版社
48	孤胆赴敌营（打仗的故事）		关健	高中造 张书华 张丽		64	1995年12月第1版	1—10,000			63	河北少年儿童出版社
49	洛阳大战（打仗的故事）		韩文	黄志平		64	1995年12月第1版	1—10,000			63	河北少年儿童出版社
50	空城计（打仗的故事）		张霞	彭国昌		64	1995年12月第1版	1—10,000			60	河北少年儿童出版社
51	马陵大战（打仗的故事）		关健	高中造 张书华 张丽		64	1995年12月第1版	1—10,000			62	河北少年儿童出版社
52	邯郸解围（打仗的故事）		李勤	张冰洁 张书华 高中造		64	1995年12月第1版	1—10,000			70	河北少年儿童出版社
53	淝水大战（打仗的故事）		常文斌	朱兴华 刘程锦 朱玉珉		64	1995年12月第1版	1—10,000			63	河北少年儿童出版社
54	智勇平叛（打仗的故事）		忠义	朱兴华 刘程锦 朱玉珉		64	1995年12月第1版	1—10,000			62	河北少年儿童出版社
	备注：序号45—54为丛书《打仗的故事》，共10册。											

1996年冀版连环画汇总

<table>
<tr><th>序号</th><th>书名</th><th>原著</th><th>文</th><th>图</th><th>封面</th><th>开本</th><th>版次印次</th><th>印数</th><th>定价（元）</th><th>书号</th><th>页数</th><th>出版社</th></tr>
<tr><td>1</td><td>小笨熊①（0—3岁婴儿画册）</td><td></td><td>不详</td><td>不详</td><td></td><td>20</td><td>1996年1月第1版</td><td>1—20,000</td><td>5.80</td><td rowspan="2">ISBN7-5376-1386-9/J·13</td><td>90</td><td>河北少年儿童出版社</td></tr>
<tr><td rowspan="2">2</td><td>小笨熊②（0—3岁婴儿画册）</td><td></td><td>黄安琪等</td><td>李黎等</td><td></td><td>20</td><td>1996年1月第1版</td><td>1—20,000</td><td>5.80</td><td>90</td><td>河北少年儿童出版社</td></tr>
<tr><td colspan="12">备注：序号1—2为套书《小笨熊》，共2册。</td></tr>
<tr><td>3</td><td>故事大世界 上</td><td></td><td>辛琪
李琦
向辉</td><td>苑诚心
晓园</td><td></td><td>24</td><td>1996年1月第1版</td><td>1—20,000</td><td rowspan="3">13.50</td><td rowspan="3">ISBN7-5375-1407-0/J·19</td><td>51</td><td>河北科学技术出版社</td></tr>
<tr><td>4</td><td>故事大世界 中</td><td></td><td>辛琪</td><td>曹宝泉</td><td></td><td>24</td><td>1996年1月第1版</td><td>1—20,000</td><td>52</td><td>河北科学技术出版社</td></tr>
<tr><td rowspan="2">5</td><td>故事大世界 下</td><td></td><td>辛琪
李丽娟</td><td>苑诚心
晓园</td><td></td><td>24</td><td>1996年1月第1版</td><td>1—20,000</td><td>52</td><td>河北科学技术出版社</td></tr>
<tr><td colspan="12">备注：序号3—5为套书《故事大世界》，共3册。</td></tr>
<tr><td>6</td><td>儿童品德漫画故事（开心果丛书1 全国著名儿童漫画家作品精选）</td><td></td><td></td><td>朱森林
孙泽良
姜启才等</td><td></td><td>24</td><td>1996年1月第1版</td><td>1—10,000</td><td>5.00</td><td rowspan="3">ISBN7-5376-1403-2/I·574</td><td>100</td><td>河北少年儿童出版社</td></tr>
<tr><td>7</td><td>儿童机智漫画故事（开心果丛书2 全国著名儿童漫画家作品精选）</td><td></td><td></td><td>毛用坤
彭国良
徐光立等</td><td></td><td>24</td><td>1996年1月第1版</td><td>1—10,000</td><td>5.00</td><td>100</td><td>河北少年儿童出版社</td></tr>
<tr><td rowspan="2">8</td><td>儿童学习漫画故事（开心果丛书3 全国著名儿童漫画家作品精选）</td><td></td><td></td><td>缪印堂
段纪夫
陆汝浩等</td><td></td><td>24</td><td>1996年1月第1版</td><td>1—10,000</td><td>5.00</td><td>100</td><td>河北少年儿童出版社</td></tr>
<tr><td colspan="12">备注：序号6—8为套书《开心果丛书 全国著名儿童漫画家作品精选》，共3册。</td></tr>
<tr><td>9</td><td>孟子（中国古代经典精华彩绘本）</td><td></td><td>郝志达
选译</td><td>赵任年
黄其昌</td><td></td><td>32</td><td>1996年1月第1版</td><td>1—5,000</td><td>25.00</td><td>ISBN7-5376-1352-4/I·549</td><td>135</td><td>河北少年儿童出版社</td></tr>
<tr><td>10</td><td>论语（中国古代经典精华彩绘本）</td><td></td><td>王延海
选译</td><td>吟春等</td><td></td><td>32</td><td>1996年1月第1版</td><td>1—5,000</td><td>25.00</td><td>ISBN7-5376-1353-2/I·550</td><td>143</td><td>河北少年儿童出版社</td></tr>
<tr><td>11</td><td>宋词（中国古代经典精华彩绘本）</td><td></td><td>唐鲁峰
选译</td><td>高适</td><td></td><td>32</td><td>1996年1月第1版</td><td>1—5,000</td><td>25.00</td><td>ISBN7-5376-1354-0/I·551</td><td>151</td><td>河北少年儿童出版社</td></tr>
<tr><td rowspan="2">12</td><td>唐诗（中国古代经典精华彩绘本）</td><td></td><td>郭跃丽
选译</td><td>高适</td><td></td><td>32</td><td>1996年1月第1版</td><td>1—5,000</td><td>25.00</td><td>ISBN7-5376-1355-0/I·552</td><td>143</td><td>河北少年儿童出版社</td></tr>
<tr><td colspan="12">备注：序号9—12为丛书《中国古代经典精华彩绘本》，共4册。本套书获第七届冰心儿童图书奖。</td></tr>
</table>

（续表）

<table>
<tr><th>序号</th><th>书名</th><th>原著</th><th>文</th><th>图</th><th>封面</th><th>开本</th><th>版次印次</th><th>印数</th><th>定价（元）</th><th>书号</th><th>页数</th><th>出版社</th></tr>
<tr><td>13</td><td>太行小兵</td><td></td><td>韩永昌
刘彤</td><td>崔建社</td><td>梁惠统</td><td>64</td><td>1996年1月
第1版</td><td>无</td><td>2.35</td><td>ISBN7-80582-969-1/J·698</td><td>122</td><td>河北美术出版社与广西美术出版社合作出版，封面新绘，书号使用广西社</td></tr>
<tr><td>14</td><td>草原铁骑</td><td></td><td>李宝柱</td><td>刘生展</td><td>梁惠统</td><td>64</td><td>1996年3月
第1版</td><td>无</td><td>1.80</td><td>ISBN7-80625-018-2/J·18</td><td>98</td><td>河北美术出版社与广西美术出版社合作出版，封面新绘，书号使用广西社</td></tr>
<tr><td rowspan="2">15</td><td>瘸腿狐狸和独眼狼（数学知识童话）</td><td></td><td>李毓佩</td><td>高山
高朝等</td><td>贡小秋</td><td>24</td><td>1996年3月
第1版</td><td>1—15,000</td><td>10.00</td><td>ISBN7-5310-0770-3/J·723</td><td>94</td><td>河北美术出版社</td></tr>
<tr><td colspan="12">备注：本书为《数学知识童话丛书》之一。</td></tr>
<tr><td>16</td><td>可爱的首都北京</td><td></td><td>张艳彤</td><td>朱兴华
魏青河
方鸣</td><td>方鸣</td><td>20</td><td>1996年3月
第1版</td><td>1—7,000</td><td rowspan="8">39.00</td><td rowspan="8">ISBN7-5434-2575-0/G·2085</td><td>40</td><td>河北教育出版社</td></tr>
<tr><td>17</td><td>聪明智慧的人民</td><td></td><td>郝春英</td><td>朱兴华
魏青河
方鸣</td><td>方鸣</td><td>20</td><td>1996年3月
第1版</td><td>1—7,000</td><td>40</td><td>河北教育出版社</td></tr>
<tr><td>18</td><td>祖国风光</td><td></td><td>范增国</td><td>朱兴华
魏青河
方鸣</td><td>方鸣</td><td>20</td><td>1996年3月
第1版</td><td>1—7,000</td><td>40</td><td>河北教育出版社</td></tr>
<tr><td>19</td><td>英雄故事</td><td></td><td>刘国英</td><td>朱兴华
魏青河
方鸣</td><td>方鸣</td><td>20</td><td>1996年3月
第1版</td><td>1—7,000</td><td>40</td><td>河北教育出版社</td></tr>
<tr><td>20</td><td>富饶的祖国</td><td></td><td>邱慧芳</td><td>朱兴华
魏青河
方鸣</td><td>方鸣</td><td>20</td><td>1996年3月
第1版</td><td>1—7,000</td><td>40</td><td>河北教育出版社</td></tr>
<tr><td>21</td><td>快乐的节日</td><td></td><td>冯金娥</td><td>朱兴华
魏青河
方鸣</td><td>方鸣</td><td>20</td><td>1996年3月
第1版</td><td>1—7,000</td><td>40</td><td>河北教育出版社</td></tr>
<tr><td>22</td><td>珍稀动植物</td><td></td><td>于红卫</td><td>朱兴华
魏青河
方鸣</td><td>方鸣</td><td>20</td><td>1996年3月
第1版</td><td>1—7,000</td><td>40</td><td>河北教育出版社</td></tr>
<tr><td>23</td><td>民族大家庭</td><td></td><td>刘宝云</td><td>朱兴华
魏青河
方鸣</td><td>方鸣</td><td>20</td><td>1996年3月
第1版</td><td>1—7,000</td><td>40</td><td>河北教育出版社</td></tr>
</table>

（续表）

序号	书名	原著	文	图	封面	开本	版次印次	印数	定价（元）	书号	页数	出版社
24	独具风格的建筑		孔令芝	朱兴华 魏青河 方鸣	方鸣	20	1996年3月 第1版	1—7,000			40	河北教育出版社
25	可爱的家乡河北		安兵欣	朱兴华 魏青河 方鸣	方鸣	20	1996年3月 第1版	1—7,000	39.00	ISBN7-5434-2575-0/G·2085	40	河北教育出版社
	备注：序号16—25为套书《幼儿爱祖国丛书》，共10册。											
26	小乖乖 知识套餐		童同 刘军	侯冠宾		32	1996年4月 第1版	1—15,000	8.20	ISBN7-5310-0766-5/J·719	100	河北美术出版社
27	漫画三国志1		王明信 张文等	蒋世国 孙纲等		16	1996年6月 第1版	1—5,000	176.00	ISBN7-5434-2490-8/G·2041	362	河北教育出版社
28	漫画三国志2		王明信 张文等	蒋世国 孙纲等		16	1996年6月 第1版	1—5,000			346	河北教育出版社
29	漫画三国志3		王明信 张文等	蒋世国 孙纲等		16	1996年6月 第1版	1—5,000			326	河北教育出版社
30	漫画三国志4		王明信 张文等	蒋世国 孙纲等		16	1996年6月 第1版	1—5,000			404	河北教育出版社
31	漫画三国志5		王明信 张文等	蒋世国 孙纲等		16	1996年6月 第1版	1—5,000			408	河北教育出版社
	备注：序号27—31为套书《漫画三国志》，共5册。本套书获第八届冰心儿童图书奖。											
32	孔子圣迹图					8	1996年8月 第1版	1—5,000	39.00	ISBN7-5310-0825-4/J·747	149	河北美术出版社
33	世界著名历险故事连环画		李可 商磊 张卫等	李可 商磊 张卫等		16	1996年8月 第1版	无	13.00	ISBN7-5376-1360-5/I·553	206	河北少年儿童出版社
34	世界著名历险故事连环画		晓羽 骆继光 段秀仓等	晓羽 骆继光 段秀仓等		16	1996年8月 第1版	无	13.80	ISBN7-5376-1361-3/I·554	224	河北少年儿童出版社
35	世界著名历险故事连环画		金波 丁宇等	金波 丁宇等		16	1996年8月 第1版	无	11.80	ISBN7-5376-1362-1/I·555	183	河北少年儿童出版社
36	爱国人物故事100篇（上）	孙殿武 李丽芳				24	1996年8月 第1版	1—10,000	21.80	ISBN7-80611-219-7/I·190	96	花山文艺出版社
37	爱国人物故事100篇（中）	孙殿武 李丽芳				24	1996年8月 第1版	1—10,000			96	花山文艺出版社

（续表）

序号	书名	原著	文	图	封面	开本	版次印次	印数	定价（元）	书号	页数	出版社
38	爱国人物故事100篇（下）	孙殿武 李丽芳				24	1996年8月第1版	1—10,000	21.80	ISBN7-80611-219-7/I·190	108	花山文艺出版社
	备注：序号36—38为套书《爱国人物故事100篇》，共3册。											
39	漫画鲁迅小说——彷徨	鲁迅	石伟	左川 朱森林 曹开祥		32	1996年9月第1版	1—15,000	24.00	ISBN7-202-01899-3/I·433	365	河北人民出版社
40	漫画鲁迅小说——故事新编	鲁迅	芦金	赵文彬		32	1996年9月第1版	1—15,000	18.00	ISBN7-202-01925-6/I·434	257	河北人民出版社
41	漫画鲁迅小说——呐喊	鲁迅	马光复	曹开祥 朱森林		32	1996年9月第1版	1—15,000	24.00	ISBN7-202-01926-4/I·435	349	河北人民出版社
	备注：序号39—41为丛书《漫画鲁迅小说》，共3册。											
42	漫画后汉书1		李秀民 王小牛 钟俊清 朱世滋	高晓云 章同 马洁等		16	1996年11月第1版	1—3,000	140.20	ISBN7-5434-2708-7/G·2175	344	河北教育出版社
43	漫画后汉书2		李秀民 王小牛 钟俊清 朱世滋	高晓云 章同 马洁等		16	1996年11月第1版	1—3,000			313	河北教育出版社
44	漫画后汉书3		李秀民 王小牛 钟俊清 朱世滋	高晓云 章同 马洁等		16	1996年11月第1版	1—3,000			339	河北教育出版社
45	漫画后汉书4		李秀民 王小牛 钟俊清 朱世滋	高晓云 章同 马洁等		16	1996年11月第1版	1—3,000			338	河北教育出版社
	备注：序号42—45为套书《漫画后汉书》，共4册。本套书获第八届冰心儿童图书奖。											
46	中华美德图说		河北省教育委员会			32	1996年12月第1版	1—200,000	5.90	ISBN7-5376-1511-X/G·894	不详	河北少年儿童出版社

1997年冀版连环画汇总

序号	书名	原著	文	图	封面	开本	版次印次	印数	定价（元）	书号	页数	出版社
1	小偷罢工（童话万花筒·幽默童话）	武玉桂	史琼文	高燕		20	1997年3月第1版	1—10,000	3.90	ISBN7-5376-1538-1/I·622	39	河北少年儿童出版社
2	吉米的魔水（童话万花筒·幽默童话）	葛冰	曾琪	刘洛平 关妮		20	1997年3月第1版	1—10,000	3.90	ISBN7-5376-1539-X/I·623	39	河北少年儿童出版社
3	好主意商店（童话万花筒·幽默童话）	刘丙钧	邱丽珍	赵隆义		20	1997年3月第1版	1—10,000	3.90	ISBN7-5376-1540-3/I·624	39	河北少年儿童出版社
4	基诺的烦恼（童话万花筒·幽默童话）	白冰	史琼文	张梅梅		20	1997年3月第1版	1—10,000	3.90	ISBN7-5376-1541-1/I·625	39	河北少年儿童出版社
5	喷嚏英雄（童话万花筒·幽默童话）	冰波	王金芬	姜渭渔		20	1997年3月第1版	1—10,000	3.90	ISBN7-5376-1542-X/I·626	39	河北少年儿童出版社
6	笨小熊趣事（童话万花筒·幽默童话）	刘丙钧	熊美如	缪惟 吕雷		20	1997年3月第1版	1—10,000	3.90	ISBN7-5376-1543-8/I·627	39	河北少年儿童出版社
7	调色盘市长（童话万花筒·幽默童话）	葛冰	陈秋萍	王玉群		20	1997年3月第1版	1—10,000	3.90	ISBN7-5376-1544-6/I·628	39	河北少年儿童出版社
8	大头兔子的发明（童话万花筒·幽默童话）	葛冰	熊美如	唐伟杰		20	1997年3月第1版	1—10,000	3.90	ISBN7-5376-1545-4/I·629	39	河北少年儿童出版社
9	圆脸猪王（童话万花筒·幽默童话）	刘丙钧	康杏如	王仿溪		20	1997年3月第1版	1—10,000	3.90	ISBN7-5376-1546-2/I·630	39	河北少年儿童出版社
10	傻袋鼠杰克（童话万花筒·幽默童话）	葛冰	史琼文	李恒辰		20	1997年3月第1版	1—10,000	3.90	ISBN7-5376-1547-0/I·631	39	河北少年儿童出版社
	备注：序号1—10为丛书《童话万花筒·幽默童话》，共10册。											
11	神笔马良（小不点动画城）	洪汛涛	恬然	曹留夫		40	1997年4月第1版	1—10,000	4.50		56	河北少年儿童出版社
12	丑小鸭（小不点动画城）	[丹]安徒生	恬然	陈永镇		40	1997年4月第1版	1—10,000	4.50	ISBN7-5376-1563-2/G·864	56	河北少年儿童出版社
13	雪孩子（小不点动画城）	嵇鸿	恬然	张健民 昱喆 昱天		40	1997年4月第1版	1—10,000	4.50		56	河北少年儿童出版社

（续表）

序号	书名	原著	文	图	封面	开本	版次印次	印数	定价（元）	书号	页数	出版社
14	皇帝的新衣（小不点动画城）	[丹]安徒生	恬然	光立 国强		40	1997年4月第1版	1—10,000	4.50		56	河北少年儿童出版社
15	饼干树（小不点动画城）		恬然	季红跃		40	1997年4月第1版	1—10,000	4.50		56	河北少年儿童出版社
16	愿望（小不点动画城）		闫宝华	唐云辉		40	1997年4月第1版	1—10,000	4.50		56	河北少年儿童出版社
17	强盗和妖怪（小不点动画城）		闫宝华	唐云辉		40	1997年4月第1版	1—10,000	4.50	ISBN7-5376-1563-2/G·864	56	河北少年儿童出版社
18	礼貌盒子（小不点动画城）		闫宝华	徐滨		40	1997年4月第1版	1—10,000	4.50		56	河北少年儿童出版社
19	一只新鞋落下河（小不点动画城）		马玉芝	吴鑫华		40	1997年4月第1版	1—10,000	4.50		56	河北少年儿童出版社
20	香味大灰狼（小不点动画城）		马玉芝	毛小榆		40	1997年4月第1版	1—10,000	4.50		56	河北少年儿童出版社
	备注：序号11—20为套书《小不点动画城》，共10册。											
21	三国志（中国古代经典精华彩绘本）		叶振华	赵仁年		32	1997年11月第1版	1—5,000	25.00	ISBN7-5376-1450-4/I·603	135	河北少年儿童出版社
22	孙子兵法（中国古代经典精华彩绘本）		宋孟寅	杨志刚		32	1997年11月第1版	1—5,000	25.00	ISBN7-5376-1448-2/I·601	139	河北少年儿童出版社
23	诗经（中国古代经典精华彩绘本）		廖群	韩伍		32	1997年11月第1版	1—5,000	25.00	ISBN7-5376-1449-0/I·602	149	河北少年儿童出版社
	备注：序号21—23为丛书《中国古代经典精华彩绘本》，共3册。											
24	漫画猪八戒			华君武		48	1997年12月第1版	1—1,500	20.00	ISBN7-5434-3081-9/J·66	238	河北教育出版社

1998 年冀版连环画汇总

序号	书名	原著	文	图	封面	开本	版次印次	印数	定价（元）	书号	页数	出版社
1	乡下老鼠与城市老鼠（幼儿文学经典名著 画说外国寓言）		张青史 秀银 艳梅 金平 拼音	王烈 李璋 武凯军 高晴 时已平		40	1998年1月第1版	1—5,000	45.00	ISBN7-5376-1528-4/I·616	20	河北少年儿童出版社
2	龟兔赛跑（幼儿文学经典名著 画说外国寓言）		张青史 秀银 艳梅 金平 拼音	王烈 李璋 武凯军 高晴 时已平		40	1998年1月第1版	1—5,000			20	河北少年儿童出版社
3	国王的新衣（幼儿文学经典名著 画说外国寓言）		张青史 秀银 艳梅 金平 拼音	王烈 李璋 武凯军 高晴 时已平		40	1998年1月第1版	1—5,000			20	河北少年儿童出版社
4	北风和太阳（幼儿文学经典名著 画说外国寓言）		张青史 秀银 艳梅 金平 拼音	王烈 李璋 武凯军 高晴 时已平		40	1998年1月第1版	1—5,000			20	河北少年儿童出版社
	备注：序号1—4为套书《幼儿文学经典名著 画说外国寓言》，共4册。											
5	画蛇添足（幼儿文学经典名著 画说中国寓言）		张青史秀银 艳梅 金平 拼音	王烈 李璋 武凯军 高晴 时已平		40	1998年1月第1版	1—5,000	45.00	ISBN7-5376-1529-2/I·617	20	河北少年儿童出版社
6	狐假虎威（幼儿文学经典名著 画说中国寓言）		张青史 秀银 艳梅 金平 拼音	王烈 李璋 武凯军 高晴 时已平		40	1998年1月第1版	1—5,000			20	河北少年儿童出版社
7	守株待兔（幼儿文学经典名著 画说中国寓言）		张青史秀银 艳梅 金平 拼音	王烈 李璋 武凯军 高晴 时已平		40	1998年1月第1版	1—5,000			20	河北少年儿童出版社
8	塞翁失马（幼儿文学经典名著 画说中国寓言）		张青史 秀银 艳梅 金平 拼音	王烈 李璋 武凯军 高晴 时已平		40	1998年1月第1版	1—5,000			20	河北少年儿童出版社
	备注：序号5—8为套书《幼儿文学经典名著 画说中国寓言》，共4册。											

（续表）

序号	书名	原著	文	图	封面	开本	版次印次	印数	定价（元）	书号	页数	出版社
9	尧的故事（幼儿文学经典名著 画说中国童话）		张青史 秀银 艳梅 金平 拼音	王烈 李璋 武凯军 高晴 时已平		40	1998年1月第1版	1—5,000			20	河北少年儿童出版社
10	舜的故事（幼儿文学经典名著 画说中国童话）		张青史 秀银 艳梅 金平 拼音	王烈 李璋 武凯军 高晴 时已平		40	1998年1月第1版	1—5,000	45.00	ISBN7-5376-1530-6/I·618	20	河北少年儿童出版社
11	愚公移山（幼儿文学经典名著 画说中国童话）		张青史 秀银 艳梅 金平 拼音	王烈 李璋 武凯军 高晴 时已平		40	1998年1月第1版	1—5,000			20	河北少年儿童出版社
12	县官审石头（幼儿文学经典名著 画说中国童话）		张青史 秀银 艳梅 金平 拼音	王烈 李璋 武凯军 高晴 时已平		40	1998年1月第1版	1—5,000			20	河北少年儿童出版社
	备注：序号9—12为套书《幼儿文学经典名著 画说中国童话》，共4册。											
13	老鞋匠与小矮人（幼儿文学经典名著 画说外国童话）		张青史 秀银 艳梅 金平 拼音	王烈 李璋 武凯军 高晴 时已平		40	1998年1月第1版	1—5,000			20	河北少年儿童出版社
14	白雪公主（幼儿文学经典名著 画说外国童话）		张青史 秀银 艳梅 金平 拼音	王烈 李璋 武凯军 高晴 时已平		40	1998年1月第1版	1—5,000	45.00	ISBN7-5376-1531-2/I·619	20	河北少年儿童出版社
15	灰姑娘（幼儿文学经典名著 画说外国童话）		张青史 秀银 艳梅 金平 拼音	王烈 李璋 武凯军 高晴 时已平		40	1998年1月第1版	1—5,000			20	河北少年儿童出版社
16	老鼠嫁女儿（幼儿文学经典名著 画说外国童话）		张青史 秀银 艳梅 金平 拼音	王烈 李璋 武凯军 高晴 时已平		40	1998年1月第1版	1—5,000			20	河北少年儿童出版社
	备注：序号13—16为套书《幼儿文学经典名著 画说外国童话》1，共4册。											

（续表）

<table>
<tr><th>序号</th><th>书名</th><th>原著</th><th>文</th><th>图</th><th>封面</th><th>开本</th><th>版次印次</th><th>印数</th><th>定价（元）</th><th>书号</th><th>页数</th><th>出版社</th></tr>
<tr><td>17</td><td>金斧头与银斧头（幼儿文学经典名著 画说外国童话）</td><td></td><td>张青史
秀银
艳梅
金平
拼音</td><td>王烈
李璋
武凯军
高晴
时已平</td><td></td><td>40</td><td>1998年1月
第1版</td><td>1—
5,000</td><td rowspan="4">45.00</td><td rowspan="4">ISBN7-5376-
1532-2/
I・620</td><td>20</td><td>河北少年
儿童出版社</td></tr>
<tr><td>18</td><td>长靴猫（幼儿文学经典名著 画说外国童话）</td><td></td><td>张青史
秀银
艳梅
金平
拼音</td><td>王烈
李璋
武凯军
高晴
时已平</td><td></td><td>40</td><td>1998年1月
第1版</td><td>1—
5,000</td><td>20</td><td>河北少年
儿童出版社</td></tr>
<tr><td>19</td><td>杰克与魔豆（幼儿文学经典名著 画说外国童话）</td><td></td><td>张青史
秀银
艳梅
金平
拼音</td><td>王烈
李璋
武凯军
高晴
时已平</td><td></td><td>40</td><td>1998年1月
第1版</td><td>1—
5,000</td><td>20</td><td>河北少年
儿童出版社</td></tr>
<tr><td rowspan="2">20</td><td>小人国游记（幼儿文学经典名著 画说外国童话）</td><td></td><td>张青史
秀银
艳梅
金平
拼音</td><td>王烈
李璋
武凯军
高晴
时已平</td><td></td><td>40</td><td>1998年1月
第1版</td><td>1—
5,000</td><td>20</td><td>河北少年
儿童出版社</td></tr>
<tr><td colspan="12">备注：序号17—20为套书《幼儿文学经典名著 画说外国童话》2，共4册。</td></tr>
<tr><td>21</td><td>齐天大圣孙悟空（幼儿文学经典名著 画说西游记）</td><td></td><td>张青史
秀银
艳梅
金平
拼音</td><td>王烈
李璋
武凯军
高晴
时已平</td><td></td><td>40</td><td>1998年1月
第1版</td><td>1—
5,000</td><td rowspan="4">45.00</td><td rowspan="4">ISBN7-5376-
1533-0/
I・621</td><td>20</td><td>河北少年
儿童出版社</td></tr>
<tr><td>22</td><td>唐三藏收徒弟（幼儿文学经典名著 画说西游记）</td><td></td><td>张青史
秀银
艳梅
金平
拼音</td><td>王烈
李璋
武凯军
高晴
时已平</td><td></td><td>40</td><td>1998年1月
第1版</td><td>1—
5,000</td><td>20</td><td>河北少年
儿童出版社</td></tr>
<tr><td>23</td><td>孙悟空三借芭蕉扇（幼儿文学经典名著 画说西游记）</td><td></td><td>张青史
秀银
艳梅
金平
拼音</td><td>王烈
李璋
武凯军
高晴
时已平</td><td></td><td>40</td><td>1998年1月
第1版</td><td>1—
5,000</td><td>20</td><td>河北少年
儿童出版社</td></tr>
<tr><td rowspan="2">24</td><td>唐三藏取经成功（幼儿文学经典名著 画说西游记）</td><td></td><td>张青史
秀银
艳梅
金平
拼音</td><td>王烈
李璋
武凯军
高晴
时已平</td><td></td><td>40</td><td>1998年1月
第1版</td><td>1—
5,000</td><td>20</td><td>河北少年
儿童出版社</td></tr>
<tr><td colspan="12">备注：序号21—24为套书《幼儿文学经典名著 画说西游记》，共4册。</td></tr>
</table>

（续表）

序号	书名	原著	文	图	封面	开本	版次印次	印数	定价（元）	书号	页数	出版社
25	丑小鸭	马海霞	金英奎	金英奎		40	1998年3月第1版	1—10,000			18	河北少年儿童出版社
26	小红帽	马海霞	本书编写组	本书编写组		40	1998年3月第1版	1—10,000		ISBN7-5376-1657-4/G·953	18	河北少年儿童出版社
27	仙女和樵夫	马海霞	本书编写组	本书编写组		40	1998年3月第1版	1—10,000	35.00		18	河北少年儿童出版社
28	太阳和风	马海霞	本书编写组	本书编写组		40	1998年3月第1版	1—10,000			18	河北少年儿童出版社
29	两只老鼠	马海霞	本书编写组	本书编写组		40	1998年3月第1版	1—10,000			18	河北少年儿童出版社
30	杰克和豆蔓	马海霞	本书编写组	本书编写组		40	1998年3月第1版	1—10,000		ISBN7-5376-1658-2/G·954	18	河北少年儿童出版社
31	拇指姑娘	马海霞	本书编写组	本书编写组		40	1998年3月第1版	1—10,000	35.00		18	河北少年儿童出版社
32	白雪公主	马海霞	黄美雅	黄美雅		40	1998年3月第1版	1—10,000			18	河北少年儿童出版社
33	龟兔赛跑	马海霞	郑士朗	郑士朗		40	1998年3月第1版	1—10,000			18	河北少年儿童出版社
34	蚂蚁和蚂蚱	马海霞	金蕙兰	金蕙兰		40	1998年3月第1版	1—10,000		ISBN7-5376-1659-0/G·955	18	河北少年儿童出版社
35	狐狸和仙鹤	马海霞	本书编写组	本书编写组		40	1998年3月第1版	1—10,000	35.00		18	河北少年儿童出版社
36	狮子和老鼠	马海霞	本书编写组	本书编写组		40	1998年3月第1版	1—10,000			18	河北少年儿童出版社
37	三只小猪	马海霞	金英奎	金英奎		40	1998年3月第1版	1—10,000			18	河北少年儿童出版社
38	皇帝的新装	马海霞	郑士朗	郑士朗		40	1998年3月第1版	1—10,000		ISBN7-5376-1660-4/G·956	18	河北少年儿童出版社
39	两个旅行者	马海霞	黄明姬	黄明姬		40	1998年3月第1版	1—10,000	35.00		18	河北少年儿童出版社
40	小狗和驴子	马海霞	本书编写组	本书编写组		40	1998年3月第1版	1—10,000			18	河北少年儿童出版社
	备注：序号25—40为丛书《幼儿启蒙丛书》，共16册。											
41	可爱的弟弟出生了——生命的诞生（趣味自然科学童话）	金英兰	李贵姬	尹会秀		16	1998年5月第1版	1—10,000	9.80	ISBN7-5376-1661-2/G·957	31	河北少年儿童出版社

（续表）

序号	书名	原著	文	图	封面	开本	版次印次	印数	定价（元）	书号	页数	出版社
42	我们家的宝物——电脑世界（趣味自然科学童话）	金英兰	郑英爱	安银珠		16	1998年5月第1版	1—10,000	9.80	ISBN7-5376-1662-0/G·958	31	河北少年儿童出版社
43	在哪里安家——环境污染（趣味自然科学童话）	金英兰	李贵姬	漫画小组		16	1998年5月第1版	1—10,000	9.80	ISBN7-5376-1663-9/G·959	31	河北少年儿童出版社
44	桶桶和他的朋友——机器人的世界（趣味自然科学童话）	金英兰	苏重爱	漫画小组		16	1998年5月第1版	1—10,000	9.80	ISBN7-5376-1664-7/G·960	31	河北少年儿童出版社
45	来电了——电的世界（趣味自然科学童话）	金英兰	金英姬	李启真		16	1998年5月第1版	1—10,000	9.80	ISBN7-5376-1665-5/G·961	31	河北少年儿童出版社
46	小狐狸的醒悟——磁石的世界（趣味自然科学童话）	金英兰	郑英爱	方英玉		16	1998年5月第1版	1—10,000	9.80	ISBN7-5376-1666-3/G·962	31	河北少年儿童出版社
47	凤仙花种子——食物链（趣味自然科学童话）	金英兰	李京	漫画小组		16	1998年5月第1版	1—10,000	9.80	ISBN7-5376-1667-1/G·963	31	河北少年儿童出版社
48	小蚂蚁毛毛——杠杆的原理（趣味自然科学童话）	金英兰	郑英爱	漫画小组		16	1998年5月第1版	1—10,000	9.80	ISBN7-5376-1668-X/G·964	31	河北少年儿童出版社
49	珊珊与光线——光的性质（趣味自然科学童话）	金英兰	苏重爱	漫画小组		16	1998年5月第1版	1—10,000	9.80	ISBN7-5376-1669-0/G·965	31	河北少年儿童出版社
50	小海棠花的梦——四季的故事（趣味自然科学童话）	金英兰	金宗尚	漫画小组		16	1998年5月第1版	1—10,000	9.80	ISBN7-5376-1670-1/G·966	31	河北少年儿童出版社
51	小水珠的环球旅行——水的循环（趣味自然科学童话）	金英兰	李京	漫画小组		16	1998年5月第1版	1—10,000	9.80	ISBN7-5376-1671-X/G·967	31	河北少年儿童出版社
52	狮子星座——星座的故事（趣味自然科学童话）	金英兰	郑英爱	李顺玉		16	1998年5月第1版	1—10,000	9.80	ISBN7-5376-1672-8/G·968	31	河北少年儿童出版社
53	幸运蓝星——地球的故事（趣味自然科学童话）	金英兰	苏重爱	漫画小组		16	1998年5月第1版	1—10,000	9.80	ISBN7-5376-1673-6/G·969	31	河北少年儿童出版社
54	淘气鬼飕飕——风的作用（趣味自然科学童话）	金英兰	李喜甲	赵成德		16	1998年5月第1版	1—10,000	9.80	ISBN7-5376-1674-4/G·970	31	河北少年儿童出版社

（续表）

<table>
<tr><th>序号</th><th>书名</th><th>原著</th><th>文</th><th>图</th><th>封面</th><th>开本</th><th>版次印次</th><th>印数</th><th>定价（元）</th><th>书号</th><th>页数</th><th>出版社</th></tr>
<tr><td rowspan="2">55</td><td>咦，月亮怎么碎了——月亮的故事（趣味自然科学童话）</td><td>金英兰</td><td>李东烈</td><td>方英玉</td><td></td><td>16</td><td>1998年5月第1版</td><td>1—10,000</td><td>9.80</td><td>ISBN7-5376-1675-2/G·971</td><td>31</td><td>河北少年儿童出版社</td></tr>
<tr><td colspan="12">备注：序号41—55为丛书《趣味自然科学童话》，共15册。</td></tr>
<tr><td>56</td><td>刺猬的故事</td><td></td><td></td><td>［朝］孙昌鹤</td><td></td><td>16</td><td>1998年4月第1版</td><td>1—15,000</td><td>6.80</td><td>ISBN7-5376-1676-0/G·972</td><td>28</td><td>河北少年儿童出版社</td></tr>
<tr><td>57</td><td>幼儿新童话1（红鹦鹉丛书）</td><td>葛翠琳</td><td>张秋生等</td><td>高山
晓蕾
丽娜等</td><td></td><td>16</td><td>1998年5月第1版</td><td>1—10,000</td><td>9.80</td><td>ISBN7-5310-0975-7/J·832</td><td>84</td><td>河北美术出版社</td></tr>
<tr><td rowspan="2">58</td><td>幼儿新童话2（红鹦鹉丛书）</td><td>葛翠琳</td><td>葛翠琳等</td><td>安德春
祝琪等</td><td></td><td>16</td><td>1998年5月第1版</td><td>1—10,000</td><td>9.80</td><td>ISBN7-5310-0976-5/J·833</td><td>93</td><td>河北美术出版社</td></tr>
<tr><td colspan="12">备注：序号57—58为丛书《红鹦鹉丛书》，共2册。本套书获第九届冰心儿童图书奖。</td></tr>
<tr><td>59</td><td>火娃（烽火少年系列丛书）</td><td></td><td>柳阁</td><td></td><td></td><td>48</td><td>1998年5月第1版</td><td>1—30,000</td><td>3.50</td><td>ISBN7-5310-1076-3/J·906</td><td>138</td><td>河北美术出版社</td></tr>
<tr><td>60</td><td>报童（烽火少年系列丛书）</td><td></td><td>晓刚</td><td></td><td></td><td>48</td><td>1998年5月第1版</td><td>1—30,000</td><td>3.50</td><td>ISBN7-5310-1077-1/J·907</td><td>138</td><td>河北美术出版社</td></tr>
<tr><td>61</td><td>刘胡兰（烽火少年系列丛书）</td><td></td><td>甘默</td><td></td><td></td><td>48</td><td>1998年5月第1版</td><td>1—30,000</td><td>3.50</td><td>ISBN7-5310-1078-X/J·908</td><td>138</td><td>河北美术出版社</td></tr>
<tr><td>62</td><td>苏小三（烽火少年系列丛书）</td><td></td><td>日子</td><td></td><td></td><td>48</td><td>1998年5月第1版</td><td>1—30,000</td><td>3.50</td><td>ISBN7-5310-1079-8/J·909</td><td>138</td><td>河北美术出版社</td></tr>
<tr><td>63</td><td>鸡毛信（烽火少年系列丛书）</td><td></td><td>范立辉</td><td></td><td></td><td>48</td><td>1998年5月第1版</td><td>1—30,000</td><td>3.50</td><td>ISBN7-5310-1080-1/J·910</td><td>138</td><td>河北美术出版社</td></tr>
<tr><td>64</td><td>小兵张嘎（烽火少年系列丛书）</td><td></td><td>国强</td><td></td><td></td><td>48</td><td>1998年5月第1版</td><td>1—30,000</td><td>3.50</td><td>ISBN7-5310-1081-X/J·911</td><td>138</td><td>河北美术出版社</td></tr>
<tr><td>65</td><td>（烽火少年系列丛书）烽火少年</td><td></td><td>小妍</td><td></td><td></td><td>48</td><td>1998年5月第1版</td><td>1—30,000</td><td>3.50</td><td>ISBN7-5310-1082-8/J·912</td><td>138</td><td>河北美术出版社</td></tr>
<tr><td>66</td><td>二小放牛郎（烽火少年系列丛书）</td><td></td><td>晓刚</td><td></td><td></td><td>48</td><td>1998年5月第1版</td><td>1—30,000</td><td>3.50</td><td>ISBN7-5310-1083-6/J·913</td><td>138</td><td>河北美术出版社</td></tr>
</table>

（续表）

序号	书名	原著	文	图	封面	开本	版次印次	印数	定价（元）	书号	页数	出版社
67	两个小伙伴（烽火少年系列丛书）		李新章			48	1998年5月第1版	1—30,000	3.50	ISBN7-5310-1084-4/J·914	138	河北美术出版社
68	三毛从军记（烽火少年系列丛书）		罗泓			48	1998年5月第1版	1—30,000	3.50	ISBN7-5310-1085-2/J·915	138	河北美术出版社
	备注：序号59—68为套书《烽火少年系列丛书》，共10册。本套书获第九届冰心儿童图书奖。											
69	开启智慧之门——世界发明故事		荆明	毛用坤等		16	1998年5月第1版	1—5,000	7.00	ISBN7-5376-1646-9/G·942	78	河北少年儿童出版社
70	海的女儿（少儿手工系列丛书1）		不详	不详		24	1998年6月第1版	1—10,000	不详	不详	28	河北美术出版社
71	木偶奇遇记（少儿手工系列丛书2）		金佩英	荣景牲	王扬	24	1998年6月第1版	1—10,000	3.50	ISBN7-5310-0774-6/J·727	28	河北美术出版社
	备注：序号70—71为丛书《少儿手工系列丛书》，共2册。											
72	奇探阿朋（系列卡通故事1）		晓纪 屹立	阿朋创作组		32	1998年12月第1版1印	1—3,000			130	河北少年儿童出版社
73	奇探阿朋（系列卡通故事2）		晓纪 屹立	阿朋创作组		32	1998年12月第1版1印	1—3,000	15.00	ISBN7-5376-1787-2/G·1071	130	河北少年儿童出版社
74	奇探阿朋（系列卡通故事3）		晓纪 屹立	阿朋创作组		32	1998年12月第1版1印	1—3,000			130	河北少年儿童出版社
	备注：序号72—74为套书《奇探阿朋》，共3册。											

1999年冀版连环画汇总

序号	书名	原著	文	图	封面	开本	版次印次	印数	定价（元）	书号	页数	出版社
1	漫画中国科技史（古代部分）		星河	徐锡林		24	1999年1月第1版	1—5,000	10.00	ISBN7-5376-1817-8/G·1095	130	河北少年儿童出版社
2	漫画中国科技史（近代部分）		星河	徐锡林		24	1999年1月第1版	1—5,000	10.00	ISBN7-5376-1816-X/G·1094	130	河北少年儿童出版社
	备注：序号1—2为丛书《漫画中国科技史》。本套书获第十届冰心儿童图书奖。											
3	漫画老子 三味漫画书	魏志刚 陈国英 主编	陈元宁 林珂等	曹锡合 曹辉等		16	1999年1月第1版	1—2,500	26.30	ISBN7-5434-3217-X/I·367	289	河北教育出版社
	备注：本书有精装版，定价32.00元。											
4	戏画老安——张乃成连环漫画		张乃成	张乃成		32	1999年1月第1版	1—1,000	7.00	ISBN7-5376-1794-5/G·1076	170	河北少年儿童出版社
5	曹冲称象（智慧传承文化丛书 附汉语拼音）		每真	王赞		16	1999年4月第1版	1—3,000	8.50	ISBN7-5376-1847-X/I·725	31	河北少年儿童出版社
6	司马光砸缸（智慧传承文化丛书 附汉语拼音）		王蔚	刘娟		16	1999年4月第1版	1—3,000	8.50	ISBN7-5376-1848-8/I·726	31	河北少年儿童出版社
7	文彦博取球（智慧传承文化丛书 附汉语拼音）		每真	顾域树		16	1999年4月第1版	1—3,000	8.50	ISBN7-5376-1849-6/I·727	31	河北少年儿童出版社
8	缇萦救父（智慧传承文化丛书 附汉语拼音）		每真	玳珊		16	1999年4月第1版	1—3,000	8.50	ISBN7-5376-1850-X/I·728	31	河北少年儿童出版社
9	孔子六十拜师（智慧传承文化丛书 附汉语拼音）		每真	杨杰		16	1999年4月第1版	1—3,000	8.50	ISBN7-5376-1851-8/I·729	31	河北少年儿童出版社
10	郑板桥买缸（智慧传承文化丛书 附汉语拼音）		金菁	王重义		16	1999年4月第1版	1—3,000	8.50	ISBN7-5376-1852-6/I·730	31	河北少年儿童出版社
11	花木兰（智慧传承文化丛书 附汉语拼音）		李想	张禾		16	1999年4月第1版	1—3,000	7.00	ISBN7-5376-1891-7/G·755	21	
	备注：序号5—11为丛书《智慧传承文化丛书》，共7册。											

（续表）

<table>
<tr><th>序号</th><th>书名</th><th>原著</th><th>文</th><th>图</th><th>封面</th><th>开本</th><th>版次印次</th><th>印数</th><th>定价（元）</th><th>书号</th><th>页数</th><th>出版社</th></tr>
<tr><td>12</td><td>漫画庄子内篇
（三味漫画屋）</td><td>魏志刚
陈国英
主编</td><td>小戈
龚翔等</td><td>魏志刚
王玉珂等</td><td></td><td>16</td><td>1999年5月
第1版</td><td>1—
2,500</td><td rowspan="3">100.00</td><td rowspan="3">ISBN7-
5434-3260-
9/J・99</td><td>203</td><td>河北教育出版社</td></tr>
<tr><td>13</td><td>漫画庄子外篇
（三味漫画屋）</td><td>魏志刚
陈国英
主编</td><td>陈小燕
龚翔等</td><td>张婧
李震山等</td><td></td><td>16</td><td>1999年5月
第1版</td><td>1—
2,500</td><td>418</td><td>河北教育出版社</td></tr>
<tr><td rowspan="2">14</td><td>漫画庄子杂篇
（三味漫画屋）</td><td>魏志刚
陈国英
主编</td><td>王吉思
筱竹等</td><td>曹留夫
章亦等</td><td></td><td>16</td><td>1999年5月
第1版</td><td>1—
2,500</td><td>361</td><td>河北教育出版社</td></tr>
<tr><td colspan="12">备注：序号12—14为丛书《三味漫画屋》，共3册。有精装版，无印数。本套书获第十届冰心儿童图书奖。</td></tr>
<tr><td>15</td><td>漫画资治通鉴 一册</td><td>周传家、
高荣斌等
主编</td><td>朱世滋、
胜斯美等</td><td>谷爱萍等</td><td></td><td>32</td><td>1999年5月
第1版</td><td>无</td><td rowspan="6">134.90</td><td rowspan="6">ISBN7-
5434-3423-
7/J・116
ISBN7-
5434-3423-
7/J・116</td><td>不详</td><td>河北教育出版社</td></tr>
<tr><td>16</td><td>漫画资治通鉴 二册</td><td>周传家、
高荣斌等
主编</td><td>朱世滋、
胜斯美等</td><td>谷爱萍等</td><td></td><td>32</td><td>1999年5月
第1版</td><td>无</td><td>不详</td><td>河北教育出版社</td></tr>
<tr><td>17</td><td>漫画资治通鉴 三册</td><td>周传家、
高荣斌等
主编</td><td>朱世滋、
胜斯美等</td><td>谷爱萍等</td><td></td><td>32</td><td>1999年5月
第1版</td><td>无</td><td>439</td><td>河北教育出版社</td></tr>
<tr><td>18</td><td>漫画资治通鉴 四册</td><td>周传家、
高荣斌等
主编</td><td>朱世滋、
胜斯美等</td><td>谷爱萍等</td><td></td><td>32</td><td>1999年5月
第1版</td><td>无</td><td>不详</td><td>河北教育出版社</td></tr>
<tr><td>19</td><td>漫画资治通鉴 五册</td><td>周传家、
高荣斌等
主编</td><td>朱世滋、
胜斯美等</td><td>谷爱萍等</td><td></td><td>32</td><td>1999年5月
第1版</td><td>无</td><td>不详</td><td>河北教育出版社</td></tr>
<tr><td rowspan="2">20</td><td>漫画资治通鉴 六册</td><td>周传家、
高荣斌等
主编</td><td>朱世滋、
胜斯美等</td><td>谷爱萍等</td><td></td><td>32</td><td>1999年5月
第1版</td><td>无</td><td>不详</td><td>河北教育出版社</td></tr>
<tr><td colspan="12">备注：序号15—20为套书《漫画资治通鉴》，共6册。本套书获第十届冰心儿童图书奖。</td></tr>
<tr><td>21</td><td>宝莲灯 ㊤</td><td></td><td>季一德</td><td>陆小弟、
王万春等</td><td></td><td>64</td><td>1999年8月
第1版</td><td>1—
8,000</td><td rowspan="2">8.00</td><td rowspan="2">ISBN7-
5376-1912-
3/G・1142</td><td>60</td><td>河北少年儿童
出版社</td></tr>
<tr><td>22</td><td>宝莲灯 ㊦</td><td></td><td>季一德</td><td>陈运星、
徐亦君等</td><td></td><td>64</td><td>1999年8月
第1版</td><td>1—
8,000</td><td>60</td><td>河北少年儿童
出版社</td></tr>
<tr><td>23</td><td>忠魂铁血一
（纪念李大钊同志
诞辰110周年1989—
1999连环画）</td><td></td><td>杜士林</td><td>李星男、
李文斗等</td><td></td><td>32</td><td>1999年10月
第1版</td><td>1—
4,500</td><td>40.00</td><td>ISBN7-
5376-1939-
5/G・1160</td><td>不详</td><td>河北少年儿童
出版社</td></tr>
</table>

（续表）

序号	书名	原著	文	图	封面	开本	版次印次	印数	定价（元）	书号	页数	出版社
24	忠魂铁血二（纪念李大钊同志诞辰110周年1989—1999连环画）		杜士林	李星男、李文斗等		32	1999年10月第1版	1—4,500	40.00	ISBN7-5376-1939-5/G·1160	不详	河北少年儿童出版社
25	忠魂铁血三（纪念李大钊同志诞辰110周年1989—1999连环画）		杜士林	李星男、李文斗等		32	1999年10月第1版	1—4,500			不详	河北少年儿童出版社
26	忠魂铁血四（纪念李大钊同志诞辰110周年1989—1999连环画）		杜士林	李星男、李文斗等		32	1999年10月第1版	1—4,500			不详	河北少年儿童出版社
	备注：序号23—26为套书《忠魂铁血》，共4册。											
27	月亮街 ①	江俊峰 江燕	邸萌 郝建国	中央电视台动画部		24	1999年12月第1版	无	17.80	ISBN7-5434-3642-6/G·2701	不详	河北教育出版社
28	月亮街 ②	江俊峰 江燕	邸萌 郝建国	中央电视台动画部		24	1999年12月第1版	无	17.80	ISBN7-5434-3643-4/G·2702	不详	河北教育出版社
29	月亮街 ③	江俊峰 江燕	邸萌 郝建国	中央电视台动画部		24	1999年12月第1版	无	17.80	ISBN7-5434-3644-2/G·2703	不详	河北教育出版社
	备注：序号27—29为丛书《中央电视台动画丛书》，共3册。											

2000年

2000 年

寻开心（阿凡提智慧故事丛书 1）
昕东、晓翎等编文
上海美术电影制片厂供稿
河北美术出版社

卖树荫（阿凡提智慧故事丛书 2）
昕东、晓翎等编文
上海美术电影制片厂供稿
河北美术出版社

种金子（阿凡提智慧故事丛书 3）
昕东、晓翎等编文
上海美术电影制片厂供稿
河北美术出版社

驴说话（阿凡提智慧故事丛书 4）
昕东、晓翎等编文
上海美术电影制片厂供稿
河北美术出版社

兔子送信（阿凡提智慧故事丛书 5）
昕东、晓翎等编文
上海美术电影制片厂供稿
河北美术出版社

真假阿凡提（阿凡提智慧故事丛书 6）
昕东、晓翎等编文
上海美术电影制片厂供稿
河北美术出版社

奇婚记（阿凡提智慧故事丛书 7）
昕东、晓翎等编文
上海美术电影制片厂供稿
河北美术出版社

狩猎记（阿凡提智慧故事丛书 8）
昕东、晓翎等编文
上海美术电影制片厂供稿
河北美术出版社

神医（阿凡提智慧故事丛书 9）
听东、晓翎等编文
上海美术电影制片厂供稿
河北美术出版社

比智慧（阿凡提智慧故事丛书 10）
听东、晓翎等编文
上海美术电影制片厂供稿
河北美术出版社

吝啬鬼（阿凡提智慧故事丛书 11）
听东、晓翎等编文
上海美术电影制片厂供稿
河北美术出版社

宝驴（阿凡提智慧故事丛书 12）
听东、晓翎等编文
上海美术电影制片厂供稿
河北美术出版社

种树的人（幼儿拼字故事）
黄淑萍文
冯有康绘画
河北少年儿童出版社

英语老师（幼儿拼字故事）
黄淑萍文
信东绘画
河北少年儿童出版社

城市精灵（幼儿拼字故事）
黄淑萍文
王玮绘画
河北少年儿童出版社

爸爸的生日（幼儿拼字故事）
黄淑萍文
周旭绘画
河北少年儿童出版社

快点儿（幼儿拼字故事）
黄淑萍文
卢欣绘画
河北少年儿童出版社

放学后（幼儿拼字故事）
黄淑萍文
信东绘画
河北少年儿童出版社

本书暂未找到封面图片

大家看见了（幼儿拼字故事）
黄淑萍文
不详绘画
河北少年儿童出版社

小鸭子学游泳（幼儿拼字故事）
黄淑萍文
王晓明绘画
河北少年儿童出版社

琳达的太阳
大土文
黄大钺、何晓蓬绘画
河北少年儿童出版社

琳达的月亮
大土文
黄大钺、何晓蓬绘画
河北少年儿童出版社

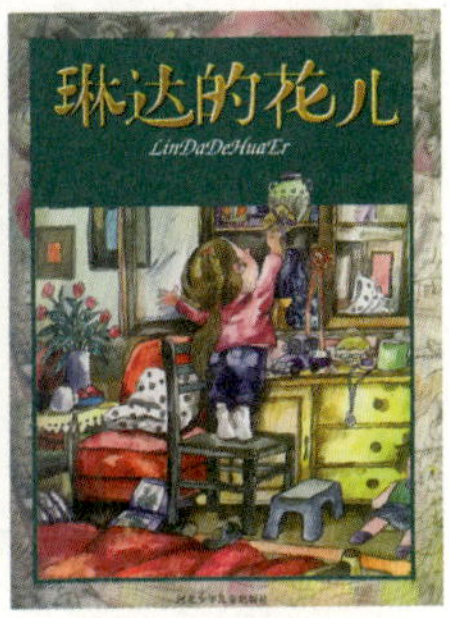

琳达的花儿
大土文
黄大钺、何晓蓬绘画
河北少年儿童出版社

神奇的戒指（幼儿启智丛书）
杨荟铢主编　雪竹编文
杨荟铢工作室绘画制作
河北美术出版社

蘑菇的秘密（幼儿启智丛书）
杨荟铢主编　雪竹编文
杨荟铢工作室绘画制作
河北美术出版社

田鼠的一天（幼儿启智丛书）
杨荟铢主编　雪竹编文
杨荟铢工作室绘画制作
河北美术出版社

逃跑的颜色（幼儿启智丛书）
杨荟铢主编　雪竹编文
杨荟铢工作室绘画制作
河北美术出版社

少年普法画廊
马桂旺原著
朱振芳、阎珍、李红兵等绘画
河北美术出版社

本年共出版连环画 28 种，其中河北美术出版社 17 种，河北少年儿童出版社 11 种。

20 世纪 90 年代，随着改革开放的深入发展，国民经济飞速提升，人民物质生活水平的提高，精神上的消费也逐渐多样化，电视、网络、游戏等快速发展，大量引进的针对青少年的外国动画、卡通漫画等都使得传统的连环画出版受到了前所未有的冲击。再加上一些出版社片面追求经济效益，连环画出版质量不高，创新不足，同质化、重复性出版现象严重，使得全国的连环画出版事业都走向了低潮。1990 年至 2000 年河北省新出版各类连环画 776 种，数量上并不少，更有《猎人兄弟》这样的获奖作品。但实际上大量的连环画出版转向了低幼读物，其内容形式相较于传统的连环画在性质上发生了改变，这一改变使得人们对 90 年代连环画的界定出现了争论，值得我们探讨。

在连环画繁荣的历史时期，人们的娱乐生活相对简单，连环画成为许多青少年乃至成年人重要的读物。辉煌已成为历史，当年用心血创作连环画的作者们已年近耄耋，更多的或已离世，曾经如饥似渴地在书海里寻找精神慰藉的读者们也已青春远去。连环画的出版从 90 年代起陷入了低迷，但连环画本身并没有消失，而是换了一种形式存在，连环画收藏在一些地区已经悄然兴起。时代在飞速地发展，每一个时期都会有特殊的艺术表达方式，但连环画这种寓教于乐、精益求精的艺术创作方式值得我们永远传承，其独特的魅力将永放光芒。

从 1950 年至 2000 年，河北连环画出版 50 年的发展历程也是新中国文化艺术事业发展的一个缩影。新中国成立至今，河北各出版社始终把贯彻好党的文艺方针政策放在首位，把握文艺发展正确方向，坚持人民立场，紧扣时代脉搏，创作出版了大量优秀的连环画读物，为繁荣社会主义文艺、传承中华优秀传统文化、丰富人民精神生活做了大量富有成效的工作。走进新时代，踏上新征程，以河北美术出版社为核心的新一代河北连环画出版人，将进一步坚定文化自信，以强烈的历史主动精神，积极投身社会主义文化强国建设，坚持为人民服务、为社会主义服务的方向，坚持“百花齐放，百家争鸣”方针，崇德尚艺，守正创新，唱响新时代的主旋律，为繁荣发展文艺事业、推进文化自信自强、建设社会主义文化强国再立新功。

2000年冀版连环画汇总

序号	书名	原著	文	图	封面	开本	版次印次	印数	定价（元）	书号	页数	出版社
1	寻开心（阿凡提智慧故事丛书1）		昕东 晓翎等	上海美术电影制片厂供稿		40	2000年1月第1版	1—15,000	4.50	ISBN7-5310-1340-1/J·1066	79	河北美术出版社
2	卖树荫（阿凡提智慧故事丛书2）		昕东 晓翎等	上海美术电影制片厂供稿		40	2000年1月第1版	1—15,000	4.50	ISBN7-5310-1345-2/J·1071	79	河北美术出版社
3	种金子（阿凡提智慧故事丛书3）		昕东 晓翎等	上海美术电影制片厂供稿		40	2000年1月第1版	1—15,000	4.50	ISBN7-5310-1338-X/J·1064	79	河北美术出版社
4	驴说话（阿凡提智慧故事丛书4）		昕东 晓翎等	上海美术电影制片厂供稿		40	2000年1月第1版	1—15,000	4.50	ISBN7-5310-1346-0/J·1072	79	河北美术出版社
5	兔子送信（阿凡提智慧故事丛书5）		昕东 晓翎等	上海美术电影制片厂供稿		40	2000年1月第1版	1—15,000	4.50	ISBN7-5310-1348-7/J·1074	79	河北美术出版社
6	真假阿凡提（阿凡提智慧故事丛书6）		昕东 晓翎等	上海美术电影制片厂供稿		40	2000年1月第1版	1—15,000	4.50	ISBN7-5310-1342-8/J·1068	79	河北美术出版社
7	奇婚记（阿凡提智慧故事丛书7）		昕东 晓翎等	上海美术电影制片厂供稿		40	2000年1月第1版	1—15,000	4.50	ISBN7-5310-1344-4/J·1070	79	河北美术出版社
8	狩猎记（阿凡提智慧故事丛书8）		昕东 晓翎等	上海美术电影制片厂供稿		40	2000年1月第1版	1—15,000	4.50	ISBN7-5310-1339-8/J·1065	79	河北美术出版社
9	神医（阿凡提智慧故事丛书9）		昕东 晓翎等	上海美术电影制片厂供稿		40	2000年1月第1版	1—15,000	4.50	ISBN7-5310-1347-9/J·1073	79	河北美术出版社
10	比智慧（阿凡提智慧故事丛书10）		昕东 晓翎等	上海美术电影制片厂供稿		40	2000年1月第1版	1—15,000	4.50	ISBN7-5310-1337-1/J·1063	79	河北美术出版社
11	吝啬鬼（阿凡提智慧故事丛书12）		昕东 晓翎等	上海美术电影制片厂供稿		40	2000年1月第1版	1—15,000	4.50	ISBN7-5310-1343-6/J·1069	79	河北美术出版社
12	宝驴（阿凡提智慧故事丛书12）		昕东 晓翎等	上海美术电影制片厂供稿		40	2000年1月第1版	1—15,000	4.50	ISBN7-5310-1341-X/J·1067	79	河北美术出版社
	备注：序号1—12为丛书《阿凡提智慧故事丛书》，共12册，为动画连环画。											
13	种树的人（幼儿拼字故事）		黄淑萍	冯有康		16	2000年1月第1版	无	6.50	ISBN7-5376-1961-1/G·1182	26	河北少年儿童出版社

（续表）

序号	书名	原著	文	图	封面	开本	版次印次	印数	定价（元）	书号	页数	出版社
14	英语老师（幼儿拼字故事）		黄淑萍	信东		16	2000年1月第1版	无	6.50	ISBN7-5376-1962-X/G・1183	26	河北少年儿童出版社
15	城市精灵（幼儿拼字故事）		黄淑萍	王玮		16	2000年1月第1版	无	6.50	ISBN7-5376-1963-8/G・1184	26	河北少年儿童出版社
16	爸爸的生日（幼儿拼字故事）		黄淑萍	周旭		16	2000年1月第1版	无	6.50	ISBN7-5376-1964-6/G・1185	26	河北少年儿童出版社
17	快点儿（幼儿拼字故事）		黄淑萍	卢欣		16	2000年1月第1版	无	6.50	ISBN7-5376-1965-4/G・1186	26	河北少年儿童出版社
18	放学后（幼儿拼字故事）		黄淑萍	信东		16	2000年1月第1版	无	6.50	ISBN7-5376-1966-2/G・1187	26	河北少年儿童出版社
19	大家看见了（幼儿拼字故事）		黄淑萍	不详		16	2000年1月第1版	无	6.50	ISBN7-5376-1967-0/G・1188	26	河北少年儿童出版社
20	小鸭子学游泳（幼儿拼字故事）		黄淑萍	王晓明		16	2000年1月第1版	无	6.50	ISBN7-5376-1968-9/G・1189	26	河北少年儿童出版社
	备注：序号13—20为丛书《幼儿拼字故事》，共8册。											
21	琳达的太阳		大土	黄大铖 何晓蓬		16	2000年2月第1版	1—5,000	5.00	ISBN7-5376-1974-3/G・1195	22	河北少年儿童出版社
22	琳达的月亮		大土	黄大铖 何晓蓬		16	2000年2月第1版	1—5,000	5.00	ISBN7-5376-1975-1/G・1196	22	河北少年儿童出版社
23	琳达的花儿		大土	黄大铖 何晓蓬		16	2000年2月第1版	1—5,000	5.00	ISBN7-5376-1976-X/G・1197	22	河北少年儿童出版社
	备注：序号21—23为丛书《琳达的故事》，共3册。											
24	神奇的戒指（幼儿启智丛书）	杨荟铼主编	雪竹	杨荟铼工作室		24	2000年9月第1版	1—5,000	7.80	ISBN7-5310-1482-3/J・1187	94	河北美术出版社
25	蘑菇的秘密（幼儿启智丛书）	杨荟铼主编	雪竹	杨荟铼工作室		24	2000年9月第1版	1—5,000	7.80	ISBN7-5310-1483-1/J・1188	94	河北美术出版社
26	田鼠的一天（幼儿启智丛书）	杨荟铼主编	雪竹	杨荟铼工作室		24	2000年9月第1版	1—5,000	7.80	ISBN7-5310-1484-X/J・1189	94	河北美术出版社
27	逃跑的颜色（幼儿启智丛书）	杨荟铼主编	雪竹	杨荟铼工作室		24	2000年9月第1版	1—5,000	7.80	ISBN7-5310-1485-8/J・1190	94	河北美术出版社
	备注：序号24—27为丛书《幼儿启智丛书》，共4册。											
28	少年普法画廊	马桂旺		朱振芳 阎珍 李红兵等		32	2000年12月第1版	1—5,000	16.80	ISBN7-5310-1548-X/D・5	247	河北美术出版社

附　记

进入 21 世纪以后，河北美术出版社组织画家对 36 册《西游记》封面进行了重绘。在继续发掘经典文化的同时，还精心打造了《抗日英雄谱》《红旗颂》《军旗飘飘》《光辉的历程》等成套系的红色连环画，这些作品广受读者好评。中国作家协会主席铁凝在阅读了这些红色经典连环画后，这样评价：“有些生活是可能褪色的，‘冀版’红色经典连环画所呈现的经典价值却不会褪色。所谓经典，必是经过历史的检验留存下来的，且真实携带了那个时代的表情。”

近年来，《西游记》连环画补绘工程、彩绘工程启动，这两项工程的开展使得整套书故事更趋完整，画面更加精美，人物形象更加生动。《西游记》还版权输出至法国，出版了法文版，被法国出版界誉为年度“最美的书”。

展望未来，河北美术出版社在连环画领域将持续发力，深挖优秀传统文化资源，精心完成各版本彩绘赋色工作，让画面更具艺术魅力。同时推进优秀连环画故事的再版及再创作，让经典重现，为连环画发展注入新活力。